# Azzurro più

von
Renate Merklinghaus
Linda Toffolo





Ernst Klett Sprachen

Barcelona Belgrad Budapest Ljubljana London
Posen Prag Sofia Stuttgart Zagreb

# Azzurro più

**von**
Renate Merklinghaus, Dozentin an der Volkshochschule Vaterstetten
Linda Toffolo, Lektorin an der Universität Regensburg

**Beratende Mitarbeit**
Alessandra D'Aquino, Referentin für Fort- und Weiterbildung am ZLF
Johann Wolfgang Goethe Universität Frankfurt a. M.
Martina Hirt-Harlass, Programmbereichsleiterin Sprachen an der
Kreisvolkshochschule Northeim
Tiziana Raimondo, Programmbereichsleiterin Italienisch an der
Volkshochschule Frankfurt a. M.
Emilia Sonni-Dolce, Kursleiterin an der Volkshochschule München
und am Italienischen Kulturinstitut München

1. Auflage 1 4 3 2 1 | 2011 2010 2009 2008

Alle Drucke dieser Auflage können im Unterricht nebeneinander benutzt werden, sie sind untereinander unverändert. Die letzten Zahlen bezeichnen jeweils die Auflage und das Jahr des Druckes.


Internetadresse: www.klett.de

**Redaktion:** Giovanna Mungai-Maier
**Redaktionelle Mitarbeit:** Bettina Aumann (Grammatik),
Valentina Ferullo-Wachter (Übungsteil), Verena Rube (Vokabular)
**Layout:** Piazza Navona © Cideb, Genova
**Illustrationen:** Simone Massoni, Emiliano Ponzi
**Gestaltung/Satz:** Kassler Grafik-Design, Leipzig
**Druck:** W. Kohlhammer Druckerei GmbH + Co. KG, Stuttgart.

ISBN 978-3-12-525532-6

9 783125 255326

*Care studentesse, cari studenti,*

avete raggiunto un livello di competenza linguistica A2 del Quadro comune europeo di riferimento per le lingue e volete continuare ad approfondire le conoscenze della lingua e della cultura italiana.

Con **Azzurro più** potete acquisire una competenza a livello linguistico di B1 e oltre (corrispondente ad UNIcert I per coloro che frequentano l'università).

Potrete quindi partecipare a conversazioni su argomenti familiari, di interesse personale o riguardanti la vita quotidiana e sarete in grado di esporre e motivare le vostre opinioni su fatti di attualità e di pubblico interesse. Inoltre potrete parlare delle vostre esperienze professionali o di studio.
Riuscirete a leggere e capire testi narrativi contemporanei, articoli di giornale e recensioni di film. Sarete in grado di seguire discorsi abbastanza lunghi e di comprendere interviste e racconti di esperienze di vita personale.
Saprete scrivere lettere personali ed esporre le vostre esperienze ed impressioni.

Il manuale, creato sia per l'uso in classe che a casa, è composto da:

- 8 unità di 12 pagine l'una di cui le ultime 2 riassumono e sistematizzano la grammatica
- 3 ripassi con giochi, Portfolio per l'autovalutazione delle conoscenze acquisite e attività che invitano a riflettere sulle proprie strategie di apprendimento e di comportamento nell'interazione e nella comunicazione interculturale
- un eserciziario contenente esercizi grammaticali, lessicali e di fonetica, di 8 pagine per ogni unità
- un test di autovalutazione per la certificazione del livello B1
- le soluzioni degli esercizi e del test
- un vocabolario suddiviso per lezione
- un glossario alfabetico
- tabelle riassuntive per la coniugazione dei verbi regolari e irregolari
- un CD con dialoghi stampati, ascolti spontanei, recitazioni e canzoni contenute nelle unità così come esercizi di fonetica, presenti negli esercizi delle prime quattro unità.

Sulle pagine delle unità e della grammatica sono indicati sempre gli esercizi dell'eserciziario integrato che lo studente può eseguire in classe o individualmente a casa. I temi delle unità possono essere approfonditi con l'aiuto di diversi link sul nostro sito Internet: www.klett.de/azzurro.

*Buon lavoro e buon divertimento con Azzurro più!*

Le autrici e la redazione

# INDICE

**Dominio personale**

**Sottocategorie tematiche:**
abitazione, tempo libero, storia personale, esperienze di viaggio, relazioni sociali, attività sportive, amicizie.

**Dominio pubblico**

**Sottocategorie tematiche:**
luoghi pubblici e istituzioni, mezzi di comunicazione, modi di viaggiare, organismi politici, volontariato, incidenti, salute, feste e tradizioni, eventi storici, culturali e religiosi, eventi futuri.

**Dominio professionale**

**Sottocategorie tematiche:**
rapporti di lavoro, mezzi informatici, linguaggio lavorativo, abilità e competenze, reclami.

**Dominio educativo**

**Sottocategorie tematiche:**
autovalutazione, strategie di apprendimento e di comportamento, riflessioni sulle proprie abilità linguistiche.

*Brani presenti sul CD*

**Abbreviazioni:**

E. *Esercizio*
pag. *pagina*
pagg. *pagine*
att. *attività*

# Piccoli e grandi cambiamenti

## Cosa c'è di nuovo?

### In questa unità impariamo a

→ parlare di cambiamenti nella nostra vita
→ motivare delle decisioni
→ scrivere un annuncio
→ esprimere una necessità

## Per cominciare

**1 Lavorate in coppia e osservate le foto.**
Queste persone hanno iniziato qualcosa di nuovo, hanno cambiato o cambieranno qualcosa nella loro vita. Che cosa, secondo voi? Fate delle ipotesi.

B

C

D

A

Ha iniziato/ricominciato a …

Cambierà/ha cambiato …
- stile di vita/abitudini
- casa
- lavoro

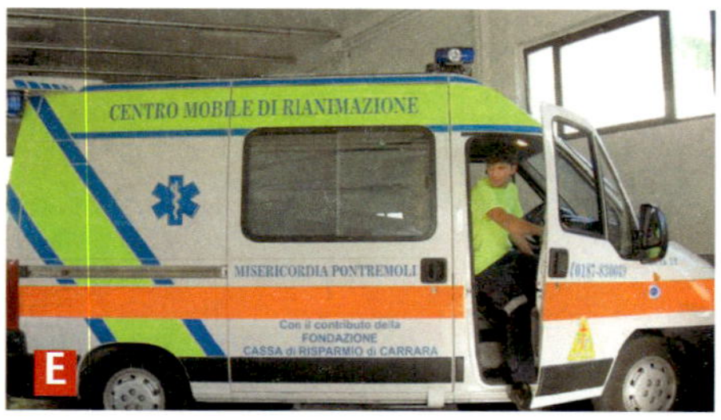

E

**2 Ascoltate le registrazioni e indicate a quale foto si riferiscono.**

1. ☐ 2. ☐ 3. ☐ 4. ☐ 5. ☐

**3** **Riascoltate le registrazioni e leggete.**

1. Guarda, ero stufa, ma proprio stufa di tutto quel bianco che mi metteva tristezza. Così ho pensato di aggiungere un po' di colore cominciando dalla mia stanza. Che te ne pare?

2. Eh, visto che dopo la laurea a Macerata non riuscivo a trovare niente, ho deciso di cambiare aria e di trasferirmi in un'altra regione. Così sono venuta qui a Ravenna. Per il momento faccio la guida turistica e poi in futuro si vedrà.

3. Ho appena finito il corso di formazione per fare volontariato presso la Croce Verde. All'inizio non è stato per niente facile, ma adesso sono contento di essere d'aiuto agli altri e poi ci sono anche dei miei amici.

4. Non ci crederai ma mi sono rimesso a studiare. E pensare che dopo aver finito l'università di esami non ne volevo più sapere in vita mia. Poi però ti accorgi che non è mai finita e cerchi nuovi stimoli. Insomma, è cominciata una nuova fase ... e staremo a vedere.

5. Era da tempo che volevo riprendere a ballare e avevo proprio bisogno di ricominciare a muovermi. Però le prime volte mi sono sentito un po' strano perché non conoscevo nessuno.

**4** **Abbinate alle intenzioni le espressioni appropriate, poi sceglietene tre e scrivete alcune frasi.**

1. Siete stanchi di fare o sopportare qualcosa.
2. Volete dire che una decisione è stata difficile.
3. Esprimete la voglia di andare in un altro luogo.
4. Chiedete il parere di un amico o di un'amica.
5. Volete esprimere una vostra necessità.
6. Spiegate di aver ricominciato un'attività abbandonata.

a Voglio cambiare aria!
b Che te ne pare?
c Ho proprio bisogno di ...
d Non è stato per niente facile!
e Sono proprio stufo/a di ...
f Mi sono rimesso/a a ...

E. 1-3 pagg. 112-113

**OSSERVATE!**

| Ho appena finito il corso di formazione.<br>Il corso è finito una settimana fa. | Ho cambiato città.<br>La mia vita è cambiata. |
|---|---|

**Che cosa notate nell'uso degli ausiliari?**
**Cercate nei testi un altro verbo con le stesse caratteristiche di "finire".**

E. 4, 6 pagg. 113-114

**5** **Completate il testo sulla vita di Gabriella, la guida turistica, con il passato prossimo dei verbi tra parentesi. Fate attenzione all'uso degli ausiliari.**

Gabriella dopo aver finito l'università era felicissima: "Finalmente .......................... (finire) per sempre di studiare!" diceva a tutti e ............................ (iniziare) subito a cercare un lavoro. Ma dopo poco tempo ............................... (cominciare) i problemi perché aveva assolutamente bisogno di lavorare, ma riceveva solo risposte negative. Così .......................... (decidere) di trasferirsi a Ravenna da una cugina. ............................ (cominciare) a fare qualche lavoretto per il comune e .............. (sapere) che cercavano delle guide turistiche. .......................... (frequentare) un corso preparatorio e .......................... (ricominciare) a studiare. Il corso .......................... (finire) tre mesi fa e Gabriella .................... (avere) un incarico a tempo determinato. La sua vita ora ........................ (cambiare).

# Parlare di cambiamenti nella propria vita

**6** **Pensate ad un cambiamento che avete fatto negli ultimi anni. Lavorate a coppie e fate il dialogo.**

È cambiato qualcosa nella tua vita?
Hai cambiato lavoro/città?
Hai iniziato qualche attività?
Hai scoperto nuovi interessi?

Sì, siccome non trovavo lavoro mi sono trasferito/a ...
Sì, per me è cominciata una nuova fase ...
Ho iniziato una nuova attività perché ...
Sono venuto/a ... perché ...
Ho cominciato/ripreso (a) ...
Ho appena finito (di) ...
Mi sto occupando di ...

**7** **Fate ora un breve profilo scritto di una delle altre persone raffigurate a pagina 8 (vedi attività 5).**

## OSSERVATE!

Non ne volevo più sapere.
Non conoscevo nessuno.

**Traducete le frasi nella vostra lingua. Notate delle differenze?**

E. 7 pag. 114

**8** **Formate delle frasi usando i seguenti elementi.**

[ non ... affatto – non ... nessuno – non ... mai – non ... niente – non ... ancora – non ... più – ha risposto – ho avuto – ero – ha fatto – abbiamo imparato – sei cambiato ]

1. Mi piacerebbe ridipingere la mia stanza, ma ............................................... il tempo di farlo.
2. Per trovare lavoro ho scritto a tante ditte, ma fino ad ora ............................................... .
3. Il mio amico ............................................... volontariato, però vorrebbe provare e si è iscritto al corso di formazione.
4. Abbiamo frequentato per un anno un corso di ballo, ma ............................................... .
5. ............................................... contento del mio lavoro e mi sono rimesso a studiare.
6. Sono passati tanti anni, ma tu ............................................... .

**9** **Lavorate in piccoli gruppi e discutete. C'è una cosa che non avete mai fatto, ma che vi piacerebbe provare? C'è qualcosa che avete realizzato, anche se altri ve lo sconsigliavano? C'è qualcosa che non fareste mai?**

# Chiedere informazioni sugli studi

**10** **Ascoltate la conversazione. In quale fase degli studi si trova, secondo voi, la studentessa?**

**11** **Riascoltate la conversazione e indicate con una x le affermazioni corrette.**

1. La conversazione si svolge tra
   - ☐ due studentesse.
   - ☐ una studentessa e un'impiegata.
2. La ragazza vuole cambiare
   - ☐ università.
   - ☐ l'indirizzo di studi.
3. Attualmente è iscritta a
   - ☐ Studi filosofici.
   - ☐ Scienze della Comunicazione.
4. La ragazza deve
   - ☐ certificare gli esami che ha dato e i crediti che ha ricevuto.
   - ☐ fare una lista degli esami che non ha ancora dato.

**Il sistema universitario italiano**

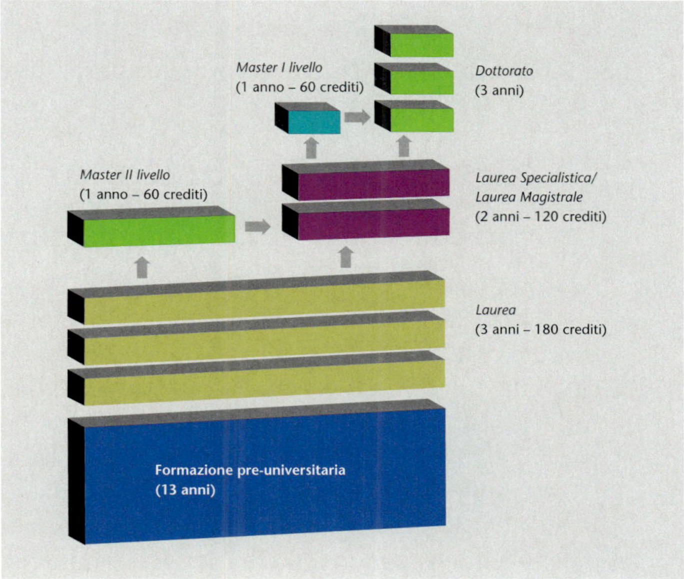


## OSSERVATE!

Per cambiare l'indirizzo basta compilare il modulo o bisogna allegare altri documenti?

**Come traducete questa frase nella vostra lingua?**

**12** **Completate i titoli di giornale con "basta", "bisogna", "aver bisogno di" e dite a quali dei temi sottostanti si riferiscono.**

[ cinema – educazione – calcio – tecnologia – privacy – diritti delle minoranze – televisione – politica – ecologia ]

1. **A che età ______ iniziare a dire ______ al figlio?**
2. Mancano due giorni all'incontro tra Italia e Ucraina: ______ con le chiacchiere, ora ______ vincere
3. **Il premier ai partiti della coalizione: "Non ______ aiuto dall'opposizione"**
4. Non ______ più cambiare canale, ______ cambiare la tv
5. **______ dire ______ a ogni forma di discriminazione**
6. **Perché Internet ______ una Carta dei diritti**

E. 8-10 pagg. 114-116

# Raccontare di un nuovo lavoro

**13** **Conoscete delle associazioni di volontariato o di no profit che aiutano le persone ad inserirsi nel mondo del lavoro, nella scuola o nella società? Ne fate parte? Parlatene in gruppo.**

[ associazione giovanile – centro sociale – associazione no profit ]

**14** **Leggete l'intervista. Di che tipo di cooperazione si parla e chi sono le persone che vi partecipano?**

## In carcere ho imparato un lavoro

**Lavoro e cooperazione. Un binomio capace di oltrepassare le barriere del carcere.**

Nascono così le imprese cooperative che si avvalgono della collaborazione di uomini e di donne detenuti. Una realtà che consente di avviare ad un reinserimento lavorativo quanti stanno scontando una pena. È il caso della "Abc la sapienza in tavola", impresa sociale di catering, costituita lo scorso settembre presso la casa di reclusione di Milano Bollate. Alla cooperativa partecipano cinque soci detenuti, che svolgono il ruolo di cuochi e camerieri, e cinque socie esterne, che hanno il compito di mantenere il contatto con i clienti e provvedere alle forniture. Alla fiera "Fa la cosa giusta!" c'è anche il loro stand. Ad accogliere i visitatori è un uomo che, con modi gentili, offre dal banco pasticcini di loro produzione. Si chiama Maurizio, ha 44 anni, ed è uno dei cinque soci detenuti di "Abc".

In carcere lavoravo già in cucina. Poi ci è stato proposto di dare vita ad una società cooperativa di catering. Ho aderito con entusiasmo.

**Di che cosa si occupa?**

Faccio l'aiuto cuoco e all'occorrenza il cameriere.

**E prima del carcere?**

Ero disoccupato. Cercavo di arrangiarmi come potevo ... nel 2000 mi hanno arrestato per rapina. Sono stato condannato a sette anni, ma grazie alla buona condotta uscirò prima.

**Come si svolge il vostro lavoro?**

Lavoriamo in una sezione della cucina del carcere. Siamo in grado di preparare diversi piatti, dagli antipasti ai dolci.

**Chi sono i vostri clienti?**

Il nostro servizio di catering viene spesso richiesto in occasione di battesimi, prime comunioni, matrimoni, ma tra i nostri committenti ci sono anche aziende, pubbliche amministrazioni, associazioni, il mondo del no profit, ecc.

**Perché ha deciso di aderire a questa iniziativa?**

Perché volevo fare un'esperienza di lavoro e imparare un nuovo mestiere. Grazie a questa attività, inoltre, riesco a mantenere un contatto con la realtà esterna al carcere, il che, per un detenuto, è davvero fondamentale. E poi riesco a guadagnare anche qualcosa. Sa, ho una moglie e due figli.

**Come vede il suo futuro?**

Appena esco cercherò un posto di lavoro.

**Nel campo della ristorazione?**

Beh, perché no. Qui in carcere ho imparato un lavoro che mi piace. So che ci sono dei pregiudizi nei confronti di chi è stato detenuto. Devo però riconoscere che la partecipazione a questa cooperativa mi ha aiutato a guardare all'avvenire con più fiducia. Credo che l'esperienza che sto facendo renderà meno difficile il mio reinserimento nella società.

*Da: Redattore sociale* di Gabriele Arlati, Bollate (Milano)

**15** **Rileggete l'intervista e indicate con una x se le affermazioni corrispondono al testo.**

| Maurizio ... | vero | falso |
|---|---|---|
| **1.** non è sposato. | ☐ | ☐ |
| **2.** prima era senza lavoro. | ☐ | ☐ |
| **3.** è in carcere per omicidio. | ☐ | ☐ |
| **4.** ha imparato un nuovo mestiere. | ☐ | ☐ |
| **5.** per il lavoro in carcere riceve dei soldi. | ☐ | ☐ |
| **6.** quando sarà libero vuole cercare un lavoro nel campo della ristorazione. | ☐ | ☐ |

**16** **Ricercate nel testo le parole da associare ai termini sottostanti e scrivetele accanto.**

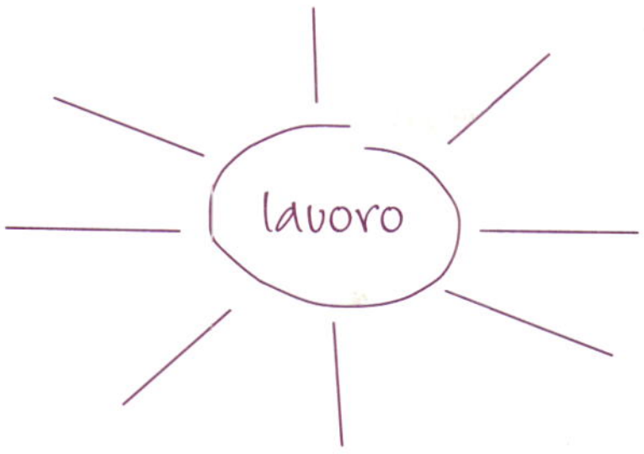


E. 11-13 pagg. 116-117

OSSERVATE!

Poi ci è stato proposto di dare vita ad una società cooperativa di catering.
Sono stato condannato a sette anni.
Il nostro servizio di catering viene richiesto in occasione di feste.

**Cosa hanno in comune le tre forme verbali?**

**17** **Rileggete il testo e scrivete cosa dice Maurizio al posto di:**

Nel 2000 sono stato arrestato per rapina. ..........................................................
Come tradurreste queste due frasi nella vostra lingua?
Quale delle due vi sembra più colloquiale?

E. 14-15 pag. 117

**18** **Completate ciò che racconta Massimo con i verbi al passivo.**

Subito dopo aver terminato la scuola ho trovato un impiego presso una ditta di computer, ma purtroppo dopo un anno il mio contratto non ................................ (rinnovare) perché volevano ridurre il personale. Per alcuni mesi sono stato disoccupato, ma ho fatto tante domande e questa primavera .................................. (assumere) presso la MAX. Con i nuovi colleghi mi sono trovato subito bene e ............................. (aiutare) da tutti. Da due mesi mi occupo dei nuovi clienti che devono ............................. (informare) sui nostri prodotti. Il lavoro mi piace e, se alla scadenza mi .......................... (rinnovare) il contratto, potrò andare a vivere da solo.

**19** **Ecco alcune organizzazioni italiane e internazionali.**
**Le conoscete o ne avete già sentito parlare? Di che cosa si occupano?**

[ tutelare la natura/l'ambiente – soccorrere persone ferite o in pericolo – aiutare persone con problemi familiari, senza casa o lavoro – difendere gli animali – costruire ospedali civili in zone di guerra ]

LEGAMBIENTE

PUBBLICA ASSISTENZA VOLONTARIA ZONA OGLIO PO CROCE VERDE

EMERGENCY

MAI PIÙ VIOLENZA SULLE DONNE Amnesty International

WWF

E. 16 pag. 118

# Raccontare del trasferimento in un'altra città

**20** **Leggete l'e-mail di Elisa. Di quali cambiamenti parla? Dove abitavano prima Elisa e i suoi figli?**

Caro Aldo,
sì lo so, ormai è da un sacco di tempo che non mi faccio viva, ma ultimamente ci sono stati dei grandi cambiamenti che hanno rivoluzionato la nostra vita. Sai da dove ti scrivo? Da Belluno! Ebbene sì, mi sono trasferita qui con i ragazzi cinque mesi fa. Dopo lunghe discussioni con Andrea abbiamo pensato che era la cosa migliore da fare, così abbiamo messo tutto negli scatoloni e siamo partiti. Qui a Belluno ho ripreso i contatti con una mia ex-collega che adesso si è messa in proprio e ogni tanto mi passa qualche traduzione. E poi ho ricominciato ad insegnare italiano la mattina in una scuola privata, non distante dalla scuola dei ragazzi, così andando al lavoro li posso accompagnare.
I primi mesi abbiamo abitato dai miei genitori, ma da alcune settimane abbiamo traslocato nel nuovo appartamento. I ragazzi si sono abituati immediatamente alla nuova vita anche perché, venendo spesso in vacanza qui, avevano già degli amici. Ora Luca frequenta la terza media e Annalisa la prima. Soprattutto per lei il cambiamento è stato molto positivo. Se ricordi, infatti, in Germania aveva grandi difficoltà e non sopportava di non poter frequentare il liceo come le sue compagne. Quando le ho raccontato che qui in Italia i ragazzini della sua età frequentano tutti la scuola media, era felice come una Pasqua e non si è preoccupata neanche un po' di ciò che l'aspettava, anzi era molto curiosa e impaziente di cominciare. Così adesso finalmente, dopo anni di problemi, ci sta andando molto volentieri. Anche Luca si è integrato molto bene nella sua classe ed è come sempre molto bravo. Continuando così potrà superare brillantemente gli esami. Andrea ci raggiunge almeno ogni due fine settimana, quindi i ragazzi lo vedono con la stessa frequenza di prima perché anche prima era sempre in giro per lavoro, comunque tra due anni tornerà alla sede di Belluno. Ed io finalmente ho ripreso a lavorare, a vedere gli amici, insomma: a vivere! Ma tu, piuttosto, come stai? Fammi sapere. Quando passi da queste parti sei sempre il benvenuto!
Un forte abbraccio
Elisa

**21** **Rileggete il testo e indicate con una x se le affermazioni sono giuste o sbagliate.**

| | vero | falso |
|---|---|---|
| **1.** Elisa scrive regolarmente ad Aldo. | ☐ | ☐ |
| **2.** Elisa riceve qualche traduzione da fare. | ☐ | ☐ |
| **3.** I figli vanno a scuola ma Annalisa ha qualche difficoltà. | ☐ | ☐ |
| **4.** Luca si trova bene nella sua classe e non ha problemi. | ☐ | ☐ |
| **5.** Anche il marito lavora a Belluno. | ☐ | ☐ |

## OSSERVATE!

**Osservate e completate.**

........................................ qui con i ragazzi quattro mesi fa.
I ragazzi .................................... immediatamente alla nuova vita.
Luca ............................... molto bene nella sua classe.

| | trasferirsi |
|---|---|
| io | ... |
| tu | ... |
| lui/lei | ... |
| noi | ci siamo trasferiti |
| voi | ... |
| loro | ... |

**Quale particolarità notate nell'uso dei verbi riflessivi al passato prossimo?**

*E. 17-18 pagg. 118-119*

**22** **Guardate le vignette e ricostruite il trasferimento di Elisa e i suoi figli con l'aiuto delle seguenti espressioni.**

[ partire – trasferirsi – abitare – fare traduzioni – abituarsi alla nuova città – avere degli amici – frequentare – integrarsi – insegnare – andare a trovare ]

In giugno Elisa è partita per l'Italia con i figli …

**23** **Come ha vissuto Luca il trasferimento in Italia? Assumete il suo ruolo e scrivete un'e-mail a un amico in cui raccontate gli avvenimenti e i cambiamenti dal suo punto di vista.**

*E. 19 pag. 119*

## OSSERVATE!

| | |
|---|---|
| Andando<br>Mentre vado | al lavoro posso accompagnare i ragazzi. |
| Venendo<br>Siccome venivano | spesso in vacanza qui avevano già degli amici. |
| Continuando<br>Se continua | così potrà superare brillantemente gli esami. |

**Che cosa sostituisce il gerundio?**

**24** **Sostituite il gerundio e rendete esplicite le frasi utilizzando "siccome", "se", "mentre".**

1. Facendo le valigie pensavo già al nostro arrivo in Italia.
2. La mia ex collega, avendo molto lavoro, mi passa qualche traduzione.
3. Passando da queste parti puoi venire a trovarmi.
4. Non trovando una casa i primi mesi abbiamo abitato dai miei genitori.
5. Essendo molto bravo Luca non avrà problemi.
6. Ottenendo un trasferimento Andrea potrà essere più vicino alla famiglia.

*E. 20 pag. 119*

## Ascolto

3 **25** **Ascoltate la conversazione e a coppie rispondete alle seguenti domande.**

1. In che Paese è stato Donato?
2. Per quale motivo ci è andato?
3. Quanto tempo ci è rimasto?

3 **26** **Riascoltate la conversazione e indicate con una x le affermazioni giuste.**

| | | |
|---|---|---|
| 1. Donato è stato in una città | ☐ vicino a Belfast. | ☐ sull'Atlantico. |
| 2. Ha collaborato ad un progetto | ☐ della Comunità Europea. | ☐ della sua università. |
| 3. Prima di arrivare parlava un inglese | ☐ scolastico. | ☐ molto fluente. |
| 4. Secondo lui gli irlandesi sono | ☐ estroversi e generosi. | ☐ accoglienti e amichevoli. |
| 5. Il periodo iniziale è stato | ☐ sempre senza problemi. | ☐ a volte difficile. |
| 6. Gli è piaciuto in particolare | ☐ ascoltare la loro musica. | ☐ vedere il teatro tradizionale. |
| 7. I contatti con gli amici irlandesi | ☐ sono ancora frequenti. | ☐ sono rari. |

## Guardiamo da vicino!

**27** **Leggete i seguenti annunci e indicate quale potreste consigliare ...**

☐ ad un collega che prima suonava la tromba,
☐ alla vostra babysitter irlandese,
☐ ad un ragazzo a cui piace cucinare,
☐ ad una ragazza sportiva.

**1** Vorrei migliorare il mio inglese.
Cerco ragazzo/a per fare conversazione.
Offro in cambio lezioni d'italiano.
Francoinverighi@libero.it

**2** Ciao, sono una ragazza di 21 anni che ha fatto qualche torneo di calcetto. Cerco altre ragazze per formare una squadra per un torneo in primavera. Scrivetemi a Katjuscia@fastweb.net

**3** 57enne ex bassista (basso elettrico) anni 65/70 ("gloriosi"). Adesso studio contrabbasso acustico 2° anno genere jazz/blues/swing. Cerco coetanei (o non) con i quali ricominciare a suonare formando magari un trio/quartetto/ecc. ecc. ...
Risposta a: blues@hotmail.it

**4** Sei un appassionato di culinaria? Abiti nella provincia di Macerata? Hai voglia di scambiare le tue ricette e di cucinare una volta al mese insieme ad altri cuochi per diletto? La cucina della nostra casa di campagna è pronta ad accoglierti e a regalarti momenti goderecci da trascorrere con chi condivide la tua stessa passione. Sei interessato? Allora scrivici, ti aspettiamo!
Mano@libero.it

**28** **Scrivete un annuncio.**

Avete deciso di praticare un'attività che vi è sempre piaciuta. Scrivete un annuncio per trovare altre persone con gli stessi vostri interessi. Negli annunci riportati troverete alcune espressioni che vi potrebbero servire.

# ALLA SCOPERTA DELL'ITALIA

**29** **Ricordate un vostro primo giorno di scuola? Quali erano le vostre attese o i vostri timori? Parlatene in coppia.**

**30** **Ora leggete il seguente brano. Trovate qualche affinità con le vostre esperienze?**

Arrivo un po' in anticipo, perché avevo paura di arrivare in ritardo proprio il primo giorno, che non mi facessero entrare e mi rispedissero a casa dicendomi: non lo vogliamo uno che il primo giorno arriva in ritardo; allora ho preso il tram mezz'ora avanti. Mia madre me lo dice sempre: la prima cosa, Gaspare, è arrivare in orario.

Così adesso aspetto un'ora e venti che aprano il portone. Mi siedo su una panchina del viale e guardo le foglie che cadono e quelle che non cadono. [...]

Comunque, di aspettare così tanto qui davanti non m'importa, perché alla fine quel portone lo dovranno pur aprire. E infatti alle otto meno dieci lo aprono.

Ci mandano tutti in palestra per dividerci in classi. A me tocca la 1ª B e salgo insieme a uno che comincia con la G, ma il cognome tutto intero non mi resta in mente neanche un po'. Mi metto nel banco con lui perché è quello che mi sta più vicino, tanto non conosco nessuno e quindi fa proprio lo stesso con chi mi metto nel banco.

E allora inizia il mio primo giorno di liceo. Che è una di quelle cose che poi ti dovresti ricordare tutta la vita. Io invece è meglio che me lo dimentichi, perché questo benedetto primo giorno lo passo guardando scarpe.

Dico le scarpe dei miei compagni. Perché loro le guardano a me. Guardano e ridono. E io allora mi metto a fare uguale, solo che io non rido.

Anche perché m'ero messo in mente tutta un'altra cosa, e cioè il primo giorno di liceo si fanno già cose toste. E questo perché me lo aveva detto mio padre: vedrai che fin dal primo giorno te ne accorgi com'è dura. Però mio padre di liceo cosa vuoi che ne sappia, e infatti aveva torto.

*Da: Una barca nel bosco* di Paola Mastrocola, Ugo Guanda Editore 2004

**Vocabolario:**

in anticipo *prima dell'ora prevista*
facessero (fare) entrare *lasciare entrare*
rispedissero (rispedire) a casa *rimandare a casa*
il portone *grande porta di legno o di ferro*
la panchina *posto dove sedersi nei parchi*
il viale *strada con alberi*
non m'importa *per me non è importante*
ridere *mostrare spontaneamente allegria*
tosto *qui: difficile*
cosa vuoi che ne sappia *non può capire molto di questo*
aveva torto *non aveva ragione*

**31** **Mettete in ordine le seguenti frasi in modo da ricostruire il contenuto del testo.**

☐ Anche lui guarda le scarpe dei compagni, ma non ride.
☐ Dopo che sono stati divisi in classi vanno nelle aule.
☐ Gaspare parte molto presto da casa per non arrivare in ritardo.
☐ Gaspare si aspettava un primo giorno di scuola diverso da quello che ha vissuto.
☐ Gaspare si siede vicino ad un ragazzo che non conosce.
☐ I compagni di classe guardano le scarpe di Gaspare e ridono.
☐ Il ragazzo attende davanti alla scuola seduto su una panchina.
☐ Tutti gli alunni si ritrovano in palestra.

**32** **Che ricordi avete dei vostri compagni di scuola e degli insegnanti? Chi era il vostro insegnante preferito? Avete ancora contatti con qualche compagno di scuola?**

# GRAMMATICA

## 1 L'uso delle congiunzioni *perché, dato che, visto che, siccome*

E. 5 pag. 113

Die genannten Konjunktionen bedeuten alle *da (ja)/weil* und leiten einen kausalen Nebensatz ein. Beginnt der Satz mit der Begründung, verwendet man **dato che, visto che, siccome** oder **poiché. Perché** steht nicht am Satzanfang, sondern nur, wenn die Begründung dem Hauptsatz folgt.

| | |
|---|---|
| **Visto che/Dato che** dopo la laurea non trovavo lavoro, | mi sono trasferita. |
| **Siccome** giurisprudenza era molto difficile, | ho cambiato indirizzo di studi. |
| Ho cominciato a fare volontariato | **perché** volevo essere utile ad altri. |

## 2 Verbi con gli ausiliari *avere* e *essere*

Manche Verben können – je nachdem, ob sie mit direktem Objekt benutzt werden oder ohne – unterschiedliche Bedeutungen annehmen. Diese Verben bilden das **passato prossimo** mit **avere**, wenn ein direktes Objekt oder eine Infinitivkonstruktion folgt, und mit **essere**, wenn kein direktes Objekt möglich ist. Hier einige Beispiele:

| | | | |
|---|---|---|---|
| cominciare qc<br>cominciare a<br>cominciare | + avere<br><br>+ essere | Enrica **ha cominciato** un corso di ballo.<br>Lisa **ha cominciato** a lavorare.<br>Il corso **è cominciato** ieri. | *(etwas) anfangen*<br><br>*beginnen, losgehen* |
| finire qc<br>finire di<br>finire | + avere<br><br>+ essere | Gianni **ha finito** gli studi quest'anno.<br>Gianni **ha finito** di studiare.<br>Il concerto **è finito** alle dieci. | *(etwas) beenden*<br><br>*enden* |
| cambiare qc<br>cambiare | + avere<br>+ essere | **Ho cambiato** facoltà.<br>La situazione **è cambiata.** | *(etwas) wechseln*<br>*sich verändern* |
| continuare | + avere<br>+ essere | **Abbiamo continuato** la visita della città.<br>Il concerto **è continuato.** | *(etwas) fortsetzen*<br>*weitergehen* |
| passare | + avere<br>+ essere | **Abbiamo passato** una bella giornata.<br>Lisa **è passata** da me un'ora fa. | *verbringen*<br>*vorbei gehen/fahren* |

## 3 La frase negativa

Sie wissen bereits, dass man mit **non** eine Aussage verneinen kann und dass **non** vor dem konjugierten Verb steht. In vielen Fällen folgen dem Verb ein oder mehrere weitere Verneinungselemente.

| | |
|---|---|
| **Non** posso venire. | *nicht* |
| **Non** dormi **mai**? | *nie(mals)* |
| Qui **non** conosco **nessuno**. | *niemand(en)* |
| **Non** ho fatto **niente**/**nulla**. | *nichts* |
| **Non** ho **ancora** finito. | *noch nicht* |
| **Non** frequento **più** la palestra. | *nicht mehr* |
| **Non** mi piace **affatto**/**per niente**. | *überhaupt nicht* |
| **Non** è **mica** vero. | *doch (wohl) nicht* |
| **Non** mi ha **neanche**/**nemmeno**/ **neppure** salutato. | *nicht einmal* |
| **Non** ho visitato **né** Pisa **né** Siena. | *weder … noch* |

Manche können kombiniert werden:
Non dico **niente** a **nessuno.**
Wenn **nessuno, niente, neanche/ nemmeno/neppure** oder **né … né …** am Satzanfang stehen, entfällt non:
**Nessuno** è venuto.
**Niente** gli interessa.
**Neanche** lei mi ha salutato.
**Né** lui **né** lei amano ballare.
Auch in Sätzen ohne Verb entfällt **non**:
Che cosa hai detto? – **Niente**.

**Nessuno** kann auch adjektivisch benutzt werden:
**Non** c'è **nessun** dubbio/**nessuno** sbaglio/**nessuna** difficoltà.

### 4 *Basta* e *bisogna*

**Basta** compilare il modulo.
**Basta** una telefonata.
**Bastano** due mesi di tirocinio.
**Sono bastati** due mesi
**Bisogna** allegare altri documenti.

Auf **basta** *(es genügt)* kann ein Infinitiv oder ein Substantiv folgen. Steht das Substantiv im Plural, verwendet man auch das Verb im Plural.
Das **passato prossimo** wird mit **essere** gebildet.
Das unpersönliche **bisogna** (*es ist nötig*) wird nur in der 3. Person gebraucht, meistens folgt ein Infinitiv. **Bisogna** wird nicht im **passato prossimo** verwendet.

### 5 Il passivo con *essere* e *venire*

| | |
|---|---|
| Un collega **aiuta** Mario. | *aktiv* |
| Mario **è aiutato da** un collega. | *passiv* |

Maurizio **è stato licenziato.**
Il servizio **era/veniva richiesto** da molti.
Il contratto **sarà/verrà rinnovato.**

Das Passiv wird aus einer Form von **essere** und dem Partizip Perfekt gebildet.
Wird der Urheber eines Geschehens erwähnt, geschieht dies mit der Präposition **da**.
Wenn das Passiv einen Vorgang (nicht einen Zustand!) darstellen soll, kann in einfachen Zeiten **venire** als Hilfsverb benutzt werden.

### 6 L'uso impersonale della 3ª persona plurale

Lì **costruiscono** una nuova strada.
Mi **hanno proposto** di fare i turni.

Die 3. Person Plural wird in der Umgangssprache oft unpersönlich benutzt:
**Dicono che …** *Sie sagen/Man sagt, dass …*

### 7 Il passato prossimo dei verbi riflessivi

| | **trasferirsi** | | |
|---|---|---|---|
| io | mi | **sono** | trasferit**o**/**a** |
| tu | ti | **sei** | |
| lui/lei | si | **è** | |
| noi | ci | **siamo** | trasferit**i**/**e** |
| voi | vi | **siete** | |
| loro | si | **sono** | |

Das **passato prossimo** der reflexiven Verben wird immer mit dem Hilfsverb **essere** gebildet.
Das Reflexivpronomen steht vor dem Hilfsverb, die Endung des Partizips wird dem Subjekt in Zahl und Geschlecht angeglichen.
In verneinten Sätzen steht **non** vor dem Reflexivpronomen: Oggi **non** mi sono annoiato.

### 8 La frase subordinata implicita con il gerundio

Sie kennen das **gerundio** bereits in Kombination mit dem Verb **stare**. Es kann aber auch allein stehen und einen ganzen Nebensatz ersetzen, wenn Haupt- und Nebensatz das gleiche Subjekt haben.

| | |
|---|---|
| Accompagno i bambini a scuola **andando** al lavoro. | (= mentre vado) |
| **Venendo** spesso qui aveva già degli amici. | (= siccome veniva) |
| **Continuando** così passerà gli esami senza problemi. | (= se continua) |
| Ho passato la giornata **lavorando**. | (= a lavorare) |
| **Avendo insegnato** già prima ho subito trovato lavoro. | (= poiché avevo insegnato) |

Das **gerundio** beschreibt Gleichzeitigkeit, eine Bedingung, eine Begründung oder die Art und Weise.
Die Vergangenheitsform des **gerundio** (**avendo/essendo** + Partizip) drückt Vorzeitigkeit aus.

# Dimmi un po' ...

## In questa unità impariamo a

- ➜ parlare di mezzi di comunicazione
- ➜ comunicare in forma scritta
- ➜ concordare un appuntamento per e-mail o al telefono
- ➜ esporre un problema o delle lamentele
- ➜ informarci su fatti di attualità

## Per cominciare

**1** **Leggete le espressioni e scrivetele sotto l'immagine che vi sembra più adatta. Dite poi quello che fanno le persone.**

.....................................

.....................................

...........................

...........................

...........................

...........................

.....................................

.....................................

.....................................

.....................................

flirtare – parlare sottovoce – fare quattro chiacchiere – parlare a quattrocchi – chattare – dare un colpo di telefono – passare delle informazioni – fare un gesto – mettere al corrente – capirsi con uno sguardo – comunicare per iscritto – inviare un'e-mail – lasciare un messaggio – farsi capire – avvisare

.....................................

.....................................

**2** **Quali sono i mezzi che preferite per comunicare? Quali usate solo di rado o non usate affatto? Parlatene in piccoli gruppi.**

**3** **Discutete in piccoli gruppi. Quali delle seguenti comunicazioni fareste per iscritto e non a voce?**

una dichiarazione d'amore – un reclamo – un invito – un avvertimento ad un vicino di casa distratto – una richiesta di aumento di stipendio al proprio capo

# Comunicare per iscritto

**4 Leggete i seguenti testi e abbinateli alle immagini. Secondo voi di che tipo di testo si tratta?**

**1** lettera formale – **2** sms – **3** e-mail – **4** post it – **5** biglietto d'invito

☐ Spett.le Hotel Ariana,
con la presente confermo la prenotazione di una camera doppia con balcone e trattamento di mezza pensione dal 2 al 12 luglio.
Ho già provveduto ad effettuare, tramite vaglia postale sul vs. c.c., il versamento dell'acconto di € 320 pari al 20% dell'importo totale.

Cordiali saluti
Caterina Benvenuto

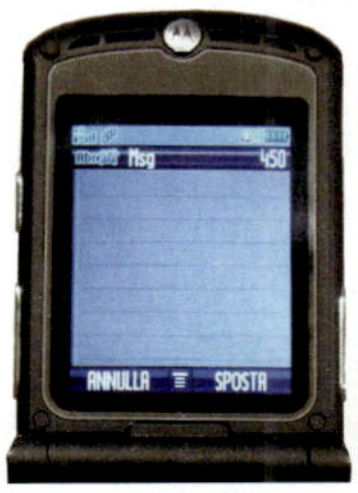

☐ Ciao a tutti!
Che ne dite di organizzare una serata di saluto, anche per verificare i programmi per la prossima estate (se si torna in campeggio o meno)?
Potremmo trovarci già il 29 o il 30 se vi va, in Galleria Meravigli, altrimenti anche altri posti vanno bene.
Spero di sentirvi presto, buona giornata!
Maurizio

☐ Round Table Padova è lieta di invitarVi al vernissage per la personale del maestro Pietro Mancuso che si terrà presso il Caffè Pedrocchi a Padova
Venerdì 2 febbraio 2007 alle ore 19.30
Presenterà la mostra il dott. Mario Guderzo, storico e critico d'arte, direttore del Museo Gipsoteca Canoviana di Possagno
Aperta al pubblico tutti i giorni dal 2 al 25 febbraio
info: www.art-for-service.org

☐ T vng a prend + td. T faccio 1 sql qnd arr
➛ sql = squillo

☐ X Gianni:
Del regalo per Anna ne parliamo stasera, ok?
Mara

**5 Rileggete i testi e decidete in quale …**

– si propone qualcosa
– si conferma una prenotazione
– si avverte qualcuno di qualcosa
– si invita ad un evento artistico.

**6 Come si esprime nell'ultimo testo la frase: parliamo del regalo stasera?**

E. 1-5 pagg. 120-121

**7 Scegliete due delle situazioni seguenti e comunicatele nella forma scritta più adatta.**

- Volete incontrare un amico che non vedete da tempo.
- Dovete uscire inaspettatamente di casa e vostro figlio non è ancora rientrato.
- L'albergo in cui volete fare le vacanze ha sollecitato il pagamento dell'acconto che avete già versato.
- Volete invitare amici e parenti alle nozze o alla festa di compleanno.

# Darsi appuntamento

**8 Ascoltate il dialogo e mettete una crocetta accanto alle affermazioni corrette.**

1. Lucia ha scritto una mail a Barbara. ☐
2. Barbara in questi giorni ha moltissimo lavoro. ☐
3. Lucia, Barbara e Maurizio vorrebbero incontrarsi con altri amici. ☐
4. Venerdì Barbara non ha tempo perché deve lavorare. ☐
5. La Galleria Meravigli è un locale che piace molto anche alla sorella di Barbara. ☐

**9 Ora leggete il dialogo della telefonata.**

● Pronto?
○ Ciao, Barbara. Sono Lucia.
● Ehi, ciao Lucia! Come va?
○ Tutto bene, grazie. Ti telefono perché non so se hai ricevuto anche tu la mail di Maurizio ...
● Sì, ma non gli ho ancora risposto. Sono stata piena di lavoro in questi giorni ... ha proposto di incontrarci tutti in Galleria Meravigli, vero?
○ Sì, giovedì o venerdì sera. Tu come sei messa? Ti va di venire o sei già impegnata?
● Mah, guarda, io ci verrei volentieri, mi farebbe davvero piacere rivedervi. Però proprio per venerdì ho già preso un appuntamento con Alex. Gli ho promesso di accompagnarlo al Bhangra.
○ Ah, sì. Lo conosco, è simpatico. Beh, ma allora perché non ci incontriamo giovedì? Magari cerchiamo di non fare troppo tardi, visto che venerdì si lavora ...
● Sì, giovedì va bene! Cosa facciamo, vogliamo fissare già l'ora?
○ Direi di sì. Facciamo alle otto?
● D'accordo. Allora rispondo io a Maurizio e gli dico che per noi va bene il 29 alle otto.
○ Perfetto! Allora a giovedì ...
● Ah, senti, se per voi non ci sono problemi, lo direi anche a mia sorella. So che quel locale le piace un sacco.
○ Ma certo, figurati! Nessuno avrà niente in contrario, anzi ...

E. 7-9 pagg. 121-122

**10 Rileggete il dialogo e trascrivete le espressioni che si usano per ...**

chiedere all'altro se è disponibile ..............................................................
segnalare interesse alla proposta ..............................................................
rifiutare l'invito spiegandone il motivo ..............................................................
fare un'altra proposta ..............................................................
fissare l'ora e il luogo dell'appuntamento ..............................................................

**11 Volete invitare il vostro compagno a fare qualcosa insieme. Fate il dialogo.**

andare al cinema/a cena fuori/in discoteca ... dopodomani/giovedì prossimo/uno di questi giorni

Ti va/Hai voglia di ... ?
Hai tempo di ... ?
Allora perché non ci incontriamo ... ?
Facciamo alle ...

Sì, volentieri, quando?
Mi dispiace, ma ho già un impegno.
Sì, va bene.
Perfetto. Allora a ...

**12** **Rileggete il dialogo al punto 10, sottolineate tutti i pronomi diretti e indiretti e riscriveteli con i relativi verbi nella tabella sottostante indicando con una x di che pronome si tratta.**

| verbi ed espressioni | pronome diretto (chi?/che cosa?) | pronome indiretto (a chi?/a che cosa?) |
|---|---|---|
| ti telefono | | X |
| ... | | |
| ... | | |
| ... | | |
| ... | | |
| ... | | |
| ... | | |
| ... | | |

**Rileggete le espressioni. Notate differenze rispetto alla vostra lingua?**

**13** **Maurizio ha risposto alla mail di Barbara. Completate le lacune con i pronomi diretti e indiretti.**

Ciao Barbara,
allora giovedì ci vediamo in Galleria Meravigli alle 20.
Di' a Lucia di portar...... il DVD che ...... ho prestato un mese fa. Mario e Michele vengono in metro, ....... puoi accompagnare tu al ritorno? Se senti Piero, di...... di chiamar......, ...... ho telefonato almeno dieci volte ma non ...... ho mai trovato e la segreteria è spenta. ...... ho mandato anche due mail, ma non ...... ha risposto.
Sandra e Cinzia tornano domani dalla Sardegna, io sarò fuori fino a mercoledì per lavoro.
...... avverti tu per favore?
Grazie, baci
Maurizio

E. 10-11 pagg. 122-123

**14** **Lavorate in gruppi. Trascorrete alcuni giorni a Milano e decidete di passare una serata tutti insieme. Quali delle seguenti proposte farebbero per voi? Fate il dialogo.**

**GIORNO E NOTTE CHAT NOIR**
Il trio jazz Chat Noir presenta il suo disco "Découpage". Fnac, via Torino, ore 18.

**AVION TRAVEL**
Presentano il nuovo album "Danson Metropoli, Canzoni di Paolo Conte": Feltrinelli, piazza Piemonte, ore 18.30.

**SIGNORA DELLE ACQUE**
Silvia Messa presenta il suo romanzo "La signora delle acque" (Carte Scoperte). Con Pier Angelo Cantù, Elisabetta Raimondi, Vincenzo Zitello. Libreria Archivi del '900, via Montevideo 9, ore 21.

**IL SORRISO DELLA GIOCONDA**
Il ciclo di incontri "Il genio di Leonardo, al di là dei misteri" a cura di Luca Frigerio si apre con "Il sorriso della Gioconda". Galleria San Fedele, via Hoepli 3, ore 18. Ingresso 7 euro, tutto il ciclo (4 lezioni) 20 euro. Iscrizioni: 0286352233.

**MILANO E IL MONDO**
Fotografie di un anno. Galleria Bel Vedere, via Santa Maria Valle 5, mar – dom 13 – 20, fino al 4 marzo, 02.45472468.

# Parlare dell'uso dei mezzi di comunicazione

**15 In piccoli gruppi rispondete a turno alle seguenti domande e poi riferite in plenum i risultati dell'inchiesta.**

Quante persone nel vostro gruppo ...
- guardano film o ascoltano musica da internet?
- mandano più di 3 SMS al giorno?
- usano scrivere biglietti o lettere per fare gli auguri di Natale?
- non hanno il telefono fisso, ma solo il cellulare?
- ogni tanto fanno qualche videochiamata?
- hanno la TV digitale?
- non hanno la TV?
- leggono le notizie su Internet anziché il giornale?

**16 Leggete l'articolo e sottolineate tra i seguenti titoli quello appropriato:**

[ L'Italia del Nord e l'Italia del Sud – Italiani divisi da un confine hi-tech – Internet? Sì, grazie ]

***Pc per il 56%, analfabetismo digitale per gli altri***

Una linea che spacca il Paese a metà. Un confine invisibile tra l'Italia digitale e l'Italia dell'analfabetismo tecnologico: da una parte le famiglie e le persone che padroneggiano computer, Internet e banda larga; dall'altra i pensionati, le casalinghe e chi non conosce l'inglese, sempre più esclusi dall'universo della tecnologia quotidiana. [...]

***L'utilizzo di Internet***

Riguardo alla "mezza Italia" digitale, va registrato un numero a suo modo storico: nel 2006 per la prima volta il numero di famiglie nelle quali vi è almeno un utilizzatore di Internet ha superato la soglia del 50% (11,6 milioni) mentre le persone che usano abitualmente il web ha raggiunto quota 17,7 milioni. Posta elettronica e download di musica e video le ragioni principali per l'utilizzo della rete, ma si fa largo anche una tendenza più recente, l'autoproduzione di contenuti, con gli utenti che non sono più dei semplici destinatari di Internet.

***Il regno dei telefonini***

Tra le tecnologie, solo la telefonia mobile è riuscita finora a coinvolgere quasi per intero il mercato "domestico": un fenomeno che ci pone ai vertici nelle graduatorie internazionali. Nel 90% delle famiglie c'è almeno un utilizzatore di telefonino e nel 69% più di uno. La spesa annuale della famiglia italiana per servizi di telefonia è in media di quasi 1.000 euro (60% per il mobile). E "a fronte di un reddito medio che tende a non crescere – spiega il rapporto – le famiglie cercano di razionalizzare anche la spesa in telecomunicazioni. La strada maestra è stata spesso quella di abbandonare la linea fissa di casa e tenere solo il cellulare". Così, i nuclei familiari "mobile only" sono arrivati a 4 milioni.

Da: *www.repubblica.it*, 9 marzo 2007

E. 12 pag. 123

**17 Rileggete il testo e raccogliete le parole da associare ai termini seguenti.**

**18 Quali sono le ragioni principali per cui gli italiani utilizzano Internet? Quale tendenza si sta sviluppando in Italia nell'uso del telefono? Riscontrate dei comportamenti simili nel vostro paese?**

## OSSERVATE!

**Osservate e completate.**

...... 2006 il numero di famiglie nelle quali vi è almeno un utilizzatore di Internet ha superato la soglia ...... 50%.
...... 90% delle famiglie c'è almeno un utilizzatore di telefonino.
La strada maestra è stata quella di tenere solo ...... cellulare.

**Notate delle differenze rispetto alla vostra lingua?**

**19** **Guardate il grafico e completate il testo sottostante.**

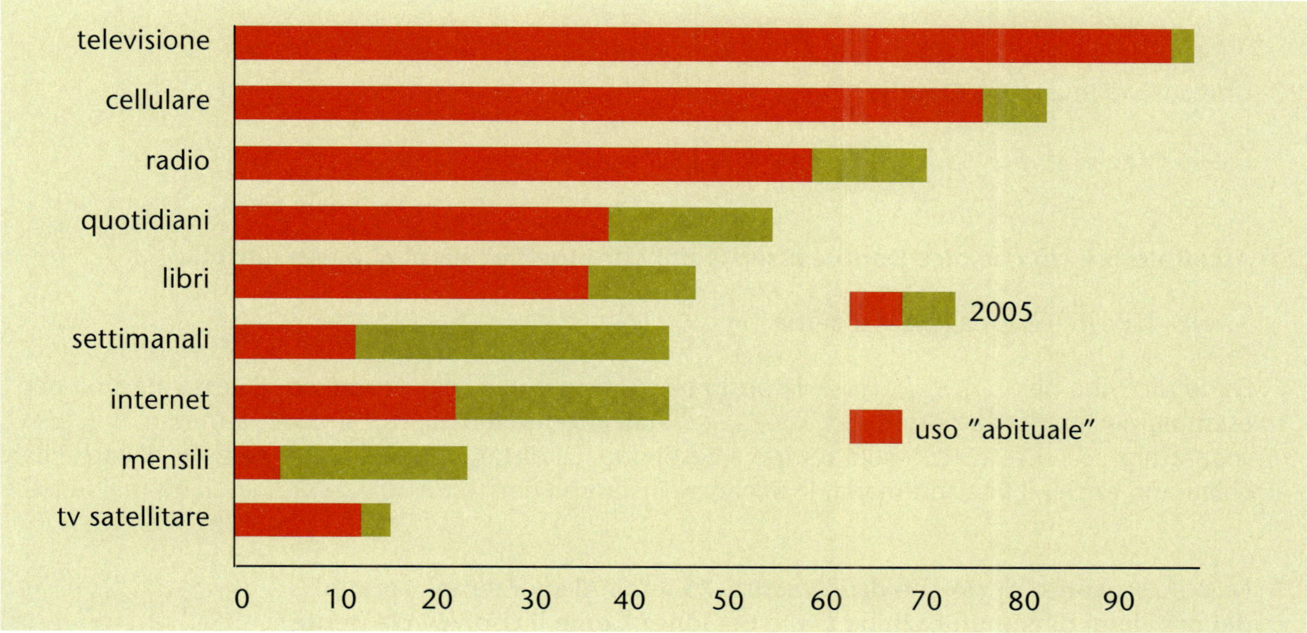


1. Quasi tutti gli italiani guardano regolarmente la TV .
2. Più di due terzi delle persone ascoltano regolarmente ................ .
3. Circa la metà degli italiani ama leggere ................ .
4. Meno di un quarto della popolazione legge ................ .
5. Circa un quinto degli italiani non usa ................ .

**Ora continuate voi.**

E. 14-15 pag. 124

**20** **Lavorate in gruppi e discutete.**

1. Cosa leggete regolarmente: il giornale, un mensile, dei libri?
2. Quanto tempo passate al computer o guardando la TV?
3. Preferite vedere un film in TV o al cinema?
4. Vi piace stare a lungo al telefono?

**21** **In gruppo formulate delle ipotesi sulla percentuale della popolazione che nel vostro Paese ...**

– guarda la televisione, ....................
– legge tutti i giorni un quotidiano, ....................
– ascolta regolarmente la radio, ................
– naviga su Internet. ................

**Confrontate poi le vostre ipotesi in plenum.**

**Esempio:** Il 20%/un quinto . . .

**22 Ascoltate l'opinione di Claudia sull'uso della posta elettronica e del cellulare. In quali occasioni li usa?**

"La posta elettronica e la telefonia mobile facilitano la vita. Quando faccio tardi in ufficio o sono in giro per lavoro, mia figlia sa che mi può sempre rintracciare sul cellulare. E io posso fare la stessa cosa con lei. Senza il cellulare a volte non saprei dove rintracciarla e mi preoccuperei. Anche con gli amici, soprattutto quelli che abitano lontano, è molto più facile comunicare. Lo facciamo via e-mail o con le videochiamate, come sto facendo da un po' di tempo con mia sorella che è andata a vivere in Brasile".

OSSERVATE!

Claudia dice che quando fa tardi in ufficio o è in giro per lavoro, sua figlia sa che la può rintracciare sul cellulare.

**Sottolineate nella frase riportata gli elementi che cambiano rispetto alla frase espressa direttamente da Claudia.**

**23 Che cosa dice ancora Claudia?**

*Claudia aggiunge che . . .*

**24 Ascoltate ora ciò che dice Dario e inserite poi i pronomi e i verbi al posto giusto.**

gli – lui – lo – era – aveva – si perde

Dario dice che per .................... la posta elettronica non è solo progresso. Questa mattina per esempio nella cassetta postale .................... circa trenta e-mail, ma almeno la metà .................... spazzatura. .................... solo tempo a cestinarle. La ditta .................... dà sì il cellulare, ma poi chiamano anche il fine settimana, in vacanza, insomma non ...................... lasciano mai in pace.

**25 Ecco il resoconto di ciò che dice Natalia, 75 anni. Ai suoi tempi c'erano dei problemi di comunicazione tra le persone? Come li risolveva la gente?**

E. 16-18 pagg. 125-126

Natalia dice che prima il computer non c'era e si viveva bene lo stesso. Racconta che lì in campagna i rapporti con le persone erano diversi, le amicizie erano più sincere, se c'erano dei problemi si risolvevano guardandosi in faccia e parlandosi a quattrocchi. Anche quando non andava d'accordo con suo marito, gli parlava apertamente, non gli mandava una mail o un sms come si usa oggi. Conclude che se finora ha vissuto senza tanta tecnologia, potrà continuare così anche per il resto della sua vita.

**26 Quali sono state le parole di Natalia? Ricostruite la sua testimonianza diretta.**

E. 19-20 pag. 126

OSSERVATE!

Anche quando non andavo d'accordo con mio marito gli parlavo apertamente.
Se finora ho vissuto senza tanta tecnologia, potrò continuare così anche per il resto della mia vita.

**Riuscite a spiegare la differenza tra le due congiunzioni?**

**27 Discutete in gruppi. Riuscite ad immaginare la vostra vita senza cellulare e senza computer? Quali potrebbero essere per voi i vantaggi o gli svantaggi?**

## Lamentarsi di qualcosa e scusarsi

7 **28 Ascoltate il seguente dialogo. Si svolge tra amiche o colleghe?**

- ● Carla, io adesso vado, ho l'appuntamento dal notaio.
- ❍ Dal notaio? Non lo sapevo! Ma torni dopo?
- ● Non credo di farcela. Ci vediamo domattina. Ah, guarda che verso le cinque telefonerà la Franzini per chiedere del progetto. Gliene parli tu, va bene?
- ❍ Come, gliene parlo io? Hai seguito tutta la pratica tu. Come faccio adesso? Perché non me l'hai detto prima, scusa?
- ● Ma Carla, tu eri presente quando ho detto a Lucchini che dovevo uscire prima.
- ❍ Certo che ero presente! Però non mi hai detto niente della Franzini. Le cose tu me le dici sempre all'ultimo momento! Non è questo il modo di fare!

**29 Leggete adesso la seguente mail. Per quale motivo Alessandra scrive a Carla?**

Ciao Carla! Volevo scusarmi per averti lasciato quella bega con la Franzini venerdì pomeriggio, ma sono dovuta correre via perché ero già in ritardo. Mi dispiace, non succederà più, anzi per farmi perdonare, del grafico per Lucchini me ne occupo io, così tu puoi uscire prima ☺.
Se mi inoltri subito il file glielo posso consegnare già questa sera.
Alessandra
Ieri sera non sono potuta andare a vedere il film di Crialese. Ci andiamo insieme una di queste sere?

**30 Rileggete il dialogo e la mail. Sottolineate poi con due colori diversi, tra le espressioni seguenti, quelle che usereste per lamentarvi di qualcosa e quelle per scusarvi.**

- **a** Mi dispiace, non succederà più!
- **b** Perché non me l'hai detto prima, scusa?
- **c** Volevo scusarmi ...
- **d** Come, gliene parlo io?
- **e** Non è questo il modo di fare!
- **f** Per farmi perdonare ...
- **g** Però non mi hai detto niente di ...
- **h** Sono dovuta correre via ...

**31 Cosa potrebbe rispondere Carla? Scrivete la mail.**

E. 22 pag. 127

### OSSERVATE!

Perché non me l'hai detto prima? Le cose tu me le dici all'ultimo momento.
Se mi inoltri il file glielo posso consegnare stasera.

- ● Chi parla alla Franzini del progetto? ❍ Gliene parla Carla.
- ● Chi si occupa del grafico? ❍ Me ne occupo io.

**Cosa notate nell'uso dei pronomi in queste frasi?**

**32 Offrite il vostro aiuto ai nonni che hanno qualche problema con il computer.**

Esempio: ● *Chi ci collega la tastiera al computer?* ❍ *Ve la collego io.*

Chi ...
- ci può installare questi programmi?
- ci spiega come funziona il mouse?
- mi insegna a fare l'home banking?
- ci scarica le foto sul computer?
- mi salva questo file?
- mostra alla nonna come si scarica la musica?

## OSSERVATE!

Non sono potuta andare a vedere il film perché ho dovuto accompagnare mia madre a casa.

**Che cosa notate nell'uso degli ausiliari con i verbi modali?**

**33 In coppia scegliete una delle seguenti situazioni e fate il dialogo.**

E. 23-25 pag. 127

- L'amico con cui avevate un appuntamento non si è presentato, non ha risposto al cellulare e dopo non si è nemmeno scusato.
- Un vostro collega da un po' di tempo va via spesso senza concludere il lavoro che poi tocca a voi finire.
- Avete prestato ad un amico un DVD per qualche giorno. Adesso è passato quasi un mese e non ve lo ha ancora restituito.

# Ascolto

8 **34 Ascoltate ora l'intervista all'ideatore e insegnante di un corso di comunicazione e prendete appunti.**

8 **35 Riascoltate e sottolineate le affermazioni corrette.**

1. Il workshop dura dal lunedì al venerdì.
2. In genere vi partecipano persone piuttosto giovani.
3. Vi s'iscrivono imprenditori, impiegati, commerciali, notai, avvocati, ma anche studenti universitari, o casalinghe.
4. I partecipanti vogliono imparare a comunicare in modo piacevole e senza timidezza.
5. Il workshop si chiama "La comunicazione piacevole", il corso nelle aziende invece "Comunicare entusiasmo".
6. I corsi di La voce.net non sono solo sulla comunicazione verbale.

# Guardiamo da vicino!

**36 Abbinate le seguenti espressioni alle immagini.**

articolo di fondo
pagina sportiva
programma
canale
titolo
sottotitolo
telegiornale
trasmissione
quotidiano
settimanale
rivista

**37 Se volete leggere un commento al tema del giorno dove lo cercate? E se volete sapere il risultato delle partite di calcio?**

# ALLA SCOPERTA DELL'ITALIA

**38** **Ascoltate. Chi sono Giovanna, Paola e Giacomo?**

**39** **Leggete ora il brano e raccogliete tutte le informazioni che caratterizzano le tre persone.**

*Lungo bip di una segreteria telefonica.*
*Uno scatto, poi la voce di una ragazzina.*

**Giovanna** Non siamo in casa. Se volete essere richiamati lasciate il vostro nome e il numero di telefono. E tenete presente che questi aggeggi sono utili ma capricciosi. Non fidatevi! Quando sono affamati s'ingoiano interi messaggi. Vi ho avvertito. Perciò, se non ci facciamo vive, richiamate voi. Adesso non fatevi pregare: parlate, parlate, parlate! Grazie.

**Giacomo** Paola (*un sospiro rassegnato*), sono Giacomo. La tua segreteria è troppo lunga. Dovresti dirlo a Giovanna, che ci vada piano. Pensa alle bollette. E a quei poveri disgraziati che ti devono telefonare. Comunque ... senti un po', Giovanna non è ancora arrivata. Che succede? Lo sai che dobbiamo andare a pranzo fuori, non posso mica aspettarla tutto il pomeriggio. Mi faresti la cortesia di dirmi a che ora è uscita?

*Il nastro s'interrompe e la linea per qualche secondo dà il segnale di occupato. Subito dopo, uno squillo. Stessa voce maschile.*

**Giacomo** Pronto, sono sempre io. Per chiudere il messaggio di prima ...

**Paola** Giacomo?

**Giacomo** Ci avrei giurato. Lo sapevo. Te ne stai lì acquattata ... Ma che fai, hai cominciato a barricarti di nuovo dietro la segreteria?

**Paola** Smettila di lamentarti. Ti ho risposto, sì o no? O dobbiamo litigare anche per questo?

**Giacomo** Figurati. Se vuoi giocare a nascondino, liberissima. Ormai ... Però Giovanna me la dovevi mandare all'ora stabilita, non quando pare a te.

**Paola** Sta' tranquillo. È uscita da almeno un'ora, sarà lì a momenti.

**Giacomo** Sicura?

**Paola** Ma sì. È venuto a prenderla Marco, quel compagno di banco, o di classe, insomma il suo amichetto. Te lo ricordi? L'hai conosciuto anche tu, quel biondino ...

**Giacomo** Marco? Mica posso portarmi dietro anche lui.

**Paola** Eh, ma oggi hai proprio intenzione di piantare polemiche! Perché devi essere sempre così ... così ... Inutilmente, poi. Nessuno ti darà fastidio, se è questo che ti preoccupa. Marco l'accompagna e basta. (*Assume un tono più discorsivo*) Ma te lo ricordi quant'è dolce quel ragazzino? È capace perfino di arrossire. Fa tenerezza, così innamorato di Giovanna. Lei invece, impassibile, con quell'aria da menefreghista. Falsa. Come te.

**Giacomo** Paola!

*Lei ride, improvvisamente allegra.*

**Paola** Su, non te la prendere. E non farti trovare col solito muso. È già così piena di problemi, nostra figlia.

**Giacomo** Non per colpa mia.

**Paola** E chi parla di colpe? Lasciamo perdere, dai. Piuttosto ... sarete soli, voi due soli tutto il fine settimana?

**Giacomo** Veramente ... no. Ti dispiace?

*Paola ride di nuovo.*

**Paola** Non sono gelosa. Mi è passata, non temere. Con la bella cura di chiacchiere che mi hai somministrato! Dovevi fare l'imbonitore, altro che l'insegnante!

**Giacomo** Ma quali chiacchiere. Io ho sempre cercato di comunicare, di non nascondere, mai ... Falso a me proprio non lo puoi dire. O mi avresti preferito bigamo e bugiardo?

**Paola** Ma sentitelo quest'uomo meraviglioso, eccezionale! Non vuole dire bugie, lui! Vuole comunicare, lui. Con certi argomenti ... Originali, sai, proprio originali. Non ti offendere, ma avresti dovuto sentirti: (*gli fa il verso*) "Io ti amerò sempre, ma la vita è desiderio, è cambiamento, non posso chiudermi alla vita". Ma lascia stare! [...]

Da: *Lontano da casa*, Radiodramma di Maria Rosa Cutrufelli, RAI ERI, 1997

**Vocabolario:**

aggeggio *attrezzo, oggetto*
sono capricciosi *qui: fanno quello che vogliono*
s'ingoiano *qui: fanno sparire*
bollette *fatture per il telefono o l'elettricità*
ci avrei giurato *qui: ne ero sicurissimo*
acquattata *nascosta in attesa*
smettere *finire*
arrossire *diventare rosso*
tenerezza *dolcezza*
impassibile *che non mostra emozioni*
menefreghista *indifferente*
muso *viso dall'espressione offesa*
gelosa *qui: possessiva*
temere *avere paura, timore*
somministrare *dare*
imbonitore *chi convince una persona a fare una determinata azione*
bugiardo *chi non dice la verità*
non ti offendere *non restarci male*

**40** **Secondo voi per quale motivo è in ritardo Giovanna?**

**41** **Lavorate in piccoli gruppi e descrivete il rapporto tra Paola e Giacomo.**

# GRAMMATICA

## 1 Le particelle *ne, ci* e *vi*

| |
|---|
| Quando parliamo **del progetto**? – **Ne** parliamo dopo.<br>Chi si occupa **di questo lavoro**? – Me **ne** occupo io.<br>Che **ne** dite **di andare a mangiare una pizza**?<br><br>Chi pensa **a scrivere il verbale**? – **Ci** penso io.<br>**Ci** sono molti che abbandonano la linea fissa.<br>Non **vi** sono dati attuali, ma sembra una tendenza. |

**Ne** kann nicht nur unbestimmte Mengen ersetzen, sondern einen ganzen Satzteil, der durch **di** eingeleitet wird. Man übersetzt etwa mit *darüber/davon/darum/dazu.*
**Ci** kann neben Ortsangaben mit **a** oder **in** einen Satzteil ersetzen, der durch **a** eingeleitet wird. **Vi** kann **ci** ersetzen, wird aber seltener gebraucht.

## 2 L'uso dell'infinito

E. 6 pag. 121

| |
|---|
| **Hai voglia/tempo di** accompagnarmi?<br>Non **mi va di** andare al cinema.<br>**Comincia a** piovere.<br>**Continuo a** camminare.<br>Ci **farebbe piacere** rivedervi.<br>Mi **piace** viaggiare in treno. |

Auf viele Verben und unpersönliche Ausdrücke kann ein Infinitiv oder eine Infinitivkonstruktion folgen. Ob der Infinitiv durch eine Präposition angeschlossen wird und durch welche, hängt von dem vorausgehenden Verb ab.

## 3 Il pronome relativo *il quale*

E. 13 pag. 124

| maschile | femminile |
|---|---|
| **il quale** | **la quale** |
| **i quali** | **le quali** |

Das Relativpronomen **il quale** richtet sich – anders als **che** – in Zahl und Geschlecht nach dem Bezugswort. Es wird vor allem im Schriftlichen gebraucht und wenn der Bezug mit **che** bzw. **cui** nicht eindeutig wäre.

| |
|---|
| **Il padre** di Anna, **il quale** lavora alla FIAT, andrà in pensione tra poco.<br>Il padre di **Anna, la quale** lavora alla FIAT, va spesso a sciare con mio padre.<br>Sono poche le famiglie **nelle quali** non si usa Internet. |

Der Artikel verschmilzt wie gewohnt mit den Präpositionen **a, di, da, in, su.**

## 4 L'uso dell'articolo determinativo

| |
|---|
| **Il** 70% degli intervistati si interessa di politica.<br>**Nel** 50% delle famiglie c'è un utente di Internet.<br>**Nel** 2006 ho cambiato lavoro.<br>**Il** cinema mi piace molto.<br>Non mangio **la** carne. Sono vegetariano.<br>Non ho **la** macchina. |

Vor Prozentangaben steht **il** – das Verb steht entsprechend im Singular.
Außerdem steht der bestimmte Artikel bei Jahresangaben, bei Gattungsbezeichnungen und bei Dingen, die man im Allgemeinen nicht in vielfacher Anzahl besitzt.

## 5 Le frazioni

| | | |
|---|---|---|
| $^{1}/_{2}$ la metà | $^{1}/_{4}$ un quarto | $^{1}/_{5}$ un quinto |
| $^{1}/_{3}$ un terzo | $^{3}/_{4}$ tre quarti | $^{1}/_{20}$ un ventesimo |

Die Bruchzahlen entsprechen ab $^{1}/_{3}$ den Ordnungszahlen.

Beachten Sie den Plural: **Due terzi** delle persone ascoltano la radio.

## 6 Il discorso indiretto I

Zwischen direkter und indirekter Rede gibt es keinen Unterschied in Zeit und Modus, wenn die indirekte Rede durch ein Verb im Präsens oder **passato prossimo** eingeleitet wird und etwas wiedergegeben wird, was erst kurz zuvor gesagt wurde. Personalpronomen, Possessivpronomen und die Personalform des Verbs müssen dagegen angepasst werden:

| | | |
|---|---|---|
| **discorso diretto** | Linda dice/ha detto:<br>Poi spiega: | "Per **me** e **mia** figlia il cellulare è utile."<br>"**Ci telefoniamo** spesso durante la giornata." |
| **discorso indiretto** | Linda dice/ha detto che<br>Spiega che | per **lei** e **sua** figlia il cellulare è utile.<br>**si telefonano** spesso durante la giornata. |

## 7 Il gerundio con il pronome

E. 21 pag. 126

**Si** sta **chiedendo** cosa fare.
Sta **chiedẹndosi** cosa fare.
**Parlạndogli** a voce l'ha convinto.

Auf das Gerundium bezogene Pronomen *können* angehängt werden, wenn es sich um die Verlaufsform handelt, sie *müssen* angehängt werden, wenn das Gerundium einen Nebensatz ersetzt.

## 8 Le congiunzioni *se* e *quando*

**Quando** arrivo in ufficio accendo subito il computer.
**Quando** arrivo ti avviso.
**Se** domani fanno sciopero prendo la macchina.

**Quando** beschreibt einen Zeitpunkt und bedeutet *jedes Mal, wenn* oder *dann, wenn*.
**Se** nennt eine Bedingung und heißt *wenn/falls*.

## 9 Il passato prossimo dei verbi modali

Rita **ha dovuto studiare**.
Rita **è dovuta andare** v a.
Gina **ha voluto parlare** con te.
Gina **è voluta uscire** con te.
Mario non **ha potuto finire** il lavoro.
Mario non **è potuto venire.**

Bei Modalverben richtet sich die Wahl des Hilfsverbs danach, ob der nachfolgende Infinitiv das **passato prossimo** mit **avere** oder **essere** bildet.

## 10 Pronomi combinati

| | **lo** | **la** | **li** | **le** | **ne** |
|---|---|---|---|---|---|
| mi | me lo | me la | me li | me le | me ne |
| ti | te lo | te la | te li | te le | te ne |
| gli/le | glielo | gliela | glieli | gliele | gliene |
| ci | ce lo | ce la | ce li | ce le | ce ne |
| vi | ve lo | ve la | ve li | ve le | ve ne |
| gli | glielo | gliela | glieli | gliele | gliene |
| si | se lo | se la | se li | se le | se ne |

Treffen zwei der nebenstehenden Pronomen (unbetonte Objektpronomen, Reflexivpronomen, das Pronominaladverb **ne**) zusammen, ergeben sich die dargestellten Formen. Die Abfolge der Pronomen ist dabei unveränderlich. Sie stehen – wie gehabt – vor dem konjugierten Verb, gegebenenfalls nach dem Verneinungspartikel: Non **gliel**'ho detto.

Werden die Pronomen an ein Verb angehängt (vgl. Azzurro, S. 109), werden diese zusammen geschrieben: **Dịmmelo! Puoi dịrmelo.**

# In compagnia di grandi scienziati ed inventori

**Giocate in coppia. Chi inizia sceglie una casella a piacere, legge le informazioni e svolge il compito oralmente. Dopo aver risposto in modo esauriente, può "occupare" la casella come "sua", dopo di che il gioco passa al compagno. Vince chi per primo riesce ad occupare tre campi su una linea verticale, orizzontale o diagonale.**

*Alessandro Volta (1745–1827) in una lettera del 1800 dà per la prima volta notizia "dell'apparecchio a pila" da lui inventato: un predecessore dell'attuale batteria elettrica.*

Nominate un'invenzione del secolo scorso che, secondo voi, è stata importante e spiegate il motivo della vostra scelta.

*L'astrofisica Margherita Hack (*1922) ha diretto l'Osservatorio Astronomico di Trieste dal 1964 al 1987 rendendolo famoso in tutto il mondo.*

Stasera volete andare ad una conferenza sull'evoluzione dell'universo, ma la vostra capufficio vi dice di finire una relazione. Spiegatele che avete già i biglietti e cercate una soluzione.

*Nel 1871 Antonio Meucci (1808–1889) chiede di brevettare una sua invenzione, il primo prototipo di telefono, nato da una necessità: comunicare con la moglie inferma in un'altra stanza della casa.*

Quali sono i mezzi di comunicazione che preferite? Perché?

*Il fisico Carlo Rubbia (*1934) riceve nel 1984 il premio Nobel per la fisica, insieme all'olandese Simon van der Meer. Insegna fisica presso l'Harvard University per molti anni dopodiché dirige il Centro Europeo per la Ricerca Nucleare di Ginevra.*

Vi siete mai trasferiti per lavoro o studio in un'altra città? Raccontate.

*Il premio Nobel Enrico Fermi (1901–1954), progetta e dirige la costruzione del reattore che produce la prima reazione nucleare a catena controllata. A Fermi è dedicato anche un cratere sulla luna.*

C'è uno scienziato, un artista o un personaggio storico che ammirate? Quali informazioni potete dare di lui/lei?

*Dopo la maturità classica il premio Nobel Rita Levi Montalcini (*1909) studia medicina. Nel 1938, in seguito alle leggi razziali, è costretta a lasciare il suo lavoro in ospedale. Mette su un laboratorio in casa e scopre così la sua vera vocazione: la ricerca pura.*

Raccontate quali sono state le vostre scelte dopo la scuola dell'obbligo.

*Il premio Nobel Guglielmo Marconi (1874–1937) nel 1898 riesce a trasmettere oltre oceano il primo segnale radio senza fili.*

Un amico vi ha prestato un libro illustrato sulle grandi invenzioni pregandovi di trattarlo con cura, ma voi l'avete macchiato con il caffè. Scusatevi con lui e cercate di rimediare.

*Leonardo da Vinci (1452–1519) dopo aver vissuto a Firenze per molti anni, si trasferisce a Milano dove dipinge uno dei suoi capolavori: "L'Ultima Cena".*

Fra una settimana ci sarà una mostra sulla vita e l'opera di Leonardo. Spiegate a un compagno di cosa si tratta e cercate di convincerlo a venire.

*A 69 anni Galileo Galilei (1564–1642) viene processato dall'Inquisizione per aver seguito la teoria copernicana e viene condannato agli "arresti domiciliari" a vita. Continuerà comunque a scrivere e a fare osservazioni astronomiche.*

Raccontate un cambiamento importante della vostra vita.

# Portfolio Che cosa so fare

| Unità 1 | | |
|---|---|---|
| **So** | **So farlo bene** | **Voglio migliorare** |
| parlare di cambiamenti della vita privata o professionale (3, 6, 14, 20) | | |
| motivare le mie decisioni (3, 6, 20) | | |
| chiedere informazioni specifiche (11) | | |
| esprimere un bisogno o una necessità (3, 11, 12) | | |
| collocare azioni o avvenimenti nel tempo (3, 20) | | |
| spiegare di cosa si occupa un'associazione di volontariato (13,19) | | |
| scrivere un annuncio (27) | | |

| Unità 2 | | |
|---|---|---|
| **So** | **So farlo bene** | **Voglio migliorare** |
| scrivere un invito o una lettera formale (4) | | |
| proporre qualcosa da fare e fissare un appuntamento (4, 9, 11) | | |
| individuare le informazioni principali di un articolo di giornale (16) | | |
| interpretare una statistica (19) | | |
| parlare di abitudini telematiche e informatiche (19, 22) | | |
| riferire quello che dice un'altra persona (22, 25) | | |
| esporre una lamentela e scusarmi (28, 29) | | |

## Usi e costumi

**Paese che vai usanza che trovi.**
**Di seguito alcuni comportamenti che in Italia potrebbero suscitare un po' di stupore e perplessità. Perché, secondo voi? Discutetene in gruppi.**

1. Andate al bar con degli amici italiani e dopo la consumazione chiedete al cameriere il conto per la vostra consumazione.
2. Dopo cena a casa di amici italiani vi chiedono se desiderate un caffè e voi rispondete che preferite un cappuccino o un latte macchiato.
3. A casa di una famiglia italiana vi vengono servite diverse pietanze che mangiate in silenzio di buon gusto. Prima di andar via ringraziate e dite che avete mangiato bene.
4. Sono le 18 e avete già una fame da lupi. Proponete ai vostri amici italiani di andare al ristorante per cenare.
5. Al ristorante con alcuni amici specificate al cameriere cosa avete mangiato per pagare la vostra parte.
6. Siete invitati a casa di amici italiani. Quando entrate vi togliete le scarpe per stare più comodi e per non sporcare il pavimento.
7. Dopo una bella spaghettata a casa di amici aiutate a lavare le stoviglie e le asciugate senza averle risciacquate con l'acqua corrente.

# Sei in partenza?

## In questa unità impariamo a

- → raccontare un'esperienza di viaggio
- → spiegare le ragioni di una scelta
- → valutare diverse possibilità di viaggio
- → fornire i dati e le nostre generalità dopo un incidente

## Per cominciare

**1** **Guardate le foto e, in coppia, fate delle ipotesi sui motivi del viaggio con l'aiuto delle espressioni sottostanti.**

[ viaggio di affari – gita scolastica – scambio universitario – gita turistica – viaggio culturale – vacanza rilassante – spostamento quotidiano ]

**2** **Leggete il seguente titolo. A quale delle foto lo abbinereste? Leggete poi l'articolo e cercate di spiegare il titolo.**

### Una vita in treno, scelta da premiare

**Sos al terminal del Malpensa Express: non penalizzate i pendolari, salvano l'ambiente**

MILANO - Ieri il pendolare Alessandro, che viaggia sulla Brescia-Milano, è arrivato al lavoro con 65 minuti di ritardo: il suo post ci fa sapere che il giorno prima, martedì, era arrivato con 50 minuti di ritardo. Lunedì gli era andata meglio, ma il treno delle 18.10 da Milano a Desenzano, in cambio della puntualità, offriva carrozze fredde e buie. Mentre un po' su tutte le linee la giornata di ieri registrava ritardi oltre i dieci minuti, al terminal del Malpensa Express i viaggiatori di Busto Arsizio hanno presentato la loro analisi bilancio della situazione e le loro proposte. "Anzitutto i pendolari vanno considerati persone che fanno una scelta di rilievo ambientale: meritano dunque di essere premiati piuttosto che puniti" ha detto il loro portavoce Alessandro Berteotti [...]

Da: *Corriere della Sera,* 26 gennaio 2006

**3** **Qual è il problema del pendolare Alessandro? Anche i pendolari del vostro paese hanno dei problemi?**

**4** **Lavorate in coppia. Sottolineate nel testo le parole che assomigliano a parole della vostra o di un'altra lingua e fate delle ipotesi sul loro significato.**

E. 1-4 pagg. 128-129

**5** **Abbinate le spiegazioni alle espressioni contenute nel testo.**

| | |
|---|---|
| **1.** salvare l'ambiente → | **a** un'azione per il bene delle risorse naturali |
| **2.** penalizzare i pendolari | **b** difendere la natura |
| **3.** una scelta di rilievo ambientale | **c** al posto della precisione oraria |
| **4.** in cambio della puntualità | **d** (qui) danneggiare |
| **5.** meritare | **e** guadagnarsi |
| **6.** punire | **f** svantaggiare le persone che viaggiano tutti i giorni in treno |

**6** **Come viene espressa la seguente frase nel testo?**

I pendolari devono essere considerati come persone che fanno una scelta di rilievo ambientale.

.................................................................................................................................... .

**Che significato ha il passivo formato dall'ausiliare "andare" e il participio?**

E. 5 pag. 129

## OSSERVATE!

**Osservate e completate.**

Ieri Alessandro è arrivato con 65 minuti di ritardo.
Il giorno prima .......................... con 50 minuti di ritardo.
Lunedì gli .......................... meglio.

**Come si forma il trapassato prossimo? Quando si usa?**

**7** **Anche voi avete avuto problemi nei vostri spostamenti regolari, per andare a scuola, all'università o al lavoro? Scrivete delle frasi con le seguenti espressioni.**

**tre giorni fa**
**il giorno prima**

**la settimana scorsa**
**la settimana precedente**

**il mese scorso**
**il mese prima**

Esempio: *Tre giorni fa sono andato al lavoro in tram perché il giorno prima avevo avuto un incidente con la macchina.*

## OSSERVATE!

| farcela | |
|---|---|
| ce la faccio | ce la facciamo |
| ce la fai | ce la fate |
| ce la fa | ce la fanno |

Riesci ad arrivare in orario?
Ce la fai a prendere il treno?

Forse ci riesco.
Non lo so.
Sì, ce la faccio.
Penso di sì/no.

E. 6-8 pag. 130

**8 Lavorate in piccoli gruppi. Fatevi delle domande e rispondete come nello specchietto.**

[ venire a lezione puntualmente – arrivare al lavoro/a scuola in meno di 20 minuti – stare una settimana senza leggere il giornale o guardare la TV – nuotare per tre quarti d'ora senza pausa – cominciare la giornata senza fare colazione – leggere un libro di 200 pagine in un giorno ]

# Valutare diverse possibilità di viaggio

10 **9 Ascoltate il dialogo.**
**Perché la dottoressa Golina non parte in aereo?**

10 **10 Riascoltate il dialogo.**

- ● È permesso?
- ❍ Si accomodi, Sabrina. Mi dica.
- ● Dottoressa Golina, Le volevo dire che per giovedì Le ho prenotato un posto sull'Eurostar delle sette.
- ❍ In treno? Non capisco, perché non ha prenotato come sempre un volo? Come mai questa novità?
- ● Lo so, mi dispiace, è che sul volo che avrebbe desiderato Lei non c'era più posto, avremmo dovuto prenotare prima. Tra l'altro è stato annunciato uno sciopero dei controllori di volo, forse è meglio non rischiare.
- ● Sì, in effetti ... E quanto ci mette l'Eurostar?
- ❍ Dunque, ci mette ... vediamo un po': più di 4 ore e mezza, arriva a Roma Termini intorno alle 12.20.
- ● Mi sembra un po' tardi. Ha considerato che la riunione del Consiglio di amministrazione è alle 13? Da Termini con il traffico che c'è, ci metto almeno tre quarti d'ora ad arrivare in sede. E se poi il treno arriva in ritardo? ... Non ce n'è uno prima?
- ❍ Beh, sì. Ci sarebbe il TrenOk ...
- ● E con quello quanto tempo ci vuole?
- ❍ Ci vogliono più o meno 5 ore, però parte da Bari Centrale già alle 5.15. Pensavo che per Lei ...
- ● No, non è troppo presto. Va benissimo, prenoti un posto su quello. E cancelli la prenotazione dell'hotel, devo rientrare già in serata. Se ne occupi subito, mi raccomando, e tenga presente che la riunione durerà fino alle cinque.
- ❍ Sì, certo. Non si preoccupi.

**11 Indicate con una x le affermazioni corrette.**

1. ☐ La dottoressa Golina generalmente viaggia in treno.
2. ☐ Ormai è troppo tardi per trovare un posto in aereo.
3. ☐ Venerdì c'è uno sciopero dei controllori sui treni.
4. ☐ La dottoressa preferisce prendere il treno prima.
5. ☐ La dottoressa vuole pernottare a Roma.

OSSERVATE!

**Osservate e completate.**

Quanto .............. l'Eurostar? .............. 4 ore e mezza.
Quanto tempo .............. con il Trenok? .............. più o meno 5 ore.

**Come tradurreste le frasi nella vostra lingua? Che differenza notate nell'uso di "volerci" e "metterci"?**

*Attenzione!* **Dalla stazione alla sede ci metto tre quarti d'ora.**

**12 Lavorate in coppia. Chiedete al vostro compagno quanto tempo ci vuole per arrivare da casa sua ...**

- al posto di lavoro
- al corso
- all'università
- al suo locale preferito
- a casa dei suoi amici
- al luogo in cui farà le prossime vacanze.

Esempio: *Da casa mia al lavoro con la macchina ci vogliono 20 minuti.*
*Per andare all'università in bicicletta ci metto mezz'ora.*

E. 9-11 pagg. 130-131

## Spiegare le ragioni di una scelta

**13 In coppia fate il dialogo tra la Dottoressa Golina e un amico che è andato a prenderla al ritorno.**

*Come mai sei partita così presto stamattina?*
*E perché non sei andata in aereo?*
*Era in ritardo . . . ?*
*E dalla stazione . . . ?*
*Sarai stanchissima, immagino, ti accompagno a casa o . . . ?*

*Avevo il treno alle . . .*
*Perché . . .*
*. . .*

OSSERVATE!

Sul volo che avrebbe desiderato Lei non c'era più posto.
Avremmo dovuto prenotare prima.
Con l'Eurostar delle 7.00 sarei arrivata troppo tardi alla riunione.

**Cosa si esprime con il condizionale passato?**

E. 12-13 pagg. 131-132

**14 Scrivete su un foglietto tre frasi per ogni situazione descritta. L'insegnante raccoglie i foglietti, che vengono ridistribuiti e letti ad alta voce. In plenum cercate di indovinare chi li ha scritti.**

– Siete stati costretti a rinunciare alle vacanze che avevate progettato. Cosa avreste voluto fare?
– Il fine settimana avete dovuto lavorare. Cosa avreste preferito fare?
– Avete dovuto pagare una multa salata. Come avreste speso i soldi altrimenti?

[ andare – visitare – accompagnare – comprare – invitare – riposarsi – festeggiare – regalare – dormire ]

Esempio: *Sarei andato in Puglia. Prima avrei passato una settimana al mare e poi . . .*

# Fornire i dati e le proprie generalità dopo un incidente

**15 Guardate l'illustrazione e inserite le seguenti parole al posto giusto.**

[ batteria – motore – finestrino – portabagagli – portiera ]

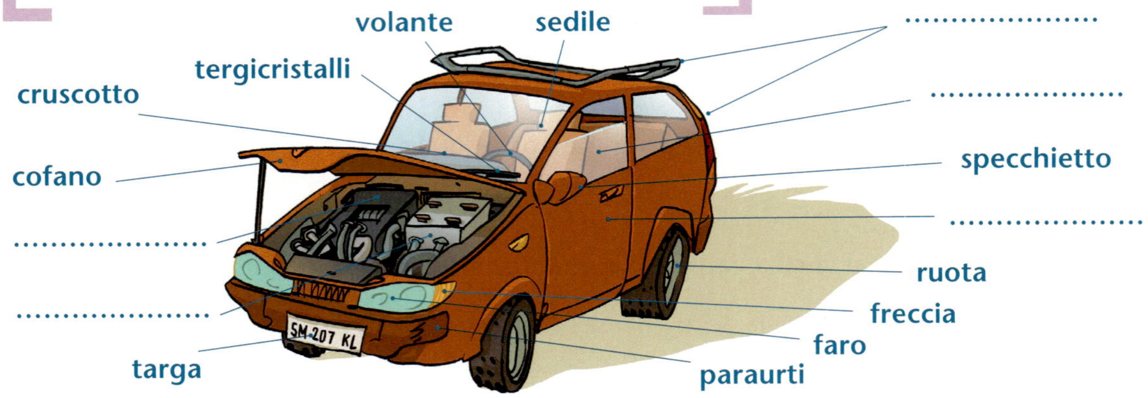


**16 Che cosa fate voi stessi? Quando portate invece la macchina in officina?**

[ ricaricare la batteria – controllare l'olio – cambiare le gomme – aggiustare i fari – cambiare i tergicristalli ]

11 **17 Ascoltate il dialogo. Che cosa è successo? Quali parti della macchina vengono nominate?**

● Ma porca miseria!
❍ Oddio, mi scusi!
● Ma non ha visto che avevo la precedenza?
❍ Guardi, mi scusi, non me ne sono proprio accorto, ero distratto.
● Eh, ma poteva stare anche un po' più attento! Vabbé va', sono cose che possono succedere, poteva andar peggio! Certo che qui mi ha fatto lo stesso un bel danno al cofano ... anche il faro e il paraurti. E pensare che l'avevo appena portata dal meccanico ... pazienza! Lei ce l'ha il modulo per la constatazione amichevole?
❍ Sì, dovrei averlo ... avevo messo tutto qui nel cruscotto ... No, non lo trovo. Non ce l'ha neanche Lei?
● No. Allora aspetti, cerco una penna. Dunque, Lei con che compagnia è assicurato? Mi fa vedere il cedolino dell'assicurazione?
❍ Sì, certo. Eccolo.
● Allora ... Generali, polizza numero 222021509.
❍ E questa è la patente.
● Hm. Dunque ... Giorgio Manara, numero della patente MI 7516210B, scadenza ... Ah, ma è patentato da poco!
❍ Sì, purtroppo.
● Il numero della targa?
❍ DE 378 HI.
● Va bene. Ecco, se vuole prendere i miei dati, questo è il cedolino e questa è la patente. Poi si metteranno in contatto le nostre assicurazioni e ci penseranno loro.

11 **18 Riascoltate e leggete il dialogo, poi osservate i disegni. Quale disegno illustra la dinamica dell'incidente?**

**19** **Scegliete una delle situazioni raffigurate dai disegni al punto 16 e fate il dialogo con l'aiuto delle espressioni sottostanti.**

fare retromarcia – frenare – mettere la freccia – bloccare – essere distratti – rispettare i limiti di velocità – dare la precedenza – guidare contromano

E. 15-17 pag. 133

**20** **Lavorate in coppia. Avete mai avuto un incidente o ne siete stati testimoni? Raccontate.**

## Dare dei consigli per il viaggio

**21** **Leggete i seguenti suggerimenti e indicate con una x quelli che generalmente osservate quando andate in vacanza. Poi a coppie confrontate le vostre scelte e motivatele.**

### *Suggerimenti per un viaggio "perfetto"*

- ☐ partire soli, dimenticare il cellulare e vedere quello che capita, senza programmare itinerari
- ☐ non viaggiare troppo di fretta
- ☐ parlare la lingua del paese
- ☐ documentarsi prima per non perdersi il "meglio" magari dietro l'angolo
- ☐ provare curiosità e rispetto
- ☐ essere il meno possibile turisti
- ☐ avere spirito d'adattamento e cordialità
- ☐ non avere pregiudizi ed essere aperti e disponibili
- ☐ avere una buona compagnia
- ☐ visitare gran parte di un Paese ed evitare viaggi lampo solo dedicati alle capitali

C'è un suggerimento tra quelli indicati che voi non seguireste mai?
Avreste ancora qualche consiglio da aggiungere?

**22** **Rileggete i consigli e associate le seguenti espressioni nel modo opportuno.**

| | |
|---|---|
| **1.** essere disponibili → d | **a** informarsi sul luogo, il paese, le usanze ecc. |
| **2.** avere pregiudizi | **b** non vedere le cose più belle |
| **3.** un viaggio lampo | **c** nelle vicinanze |
| **4.** dietro l'angolo | **d** prestare attenzione ai bisogni degli altri |
| **5.** documentarsi | **e** un soggiorno molto breve |
| **6.** perdersi il meglio | **f** giudicare qualcuno senza conoscerlo |

**23** **In gruppi fate delle ipotesi sul significato dei seguenti termini e cercateli poi nel dizionario.**

avere spirito d'adattamento — provare curiosità — vedere quello che capita

### OSSERVATE!

**Osservate e completate.**

Un viaggio perfetto vuole dire partire ............ ,
non avere pregiudizi ed essere ............ e ............ ,
essere il meno possibile ............... .

E. 19-21 pag. 134

**24** **Lavorate in coppia, assumete i ruoli di A e B e fate il dialogo.**

**A** Vuoi finalmente realizzare il tuo sogno e partire per la meta tanto desiderata. Parlane alla tua compagna e spiegale anche quali sono i tuoi dubbi e le domande aperte.

Ti consiglio di . . .
Dipende da quello che . . .
Forse conviene . . .
Perché non fai . . . ?

Da tanto vorrei andare in . . .
Non so se andare da solo o con . . .
Odio viaggiare in aereo . . .
E per la lingua?

**B** Il tuo compagno ti racconta del viaggio che sogna. Dagli dei consigli su come organizzarsi e a cosa pensare prima di partire.

## Ascolto

12 **25** **Ascoltate la conversazione. Di cosa parla Vanessa?**

☐ della sua carriera scolastica ☐ dei suoi progetti per il futuro ☐ del suo soggiorno all'estero

12 **26** **Riascoltate e raccogliete le informazioni. Cosa racconta Vanessa ...**

1. sui suoi studi universitari?
2. sulla sua attuale abitazione?
3. sui contatti con gli altri studenti?
4. sui problemi iniziali?
5. sui motivi per cui è andata in Erasmus?
6. sugli aspetti positivi della sua esperienza?

## Raccontare un'esperienza all'estero

**27** **Discutete in gruppi e fate delle ipotesi. Quali motivi potevano spingere un ragazzo a fare un viaggio all'estero negli anni '50?**

**28** **Guardate ora la copertina del libro del noto giornalista Tiziano Terzani. Di che cosa parla, secondo voi, il libro? Che cosa vi suggerisce il titolo?**

**29** **Leggete le seguenti affermazioni e poi il brano in cui Terzani racconta al figlio il suo primo viaggio all'estero. Indicate quindi con una x le frasi che corrispondono al testo.**

Tiziano Terzani ...

- ☐ aveva ottime conoscenze di francese.
- ☐ voleva lasciare la scuola e mettersi a lavorare.
- ☐ voleva conoscere altri paesi stranieri.
- ☐ desiderava emigrare in Francia.
- ☐ credeva di aver trovato un lavoro estivo nell'ufficio di un albergo.
- ☐ era disposto a lavorare per pagarsi la vacanza.
- ☐ non amava il lavoro in cucina.
- ☐ era entusiasta delle montagne.
- ☐ faceva di tutto per realizzare i suoi progetti.
- ☐ non amava viaggiare.

In prima liceo, quando avevo sedici anni, sognavo di andare all'estero. Allora, insieme a un amico, Cleto Menzella, andammo alla stazione per cercare nel *Journal de Genève* un lavoro in Svizzera durante le vacanze. E lì c'è una storia molto divertente. Io studiavo il francese, fingevo di capirlo e lessi: *Cercasi garçon d'office* in un grande albergo di Bey sur Vevey. Con pianti di mia madre saltai le vacanze estive all'Orsigna per andare con Menzella a lavorare in Svizzera. Ci facemmo il libretto di lavoro, passaporto, contratto con questo grande albergo. Arrivammo e c'era un signore che gestiva il personale e che ci disse «Be', sistematevi in questa stanza insieme a tutti gli altri camerieri, poi vi porto a vedere l'*office*».

«*Office*» in francese, scoprii, non era l'ufficio dove io, studente fighetto, potevo battere a macchina, ma era dove si rigovernavano i piatti! Per cui mi ritrovai in questo puzzo di rigovernatura a lavare i piatti dalla mattina alla sera, cosa che non durò molto perché mi giravano i coglioni. Mi feci amico di uno e fui promosso alle pulizie. Allora imparai un'altra parola che fu *encostiquer*, che voleva dire dare la cera ai pavimenti di legno, cosa che io facevo.

Dopo, sarà passato un mese e mezzo, ci facemmo pagare e scappammo perché non se ne poteva più di stare lassù in mezzo a quelle montagne. Partimmo e cominciò un'altra bellissima avventura. Ci mettemmo a fare l'autostop attraverso l'Europa e arrivammo a Parigi. Place Pigalle, la prima visione del Moulin Rouge – poh! Andavamo a giro, stavamo negli alberghi della gioventù, conoscemmo delle ragazze, ci invitarono. Poi andammo in Belgio e tornammo attraverso la Germania. Quella fu la mia prima uscita nel mondo. Era la prima volta che avevo passato la frontiera e capii che la mia strada era di andare a guardare. Da allora questa aspirazione mi rimase sempre, tutte le scuse erano buone per partire. La diversità mi piaceva moltissimo. Sento ancora l'odore di quell'*office*, l'odore della cera su quei grandi corridoi di legno. Sai, tutto era diverso: l'odore del mangiare, l'odore nelle strade. Era il 1955, venendo da Firenze la Svizzera era un'altra cosa. E Parigi!

A scuola, quando tornammo, eravamo invidiatissimi, eravamo una sorta di eroi. Sai, eravamo stati a Parigi, ci eravamo fatti il libretto di lavoratori stagionali. Eravamo stati anche abbastanza creativi.

Da: *La fine è il mio inizio* di Tiziano Terzani, Longanesi 2006

**30** **Quando avete fatto il vostro primo viaggio da soli? Dove? Cosa ricordate di quell'esperienza?**

## OSSERVATE!

**Le seguenti frasi hanno il verbo al passato remoto.**

Andammo alla stazione.
Facemmo il libretto.
Arrivammo e c'era un signore.

**31** A coppie cercate nel testo altri esempi di questo tempo e fate una lista. Con l'aiuto del contesto cercate di capire anche da quale infinito deriva la forma coniugata del verbo.

| pronome personale | passato remoto | infinito |
|---|---|---|
| noi | andammo | andare |
| io | lessi | leggere |

E. 22-23 pag. 135

**32** Il passato remoto si usa in contrapposizione all'imperfetto, soprattutto nella lingua scritta. Quale tempo avete trovato finora nel parlato al posto del passato remoto?

**33** Parlare una lingua straniera non è sempre facile e a volte ci sono dei malintesi. Vi è mai capitata una cosa simile all'estero o parlando con una persona in una lingua straniera?

## Guardiamo da vicino!

FIERA INTERNAZIONALE DEL LIBRO TORINO

Cinque giorni di libri, personaggi da sfogliare e incontrare, eventi e pagine per tutti i gusti.

Presso la Stazione Marittima di Venezia e l'Arsenale, è un vero e proprio Festival del Mare, esposizione di splendide imbarcazioni a vela e a motore, accessori, abbigliamento sportivo, attrezzature subacquee, servizi broker e charter e un ricco programma di eventi sportivi.

Bit 2008

Numerosi eventi e importanti occasioni d'incontro per conoscere in anticipo gli scenari mondiali del Sistema Turismo, con i massimi esperti del settore turistico.

**34** A chi si rivolge la Mostra Mercato dell'Orologio di Cesena? A chi la BIT (Borsa Internazionale del Turismo)? Quale fiera potrebbe essere interessante per persone che amano lo sport? A quale delle fiere portereste un bambino e perché? E voi quale visitereste?

# ALLA SCOPERTA DELL'ITALIA

**35 Leggete il seguente brano. Perché a Lars piace viaggiare in bicicletta?**

## Stranieri di Sandra Petrignani

Lars viaggiava in bicicletta, da solo. In bicicletta puoi osservare i dettagli di un paesaggio, guardi la gente negli occhi. E la gente è bendisposta, protettiva. Ti chiede da dove vieni. A volte ti invita a pranzo a casa sua. «Bergen», diceva Lars, «una città molto carina, molto lontana. Vengo da Bergen.» In realtà non era vero, perché, sì, a Bergen era nato, ma per essere precisi veniva da una qualsiasi parte del mondo, quella dell'ultimo aeroporto da cui era partito, dall'ultimo treno dove aveva issato la bicicletta.

Firenze gli aveva fatto una grande impressione, ma era dovuto fuggire dopo due giorni. Salì su un treno diretto verso la costa, via dalla pazza folla, via dai musei annegati nel suk. Dal finestrino vide una campagna che gli sarebbe piaciuto percorrere lentamente, una campagna che arrivava fino al mare. Era sceso alla prima stazione.

Pedalava da due ore. Chissà perché aveva negli occhi il paesaggio dell'infanzia, la campagna bianca di neve, mentre era cieco ai prati verdi e rossi, grano e papaveri, che stava attraversando. Quando se ne rese conto, si fermò. [...] Dunque il tratto di strada percorso da quando aveva abbandonato il treno non esisteva, non l'aveva visto, lo aveva portato indietro, ai boschi dell'infanzia. Udì suo nonno che lo chiamava tra gli alberi. Si rivide all'età di otto anni perso nella foresta, visse di nuovo una grande paura di desolazione e assideramento. [...]

Quando si rimise in marcia era tranquillo e presente a se stesso come gli piaceva essere. Faceva ondeggiare lo sguardo al ritmo dei pedali, annotava mentalmente ogni particolare che, alla sera, prima di addormentarsi, avrebbe trascritto nel diario.

Tutto procedeva liscio. Trovò una locanda, di quelle che piacevano a lui, poche stanze, fuori mano. Cenò stupendamente, ottimo cibo, buon vino. Cinghiale e melanzane, sughi densi, invernali, ma con il buio se n'era andato anche il caldo. Panna cotta. Dopo, davanti a un bicchiere di vin santo con i tozzetti, certi biscotti duri alle mandorle che la padrona gli aveva imposto forzandolo affettuosamente, fu naturale scambiare due parole con Pietro e Claudia. Li aveva notati subito, entrando nella veranda. Fra i divanetti di vimini, quasi tutti liberi, ne aveva scelto uno accanto a loro che leggevano sprofondati su due poltroncine separate da un tavolino di vetro. Erano amici della padrona, come sono sempre gli *habitués*. Dovevano avere una casa nei dintorni e venivano la sera per non sentirsi troppo soli. Conoscevano la maggior parte della gente che entrava e usciva dal bar, ma si limitavano a un saluto e qualche battuta. Volevano essere soli fra la gente, come Lars.

Non restò alla locanda. Il giorno dopo si trasferiva da Pietro e Claudia. Lo sistemarono in una mansarda al piano superiore con un piccolo terrazzo quadrato da cui vedeva il mare. La mattina si svegliò felice della piega che aveva preso quel viaggio. La neve era distante gli anni che lo separavano dall'infanzia, quindici, sedici. Poteva restare lì tutta l'estate o ripartire il giorno dopo. [...]

Da: *I racconti delle fate sapienti*, a cura di Francesca Pansa, Frassinelli, 2005

**Vocabolario:**
issare *qui: mettere su* annegati nel suk *sovraffollati* cieco *chi non può vedere* rendersi conto *accorgersi* la desolazione *infelicità, tristezza* l'assideramento *insieme dei danni fisici, provocati da una lunga esposizione al freddo* faceva ondeggiare *muoveva* procedere liscio *continuare senza problemi* affettuosamente *dolcemente, amichevolmente* vimini *legno flessibile usato per produrre mobili artigianali* sprofondare *qui: sedersi comodamente* felice della piega che aveva preso *felice di come stava andando*

**36 Lavorate in gruppi e date dei titoli ai singoli paragrafi di cui è indicato sempre l'inizio:**

1. Lars viaggiava ... ..........................................................
2. Firenze gli aveva ... ..........................................................
3. Pedalava da ... ..........................................................
4. Quando si rimise ... ..........................................................
5. Tutto procedeva ... ..........................................................
6. Non restò ... ..........................................................

**37 Che cosa colpisce Lars durante il suo viaggio?**

E. 24-25 pag. 135

**38 Conoscere persone, visitare luoghi, fare esperienze indimenticabili: cos'è più importante per voi durante un viaggio?**

# GRAMMATICA

## 1 Il passivo con l'ausiliare *andare*

Das Verb **andare** kann in einfachen Zeiten als Hilfsverb für das Passiv gebraucht werden, wenn man ausdrücken will, dass etwas geschehen *soll.* **Andare** + Partizip Perfekt drückt das gleiche aus wie **dover essere** + Partizip Perfekt.

| | |
|---|---|
| Questa regola **va rispettata** (= deve essere rispettata). | *... muss eingehalten werden.* |
| Questi lavori **vanno rifatti** (= devono essere rifatti). | *... müssen noch einmal gemacht werden.* |
| La lettera **andava scritta** subito (= doveva essere scritta). | *... hätte sofort geschrieben werden müssen.* |

## 2 Il trapassato prossimo

| | con **avere** | | con **essere** | |
|---|---|---|---|---|
| io | avevo | fatto | ero | stat**o**/**-a** |
| tu | avevi | | eri | |
| lui/lei | aveva | | era | |
| noi | avevamo | | eravamo | stat**i**/**-e** |
| voi | avevate | | eravate | |
| loro | avẹvano | | ẹrano | |

Das **trapassato prossimo** drückt aus, dass ein vergangenes Geschehen sich noch vor einem anderen Ereignis in der Vergangenheit abgespielt hat: Ieri il treno **è partito** puntualmente, ma l'altro ieri **era arrivato** con venti minuti di ritardo. Es wird mit dem Imperfekt von **essere** bzw. **avere** und dem Partizip Perfekt gebildet.

## 3 I verbi pronominali *farcela, metterci* e *volerci*

Eine Reihe von Verben können in festem Verbund mit einem oder zwei unbetonten Pronomen auftreten und eine neue Bedeutung annehmen, z.B. **fare** *machen* – **farcela** *es schaffen.* Bei den konjugierten Formen werden die Pronomen vorangestellt. **Volerci** wird nur in der 3. Person Singular oder Plural gebraucht. **Volerci** wird nur unpersönlich gebraucht, **metterci** dagegen auch personenbezogen.

| | | | |
|---|---|---|---|
| **fạrcela** | ce la faccio<br>ce la fai ... | Non **ce la fa** a venire prima. | *Er/Sie schafft es nicht, ...* |
| **mẹtterci** | ci metto<br>ci metti<br>ci mette ... | In treno **ci metto** un'ora.<br>Il treno **ci mette** tre ore. | *Mit dem Zug brauche ich ...*<br>*Der Zug braucht ...* |
| **volerci** | ci vuole<br>ci vogliono | **Ci vuole** pazienza.<br>**Ci vogliono** due etti di burro.<br>**Ci sono volute** due ore.<br>**Ci vorrà** un'ora. | *Dafür braucht man ...*<br><br>*Es hat ... gebraucht ...*<br>*Das wird ... dauern/brauchen.* |

Die Partizipendung bei **farcela** ist immer **-a**: Ce l'abbiamo fatt**a**.
**Volerci** bildet die zusammengesetzten Zeitformen mit **essere**: **C'è voluta** molta pazienza.

## 4 *Avere* preceduto da *ce l'/li/le*

E. 14 pag. 132

**Ce l'hai** la macchina? – Sì, **ce l'ho.**
**Ce le hai** le chiavi? – No, non **ce le ho.**

Hai visto i miei occhiali?
Ieri **ce li** avevo ancora, adesso non li trovo più.

In Verbindung mit den Pronomen **ce l'/li/le** bedeutet **avere** *besitzen* oder *bei sich haben.*

## 5 Il condizionale passato

| | con **avere** | | con **essere** | |
|---|---|---|---|---|
| io | avrei | fatto | sarei | stat**o**/-**a** |
| tu | avresti | | saresti | |
| lui/lei | avrebbe | | sarebbe | |
| noi | avremmo | | saremmo | stat**i**/-**e** |
| voi | avreste | | sareste | |
| loro | avrẹbbero | | sarẹbbero | |

Das **condizionale passato** wird – genau wie im Deutschen – benutzt, um zu sagen, was hätte geschehen oder sein können. Es wird aus dem Konditional von **avere** bzw. **essere** und dem Partizip Perfekt gebildet.

## 6 *Far fare* e *lasciar fare*

*E. 18 pag. 133*

Mi **fai vedere** le foto delle vacanze?
Lorenzo mi **ha fatto arrabbiare**!
Devo **far riparare** la macchina.
Ti prego, **lasciami stare** tranquilla un attimo.
**Hai lasciato uscire** sola tua figlia?

Mi **lascia passare**, per favore? *Bitte*
Mi **fa passare**, per favore? *Aufforderung*

Zum Ausdruck von *jemanden etwas tun lassen* verwendet man
- **fare** + Infinitiv, wenn etwas *veranlasst* wird
- **lasciare** + Infinitiv, wenn etwas *zugelassen* wird.

In manchen Fällen werden **far fare** und **lasciar fare** gleichermaßen gebraucht, allerdings mit unterschiedlicher Bedeutung bzw. Intention.

## 7 Aggettivi o sostantivi in affermazioni generali

È importante **rimanere flessibili.**
È meglio **essere** il meno possibile **turisti**.
Quando **si è giovani**, non si pensa alla salute.
**Viaggiando soli si è** più **aperti.**

In allgemeingültigen Aussagen stehen Adjektive oder Substantive, die den Infinitiv, das Gerundium oder das unpersönliche **si** ergänzen, im Plural.

## 8 Il passato remoto

Mit dem **passato remoto** werden Ereignisse oder Handlungen in der Vergangenheit dargestellt. Es wird vor allem in literarischen Texten verwendet. Dort übernimmt es die Funktion des **passato prossimo**. In Süd- und Mittelitalien verwendet man es auch beim Sprechen.

| | verbi in **-are** | verbi in **-ere** | verbi in **-ire** | **essere** | **avere** |
|---|---|---|---|---|---|
| io | pensai | credei/credetti | capii | fui | ebbi |
| tu | pensasti | credesti | capisti | fosti | avesti |
| lui/lei | pensò | credé/credette | capì | fu | ebbe |
| noi | pensammo | credemmo | capimmo | fummo | avemmo |
| voi | pensaste | credeste | capiste | foste | aveste |
| loro | pensạrono | credẹrono/credẹttero | capịrono | fụrono | ẹbbero |

Für die Verben auf **-ere** gibt es Lang- und Kurzformen. Endet der Verbstamm auf -t, werden nur letztere verwendet: **potere – potei, ripetere – ripetei** usw. Allerdings sind die meisten Verben dieser Konjugation unregelmäßig.
Viele Verben haben unregelmäßige Formen (vgl. S. 222), z. B. **fare – feci, dare – detti/diedi, dire – dissi, stare – stetti** usw.

# Modi di vivere e di abitare

# Come ti trovi?

## In questa unità impariamo a

- descrivere come e dove si vive
- dare e chiedere informazioni su un appartamento
- informarci su un progetto urbanistico
- parlare delle nostre esperienze di cittadini
- esprimere un parere o una convinzione

## Per cominciare

**1 Leggete le testimonianze di tre ragazzi e osservate le foto sulla pagina accanto. Quali raffigurano Anita, Annalisa e Gianni nelle loro camere?**

**1**

I miei abitano in campagna: da sempre la mattina la prima cosa che vedo quando esco di casa sono campi e uccellini. È bello, ma per un lungo periodo mi ha tagliato fuori dalla vita sociale. In quel periodo l'unica cosa con cui mi sfogavo era il telefono. Poi finalmente ho preso la patente, e la mia vita è cambiata. Anche adesso che sono libera di andare e venire, però, durante il giorno tendo a stare più fuori possibile, all'università o comunque in città, in mezzo al traffico. In questa camera non ci sono quasi mai, se non per dormire; per questo è così spoglia, non ho mai avuto il tempo di renderla mia del tutto. È un po' una camera "di transito" [...]

**Annalisa**, 21 anni

**2**

Ho vissuto in questa casa e in questa cameretta per diciannove anni, fino a un paio di mesi fa, quando i miei genitori si sono dovuti trasferire fuori città per lavoro e io con loro. All'inizio pensavo che andare e venire da scuola non sarebbe stato un problema, poi però mi sono resa conto che la distanza era troppa per farla ogni giorno, così ho chiesto ai miei genitori se almeno per questi mesi, finché non finivo la scuola, potevo continuare a vivere qui. A quel punto, trovandomi con l'intera casa vuota a disposizione, ho spostato tutte le cose che stavano in camera mia in quello che era il soggiorno, e qui è diventato una specie di magazzino. Da quando sono da sola, poi, devo dire che mi sono molto responsabilizzata. [...] È una bella cosa, avere uno spazio tutto mio [...]

**Anita**, quasi 20 anni

**3**

Da quella che era la cameretta di quando ero bambino ho ricavato queste due stanze, una zona notte e uno studio; in più di là ho una specie di magazzino/laboratorio. Volevo tirare su anche il bagno, ma poi avrei impedito l'accesso al terrazzo ai miei genitori. Quindi, a malincuore, ho rinunciato. Perché non andare a vivere da solo visto che comunque lavoro? E perché dovrei? I miei sono spesso via e io rimango padrone del campo. Questa la percepisco assolutamente come casa mia. Non è questione di comodo, è una scelta vera e propria. [...]

**Gianni**, 28 anni

Da: *Fuori tutti. Una generazione in camera sua*, Einaudi 1996

**2 Cercate le espressioni corrispondenti nei testi e trascrivetele.**

Annalisa:
1. mi ha escluso da ..........................................................................................
2. preferisco passare pochissimo tempo a casa ..................................................
3. farla diventare completamente mia ...............................................................

Anita:
4. ho capito ....................................................................................................
5. tutta la casa per me .....................................................................................

Gianni:
6. costruire ....................................................................................................
7. sono libero di fare quello che voglio ...........................................................
8. non è per averne un vantaggio ......................................................................

**3 Con quali aggettivi definireste i modi di vivere e di abitare di Anita, Annalisa e Gianni?**

comodo – indipendente – libero – pratico – provvisorio – tradizionale – originale – precario

**4 Fate una lista dei vantaggi e degli svantaggi che i ragazzi vedono nel loro modo di vivere.**

**5 Lavorate in coppia. Immaginate cosa potrebbero raccontare i ragazzi delle altre due foto sul loro modo di vivere e scrivete.**

*E. 1-3 pagg. 136-137*

**6 Come era la vostra camera a 18/20 anni? Come e con chi vivevate? Parlatene in coppia.**

**7 Secondo voi i giovani del vostro paese vivono in maniera simile o differente da quella dei tre ragazzi? Discutete in gruppi e motivate le vostre affermazioni.**

# Dare e chiedere informazioni su un appartamento

**8** **Volete prendere in affitto una casa in una città italiana dove dovrete trasferirvi per motivi di lavoro. In che modo preferite cercarla? Mettete una crocetta e poi a coppie confrontate.**

- ☐ metto un annuncio/leggo gli annunci sul quotidiano della città/su Internet
- ☐ incarico un'agenzia immobiliare
- ☐ chiedo un aiuto ai futuri colleghi
- ☐ mi reco nella città e leggo i cartelli affissi ai portoni degli stabili
- ☐ vado nella città e riempio di biglietti con "cerco casa" la zona in cui vorrei abitare
- ☐ altro: ..........................................................

**Quali sono le vostre priorità? Scegliete i quattro requisiti per voi più importanti e confrontate in gruppo motivando le vostre scelte.**

**L'abitazione dev'essere:**

- ☐ dotata di balcone/giardino
- ☐ senza obbligo di cauzione o provvigione
- ☐ in una zona con tutti i servizi nelle vicinanze
- ☐ in un condominio dove sono ammessi gli animali
- ☐ arredata
- ☐ in una zona ben servita dai mezzi pubblici
- ☐ una villetta indipendente/a schiera
- ☐ in una zona centrale/periferica e verde

13 **9** **Ascoltate il dialogo. Cosa non piace alla signora Meneghelli?**

13 **10** **Riascoltate il dialogo, guardate lo schizzo e inserite le seguenti parole. Poi confrontate a coppie.**

armadio
divano letto
fornelli
tavolo
angolo cottura
bagno
terrazzo
microonde

**11** **Ora leggete il dialogo.**

- ● La signora Meneghelli?
- ○ Sì, e Lei è il signor Carosio?
- ● In persona. Molto lieto.
- ○ Piacere.
- ● Deve scusare il ritardo, ma a quest'ora c'è un traffico ... ma venga, venga! Eccoci qua! Qui a destra c'è l'angolo cottura con i mobiletti, i due fornelli e ...
- ○ Ah, non c'è la cucina a gas?
- ● No, ci sono i due fornelli elettrici e un microonde. Ecco, qui a sinistra c'è il bagno. Un attimo che accendo la luce ... mannaggia, non si accende. Si sarà fulminata la lampadina.
- ○ Ah, il bagno è senza finestra ...
- ● Sì, però c'è l'aspiratore. Dunque, come Le avevo detto, signora, l'appartamento è in parte ammobiliato. C'è il divano letto ... e le assicuro che ci si dorme molto bene, anzi non si potrebbe dormire meglio! E qui c'è l'armadio a muro con un paio di cassetti ...
- ○ Il riscaldamento è autonomo o centralizzato?
- ● È centralizzato. Allora, che gliene pare?
- ○ Mah, veramente m'aspettavo qualcosa di più grande. Lei mi aveva parlato di 30 metri quadri e questi saranno a malapena una ventina.
- ● Eh sì, perché non le ho fatto vedere ancora la parte migliore! Venga, venga ... il terrazzo!
- ○ Hm, però questo non fa parte della superficie abitabile! E quant'è l'affitto al mese?
- ● 700 Euro comprese le spese condominiali.
- ○ 700?! Per me è troppo alto.
- ● Ma signora, non avrà mica creduto di trovare un appartamento ad un prezzo inferiore in questa zona? E poi non è in cattive condizioni, Le assicuro che con la stessa metratura ce ne sono a prezzi superiori e in condizioni decisamente peggiori.
- ○ Guardi, non posso decidere su due piedi, ci devo riflettere un po' ...
- ● Ma certo signora. Mi farà sapere quando avrà deciso ... però non aspetti troppo, abbiamo altre persone interessate.

**12** **Rileggete il dialogo e sottolineate la parola giusta.**

1. Secondo la signora Meneghelli le dimensioni sono *inferiori/superiori* ai 30 mq.
2. Dice che l'affitto dovrebbe essere *superiore/inferiore* ai 700 € mensili richiesti.
3. Secondo l'agente immobiliare ci sono appartamenti molto cari in condizioni *peggiori/migliori* di quello.

E. 4-9 pagg. 137-139

**13** **A coppie fate il dialogo.**

**A** Avete letto gli annunci di pag. 48. Sceglietene uno e preparate una lista con le informazioni che vorreste ancora ricevere (riscaldamento, servizi in zona, collegamenti ecc.) e poi telefonate all'agenzia.

**B** Una persona telefona alla vostra agenzia per avere informazioni su un immobile da affittare. Date le informazioni richieste e ulteriori dettagli (dimensioni, piano, collegamenti, zona, riscaldamento).

**14** **Volete acquistare una casa in Italia. Scrivete un annuncio indicando luogo, tipo di abitazione, numero e tipo di camere, quanto vorreste spendere e altre informazioni che vi sembrano importanti.**

## OSSERVATE!

Forse si sarà fulminata la lampadina.

**Qual è il significato di questa frase?**
a) Probabilmente tra poco si fulmina la lampadina.
b) Probabilmente si è fulminata la lampadina.

**Cercate nel dialogo le altre due frasi con il futuro anteriore e spiegatene il significato.**

**15** **Che cosa hanno pensato il signor Carosio e la signora Meneghelli tornando a casa dopo la visita del monolocale? Completate le frasi con i seguenti verbi.**

[ meraviglarsi – andare – sperare – credere ]

. . . . . . . . . . . . . . . . . . . . . . . . sicuramente di ottenere una riduzione dell'affitto.
. . . . . . . . . . . . . . . . . . . . . . in un'altra agenzia.

. . . . . . . . . . . . . . . . . . . . perché non ho deciso immediatamente.
. . . . . . . . . . . . . . . . . . . . di affittarmelo subito.

**16** **Guardate queste cose sul tavolo della signora Meneghelli.**
**Secondo voi, cosa avrà fatto questo pomeriggio?**
**Lavorate in gruppi e fate delle ipotesi.**

**Esempio:** La signora Meneghelli avrà letto ancora degli annunci e . . .

Salaroli IMMOBILIARE

Via Giovanni Antonelli, 10
00197 ROMA
Tel. 06/31893425
info@salaroli.com

Sig. Solaini
06-23416042

E. 11-13 pagg. 139-140

# Ascolto

14 **17** **Ascoltate il dialogo tra Francesca e Cesare e raccogliete tutte le informazioni relative alla loro vita e ai loro animali.**

# Parlare delle proprie esperienze di cittadino

15 **18 Ascoltate l'intervista e indicate con una x le affermazioni corrette scegliendo sempre fra le due proposte.**

Francesco ...

| | | |
|---|---|---|
| 1. | ☐ abita e studia a Bologna. | ☐ lavora a Bologna nelle telecomunicazioni. |
| 2. | ☐ partecipa alla vita della città a vari livelli. | ☐ frequenta solo l'ambiente universitario. |
| 3. | ☐ realizza interviste con dei ragazzi immigrati. | ☐ fa indagini telefoniche per la Provincia. |
| 4. | ☐ resterà ancora qualche anno a Bologna. | ☐ pensa di tornare presto nella sua città. |
| 5. | ☐ si sente cittadino bolognese a tutti gli effetti. | ☐ intende integrarsi di più in futuro. |

15 **19 Riascoltate l'intervista e prendete appunti. Cosa racconta Francesco sui seguenti aspetti?**

**università** **tempo libero** **volontariato** **lavoro**

**20 Leggete l'intervista e verificate i vostri appunti.**

- **Francesco, ti senti cittadino di Bologna?**
- ❍ Sinceramente non tanto. Il mio mi sembra più un soggiorno temporaneo.
- **È cambiato il tuo modo di vivere da quando sei venuto ad abitare a Bologna?**
- ❍ Sì, molto. Il primo anno l'università riempiva tutta la mia giornata. La sera andavo con gli amici nei locali o nelle discoteche. Tutto finiva per essere veramente un mondo a parte. Invece da quest'anno faccio anche cose diverse, come il volontariato in un doposcuola con ragazzi, soprattutto immigrati, delle scuole medie e superiori.
- **E invece con i cittadini bolognesi hai contatti?**
- ❍ Può sembrare buffo, ma il contatto con "i bolognesi" è proprio quello che ho con i ragazzi immigrati. Nonostante loro non siano originari di Bologna, vanno a scuola e hanno un contatto quotidiano con i bolognesi e, in un qualche modo, lo sono diventati anche loro.
- **Ti occupi anche di altro?**
- ❍ Sì, collaboro con la Provincia di Bologna per la realizzazione di indagini telefoniche. Intervisto i cittadini sui problemi della città: il traffico, la viabilità, l'inquinamento, l'immigrazione ecc. E ho capito che, malgrado si abiti nella stessa città, si può vivere in tanti modi differenti.
- **Quali pensi che siano i tuoi diritti in questa città?**
- ❍ A dire il vero non ci ho mai riflettuto. Tuttavia credo che ognuno abbia diritto all'assistenza medica.
- **E quali pensi che siano invece i tuoi doveri?**
- ❍ Beh, l'unico dovere che mi viene in mente è la raccolta differenziata. Trovo che sia un dovere di tutti. Il fatto di sentire la mia presenza qui come provvisoria, non mi ha fatto riflettere sui doveri che eventualmente ho in questa città. Ma visto che probabilmente vivrò qui almeno altri due anni penso e spero di poter continuare nel mio cammino per arrivare a sentirmi, almeno in parte, cittadino bolognese.

## OSSERVATE!

**Osservate e completate con le forme del congiuntivo.**

| | |
|---|---|
| ● Quali pensi che ........... i tuoi diritti? | ❍ Credo che ognuno ........... diritto all'assistenza medica. |
| ● Quali pensi che ............ i tuoi doveri? | ❍ Trovo che ......... un dovere di tutti fare la raccolta differenziata. |

**Cosa esprimono i verbi nelle frasi principali? Nel dialogo ci sono ancora due forme del congiuntivo. Da cosa sono precedute?**

**21** **Completate con le forme mancanti del congiuntivo.**

| abitare | essere | avere |
|---|---|---|
| io/tu/lui, lei, Lei ................<br>noi abitiamo<br>voi abitiate<br>loro abitino | io/tu/lui, lei, Lei ................<br>noi siamo<br>voi siate<br>loro ................ | io/tu/lui, lei, Lei ................<br>noi abbiamo<br>voi abbiate<br>loro abbiano |

**22** **Guardate queste foto. Cosa pensate che raffigurino? Lavorate in piccoli gruppi e fate delle ipotesi.**

**Esempio:** *Penso che sia/si trovi . . .*
*Credo/Mi sembra che raffiguri/rappresenti . . .*

E. 14-19 pagg. 140-142

OSSERVATE!

Penso che la raccolta differenziata sia un dovere di tutti.
Penso e spero di poter continuare nel mio cammino.

**Quali sono i soggetti della frase principale e di quella secondaria nel primo caso? E nel secondo?**

**23** **Francesco pensa che tutti i cittadini abbiano il diritto di assistenza medica. Voi quali pensate siano i vostri diritti di cittadino? E i vostri doveri?**

trasporto pubblico efficiente – sicurezza nel quartiere – offerta adeguata per il tempo libero – rete di piste ciclabili – tenere l'ambiente pulito – affitti accessibili – rispettare il codice stradale – pagare le tasse

**Esempio:** *Penso/trovo/credo che . . .* *sia un diritto di tutti richiedere . . .*
*ci debba/debbano essere . . .*
*Penso di . . .* *avere il diritto di . . .*
*fare il mio dovere di . . .*

**24** **Lavorate in piccoli gruppi. Voi partecipate alla vita pubblica della città o del paese in cui vivete? In che modo?**

fare volontariato – essere iscritto ad un movimento/partito – andare a votare – seguire la politica comunale – frequentare un circolo/un'associazione – partecipare a delle manifestazioni

## Guardiamo da vicino!

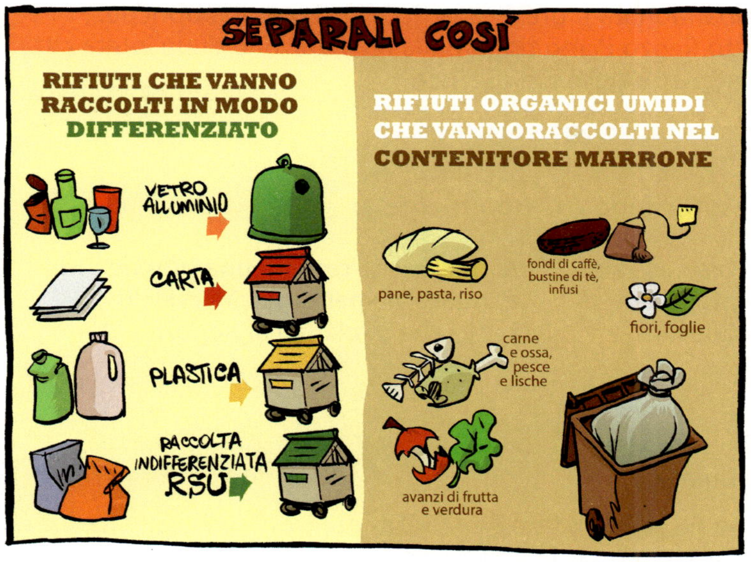


**25** **Osservate l'illustrazione per la raccolta differenziata dei rifiuti. Secondo le indicazioni, in quali contenitori dovreste gettare i seguenti rifiuti?**

[ lattine – piatto di porcellana rotto – spaghetti avanzati – imballi di polistirolo ]

**Da voi la raccolta dei rifiuti è organizzata in maniera simile o differente?**

## Esprimere il proprio parere su un progetto urbanistico

**26** **Leggete l'articolo e ricercate nel testo che tipo di edifici, servizi e strutture faranno parte della nuova città.**

### *Una nuova città sull'area ex industriale Falck a Sesto*

«Non dovremmo più avere periferie ma città. È la cosa più nobile che esista, ma ha bisogno di uomini decisi». Queste sono le parole pronunciate dal noto architetto Renzo Piano in merito al suo nuovo progetto riguardante l'area Falck a Sesto San Giovanni. La suddetta zona è un'ex area industriale di un milione e 300 mila metri quadri dove sorgevano le acciaierie Falck. Diventerà una città con un parco di oltre un milione di metri quadri che si estenderà tra le rovine industriali.
La nuova struttura urbana è dominata da due assi fondamentali su cui si concentrano le attività. Uno [...] sarà prevalentemente residenziale e commerciale. L'altro [...] sarà destinato a funzioni pubbliche di eccellenza e terziario direzionale (università, laboratori di ricerca, ecc.). Fortunatamente, la nuova città non è fatta solo di strade e cemento, ma ci saranno dei filari verdi che rendono la città più sostenibile consentendo al parco di penetrare nel tessuto urbano. Oltre a ciò, le reti di trasporto sono concepite con mezzi ad idrogeno a basso inquinamento atmosferico. [...]
La cosa positiva di questo nuovo progetto è che la vegetazione, molto spesso negata nelle città moderne, qui viene valorizzata.

BuoneNotizie.it

Da: *www.buonenotizie.it,* 31 ottobre 2006

**27** **Rileggete il testo e verificate le seguenti affermazioni.**

| | vero | falso |
|---|---|---|
| 1. La Falck era un complesso industriale dove si lavorava l'acciaio. | ☐ | ☐ |
| 2. Sull'area industriale abbandonata è prevista la ricostruzione di fabbriche. | ☐ | ☐ |
| 3. Il progetto dell'architetto Renzo Piano riguarda la realizzazione di un'intera città. | ☐ | ☐ |
| 4. Il parco "entra" nella città con delle file di alberi. | ☐ | ☐ |

**28** **Sottolineate nel testo l'espressione corrispondente a:**

**a** una fabbrica dove si lavora l'acciaio
**b** settore del lavoro dedicato ai servizi
**c** ciò che è relativo alle abitazioni
**d** quello che resta di una grande industria
**e** materiale per costruire edifici
**f** ciò che è relativo ai negozi

E. 20-21 pag. 142

OSSERVATE!

**Osservate e riformulate.**

Sono le parole che ha pronunciato Renzo Piano. → ..........................................
È il nuovo progetto che riguarda l'area Falck. → ..........................................

**Cosa sostituiscono il participio passato e il participio presente nella frase implicita?**

16 **29** **Ascoltate tre opinioni sul progetto riguardante l'area Falck. Sono tutte favorevoli al progetto?**

**30** **Ora leggete. Quale delle opinioni potreste condividere?**

"Sono contento che finalmente abbiano trovato una soluzione per quest'area abbandonata."

"Temo che sia stata una decisione errata. Magari avrebbero potuto utilizzare l'area per costruire alloggi per le famiglie meno abbienti e un centro sociale per noi giovani."

"Sono dell'avviso che la scelta di un architetto come Renzo Piano abbia sciolto ogni riserva che si poteva avere sul progetto."

OSSERVATE!

Temo che sia stata una decisione errata.
Sono dell'avviso che la scelta di Renzo Piano abbia sciolto ogni riserva.
**Perché si usa il congiuntivo passato nella frase secondaria?**

**31** **Lavorate in piccoli gruppi. Su un'area abbandonata nel vostro quartiere, è stato costruito un centro sociale/un centro raccolta profughi/ un centro di chirurgia estetica. Siete soddisfatti o avreste preferito qualcos'altro?**

Io penso che sia stata una buona idea . . . Sono dell'opinione che . . .

Io invece non sono d'accordo perché . . . Magari avrebbero potuto costruire . . .

E. 22-24 pag. 143

# ALLA SCOPERTA DELL'ITALIA

**32** **Leggete la prima frase del brano. Quali sono, secondo voi, le caratteristiche di una "coppia normale"?**

**33** **Ora leggete tutto il brano e indicate con una x le affermazioni esatte.**

1. I coniugi Starnazza non facevano chiacchierare di sé. ☐
2. La giornata della signora Starnazza trascorreva sempre uguale. ☐
3. I coniugi Starnazza erano molto innamorati l'uno dell'altro. ☐
4. Non volevano avere figli ma solo la compagnia di un cane. ☐
5. Improvvisamente nessuno li vide più. ☐

## La famiglia Starnazza

La famiglia Starnazza era una coppia normale. Nessuno degli inquilini del palazzo aveva mai trovato qualcosa su cui sparlare, per uno screzio o un'azione fuori posto, niente. Non un tappeto sbattuto fuori orario, né un rumore che provocasse il disturbo: erano educati fino all'eccesso, con sorriso, saluti sulle scale e precedenza agli ascensori compresa. Insomma, anche a volerci ricamare sopra, neanche uno straccio d'indizio per accedere al diritto di un pettegolezzo.

Per tutti, lui era Clemente, di nome e di fatto, e lei Maria Pia: idem, come il congiunto.

Clemente faceva il macellaio [...]. Maria Pia faceva la casalinga a tempo pieno, perché sin da piccola quello le avevano insegnato. Era un tipo metodico: sabato, pollo e patatine al forno, martedì lavatrice, giovedì stiratura, domenica Santa Messa e fiore al Camposanto. Anche durante le giornate praticava l'uso degli appuntamenti fissi: ore sette, sveglia e preghiera del "buongiorno"; ore dieci e trenta, pane, prosciutto e lettura di fotoromanzi: ore quattordici e venti, telenovela: ore diciannove, cena silenziosa con il consorte; ore ventuno e trenta, ulteriore preghiera e buonanotte al giorno.

Avevano entrambi cinquant'anni e nessun figlio: tutto per una questione di rimandi. Anno sposta anno e quando decisero per il sì ormai era troppo tardi, così per riempirsi l'affetto mancante ripiegarono su un cane. Era un bastardino nero, lo chiamarono Birillo. Il bastardino riuscì a mangiare gli ossi del pollo per due sole domeniche, poiché alla terza con la vivacità del cucciolo scappò, per finire sotto le ruote di un'auto. Da quella volta, niente più animali, e niente più affetti supplementari in casa.

Era una coppia normale e anche molto innamorata. Lui amava lei e lei amava lui: solo che *lei* non era Maria Pia, e *lui* non si chiamava Clemente. Gli intrecci sentimentali erano diversi: infatti erano innamorati per conto loro. Lui da anni si era infatti giurato a Margherita Sponza, un'amica d'infanzia, fioraia ambulante con esercizio fuori dal cimitero. Maria Pia invece, aveva dedicato il suo cuore a Nando Sciortino, lo spazzino che da oltre quattro lustri scopava la strada sotto casa. Erano grandi amori, però, abbastanza improbabili, visto che i destinatari ne erano completamente all'oscuro.

Una coppia normale, così almeno sembrava, perché dentro casa era tutta un'altra storia. Nell'intimità del loro appartamento covava un continuo e incessante disturbo. Disturbi sciocchi e senza riposo, con l'attenzione scrupolosa di costruirli senza scalpore, rumore, insomma: farsi del male e poi sorridersi.

Un esempio? Mettiamo che Maria Pia, per uscire dalla solita vita, una sera gli dicesse "Mi porti fuori a cena?" Lui, con gentilezza estrema, prendeva sedie e tavolo e apparecchiava sul balcone.

Se Clemente si comprava un vestito nuovo e tornato a casa chiedeva alla consorte "Mi accorci i pantaloni?" lei con meticolosa cura, li tagliava fino a farli corti come calzoncini da spiaggia. Erano dispetti che scartavano i lamenti, vissuti nel tacito accordo dell'"Oggi a me, domani a te".

Sì, senz'altro i coniugi Starnazza formavano quella che si chiama: una coppia normale, almeno, era così fino a un mese fa, quando ...

Da qualche giorno i signori Clemente e Maria Pia non frequentavano più il sorriso e il saluto sulle scale, tanto meno li si vedeva davanti agli ascensori a dare la precedenza. Da qualche giorno erano completamente spariti dal viavai inquilino, e quest'assenza diede il via alle prime fantasie tra i piani. [...]

Da: *Mandami a dire* di Pino Roveredo, Bompiani 2005

**Vocabolario:**
per uno screzio *per aver litigato* uno straccio d'indizio *un piccolo segno* Clemente *benevolo e tollerante* tutto per una questione di rimandi *perché pensavano sempre di farlo in futuro* ripiegare *accettare un'altra soluzione* cucciolo *cane non adulto* si era giurato *amava* ne erano all'oscuro *non lo sapevano*

E. 25 pag. 143

**34** **Trovate nel testo i sinonimi delle seguenti espressioni.**

[ abitanti di un appartamento – parlare male – esagerazione – chiacchiera su altre persone – marito – unioni – bottega o chiosco – chi pulisce le strade – movimento continuo – non detto apertamente – dare inizio ]

**35** **Come descrive l'autore la "coppia normale" Starnazza?**

**36** **Lavorate a coppie. Secondo voi cosa è successo ai coniugi Starnazza? Scrivete la fine di questa storia.**

# GRAMMATICA

## 1 Aggettivi con la forma irregolare del comparativo e del superlativo

Bei folgenden Adjektiven gibt es neben den regelmäßigen auch unregelmäßige Steigerungsformen:

| | **buono** | **cattivo** | **grande** | **piccolo** | **basso** | **alto** |
|---|---|---|---|---|---|---|
| comparativo | migliore | peggiore | maggiore | minore | inferiore | superiore |
| superlativo relativo | il migliore | il peggiore | il maggiore | il minore | – | – |
| superlativo assoluto | ottimo | pessimo | massimo | minimo | infimo | supremo/sommo |

Alle Formen werden dem Bezugswort angepasst: Questa è un'**ottima** idea.
**Più buono** bedeutet meistens *wohlschmeckender* oder *gutherziger*: Gina è **più buona** di sua sorella.
**Più cattivo** bedeutet *schlechter schmeckend* oder *bösartiger.*
Statt **più grande/più piccolo** werden in übertragener Bedeutung oft **maggiore** (*älter, bedeutender*) und **minore** (*jünger, geringer*) verwendet: Aldo è il fratello **maggiore** (*älter*), ma è più **piccolo** (*kleiner*) di Carlo. Dante è **il maggiore** (*der bedeutendste*) poeta del Trecento.
Im Vergleich folgt auf **superiore/inferiore** die Präposition **a**: L'affitto è **inferiore a** quel che pensavo.

## 2 Il futuro anteriore

| | con **avere** | | con **essere** | |
|---|---|---|---|---|
| io | avrò | fatto | sarò | stato/a |
| tu | avrai | | sarai | |
| lui/lei | avrà | | sarà | |
| noi | avremo | | saremo | stati/e |
| voi | avrete | | sarete | |
| loro | avranno | | saranno | |

Man verwendet das **futuro anteriore**, um zu sagen, dass sich ein künftiges Geschehen vor einem anderem Ereignis in der Zukunft abspielt: Quando **avrò finito** qui, ti **darò** una mano.
Das **futuro anteriore** wird aus dem Futur der Hilfsverben **avere** oder **essere** und dem Partizip Perfekt des jeweiligen Verbs gebildet.

Man kann mit dem **futuro anteriore** auch Vermutungen formulieren:
**Avrà perso** il treno. *Er wird den Zug verpasst haben.*
Verrò verso le tre, a quell'ora **sarai tornato**, no? *..., um die Uhrzeit bist du sicher wieder zurück, oder?*

## 3 L'uso del congiuntivo

Der italienische **congiuntivo** unterliegt vollkommen anderen Regeln als der Konjunktiv im Deutschen. Er steht vor allem in Nebensätzen, meist nach **che**, und verleiht einer Aussage eine subjektive Färbung. Bestimmte Verben, Ausdrücke und Konjunktionen verlangen den Gebrauch des **congiuntivo**:

| **Auslöser** | **Beispielsatz** | **ebenso nach** |
|---|---|---|
| Meinung/Eindruck | **Penso** che sia giusto.<br>**Credo** che sia così. | trovare – immaginare – sembrare – avere l'impressione – essere dell'opinione |
| Wunsch/Hoffnung | **Voglio che** tu mi ascolti un attimo. | desiderare – sperare |
| Gefühl | **Sono contenta che** lui venga. | essere felice – dispiacere |
| Sorge/Zweifel | **Temo che** Giulio abbia ragione. | dubitare – avere paura – non capire come |
| Konjunktion | Lo fa **benché** non gli sembri giusto. | nonostante – malgrado – sebbene |

Nach **anche se** und **secondo me/per me** wird der Indikativ verwendet.

Haben Haupt- und Nebensatz dasselbe Subjekt, wird eine Infinitivkonstruktion gebildet:
**Penso di poter venire.** *Ich denke, dass ich kommen kann.*

## 4 Le forme del congiuntivo presente

Die Singularformen des **congiuntivo presente** kennen Sie bereits als Höflichkeitsform des Imperativs. Da es für den gesamten Singular nur eine Form gibt, wird das Personalpronomen oft mitgenannt, wenn sonst der Bezug nicht eindeutig wäre: Voglio che **tu** lo **sappia.** ↔ Voglio che **lui** lo **sappia**.

| | parlare | mettere | sentire | capire | essere | avere |
|---|---|---|---|---|---|---|
| io/tu/lui/lei<br>noi<br>voi<br>loro | parl**i**<br>parl**iamo**<br>parl**iate**<br>pạrl**ino** | mett**a**<br>mett**iamo**<br>mett**iate**<br>mẹtt**ano** | sent**a**<br>sent**iamo**<br>sent**iate**<br>sẹnt**ano** | cap**isca**<br>cap**iamo**<br>cap**iate**<br>cap**ịscano** | **sia**<br>**siamo**<br>**siate**<br>**sịano** | **abbia**<br>abb**iamo**<br>abb**iate**<br>**ạbbiano** |

Die 1. Person Plural ist mit dem Indikativ identisch.
Die 2. Person Plural bildet man mit dem Stamm der 1. Person Plural und der Endung **-iate**.
Zur Bildung der 3. Person Plural hängt man an die Singularform die Endung **-no** an.
Diese drei Regeln gelten auch für Verben mit unregelmäßigen Formen wie **essere** oder **avere** (s. o.) und für folgende Verben, z. B.: io/tu/lui/lei **vada**, noi and**iamo**, voi and**iate**, loro **vadano.**

| | | | |
|---|---|---|---|
| andare – **vada**<br>dare – **dia**<br>dire – **dica** | dovere – **debba**<br>fare – **faccia**<br>potere – **possa** | sapere – **sappia**<br>stare – **stia**<br>tenere – **tenga** | uscire – **esca**<br>venire – **venga**<br>volere – **voglia** |

Weitere unregelmäßige Verben finden Sie in der Liste der unregelmäßigen Verben auf Seite 222.

## 5 Il participio passato e il participio presente

Das Partizip Präsens ersetzt im gehobenen Sprachstil einen Relativsatz, das Partizip Perfekt kann an die Stelle ganz verschiedener Nebensätze treten. In Geschlecht und Zahl richtet sich jedes Partizip nach seinem Bezugswort.

Il progetto **riguardante** (= che riguarda) la nuova area è stato accettato con entusiasmo.
I nove mesi **passati** (= che ho passato) in Belgio sono stati molto interessanti.
**Arrivato** (= Quando è arrivato) a casa, Paolo ha cominciato subito a cucinare.
**Pagato** (= Quando avremo pagato) il conto, possiamo andare via.

Zur Bildung des Partizip Präsens ersetzt man die Infinitivendung **-are** durch **-ante, -ere** durch **-ente** und **-ire** durch **-ente** oder **-iente**: z. B. riguard**are** – riguard**ante**; conten**ere** – conten**ente**. Viele Partizipien sind zu Adjektiven (z. B. segu**ente**, nutr**iente**) oder Substantiven (il pass**ante**) geworden.

## 6 Il congiuntivo passato

Der Gebrauch des **congiuntivo passato** folgt denselben Regeln wie der des **congiuntivo presente**. Er stellt vergangene Geschehnisse aus persönlicher Sicht dar.

Penso che **sia stata** la scelta giusta.
Temo che non **abbiano fatto** bene.

Er wird aus dem **congiuntivo presente** von **essere** bzw. **avere** und dem Partizip Perfekt gebildet.

## 7 I numeri collettivi

*E. 10 pag. 139*

| | |
|---|---|
| Conosco Gabriele da **una decina di** anni. | *ca. 10* |
| La camera è di **una ventina di** metri quadri. | *ca. 20* |
| Invito **una dozzina di** vecchi amici. | *ca. 12* |
| C'erano **centinaia di** persone. | *hunderte* |

Um eine ungefähre Zahlenangabe zu machen, hängt man an Zehnerzahlen die Endung **-ina** an. Der Plural von **un centinaio** (*ca. 100*) und **un migliaio** (*ca. 1000*) endet auf **-a**.

# Cittadine e borghi d'Italia

**Giocate in coppia. Lanciate una moneta per stabilire chi dei due comincia e svolgete un compito a scelta. Sta al compagno decidere se la risposta è stata esauriente o se sono necessarie ulteriori informazioni, che possono essere richieste facendo delle domande. Dopodiché si scambiano i ruoli. Il gioco termina quando sono stati svolti tutti i compiti.**

Il nucleo abitato più alto d'Italia si trova nella provincia di Sondrio, ed è una frazione di Livigno. Si chiama **Trepalle** (m. 2100).
*Immaginatevi di abitare in questo villaggio. Quali potrebbero essere i vantaggi? Quali gli svantaggi?*

**Pienza** fu fatta edificare nel 1558 dal Papa Pio II e sorse in poco più di tre anni. Il Papa la volle per avere un luogo di riposo per sé e per la sua corte. Oggi la cittadina con il Duomo, il Palazzo Piccolomini, il Palazzo Borgia e il Palazzo dei Priori è uno dei maggiori esempi di architettura rinascimentale italiana.
*Dopo aver visitato la città telefonate a casa e raccontate cosa avete fatto.*

**Alghero**, città sul mare fortificata da mura e torri cinquecentesche con un centro storico caratterizzato da suggestivi vicoli, fu fondata nel XII secolo dalla famiglia genovese dei Doria. In seguito fu conquistata dai Catalano-Aragonesi di cui oggi si conservano ancora la lingua e le tradizioni.
*Volete andare con un amico in vacanza ad Alghero. Voi vorreste prendere l'aereo e poi noleggiare una macchina in Sardegna. Il vostro amico invece preferirebbe partire con la propria macchina e prendere la nave. Cercate una soluzione che possa accontentare entrambi.*

**Civita di Bagnoregio**, in Provincia di Viterbo, fu fondata nel 2500 dagli Etruschi. Oggi è un borgo arroccato sulla cima di roccia di un colle di tufo e argilla che si assottiglia per l'erosione ed è raggiungibile solo a piedi attraverso un ponte.

Una stella a nove punte con vie concentriche e a raggio che terminano nella piazza centrale a forma di esagono. Questa è **Palmanova**, città-fortezza voluta dalla Repubblica di Venezia con una precisa data di nascita, il 7 ottobre 1593, e oggi Monumento Nazionale.

*Volete andare a Viterbo in treno per poi raggiungere Bagnoregio. Il treno che dovrebbe partire alle 10.30 è in ritardo. Chiedetene il motivo all'ufficio informazioni e fatevi spiegare se c'è un'alternativa.*

**Matera** è famosa per i suoi Sassi, quartieri con le abitazioni scavate direttamente nella roccia e nel tufo che assomigliano ad un presepe. Non a caso Matera è detta anche la seconda Betlemme ed è stata set naturale di tanti film ambientati nell'antichità. I Sassi di Matera sono nella lista del Patrimonio Mondiale dell'UNESCO dal 1993.

*Vicino a Palmanova avete avuto un incidente d'auto ed avete causato un leggero danno alla macchina di una signora italiana. Fornite i vostri dati e richiedete quelli della signora.*

**Ascoli Piceno** ha un gioiello che si chiama Piazza del Popolo, una piazza con un colonnato rinascimentale. Gli edifici più importanti rappresentano i tre poteri: politico (Palazzo dei Capitani del Popolo), religioso (chiesa di S. Francesco) e commerciale (Loggia dei Mercanti).
*Vi dovete trasferire ad Ascoli Piceno per un anno e cercate casa. Telefonate ad un agente immobiliare del luogo e spiegate che tipo di alloggio desiderate.*

*Volete visitare i Sassi di Matera, ma preferite non partire in macchina. Informatevi in agenzia sulle possibilità per raggiungere la città partendo da dove vivete.*

I trulli sono dei tipici edifici presenti in varie province della Puglia, costruiti in pietra e immediatamente riconoscibili per la loro forma esterna: un cilindro sormontato da un cono. Ad **Alberobello** i trulli oggi sono un migliaio e fanno parte del Patrimonio Mondiale dell'UNESCO.
*Un amico vi ha dato il nominativo di una persona che affitta il suo trullo in estate. Telefonategli ed informatevi sulle dimensioni, il prezzo e altre cose che per voi sono importanti.*

# Portfolio Che cosa so fare

| Unità 3 | | |
|---|---|---|
| **So** | **So farlo bene** | **Voglio migliorare** |
| valutare diverse possibilità di viaggio (7, 10) | | |
| motivare una scelta (10, 13) | | |
| raccontare di qualcosa che non si è potuto realizzare (10, 14) | | |
| fornire o richiedere dati dopo un incidente (17) | | |
| descrivere come è avvenuto un incidente (19, 20) | | |
| dare o chiedere consigli per un viaggio (21, 24) | | |
| raccontare esperienze di viaggio (27) | | |

| Unità 4 | | |
|---|---|---|
| **So** | **So farlo bene** | **Voglio migliorare** |
| descrivere il mio modo di vivere in privato e in società (1, 23) | | |
| dare o chiedere informazioni su un'abitazione (11) | | |
| scrivere un annuncio per un appartamento (14) | | |
| esprimere delusione o disappunto (11) | | |
| fare supposizioni o esprimere un'opinione (15, 16, 21, 22, 29) | | |
| parlare delle mie esperienze di cittadino (23) | | |
| descrivere un quartiere e le sue strutture (25) | | |

## Sbagliando s'impara

**1 Lavorate in gruppi e discutete. Qual è il vostro atteggiamento di fronte agli errori?**

Chi non ha paura di fare errori alzi la mano! Eppure gli errori fanno parte dell'apprendimento, è normale ed inevitabile farli. Leggete le seguenti affermazioni e indicate con una crocetta quali rispecchiano il vostro atteggiamento.

1. ☐ La paura di fare errori mi limita nella conversazione.
2. ☐ Per me è importante essere capito, non importa se faccio qualche piccolo errore.
3. ☐ Vorrei dire quello che ho in mente senza essere interrotto, preferisco essere corretto dopo aver finito di parlare.
4. ☐ Preferisco poter parlare liberamente senza essere corretto, perché molti errori nascono dalla spontaneità e so anche da solo qual era l'errore.
5. ☐ Se l'insegnante non corregge mi rende insicuro: non so se quello che ho detto io o un compagno era corretto o sbagliato.

**2 Fate una classifica. Secondo voi, quali errori sono meno gravi, quali sono più gravi? Lavorate in coppia e poi discutetene in plenum.**

È più/meno grave l'errore … ☐ di pronuncia ☐ di grammatica o sintassi ☐ d'ortografia ☐ di vocabolario ☐ che ostacola la comprensione ☐ "culturale"

**3 Scrivete.**

Come, quando e da chi ritenete opportuno essere o non essere corretti? Scrivete in coppia o in piccoli gruppi alcuni punti che vi sembrano importanti. Poi discutete tutti insieme le varie proposte.

# Che facciamo di bello?

## In questa unità impariamo a

- ➜ discutere di sport, cultura e tempo libero
- ➜ confrontare attività sportive tra di loro
- ➜ parlare dell'amicizia
- ➜ manifestare un dubbio o una convinzione
- ➜ esprimere una possibilità o un'ipotesi

## Per cominciare

**1** **Segnate con una crocetta le affermazioni che rispecchiano i vostri gusti e le vostre abitudini e confrontate poi le vostre riposte in piccoli gruppi. Che cosa avete in comune? Qual è il genere di musica e di lettura più amato in classe?**

**Nel tempo libero**

- ☐ faccio sport o sto fuori all'aria aperta
- ☐ mi dedico ad attività culturali
- ☐ mi rilasso senza fare niente di particolare
- ☐ esco con gli amici

**Preferisco gli sport**

- ☐ di squadra come il calcio, la pallavolo o la pallacanestro
- ☐ acquatici come il nuoto, le immersioni, la vela o il canottaggio
- ☐ montani come l'arrampicata, il trekking o lo sci
- ☐ di palestra come la ginnastica o il body building

**Preferisco la musica**

- ☐ classica
- ☐ pop/rock
- ☐ jazz
- ☐ dance

**Ascolto la musica preferibilmente**

- ☐ da solo con le cuffie
- ☐ ad un concerto dal vivo
- ☐ alla radio mentre faccio altre attività
- ☐ guardando i videoclip

**In genere leggo un libro**

- ☐ a letto prima di addormentarmi
- ☐ in ogni momento libero
- ☐ in vacanza o il fine settimana
- ☐ quando viaggio con i mezzi pubblici

**Mi piacciono soprattutto**

- ☐ i fumetti/le riviste
- ☐ i gialli/i libri di fantascienza
- ☐ i libri di narrativa/di poesia
- ☐ le autobiografie/i romanzi storici/i saggi

**Se ho una serata libera preferisco trascorrerla**

- ☐ al cinema o a teatro
- ☐ guardando la TV
- ☐ ad un concerto
- ☐ in un pub o in una discoteca

# Manifestare un dubbio o una convinzione

**2** **Leggete l'annuncio. Chi si occuperà dei bambini durante il Campus Estivo?**

**CAMPUS ESTIVO 2007**

Si comunica che sono aperte le iscrizioni per bambini e bambine al Campus Estivo che si terrà nei pressi del Centro Sportivo "LA TETTOIA" di Via Besanto a Lecce. Il Campus partirà il giorno 11 giugno e terminerà il giorno 28 luglio, i partecipanti saranno seguiti da istruttori e animatori qualificati e svolgeranno le seguenti attività: calcetto, volley, scherma, tennistavolo e attività ludiche in genere.
Per informazioni e iscrizioni rivolgersi alla nostra sede o telefonare ai seguenti numeri telefonici: **0832/387134 – 333/6560580 – 340/6905052**

**LE ISCRIZIONI TERMINERANNO VENERDÌ 8 GIUGNO**
http://www.polisportivasantarosa.it

Come si chiamano le persone che organizzano giochi e altri divertimenti? ........................
E quelle che insegnano una disciplina sportiva? ........................................................
Che espressione si usa nel testo al posto di "giochi"? ...............................................

E. 1-2 pag. 144

17 **3** **Ascoltate il dialogo. Perché i genitori hanno intenzione di iscrivere la figlia al Campus Estivo?**

- ● Ciao!
- ○ Ah, sei già tornato?
- ● Sì, ho smesso un po' prima stasera. Serena dov'è?
- ○ Credo che sia ancora al parco con Alice, dovrebbe tornare tra poco. Ah, a proposito, Gabriella mi ha detto che vuole iscrivere Alice al Campus Estivo. Ha chiesto se mandiamo anche Serena. Si potrebbe fare, no?
- ● Mah … credi che le possa piacere?
- ○ Certo, perché no? Giocano, fanno attività sportive e qualche volta vanno anche in piscina. Alice c'è già stata l'anno scorso, credo che le sia piaciuto davvero, per questo vuole tornarci.
- ● Beh sì, in effetti potrebbe essere una buona soluzione anche per noi, altrimenti cosa fa quando finiscono le scuole?
- ○ Appunto, dovrebbe andare ogni giorno da mia madre. Lì non ci sono bambini e poi si annoia.
- ● Hai ragione. Però poi chi l'accompagna al Campus Estivo?
- ○ Mah, basta che tu la vada a riprendere il martedì e il giovedì. Poi a portarla la mattina ci penso io prima di andare al negozio. Se qualche giorno non possiamo, troveremo sicuramente qualcuno che ci darà una mano.
- ● Ma hai già chiesto a Serena se ci vuole andare?
- ○ Sì, certo. È felicissima. Tra l'altro ho sentito che giocheranno anche a pallacanestro e tu sai che le piace un sacco. E poi è importante che la bambina faccia qualcosa. Guarda, credo proprio che si divertirà. Anzi ne sono sicura.
- ● Vabbe', mi hai convinto.

**4 Indicate con una x le affermazioni giuste.**

1. L'amichetta di Serena si chiama Alice. ☐
2. La mamma di Serena pensa che a sua figlia il Campus Estivo potrebbe piacere. ☐
3. Il Campus è aperto il pomeriggio dopo la scuola. ☐
4. Se Serena non va al Campus, dovrebbe stare con la nonna. ☐
5. Dalla nonna potrebbe giocare con altri bambini. ☐

**5 Rileggete il dialogo e abbinate le espressioni della prima riga ai sinonimi della seconda riga.**

| | | | | |
|---|---|---|---|---|
| ☐ altrimenti | ☐ appunto | ☐ hai ragione | ☐ ci penso io | ☐ ne sono sicura |
| **a** è vero | **b** sono certa di ciò | **c** in caso contrario | **d** me ne occupo io | **e** esattamente |

**6 Cercate nel dialogo dell'attività 3 le espressioni corrispondenti ai seguenti termini.**

tutti i giorni ..................................................
alcune volte ..................................................

**Cosa notate di particolare?**

*E. 3-6 pag. 145*

OSSERVATE!

Credo che Serena sia ancora al parco con Alice.
Credo che ad Alice sia piaciuto davvero.
Penso che si divertirà.

**In quale delle frasi si esprime una supposizione**
- **sul futuro?**
- **sul presente?**
- **sul passato?**

**7 Ecco quello che pensa Serena del Campus Estivo. Sottolineate i tempi appropriati.**

"Spero proprio che i miei genitori mi *abbiano lasciata/lascino* andare al Campus con Alice. Credo che la mamma non *parlerà/abbia parlato* ancora con papà, ma spero che lo *faccia/abbia fatto* presto e che *sia riuscita/riuscirà* a convincerlo. Penso che solo la nonna *sarà/sia stata* un po' dispiaciuta di non vedermi ogni giorno a casa sua e spero che non si *arrabbierà/sia arrabbiata* con mamma e papà."

**8 Lavorate in coppia e fate delle ipotesi sui vostri compagni di classe. Cosa pensate che abbiano fatto in passato, facciano al momento o faranno in futuro? Aiutatevi con le seguenti espressioni.**

[ suonare il violino – comprare la moto – studiare il giapponese – fare una vacanza in Norvegia – fare parte di una squadra di calcio – trascorrere un lungo periodo all'estero – laurearsi in giurisprudenza – fare l'animatore d'estate – andare a sciare d'inverno – frequentare un corso di ... ]

**Esempio:** Penso che Maria da bambina abbia suonato il violino.

*E. 7-8 pag. 146*

## Confrontare attività sportive tra di loro

**9 Lavorate in coppia e discutete. Secondo voi qual è la percentuale degli italiani che pratica uno sport? Qual è l'attività sportiva preferita dagli italiani?**

**10** **Ecco gli sport praticati dagli "sportivi" italiani. Abbinate le percentuali agli sport secondo le vostre supposizioni e confrontate in plenum.**

[ 25% 24% 20,8% 11,7% 11,3% 11,3% ]

– palestra ...........
– sport ciclistici ...........
– calcio ...........
– nuoto ...........
– sport invernali e di montagna ...........
– atletica leggera e jogging ...........

**11** **Leggete il seguente testo e verificate le vostre ipotesi.**

## Istat: italiani sempre più pigri. Il fitness lo sport più praticato, battuto il calcio

**Indossano più volentieri pantofole e pigiama piuttosto che scarpe sportive e pantaloncini.**
Il popolo dei pigri cresce a dismisura: il 41% del campione intervistato (54 mila persone, circa 24 mila famiglie) non pratica attività fisiche.
Se pur di misura, il calcio è stato raggiunto e superato dal gruppo di attività costituito da ginnastica, aerobica, fitness e cultura fisica. Al terzo posto della graduatoria Istat si colloca il nuoto, seguito, ma a distanza, dagli sport ciclistici, dal gruppo dell'atletica leggera e jogging e dagli sport invernali, su ghiaccio e gli altri sport di montagna.
adattato da: www.rainews24.rai.it, 20 giugno 2007

**Avete provato o praticate uno degli sport nominati dal testo?**
**C'è uno sport che non fa proprio per voi?**

yoga

calcio

immersioni

equitazione

judo

vela

corsa

beach volley

tennis

sci

canottaggio

### OSSERVATE!

Oggi gli italiani sono più pigri di 10 anni fa.
Indossano più volentieri pantofole e pigiama piuttosto che scarpe sportive e pantaloncini.
Lo sport si pratica più in palestra che all'aria aperta.

**In quale frase si usa "di", in quali "che" per fare un paragone?**

**12** **In piccoli gruppi fate una lista degli sport più praticati nel vostro paese. Confrontate poi i risultati in plenum e discutete.**

*Gli sport più praticati sono . . .*
*Il nuoto è più diffuso del . . .*
*I giovani vanno più volentieri in palestra che . . .*
*Secondo me gli sport estremi sono più pericolosi che eccitanti.*

E. 11-13 pag. 147

**13** **Lavorate in coppia e sceglicte una delle situazioni sottostanti. Raccogliete alcuni argomenti per il vostro ruolo e fate il dialogo.**

Il vostro compagno ha qualche problema perché ...
- sta seduto tutto il giorno
- negli ultimi tempi è aumentato di peso
- sta in piedi tutto il giorno
- ultimamente è molto stressato.

Cercate di convincerlo con dei buoni motivi a praticare uno sport o un'altra attività.

> Ho spesso mal di schiena/dolori al collo e alle spalle. Sono ingrassato. La sera sono stanco.

> È importante/È necessario che tu ... Ti farebbe bene fare ... Prova a ... Basta/È sufficiente che tu ...

E. 14-16 pag. 148

## Raccontare del tempo libero e dell'amicizia

**14** **Leggete come inizia il romanzo "La bella estate" di Cesare Pavese. Secondo voi chi sono le persone di cui si parla nel brano? Che età pensate che abbiano?**

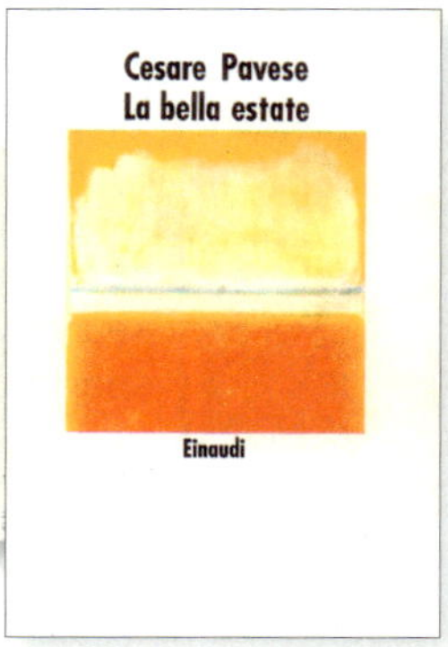


A quei tempi era sempre festa. Bastava uscire di casa e traversare la strada, per diventare come matte, e tutto era così bello, specialmente di notte, che tornando stanche morte speravano ancora che qualcosa succedesse, che scoppiasse un incendio, che in casa nascesse un bambino, o magari venisse giorno all'improvviso e tutta la gente uscisse in strada e si potesse continuare a camminare camminare fino ai prati e fin dietro le colline.

**15** **Ora leggete come continua. Erano giuste le vostre ipotesi?**

– Siete sane, siete giovani, – dicevano, – siete ragazze, non avete pensieri, si capisce –. Eppure una di loro, quella Tina ch'era uscita zoppa dall'ospedale e in casa non aveva da mangiare, anche lei rideva per niente, e una sera, trottando dietro gli altri, si era fermata e si era messa a piangere perché dormire era una stupidaggine e rubava tempo all'allegria.

Ginia, se queste crisi la prendevano, non si faceva accorgere ma accompagnava a casa qualche altra e parlava parlava, finché non sapevano più cosa dire. Veniva così il momento di lasciarsi, che già da un pezzo erano come sole, e Ginia tornava a casa tranquilla, senza rimpiangere la compagnia. Le notti più belle, si capisce, erano al sabato, quando andavano a ballare e l'indomani si poteva dormire. Ma bastava anche meno, e certe mattine Ginia usciva, per andare a lavorare, felice di quel pezzo di strada che l'aspettava. Le altre dicevano: – Se torno tardi, poi ho sonno; se torno tardi, me le suonano –. Ma Ginia non era mai stanca [...].

Da: *La bella estate* di Cesare Pavese, Einaudi 1949

**16** **Rileggete tutto il brano e sottolineate con tre colori diversi le parole che ...**

– descrivono l'ambiente e il paesaggio – esprimono stati d'animo ed emozioni – indicano un'attività.

**17** **In piccoli gruppi cercate di chiarire il significato di tutte le parole che avete sottolineato, altrimenti aiutatevi con il vocabolario o chiedete all'insegnante.**

**18** **Leggete ora le domande e rispondete.**

1. Com'erano le ragazze, com'era l'ambiente in cui vivevano?
2. Tra i comportamenti descritti quali vi sembrano tipici delle ragazze adolescenti?
3. Come viene descritta l'amicizia tra le ragazze?
4. In quale periodo potrebbe essere ambientato il romanzo, secondo voi?

## OSSERVATE!

| | | | |
|---|---|---|---|
| Speravano che | qualcosa succedesse.<br>nascesse un bambino.<br>tutta la gente uscisse in strada. | io uscissi<br>tu uscissi<br>lui/lei uscisse | noi uscissimo<br>voi usciste<br>loro uscissero |

**In queste frasi secondarie trovate tre forme del congiuntivo imperfetto.**
**Quale tempo viene usato nella principale?**
**Cercate altre forme del congiuntivo imperfetto nel brano dell'attività 14.**

**19 Nel romanzo di Pavese compaiono molti amici di Ginia, la protagonista. Completate le frasi con i verbi tra parentesi per saperne di più.**

1. Ginia *pensava* (pensare) che la sua amica Rosa *fosse* (essere) una stupida a lavorare in fabbrica.
2. Ginia non .................... (capire) cosa .................... (trovare) Rosa in Pino: aveva il naso storto, era piccolo e non era per niente bello.
3. .................... (parere) impossibile che le mani grosse di Ferruccio .................... (essere) così brave a suonare la chitarra.
4. Ginia .................... (dubitare) che Amelia .................... (volere) fare amicizia con una ragazza più giovane di lei.
5. Amelia lavorava come modella di un pittore. L'amica Clara .................... (ritenere) una fortuna che lui le .................... (fare) il ritratto e la .................... (pagare).
6. Ginia .................... (avere) l'impressione che Amelia .................... (piacere) molto a suo fratello Severino.
7. Ginia con Amelia si divertiva e .................... (sembrare) che con lei .................... (succedere) le cose più varie.

**20 Discutete in piccoli gruppi. Cosa era bello, importante, impossibile quando eravate adolescenti?**

[ avere un ragazzo/un'amica del cuore – uscire la sera – scrivere un diario – stare fuori fino a tardi – piacere a qualcuno – tingersi i capelli – truccarsi – andare in vacanza da soli – prendere la patente non appena possibile – avere il motorino – avere una compagnia ]

**Esempio:** *Era bello stare fuori fino a tardi.*

**21 Leggete i seguenti proverbi e detti sull'amicizia. Ce n'è uno che potrebbe essere il vostro motto? Su quale invece non siete d'accordo? Avete un episodio da raccontare in proposito?**

Dall'amico o parente, non comprare e non vendere niente.

**Il vero amico si riconosce nel momento del bisogno.**

*Patti chiari e amicizia lunga.*

**Chi trova un amico, trova un tesoro.**

**22 Avete o avete avuto un amico importante? Parlatene in coppia.**

E. 17-21 pagg. 149-150

## Guardiamo da vicino!

**23 Osservate la locandina. Conoscete questo film?**

Secondo voi si tratta di un film drammatico, una storia d'amore, una commedia o un film d'azione? Parlatene in piccoli gruppi. Quale tra i suddetti generi preferite?

**24 Ecco la trama del film. Se non lo conoscete, vi piacerebbe vederlo? Per quale motivo? Parlatene in coppia.**

### Nuovomondo

Primi del Novecento. Salvatore Mancuso sceglie di abbandonare la propria terra per cominciare una nuova esistenza in America. Nel suo paese d'origine, in Sicilia, vende quel poco che possiede per partire con la madre ed i figli alla ricerca di un lavoro e di una casa nel Nuovo Mondo. Il viaggio attraverso l'Oceano per raggiungere New York non è senza pericoli, tuttavia tutti insieme trovano la forza di superare le difficoltà, aiutati dalla speranza di una vita più dignitosa. Ma una volta raggiunta la terra promessa, Salvatore e la sua famiglia dovranno confrontarsi con una realtà diversa da quella che si aspettavano di trovare.

18 **25 Ascoltate ora Mario che parla di uno dei tre film che vedete qui accanto. Di quale?**

18 **26 Ora leggete il sunto della trama, poi riascoltate e sottolineate le espressioni corrette.**

Geremia ha una sartoria, ma è anche un usuraio, cioè *presta i soldi a/si fa prestare i soldi da* chi ne ha bisogno con degli interessi molto alti. È un uomo piuttosto *interessante/brutto* che sembra sempre aver fretta e vive con la madre malata, in una zona a sud di Roma. Nella sua casa *accogliente/triste* Geremia porta sempre una fascia bianca sulla fronte. Le persone chiedono il suo aiuto per diversi motivi: una coppia desidera un matrimonio lussuoso per la figlia, un uomo vuole curare la figlia malata, un altro vuole *acquistare/vendere* un titolo nobiliare per fare affari con il Vaticano, un altro ancora vuole dei soldi per poter fare dei giochi *di società/di fortuna*. Il film è piuttosto *amaro/comico* ma l'attore è *discreto/eccezionale*.

**27 C'è un film che avete visto ultimamente o che vi è piaciuto particolarmente e consigliereste ai vostri compagni? Raccontatene la trama e dite cosa vi è piaciuto.**

[ la regia è di/il regista è – la trama – gli attori sono – è ambientato – è avvincente – comico – la colonna sonora è … ]

E. 22 pag. 150

# Esprimere una possibilità o un'ipotesi

**28** **Osservate le immagini e leggete i testi dei fumetti. A quale evento andreste voi?**

**29** **Rileggete i fumetti. Quale di questi avvenimenti è più probabile che si realizzi? Quale è il meno probabile? Quale potrebbe essere eventualmente possibile?**

## OSSERVATE!

**Osservate e completate.**

Se trovo ancora dei biglietti ......................... a vedere L'Italiana in Algeri.
Se trovassi ancora dei biglietti ...................... a vedere L'Italiana in Algeri.

**Quali tempi e modi si usano nella frase ipotetica della realtà e quali in quella della possibilità?**

**30** **Abbinate le frasi ipotetiche e decidete quali sono reali, quali eventualmente possibili.**

1. Se domani non dovessimo lavorare
2. Se riuscissimo ad avere dei biglietti
3. Se fa bel tempo
4. Se sapesse con chi andarci
5. Se stasera finisco prima
6. Se non ti sbrighi

a Claudio andrebbe a vedere l'Aida.
b andremmo volentieri a vedere la partita.
c non ci saranno più biglietti.
d andremmo al concerto di Vasco Rossi.
e andiamo al cinema all'aperto stasera.
f posso raggiungervi per l'aperitivo.

# GRAMMATICA

## 1 Il congiuntivo dopo le espressioni impersonali

E. 9 pag. 146

Unpersönliche Ausdrücke bringen eine Wertung zum Ausdruck und verlangen somit den **congiuntivo.**

**È importante/necessario che** tu faccia un po' di sport.
(**È un**) **peccato che** Matteo non sia potuto venire.
**È una fortuna che** loro si siano messi d'accordo.
**È una vergogna che** lui abbia deciso così.
**Basta/Bisogna che** Gianni me lo dica domani.
**È bene/meglio/bello/giusto che** tu glielo dica.

Folgt auf unpersönliche Ausdrücke der Infinitiv, ist die Aussage eher allgemein:
**È necessario andarci.**
*Es ist notwendig hinzugehen.*
Aber: **È necessario che io ci vada.**
*Es ist notwendig, dass ich hingehe.*

## 2 La particella pronominale *ci*

E. 10 pag. 147

Das Pronominaladverb **ci** ersetzt neben Orts- und Richtungsangaben (vgl. Azzurro, S. 97) auch präpositionale Ergänzungen mit **a**, seltener mit **su** oder **con**.

| | |
|---|---|
| Chi pensa **a comprare un regalo per la mamma**? | – **Ci** penso io. |
| Posso contare **sul tuo aiuto**? | – Certo, **ci** puoi contare. |

**Con questo programma ci** lavoro proprio bene.
**A portare i bambini a scuola ci** penso io.

## 3 Alcuni indefiniti

| | | |
|---|---|---|
| **altro/a/i/e** | Metto l'**altra** giacca e le **altre** scarpe. | *andere/r* |
| **diverso/a** | È una cosa **diversa.** | *andere/r* |
| **diversi/e** | In vacanza ho letto **diversi** libri. | *mehrere, einige, verschiedene* |
| **alcuni/e** | **Alcuni** anni fa ho cominciato a fare jogging. | *einige* |
| **qualche** | Vado in piscina con **qualche** amica. | *einige; irgendein* |
| **ognuno/a** | **Ognuno** deve fare la sua parte. | *jede/r* |
| **ogni** | **Ogni** domenica faccio una passeggiata. | *jede/r* |
| **tutto/a** | È piovuto **tutto il** giorno. | *ganze/r* |
| **tutti/e** | Faccio un po' di ginnastica **tutti i** giorni. | *alle, jede/r* |
| **qualsiasi** | **Qualsiasi** attività sportiva fa bene. | *jede/r beliebige/r* |

**Diverso/a** und **tutto/a** nehmen im Plural eine andere Bedeutung an.
**Qualsiasi, ogni** und **qualche** sind unveränderlich. **Ogni** und **qualche** werden nur mit dem Singular benutzt, auch wenn **qualche** in Verbindung mit einem Substantiv eine Mehrzahl ausdrückt.

**Alcuni/e, diverso/a** und **tutti/e** können auch als Pronomen verwendet werden:
Conosci i libri di Tabucchi? – **Alcuni** sì, **altri** no.
Sono venuti i tuoi amici? Sì, sono venuti **tutti**.

## 4 Il paragone con *di* e *che*

Il nuoto è **più** diffuso **del** canottaggio.
Tuo fratello è **meno** sportivo **di** te.
Questo lavoro è **più** stressante **che** interessante.
È **più** importante andare oggi **che** domani.
È **meglio** fare le scale **che** prendere l'ascensore.
**Più** fitness **che** jogging nelle abitudini italiane.

Ist da zweite Vergleichselement ein Nomen oder Pronomen, gebraucht man **di.**
Ist das zweite Vergleichselement ein Adjektiv, ein Adverb, ein Infinitiv oder werden zwei Substantive mengenmäßig miteinander verglichen, gebraucht man **che**.

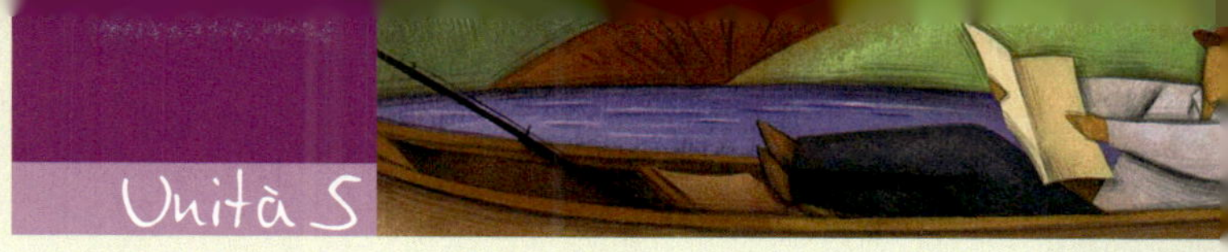


## 5 La concordanza dei tempi

Zwischen Haupt- und Nebensatz kann ein Verhältnis der Gleichzeitigkeit, Vorzeitigkeit oder Nachzeitigkeit bestehen. Verlangt das Verb des Hauptsatzes den congiuntivo, ergibt sich für den Nebensatz:

| | | | |
|---|---|---|---|
| **Credo che** Aldo | ieri **sia stato** al mare. | **congiuntivo passato** | *bei Vorzeitigkeit* |
| | adesso **sia** a casa. | **congiuntivo presente** | *bei Gleichzeitigkeit* |
| | non **si sposerà** mai. | **futuro semplice** | *bei Nachzeitigkeit* |

## 6 Il congiuntivo imperfetto

| | parlare | mettere | sentire | essere | avere |
|---|---|---|---|---|---|
| io | parl**assi** | mett**essi** | sent**issi** | **fossi** | **avessi** |
| tu | parl**assi** | mett**essi** | sent**issi** | **fossi** | **avessi** |
| lui/lei | parl**asse** | mett**esse** | sent**isse** | **fosse** | **avesse** |
| noi | parl**ạssimo** | mett**ẹssimo** | sent**ịssimo** | **fọssimo** | **avẹssimo** |
| voi | parl**aste** | mett**este** | sent**iste** | **foste** | **aveste** |
| loro | parl**ạssero** | mett**ẹssero** | sent**ịssero** | **fọssero** | **avẹssero** |

Außer bei **essere – fossi, dare – dessi, stare – stessi** lässt sich der **congiuntivo imperfetto** vom **imperfetto indicativo** ableiten: dicevo → **dicessi**, bevevo → **bevessi** etc.

| | |
|---|---|
| **Pensavo che** | **andassi** a teatro. |
| | **prendeste** il tram. |

Steht im Hauptsatz ein den **congiuntivo** auslösendes Verb der Vergangenheit, steht im Nebensatz der **congiuntivo imperfetto**.

## 7 La frase ipotetica I

In einem Bedingungssatz (*wenn ..., dann*) steht in Haupt- und Nebensatz der **indicativo presente**, wenn eine Verwirklichung gut möglich ist. Wird die Realisierung für unsicher oder unwahrscheinlich gehalten, steht im Hauptsatz das **condizionale**, im Nebensatz der **congiuntivo imperfetto**.

| | | | |
|---|---|---|---|
| **Se** domani **piove** | **salta** il concerto. | **Se facessi** sport | ti **sentiresti** meglio. |

## 8 Forme particolari e irregolari del plurale dei sostantivi

*E. 25 pag. 151*

| singolare | plurale | Attenzione alle seguenti desinenze! |
|---|---|---|
| il/la tur**ista** | i tur**isti**/le tur**iste** | *-isti bzw. -iste bei Substantiven auf -ista* |
| l'incẹnd**io** | gli incend**i** | *kein doppeltes -i bei unbetontem -i im Singular* |
| lo z**ị**o | gli z**ii** | *doppeltes -i bei betontem -i im Singular* |
| il par**co** | i par**chi** | *-hi bei auf der vorletzten Silbe betonten maskulinen Substantiven auf -co* |
| il mẹdi**co** | i mẹdi**ci** | *-i bei auf der drittletzten Silbe betonten maskulinen Substantiven auf -co* |
| il problem**a** | i problem**i** | *-i bei maskulinen Substantiven auf -a* |
| lo sci | gli sci | *das Substantiv bleibt unverändert bei einsilbigen Wörtern* |
| il braccio | le braccia<br>i bracci del fiume | *wenige Substantive sind im Singular männlich und im Plural weiblich*<br>*manchmal gibt es auch eine männliche Pluralform, die dann aber eine andere Bedeutung hat* |
| la fạbbri**ca** | le fạbbri**che** | *-che bei weiblichen Substantven auf -ca* |
| l'aran**cia** | le aran**ce** | *-ce bei -cia, wenn vor dem **c** ein Konsonant steht* |
| la cami**cia** | le cami**cie** | *-cie bei -cia, wenn vor dem **c** ein Vokal steht* |
| la crisi | le crisi | *Substantive auf -i sind unveränderlich* |
| la mano | le mani | *-i bei weiblichen Wörtern mit Endung auf -o im Singular* |
| la foto | le foto | *das Substantiv bleibt unverändert, wenn es eine Abkürzung ist* |

## Lavoro, tecnologia, salute

# Come te la cavi con ...?

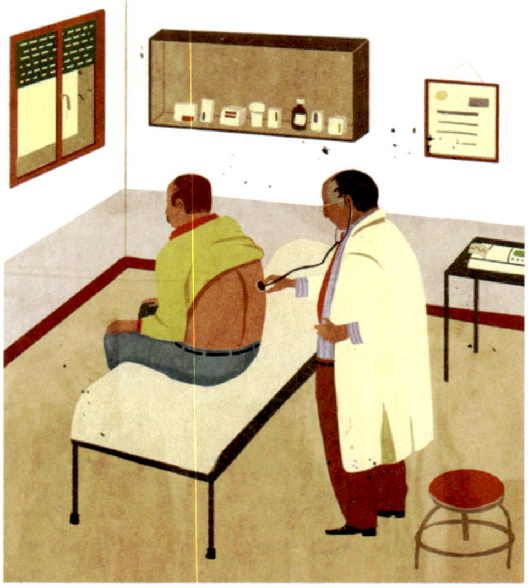

### In questa unità impariamo a

- → valutare le nostre abilità al computer
- → descrivere un oggetto di cui non sappiamo il nome
- → scrivere una lettera commerciale
- → telefonare ad una ditta per un reclamo o un'informazione
- → descrivere un disturbo fisico

## Per cominciare

**1** Guardate queste vignette. Lavorate in coppia e descrivete con parole vostre le situazioni che vedete illustrate.

**2** Conoscete le seguenti parole relative al computer? Quali potreste ancora aggiungere?

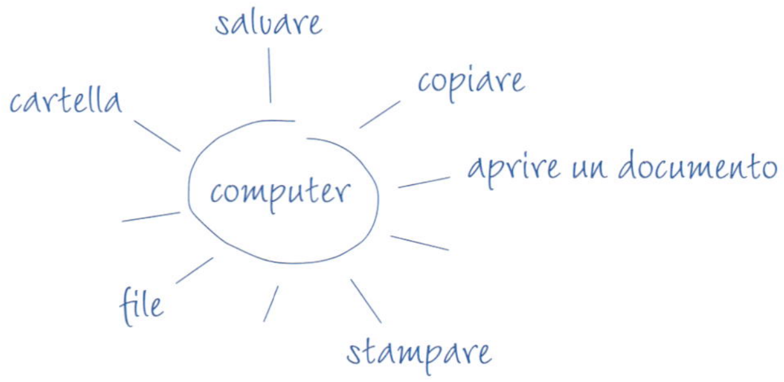

**3** **Per cosa, come e quando usate il computer? Leggete le seguenti affermazioni e indicate con una x le vostre abitudini.**

**1. Uso il computer**

- ☐ a casa o all'Internet Point
- ☐ a scuola/ all'università
- ☐ sul posto di lavoro
- ☐ ovunque mi trovi, perché ho sempre con me il portatile

**2. Ne faccio uso**

- ☐ raramente
- ☐ ogni due o tre giorni
- ☐ una volta al giorno
- ☐ in qualsiasi momento della giornata

**3. So usarlo perché**

- ☐ ho frequentato un corso
- ☐ ho imparato da un amico
- ☐ l'informatica era una materia scolastica
- ☐ ho imparato da solo consultando dei libri

**4. Lo adopero per**

- ☐ comunicare con amici e familiari via e-mail, con la webcam o per chattare
- ☐ sbrigare alcune incombenze come informarmi su orari, programmi culturali o per acquistare biglietti, prenotare una vacanza ecc.
- ☐ motivi di lavoro: scrivere lettere commerciali, relazioni e e-mail ai clienti, tenere la contabilità; motivi di studio: fare ricerche, scrivere la tesi
- ☐ ascoltare musica, giocare, guardare film, sistemare le mie foto

**5. Se ho un problema**

- ☐ cerco qualcuno che si intenda di computer
- ☐ chiamo il numero verde dell'assistenza tecnica
- ☐ cerco di risolverlo da solo
- ☐ mi rivolgo ad un amico

**4** **Ora confrontate i vostri risultati in piccoli gruppi e discutete. Chi è l'esperto di computer? Chi ne farebbe volentieri a meno?**

## OSSERVATE!

Uso il computer ovunque mi trovi.
Se ho un problema cerco qualcuno che si intenda di computer.
Sono grato a chiunque sappia darmi una mano.

**Perché, secondo voi, in queste frasi si usa il congiuntivo?**

**5** **Completate le frasi con i seguenti indefiniti.**

qualsiasi – comunque – qualunque – ovunque – chiunque

*E. 1-3 pag. 152*

1. Fulvio è molto bravo al computer, ..................... problema si presenti, lo sa risolvere.
2. ..................... abbia installato questo programma, non l'ha fatto correttamente.
3. ..................... facciate domanda, vi chiederanno delle conoscenze informatiche.
4. ..................... vada l'esame, invierò a delle imprese il mio curriculum online per fare uno stage.
5. ..................... cosa succeda, chiamami subito.

# Descrivere un oggetto di cui non sappiamo il nome

20 **6 Guardate la foto e ascoltate i brevi dialoghi. Quali oggetti presenti sulla scrivania vengono nominati? Scrivete i numeri relativi nelle caselle.**

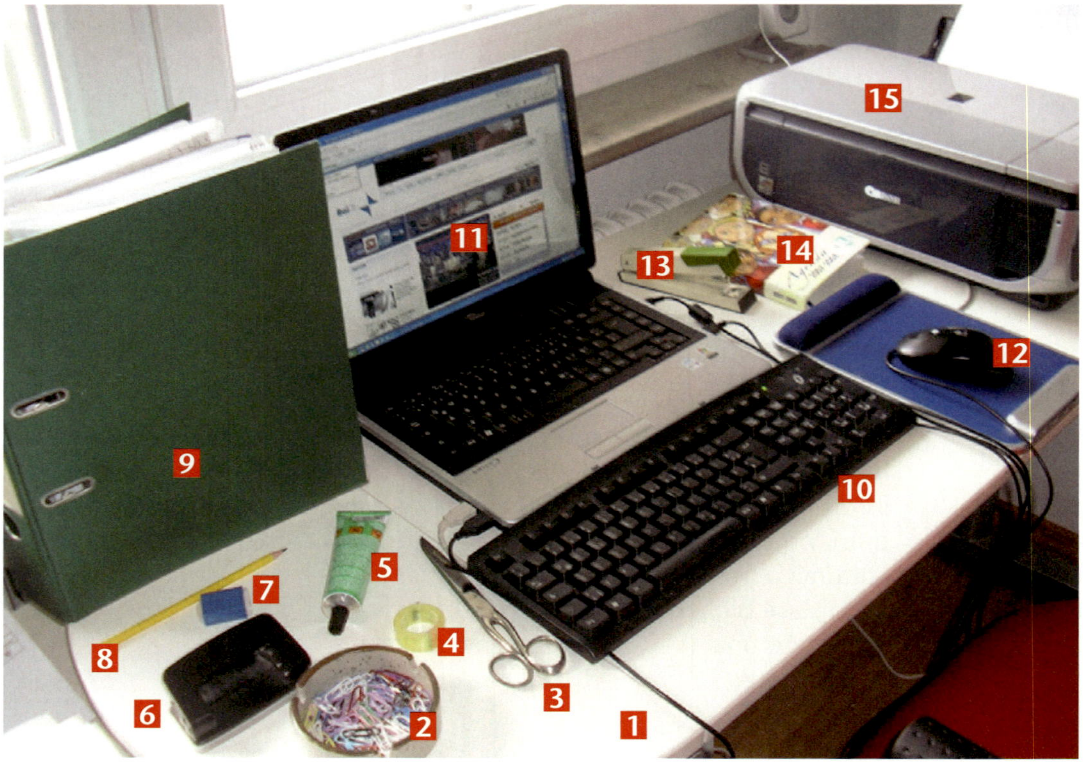


1. ☐
2. ☐
3. ☐

**7 Ora scrivete accanto alle altre parole il numero dell'oggetto corrispondente.**

| | | | | |
|---|---|---|---|---|
| ☐ la tastiera | ☐ la matita | ☐ la gomma | ☐ lo scotch | ☐ la stampante |
| ☐ lo schermo | ☐ la spillatrice | ☐ la perforatrice | ☐ la colla | ☐ il mouse |
| ☐ l'agenda | ☐ la scrivania | ☐ le forbici | ☐ il raccoglitore | ☐ le graffette |

**OSSERVATE!**

Le forbici le hai prese tu?
Il raccoglitore dove lo hai messo?

**Queste frasi iniziano con un complemento oggetto. Che cosa notate di particolare?**

E. 4-5 pag. 153

**8 Lavorate in piccoli gruppi. Ognuno pensa a un oggetto che in genere si trova in un ufficio e lo descrive ai compagni. Chi riesce ad indovinare di quale oggetto si tratta, continua.**

| è di ... | è ... | si usa per ... |
|---|---|---|
| metallo | rotondo | unire |
| plastica | rettangolare | raccogliere |
| carta | piatto | cancellare |
| legno | ovale | scrivere |

**Esempio:** ● Può essere di legno, rettangolare, è grande e sopra ci sono tanti oggetti utili per il lavoro.

○ È la scrivania!

**9** **Lavorate a coppie e decidete a quali dei seguenti oggetti si riferiscono le descrizioni e le indicazioni per l'uso.**

[ la fotocopiatrice – l'agenda – la cartuccia per stampante – la calcolatrice tascabile – lo scanner ]

**A** ..................................
digitale laser, 35 copie al minuto. Formato originali e copie: fino all'A3 – 2 cassetti da 250 fogli (1 per A4 e uno per A3) + Bypass da 50 fogli – Zoom da 50% a 200%

**B** .....................................
a 12 cifre con elegante rivestimento superiore metallizzato. Tasti percentuale, radice quadrata, cancellazione ultima cifra. Alimentazione solare e a batteria. Dimensioni: 70 x 117 x 8 mm.

**C** ....................................
da tavolo, con copertina rigida e le pagine, senza uso di cloro, rilegate a punto refe. Ogni giorno una pagina, 13 x 21 cm, 380 pagine a righe, con una rubrica estraibile nella tasca a soffietto interna. È dotata di chiusura a elastico e segnalibro.

**10** **Leggete la seguente chat. Voi usate questa forma di comunicazione? Con quale frequenza? Come fareste altrimenti questo tipo di comunicazione?**

**11** **Lavorate in gruppi di tre e simulate una comunicazione come quella dell'att. 10 con carta e penna. Ognuno scrive una frase su un foglio, poi passa il foglio al compagno di destra che continua allo stesso modo. Dopo 2–3 giri, leggete il risultato. Ricordatevi di assumere un nomignolo!**

Chat

Aggiungi | Invia | Conversazione

| | |
|---|---|
| Vanilla scrive: | Ciao Lorenzo! |
| bandabarsotti.it scrive: | Ciao! |
| Vanilla scrive: | Come stai? |
| bandabarsotti.it scrive: | Tutto bene, mi godo gli ultimi giorni di vacanza prima di cominciare il servizio civile. Te invece? |
| Vanilla scrive: | Io sono a Londra da 2 mesi, con l'inglese me la cavo già abbastanza bene! |
| bandabarsotti.it scrive: | Sono contento per te. Complimenti! Ma quanto stai ancora a Londra? |
| Vanilla scrive: | Fino al termine del corso intensivo, ancora 2 settimane. |
| bandabarsotti.it scrive: | Allora tra poco te ne vai? |
| Vanilla scrive: | Eh sì, proprio così! Mi dispiacerà andare via, ma devo anche preparare un esame ... |
| bandabarsotti.it scrive: | Beh io per il momento degli esami me ne frego, se ne riparla tra un anno. ☺ |

☺ Video | X | X Cancella tutto | Chiudi

**12** **Come vengono espresse le seguenti frasi?**

Riesco a parlare abbastanza bene l'inglese. ..............................................................................
Tra poco vai via? ..............................................................................
Non mi preoccupo/non mi interesso. ..............................................................................

**13** **Completate.**

| cavarsela | andarsene | fregarsene |
|---|---|---|
| ..................... | me ne vado | .................... |
| te la cavi | ....................... | .................... |
| se la cava | se .................... | .................... |
| ce .................. | ce ne ................. | .................... |
| ....................... | ....................... | ve ne fregate |
| ....................... | se ne vanno | ................ |

**14** **Lavorate in coppia e a turno fatevi delle domande sulle vostre abilità. Riferite poi in plenum.**

**Esempio:** *Come te la cavi a stirare? Me la cavo bene. / Mah, mi arrangio. / Sono proprio negato.*

| | Il mio compagno | | | io | | |
|---|---|---|---|---|---|---|
| | ☺ | 😐 | ☹ | ☺ | 😐 | ☹ |
| riparare la bici | | | | | | |
| stirare | | | | | | |
| cantare | | | | | | |
| suonare | | | | | | |
| fare delle riparazioni in casa | | | | | | |
| montare una tenda | | | | | | |
| cucire | | | | | | |

E. 7-9 pagg. 154-155

**15** **Leggete la seguente testimonianza. Perché il computer è stato così determinante nella vita di Simone?**

Mi chiamo Simone e vivo a Modena con la mia famiglia. Sono un ragazzo disabile che non può né usare le mani correttamente, né camminare. Non ricordo molto del mio passato senza Personal Computer, poiché fortunatamente mi è stata data la possibilità di utilizzarlo fin dalla terza elementare, grazie ad un caschetto dotato di un'asta con la quale tuttora scrivo su una comunissima tastiera di PC.

Il computer è per me lo strumento fondamentale di integrazione nella società che mi ha permesso di frequentare in modo attivo la scuola dell'obbligo, di raggiungere il diploma di maturità di Perito Informatico e che mi ha consentito di laurearmi in Ingegneria Informatica con il massimo dei voti a 24 anni.

Io credo che l'importante traguardo della laurea l'abbia raggiunto, oltre che per la mia forza di volontà, anche per una serie di circostanze che si sono ben incastrate assieme: fortunatamente ho avuto vicino persone che mi hanno considerato al pari di tutte le altre, che hanno saputo mettere in risalto le mie capacità e rendermi in grado di lavorare nel modo più autonomo possibile. Crescendo insieme ai miei coetanei, giocando e studiando con loro, penso di aver acquisito una capacità di relazionarmi con la società che mi consentirà in futuro di cavarmela, anche senza la continua assistenza di enti o associazioni.

Penso che la cosa più importante per un disabile sia quella di sentirsi una persona come le altre, che può affrontare e superare gli stessi problemi, anche se magari in un modo diverso e con qualche difficoltà in più.

In realtà un disabile è semplicemente una persona diversamente abile, anche se non tutti lo sanno!

da: http://www.aidalabs.com

E. 10 pag. 155

**16** **Cercate la frase corrispondente all'interno del testo e sottolineatela.**

1. diversi avvenimenti e situazioni che hanno creato una situazione favorevole
2. creare rapporti sociali, integrarsi
3. sentirsi uguale agli altri
4. mettere in evidenza quello che so fare
5. mi ha dato la possibilità

**17** **Leggete cosa dice Simone. Con quali forme verbali esprime fatti o avvenimenti che non si sono realizzati?**

Se i compagni mi avessero lasciato solo, il mio inserimento a scuola sarebbe stato più difficile.
Se non avessi giocato e studiato con i miei coetanei non avrei acquisito la capacità di relazionarmi con la società.

**18** **Completate le seguenti frasi con i verbi tra parentesi.**

1. Se la mia professoressa di lettere al liceo non ............................ (essere) così disponibile e comprensiva nei miei confronti, probabilmente ............................ (abbandonare) la scuola.
2. Se ............................ (io/sentirsi) inferiore agli altri, non ............................ (riuscire) a superare certi problemi.
3. Se i miei compagni non mi ............................ (sostenere) non ............................ (io/arrivare) alla maturità.
4. Se non ............................ (io/ricevere) l'assistenza dell'associazione, ............................ (inserirsi) con più difficoltà nella società.
5. Se i miei compagni ............................ (essere) meno comprensivi, ............................ (io/sentirsi) molto solo.

**19** **Lavorate in gruppi. C'è stato un momento determinante nella vostra carriera scolastica o durante la vostra formazione? Indicate una cosa che (non) avreste fatto se qualcosa (non) fosse successo o qualcuno non vi avesse aiutato.**

E. 11-13 pagg. 155-156

## Guardiamo da vicino!

Cos'è il Servizio Civile Nazionale:

Il Servizio Civile è un'esperienza di servizio finalizzata a "costruire insieme comunità", momento di crescita e passaggio verso una partecipazione attiva alla vita sociale e civile. Non è volontariato, non è né una forma di lavoro né un "lavoro socialmente utile". Il servizio civile presenta elementi di affinità con tutte queste realtà. Con il volontariato condivide lo spirito di solidarietà e anche uno stile di attenzione agli altri e all'interesse generale, con il lavoro condivide alcuni aspetti di retribuzione dell'attività che viene svolta e di formazione professionale che al servizio civile deve essere riconosciuta.

Progetti:

I progetti di SC hanno una durata annuale e prevedono almeno 30 ore di servizio settimanale per 5 o 6 giorni alla settimana. I progetti di impiego di volontari di SC possono articolarsi in quattro settori d'impiego:

• assistenza • ambiente e protezione civile • cultura ed educazione • estero

Chi può fare il SC e dove?

Saranno ammessi al servizio, previa selezione, tutti i cittadini, uomini e donne, che ne abbiano fatto richiesta e che abbiano un'età compresa tra i 18 e 28 anni non compiuti.

I giovani possono svolgere il SC presso tutti quegli Enti che hanno presentato progetti approvati dall'UNSC.

da: http://www.venetosociale.it/serviziocivile

**20** **Leggete il testo. A quali delle seguenti persone potreste consigliare il Servizio Civile?**

- [ ] Gianna è andata in pensione da qualche mese e adesso vorrebbe fare volontariato.
- [ ] Clementina, che ha 26 anni, vorrebbe prendersi un anno sabbatico per aiutare i bambini in India.
- [ ] Andrea ha finito il liceo, è incerto se frequentare l'università, ma non vuole ancora lavorare.
- [ ] Federico ha 25 anni, è stato licenziato e ha bisogno di un nuovo lavoro.
- [ ] Antonietta ha 20 anni e prima di cominciare gli studi di medicina vorrebbe occuparsi dei disabili.

# Ascolto

21 **21** **Ascoltate l'intervista a Chiara e poi, a coppie, scambiatevi le informazioni.**

21 **22** **Riascoltate la conversazione e completate le affermazioni.**

Chiara ...
1. è di ................................, ma attualmente vive a ................................ .
2. è laureata in ................................ e lavora in un ................................ .
3. dopo la laurea è stata negli ................................ .
4. in Italia ha lavorato in un ospedale con una ................................ per giovani ricercatori.
5. poi ha lavorato in una ................................, ma la mentalità era troppo ................................ .
6. si considera un "................................" perché fa la ricerca per altri paesi.
7. lavora in un campo che oggi è ancora di ......................... .
8. è fidanzata con un ................................ e in futuro pensa di girare ancora in ................................ .

# Scrivere una lettera commerciale

**23** **Leggete la lettera. Riceverà uno sconto la ditta Lumex? Come pagherà la merce?**

Lumex s.r.l · Via Derna 43 · 10024 Moncalieri · Torino

Spett.le Zanini s.r.l.
c.a. Sig.ra Priano
Viale dell'Industria 86
**24068 Seriate (BG)**

Moncalieri, 5 luglio 2007

**Oggetto:** ordine plafoniera Mod. PP114

**Rif:** Vs. offerta del 2 giugno 2007

Gent.ma Signora Priano,

La ringraziamo per l'invio del nuovo catalogo che abbiamo immediatamente preso in visione. Abbiamo constatato con piacere che i Vs. prezzi sono rimasti inalterati e siamo pertanto lieti di rimetterVi l'ordine di 120 plafoniere mod. PP114 normale (mm140) al prezzo di €14,50 cad. alle seguenti condizioni:

- sconto pattuito del 5% per quantità superiori ai 100 pz.
- consegna entro e non oltre il 28 luglio 2007
- pagamento a ricevimento fattura con bonifico bancario sul Vs. c.c.

Vi saremmo grati se ci inviaste una breve conferma dell'ordine da noi speditoVi.

Desidereremmo inoltre che ci comunicaste il nome dello spedizioniere al quale si appoggerà la Vs. ditta, prima di procedere all'evasione dell'ordine.

Ringraziando anticipatamente, Vi inviamo i nostri migliori saluti

E. Orsenigo

Elena Orsenigo
*Responsabile Ufficio Acquisti*

**24** **Leggete le seguenti espressioni. Di cosa si tratta? Inserite nella casellina il numero corretto.**

**1.** formula introduttiva **2.** corpo della lettera **3.** formula di chiusura e ringraziamenti

- ☐ La preghiamo di inviarci ...
- ☐ Gradisca i nostri più distinti saluti
- ☐ Spett.le
- ☐ Con la presente Le comunichiamo ...
- ☐ Restando in attesa di un vostro gentile riscontro inviamo cordiali saluti
- ☐ Egregio
- ☐ Vi salutiamo cordialmente
- ☐ In riferimento a ...
- ☐ Siamo spiacenti/lieti di informarVi che ...
- ☐ Gentile

**25** **Rileggete la lettera a pag. 78 e osservate le frasi che iniziano con "Vi saremmo grati ..." e "Desidereremmo ...". Completate poi le seguenti frasi nel modo corretto.**

**1.** Sarebbe opportuno che ci .......................... (voi/avvertire) non appena possibile.
**2.** Sarebbe bene che .......................... (tu/occuparsi) di questa faccenda subito.
**3.** Vi sarei grata se mi .......................... (comunicare) quanto prima la data del colloquio.
**4.** Desidereremmo che la consegna .......................... (avvenire) entro 15 giorni a partire da oggi.
**5.** Sarei contenta se .......................... (riuscire) a finire il lavoro entro stasera.

E. 15-16 pag. 157

**26** **Scrivete un ordine aiutandovi con le seguenti espressioni e quelle delle attività 24 e 25.**

Vi trasmettiamo il seguente ordine – In seguito alla nostra telefonata del ... – 100 casse di vino – Vi preghiamo di effettuare la consegna entro il ... – Il pagamento avverrà a ... – Nero d'Avola 2006

## Telefonare ad una ditta per un reclamo

22 **27** **Ascoltate il dialogo. Perché la signora Ronchi telefona alla ditta Zanini? Come giustifica Anna l'accaduto?**

○ Ditta Zanini, buongiorno. Sono Lella.
● Buongiorno, sono Patrizia Ronchi della Simonazzi. Mi passa l'ufficio vendite, per cortesia?
○ Sì, un attimo. Attenda in linea.
✦ Pronto?
● Buongiorno, sono Patrizia Ronchi ...
✦ Ciao, Patti, sono Anna. Come va?
● Bene, grazie. Senti, ti telefono perché abbiamo un problema.
✦ Dimmi tutto.
● Dunque, il 5 luglio vi abbiamo ordinato 120 plafoniere, ieri ne sono arrivate solo 80. Come mai?
✦ Un attimo che controllo. Guarda, abbiamo fatto la seconda consegna allo spedizioniere proprio l'altro ieri.
● L'altro ieri?! Ma avevo scritto che era urgente! Adesso questo ci causa dei bei problemi con i clienti!
✦ Patti, sono desolata, ma prima non era possibile. Erano finiti gli articoli in magazzino. Vedrai che arriverà tutto fra qualche giorno.
● Già, ma fra tre giorni qui chiudiamo per ferie. Non c'è più nessuno.
✦ Senti, facciamo così: adesso chiamo lo spedizioniere e gli dico che è molto urgente. Farò tutto il possibile, poi ti richiamo e ti aggiorno.
● Eh, chiama lo spedizioniere. Però, insomma ... E poi tra i pezzi che avete mandato ce ne sono 30 con l'interruttore. Noi avevamo ordinato quelle normali.
✦ Ma la differenza di prezzo è minima. Ti ho detto che non ce n'erano più in magazzino.
● Ma scusa, cosa c'entra? Avreste dovuto avvisarci e non spedire quello che pare a voi. Mi dispiace, ma non vanno bene. Queste non le teniamo.
✦ Come volete. Allora consegnatele allo spedizioniere quando porterà gli altri articoli.

**28** **Rileggete il dialogo. Quali frasi si usano per ...**

– rispondere al centralino ..............................................
– lamentarsi ..............................................
– chiedere di parlare con qualcuno ..............................................
– scusarsi e giustificarsi ..............................................
– reagire alla richiesta ..............................................
– proporre una soluzione ..............................................

E. 17-19 pag. 158

**29** **Lavorate in coppia e fate il dialogo.**

**A** Avete ordinato da un catalogo una lampada da tavolo. Avete ricevuto un altro modello/non avete ricevuto ancora niente. Telefonate all'ufficio vendite della ditta per comunicare il ritardo/dire che c'è stato un errore.

**B** Siete impiegato/a all'ufficio vendite di una ditta di lampade. Vi telefona un cliente che non ha ricevuto la merce ordinata/ha ricevuto un altro modello. Date delle spiegazioni (produzione esaurita/ferie/sciopero dei fornitori/disguido).

## Descrivere un disturbo fisico e la sua probabile causa

23 **30** **Ascoltate la conversazione. Di quali dolori si lamenta Gabriele? Da che cosa sono causati secondo lui? Poi riascoltate il dialogo e sottolineate.**

1. Da quali medici dovrebbe andare Gabriele secondo la sua collega?
   un oculista – un dermatologo – un ortopedico – un medico omeopata – il suo medico curante
2. Cosa avrebbe dovuto fare subito?
   prendere delle gocce oculari/degli antistaminici/degli antidolorifici – mettere una pomata
3. Che cosa dovrebbe farsi fare in ogni caso?
   un'ecografia – una radiografia – un check up

23 **31** **Riascoltate il dialogo e sottolineate le affermazioni corrette.**

Gabriele ...
1. ha pensato che i dolori gli fossero venuti per una nuotata/per un'arrampicata.
2. in genere preferisce non prendere medicinali/prendere subito qualcosa contro i dolori.
3. ha saputo della sindrome RSI dal suo medico curante/navigando in Internet.
4. ora è quasi sicuro che i dolori siano provocati dal lavoro al computer/dallo stare troppo seduto.

**OSSERVATE!**

Dopo aver passato molto tempo al computer, ho avuto dei dolori al braccio.
Prima di rischiare un peggioramento ho preferito non andare in palestra.
Prima che questi dolori diventino cronici, vorrei fare qualcosa.

**Quali sono i soggetti nella prima e seconda frase?**

E. 20-21 pag. 159

**32** **Lavorate in coppia. Il vostro compagno ultimamente accusa qualche disturbo, dovuto forse a motivi di stress per il troppo lavoro. Vi preoccupate e cercate di dargli qualche consiglio.**

[ bruciore agli occhi – mal di stomaco – irritazione della pelle – raffreddori frequenti – insonnia ]

# ALLA SCOPERTA DELL'ITALIA

**33 Queste frasi sono tratte dal brano che segue. Leggetele e a coppie fate delle ipotesi sul contenuto del brano.**

... da quando era arrivato il bambino ...
... eri sposato da quindici mesi ...
... tua moglie frequentava i forum internet ...
... la stanza in cui lavoravi ...

**34 Leggete ora il brano e verificate le vostre ipotesi.**

Ma adesso eri sposato. Eri sposato da quindici mesi, e avevi un figlio.
Avevi un figlio, e con tua moglie una serie di cose cominciavano a perdere quota. Avevate vissuto insieme tre anni, prima di sposarvi, ma adesso quella stessa ragazza non si ricordava più tanto bene chi eri, e pure con il lavoro le cose non procedevano a meraviglia.
Era un mondo molto piccolo, quello del tuo lavoro, e lo era ancora di più da quando era arrivato il bambino.
La stanza in cui lavoravi era adesso la sua cameretta, e tu eri ormai confinato, col computer e il po' di libri che vi trovavano spazio, in quello che prima insieme a Dina chiamavate "il ripostiglio grande". Era un ambiente appena meno angusto del ventre dell'armadio a muro che presidiava il corridoio, e ogni volta che volevi fumare dovevi abbandonare la postazione e trasferirti sul balconcino del soggiorno.
Con i tuoi guadagni dei vent'anni avevi comprato una casa spaziosa, e gli amici di allora erano i primi a stupirsi, misurando insieme a te il poco tempo che era servito per trasformare quella casa nella filiale di un negozio di giocattoli.
In ogni caso, come padre ti sentivi uno schianto. Portavi Malcolm a spasso per il quartiere, imbragato nel marsupio a bretelle. Gli insegnavi i nomi degli alberi, i nomi degli animali. Una volta a casa, i vecchi Mano Negra in sottofondo, potevi accennare a un assurdo passo o due di danza e riuscivi sempre a farlo ridere.
Prima che arrivasse il bambino, alle otto e mezzo tua moglie usciva per andare in ufficio, e tu potevi restare a lavorare in pace, padrone del tuo tempo come a vent'anni.
Ora invece gli orari erano stabiliti dal piccolo Malcolm, tua moglie era in casa tutto il giorno, e appena lasciavi libero il computer frequentava i forum internet dedicati alle nuove mamme. Avevi imparato a temerli, perché le frequentatrici dei forum si convincevano a vicenda di baggianate colossali. Ad esempio, che era opportuno allattare i piccoli fino ai tre anni di età. Per non traumatizzarli. Per non fare di loro, una volta adulti, dei frustrati violenti.
C'erano frequentatrici vegetariane sui forum internet, c'erano frequentatrici vegane, e tutte concordavano sul fatto che i pannolini di stoffa erano di gran lunga più graditi dei pampers alla pelle del tuo bambino. Erano pannolini fabbricati in cotone biologico, sbiancato senza l'impiego di cloro, e ti arrivavano a casa pagando con la carta di credito direttamente alla pagina emporio del sito per le nuove mamme. [...]
Erano sei mesi che andava avanti a quel modo. Tua moglie non si ricordava più chi eri [...].

Da: *Nessuno lo saprà. Viaggio a piedi dall'Argentario al Conero* di Enrico Brizzi, Mondadori 2005

**Vocabolario:**
confinato *costretto a stare*
imbragato nel marsupio a bretelle *dentro una specie di zainetto per portare con sé i bimbi piccoli*
accennare *qui: provare*
pannolino *striscia di stoffa e ovatta per contenere l'urina dei neonati*
angusto *stretto*
ventre *qui: interno*

**35 Come vengono espresse le seguenti frasi nel testo?**

– le cose cominciavano ad andare male ..........................................................
– credevi di essere un padre fantastico ..........................................................
– si convincevano una con l'altra di cose molto stupide ..........................................................
– direttamente alla pagina per gli acquisti ..........................................................

**36 Rileggete il testo, suddividetelo in parti e date a ciascuna parte un titolo.**

**37 Lavorate in gruppi e discutete. Cosa infastidisce maggiormente il neopapà?**
**Come risolvono questo tipo di situazione le coppie di giovani genitori che conoscete voi?**

# GRAMMATICA

## 1 L'uso del congiuntivo dopo pronomi e aggettivi indefiniti

Cerco **qualcuno che** si **intenda** di computer.
Do una mano a **ognuno che** ne **abbia** bisogno.
Sono grato a **chiunque sappia** aiutarmi.
**Qualunque** problema tu **abbia**, chiamami.
Porto il computer **ovunque** io **vada.**

In Relativsätzen, die sich auf Indefinita wie **qualcuno, ognuno, ogni, qualsiasi, niente** oder **nessuno** beziehen, steht der Konjunktiv, ebenso nach verallgemeinernden Relativa wie **chiunque, qualunque, comunque** oder **(d)ovunque.**

## 2 Il complemento diretto o indiretto all'inizio della frase

Hai scritto a Rita?
**A Rita** hai scritto?
Hai visto le foto?
**Le foto le** hai viste?

Zur Betonung kann das Objekt am Satzanfang stehen. Beginnt ein Satz mit dem direkten Objekt und rückt dieses dadurch vor das Verb, muss es durch das direkte Objektpronomen wieder aufgegriffen werden. Das Partizip wird dann an das Objektpronomen angeglichen (vgl. Azzurro, S. 122).

## 3 Desinenze di alcuni sostantivi

E. 6 pag. 153

| maschile | femminile |
|---|---|
| il cellul**are** | la perfora**trice** |
| il particol**are** | la calcola**trice** |
| il raccogli**tore** | la comunica**zione** |
| il mo**tore** | la produ**zione** |

Substantive, die im Singular auf **-e** enden, können maskulin oder feminin sein. Einige Endungen auf **-e** sagen jedoch etwas über das Genus aus: So sind Substantive auf **-are** oder **-tore** bis auf wenige Ausnahmen maskulin, Substantive auf **-trice** oder **-zione** stets feminin.

## 4 Le preposizioni *di, in, da* e *a*

E. 14 pag. 157

una sedia **di** legno, un tavolo **di** vetro
una statuetta **di** marmo/**in** marmo rosa
un'agenda **da** tavolo, le scarpe **da** tennis
una stampante **a** colori, le pagine **a** righe

Das Material einer Sache wird mit der Präposition **di** angegeben, bei genauerer Bezeichnung wird häufig **in** gebraucht. Zur Angabe eines Zwecks verwendet man die Präposition **da**, zu der eines Merkmals **a**.

## 5 I verbi pronominali *cavarsela* e *andarsene*

Sie kennen bereits das Verb **farcela** (vgl. S. 44). An manche Verben werden die Pronomenkombinationen **-sela** und **-sene** angehängt: **cavarsela**, **andarsene**, **prendersela** oder **fregarsene**.

| cavarsela | andarsene |
|---|---|
| me la cavo | me ne vado |
| te la cavi | te ne vai |
| se la cava | se ne va |
| ce la caviamo | ce ne andiamo |
| ve la cavate | ve ne andate |
| se la cavano | se ne vanno |

Con l'inglese **me la cavo** abbastanza.
*Mit dem Englischen komme ich ganz gut zurecht.*
Se non la inviti, Ambra **se la prenderà**.
*Wenn du Ambra nicht einlädst, wird sie beleidigt sein.*
Se non **ce ne andiamo** subito, perdiamo l'autobus.
*Wenn wir nicht sofort (weg)gehen, verpassen wir den Bus.*
**Me ne frego** di quello che dicono gli altri.
*Es ist mir völlig egal, was die anderen sagen.*

Wird an ein Verb **-cela** oder **-sela** angehängt, endet das Partizip auf **-a**: (Noi) ce **la** siamo cavat**a**.
Wird **-sene** angehängt, richtet es sich nach dem Subjekt: (**Noi**) ce ne siamo andat**i**.

## 6 Il congiuntivo trapassato

| | con **avere** | | con **essere** | |
|---|---|---|---|---|
| io | avessi | fatto | fossi | stato/-a |
| tu | avessi | | fossi | |
| lui/lei | avesse | | fosse | |
| noi | avẹssimo | | fọssimo | stati/-e |
| voi | aveste | | foste | |
| loro | avẹssero | | fọssero | |

Der **congiuntivo trapassato** wird aus dem **congiuntivo imperfetto** von **avere** bzw. **essere** und dem Partizip Perfekt des betreffenden Verbs gebildet. Er wird unter anderem für den Bedingungssatz in der Vergangenheit gebraucht (siehe folgender Punkt).

## 7 La frase ipotetica II

Den Bedingungssatz, dessen Verwirklichung theoretisch möglich, aber nicht sicher ist, kennen Sie bereits (vgl. S. 73). Beschreibt ein Bedingungssatz, welche Bedingung in der Vergangenheit nicht gegeben war und welche Folge entsprechend nicht eingetreten ist, steht im Hauptsatz das **condizionale passato** und im Nebensatz der **congiuntivo trapassato**.

| | |
|---|---|
| **Avremmo concluso** tutto, | se ieri **avessimo lavorato** fino a tardi. |
| Se mi **fossi laureato**, | forse **avrei trovato** un lavoro migliore. |
| Se non **avessi studiato** tanto, | non **avrei superato** l'esame. |

In der Umgangssprache ist auch eine einfachere Konstruktion möglich, bei der sowohl im Haupt- als auch im Nebensatz der **indicativo imperfetto** steht:
Se non **studiavo** tanto, non **superavo** l'esame.

## 8 Il congiuntivo imperfetto dopo il condizionale

**Vorrei** che mi **mandaste** una conferma.
**Preferiremmo** che **avvertisse** il cliente subito.
Mi **farebbe piacere** se Dina **venisse** con noi.
**Sarebbe** bello se lo **facessi** tu.

Um eine höfliche Aufforderung oder einen behutsam formulierten Wunsch auszudrücken, kann man das Konditional verwenden. Folgt ein Nebensatz, wird in diesem der **congiuntivo imperfetto** gebraucht.

## 9 Le congiunzioni *prima* e *dopo*

Will man *bevor* ausdrücken, benutzt man bei Subjektgleichheit in Haupt- und Nebensatz **prima di** und einen Infinitiv, bei unterschiedlichen Subjekten **prima che** und den **congiuntivo**.

**Prima di ricominciare** a lavorare, mi godo gli ultimi giorni di vacanza.
**Prima che** i dolori **diventino** più forti, va' dal medico.

Zum Ausdruck von *nachdem* verwendet man bei gleichem Subjekt in Haupt- und Nebensatz **dopo** und den Infinitiv Perfekt. In bestimmten Wendungen kann **avere** bzw. **essere** dabei entfallen.
Bei unterschiedlichen Subjekten gebraucht man **dopo che** und den Indikativ.

**Dopo aver lavorato** tutto il giorno al computer, mi è venuto il mal di testa.
**Dopo mangiato** facciamo quattro passi.
**Dopo che** Giulio **si è ammalato** ho dovuto occuparmi anche del suo progetto.

Ripasso 3

# Italiano D.O.C.

**Giocate in 2-3 persone. Chi raggiunge il numero più alto tirando il dado, inizia e svolge un compito a piacere, dopodiché ne propone un altro al compagno alla sua sinistra. Quest'ultimo lo può accettare o lo rifiuta e ne sceglie un altro. Il gioco finisce quando sono state svolte tutte le attività richieste. Vince chi raggiunge il punteggio più alto, ma attenzione: chi supera un compito scelto da sé guadagna 1 punto, chi supera il compito scelto da un compagno ne guadagna 2.**

**1** Tex Willer, l'eroe positivo senza paura e senza difetti che protegge la gente contro le minacce e le aggressioni dei fuorilegge, è stato creato da Gian Luigi Bonelli e Aurelio Galleppini nel 1948. È il fumetto italiano più famoso e amato e il fumetto western più diffuso al mondo.
*Tra poco è il vostro compleanno. Un amico vorrebbe regalarvi un libro o una raccolta di fumetti, ma è indeciso sul genere e vi chiede quale preferite. Rispondete motivando le vostre preferenze.*

**2** *L'amico che ieri voleva venire al cinema con voi all'ultimo momento ha avuto un contrattempo e non è potuto venire. Oggi vi chiede com'era il film. Raccontateglielo brevemente dando anche indicazioni sugli attori ecc.*

**3** Arnaldo Pomodoro (1926) è, come il fratello Giò, uno scultore italiano di fama mondiale. Le sue sculture hanno quasi sempre la forma di cubi, cilindri, coni o sfere, come la scultura Sfera con sfera (1991) sul piazzale delle Nazioni Unite a New York.
*Vi piacciono le arti figurative? C'è un'opera che vi piace particolarmente? Sapreste descriverla? (Forma, materiale ecc.)*

**4** *Avete ordinato in Italia una macchina per il caffè, ma purtroppo vi arriva un modello diverso da quello richiesto e che non vi piace. Telefonate alla ditta per spiegare il problema.*

**5** *La vostra ditta organizza i festeggiamenti per il suo cinquantennio. Quale delle seguenti proposte scegliereste e perché?*
- *uno spettacolo teatrale*
- *un concerto di musica leggera*
- *un evento sportivo*

**6** Il colonnato di Piazza San Pietro è un'opera dell'architetto, scultore e pittore Gian Lorenzo Bernini (1598–1680), il maggiore esponente del barocco romano. Tra le sue opere più famose troviamo Apollo e Dafne e la Fontana dei Quattro Fiumi a Piazza Navona.
*C'è un/un'artista che apprezzate particolarmente? Cosa potreste raccontare di lui/lei?*

**7** Ennio Morricone (*1928) è diventato celebre come compositore per le sue colonne sonore cinematografiche. Molto conosciute sono quelle dei film di Sergio Leone.
*Quali generi di musica, film o letteratura vi piacciono maggiormente? A quali eventi culturali vi piace partecipare, che cosa invece non vi interessa tanto?*

**8** Marco Zanuso (1916–2001) architetto, urbanista e designer, i cui prodotti sono esposti anche al MOMA di New York, nel 1964 progettò insieme al designer tedesco Richard Sapper la radio ts 522 di Brionvega, oggetto simbolo del made in Italy degli anni '60.
*Vorreste vendere un oggetto particolare del vostro arredamento. Fate una descrizione mettendone in rilievo i vantaggi.*

**9** *Cosa fate per mantenervi in forma, per riposarvi dopo un periodo di stress o semplicemente per stare bene?*

**10** Il designer Sergio Pinin Farina è famoso in tutto il mondo per l'eleganza delle sue carrozzerie. Ha collaborato tra le altre con la Maserati, ma è anche designer di articoli sportivi e per l'ufficio.
*Descrivete senza nominarlo un oggetto che si usa nel mondo dello sport.*

# Portfolio Che cosa so fare

| Unità 5 | | |
|---|---|---|
| **So** | **So farlo bene** | **Voglio migliorare** |
| parlare di sport, cultura e tempo libero (8–15, 20) | | |
| esprimere pareri o ipotesi su un fatto passato, presente o futuro (3,7,8) | | |
| fare confronti ed esprimere un giudizio (12) | | |
| raccontare la trama di un film (27) | | |
| manifestare un dubbio o una convinzione (3) | | |
| parlare di amicizie passate e presenti (20, 21, 22) | | |
| esprimere una possibilità o un'ipotesi (28) | | |

| Unità 6 | | |
|---|---|---|
| **So** | **So farlo bene** | **Voglio migliorare** |
| interpretare il significato di una vignetta e di una barzelletta (1) | | |
| valutare le mie abilità al computer (3) o in altri campi (14) | | |
| descrivere un oggetto di cui non conosco il nome (6, 8, 9) | | |
| esprimere un'ipotesi non più realizzabile (17) | | |
| scrivere una lettera commerciale (23, 24, 26) | | |
| fare una telefonata per un reclamo o per avere un'informazione (27, 29) | | |
| descrivere un disturbo fisico (30–32) | | |

## Strategie del discorso

24-27 **1 Ascoltate i quattro brevi dialoghi. Poi lavorate in coppia e rispondete.**

Quali dialoghi si svolgono in ambito professionale? Quali in ambito privato? Quali sono formali? Quali informali?

24-27 **2 Riascoltate i dialoghi e fate attenzione a quando vengono pronunciate le seguenti frasi. Poi a coppie cercate di stabilire cosa esprimono e in quali situazioni potreste usarle.**

| 1. | 2. | 3. | 4. |
|---|---|---|---|
| Mi scusi il disturbo ... | Volevo dirLe che ... | La sai l'ultima? | Scusa, potresti ... |
| Ma si figuri! | Mi faccia la cortesia di ... | Ma dai! Non ci credo! | Cos'è successo? |
| Potrebbe essere così gentile da ... | Aspetti un attimo. | Giuro! | Fa' vedere! |
| Certo, si immagini. | Mi raccomando. | Davvero? | Sta' calma, non ti agitare ... |
| Non c'è alcun problema. | Non si preoccupi! | Figurati! | Sei un tesoro! |

# Come eravamo e come siamo

## In questa unità impariamo a

- ➜ collocare un avvenimento storico e politico nel tempo
- ➜ riferire cosa ha detto una persona
- ➜ raccontare la nostra storia personale
- ➜ capire una poesia dialettale
- ➜ parlare della lingua e delle sue varietà

## Per cominciare

**1 Osservate le foto e cercate di descrivere ciò che raffigurano. Quali dei seguenti titoli gli attribuireste?**

A

B

C

D

- ☐ Manifestazione studentesca
- ☐ Emigrati italiani in viaggio verso le città settentrionali d'Italia o altri paesi europei
- ☐ Nascita della Repubblica Italiana
- ☐ Sbarco di immigranti extracomunitari in Italia
- ☐ La bandiera della pace

E

**2 Secondo voi quale momento storico degli ultimi 30 anni è stato particolarmente importante per il vostro paese o per l'Europa?**

[ la caduta del muro di Berlino – la nascita di nuove repubbliche – l'apertura dei confini – l'unione monetaria – l'entrata di nuovi paesi nell'Unione Europea – l'entrata dei partiti ecologisti nei governi dei paesi europei ]

# Collocare un avvenimento storico nel tempo

**3** **Conoscete la storia dell'Italia dal secondo dopoguerra ad oggi? A quali date sono da attribuire i seguenti avvenimenti? Leggete e mettete una x accanto all'anno corrispondente. Poi fate un riscontro in gruppo.**

| | | |
|---|---|---|
| 1. Dopo la seconda guerra mondiale l'Italia, con un referendum, passa dalla monarchia alla repubblica. | ☐ 1946 | ☐ 1955 |
| 2. Esce la prima Fiat 500, l'auto che motorizza gli italiani e che diventa, insieme alla Vespa, uno dei simboli del "boom economico" italiano. | ☐ 1945 | ☐ 1957 |
| 3. "L'autunno caldo" segna la fine del "boom economico". Gli operai, le cui condizioni di lavoro sono spesso insoddisfacenti, scendono in piazza per ottenere maggiori diritti e cominciano una lunga serie di scioperi. Alle manifestazioni parteciperanno anche numerosi studenti. | ☐ 1959 | ☐ 1969 |
| 4. Con un referendum popolare viene confermata la legge sul divorzio che il parlamento italiano aveva approvato tre anni prima. | ☐ 1974 | ☐ 1985 |
| 5. I grossi mutamenti politici nell'Europa orientale e diversi scandali, i cui protagonisti sono uomini politici, cambiano il panorama politico italiano. Scompaiono quasi tutti i partiti esistenti e ne nascono dei nuovi. Viene varata una nuova legge elettorale e da questo momento in poi si parla di Seconda Repubblica. | ☐ 1982 | ☐ 1994 |
| 6. Migliaia di persone marciano pacificamente nelle strade di Roma, Milano e altre città in tutto il mondo per protestare contro la guerra in Iraq. | ☐ 2003 | ☐ 2006 |

**4** **Tra le foto della pagina accanto, quali potreste abbinare agli avvenimenti descritti sopra?**

**5** **Cercate nell'attività 3 ai punti 3, 4 e 5 le espressioni corrispondenti a ...**

manifestano ..................................... aveva accettato .......................................
cambiamenti ..................................... spariscono .....................................
viene ratificata ..................................... legge per le elezioni del parlamento .......................................

**6** **Adesso raccogliete tutte le espressioni relative al concetto di "politica".**

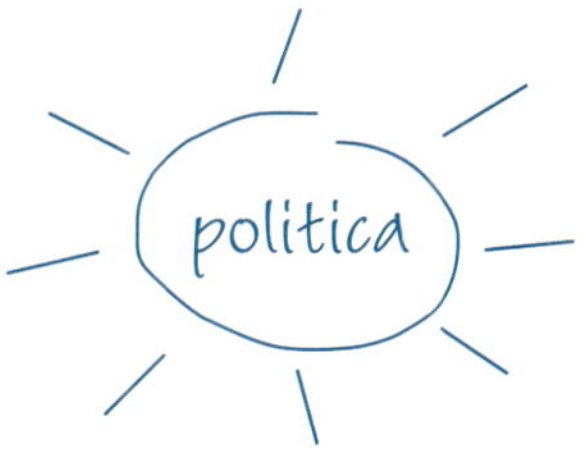


E. 1-3 pag. 160

**7** **Come vengono espresse nell'attività 3 le seguenti frasi?**

1. Le condizioni di lavoro degli operai sono insoddisfacenti. Gli operai scendono in piazza.
.................................................................................................................................
2. Diversi scandali cambiano il panorama politico. I protagonisti degli scandali sono uomini politici.
.................................................................................................................................

**8** **Completate con il pronome relativo "che" o "cui" aggiungendo, dove necessario, l'articolo o la preposizione.**

La bandiera della pace ......... colori riprendono quelli dell'arcobaleno, è sicuramente la più nota a livello internazionale ed è tra i simboli più amati al mondo da vari movimenti pacifisti. Nata in Italia, è stata usata per la prima volta da Aldo Capitini, fondatore del Movimento Nonviolento, durante la marcia per la pace Perugia-Assisi ......... prima edizione ebbe luogo nel 1961. Quest'immagine fu ispirata da simboli simili ......... erano già stati utilizzati in alcune manifestazioni negli Stati Uniti e in Gran Bretagna. La bandiera più diffusa è quella con i sette colori: viola, blu, azzurro, verde, giallo, arancione e rosso, ......... scritta al centro, PACE, è spesso in italiano anche all'estero. La bandiera arcobaleno ha raggiunto la massima popolarità a partire dal 2002 grazie alla campagna italiana "Pace da tutti i balconi", ......... si volle protestare contro l'imminente guerra in Iraq.

**9** **Lavorate in gruppi. Raccogliete in ordine cronologico eventi storici, sociali e culturali del vostro paese che ritenete importanti.**

E. 4-6 pag. 161

## Capire una poesia dialettale

**10** **Vi capita di discutere in famiglia o con gli amici per motivi politici, gusti diversi o altro?**

28 **11** **Ascoltate e leggete la poesia in romanesco del poeta Trilussa. Quali idee politiche ci sono in famiglia?**

**Trilussa** (Roma, 26 ottobre 1871 – 21 dicembre 1950) era lo pseudonimo di **Carlo Alberto Salustri**, un poeta italiano del XX secolo, noto per le sue composizioni in dialetto romanesco ispirate alla vita borghese della Roma del suo tempo.

**12** **Quali avvenimenti storici erano in corso nel periodo in cui fu scritta la poesia?**

**13** **Leggete le frasi e indicate con una x le affermazioni corrette.**

1. Ludovico è il maggiore dei fratelli. ☐
2. La cena viene preparata dalla madre. ☐
3. Il padre è una persona molto religiosa. ☐
4. Discutendo di politica dimenticano spesso di mangiare. ☐
5. Dopo i litigi sulla politica tutta la famiglia si unisce per cenare insieme. ☐

### La politica (1915)

Ner modo de pensà c'è un gran divario:
mi' padre è democratico cristiano,
e, siccome è impiegato ar Vaticano,
tutte le sere recita er rosario;

de tre fratelli, Giggi ch'er più anziano
è socialista rivoluzzionario;
io invece so' monarchico, ar contrario
de Ludovico ch'è repubbricano.

Prima de cena liticamo spesso
pe' via de 'sti principî benedetti:
chi vò qua, chi vò là ... Pare un congresso!

Famo l'ira de Dio! Ma appena mamma
ce dice che so' cotti li spaghetti
semo tutti d'accordo ner programma.

Da: *Tutte le poesie di Trilussa*, Mondadori 1951

**14** **Rileggete la poesia e sottolineate le frasi corrispondenti alle seguenti.**

1. nel modo di pensare c'è una grande differenza
2. a causa di questi principi benedetti
3. siamo tutti d'accordo
4. chi vuole questo, chi vuole quello
5. prima di cena litighiamo spesso
6. facciamo un gran rumore

**Ora rileggete la poesia e cercate altre parole in dialetto. Quale potrebbe essere il significato in italiano?**

**15** **Girando per le strade di Roma potete sentire ancora oggi queste espressioni dialettali. Nella vostra città si parla ancora il dialetto? E voi lo parlate? Con chi? In quali occasioni?**

## Discutere di cambiamenti della lingua

**16** **La lingua si trasforma continuamente. Quali fattori la influenzano maggiormente? Discutete in piccoli gruppi.**

**17** **Leggete questi titoli di giornali. Quali termini stranieri riconoscete? Vengono usati anche nella vostra lingua?**

**Ancora rivolta nella Chinatown milanese**

Dall'abbigliamento allo zapping. Di cosa parlano gli italiani sul web

Manifestazione no-global il giorno dopo: come se non fosse successo niente

Arriva l'autunno: ci si incontra di nuovo per il brunch

Spuntino etnico: va di moda il kebab

**A Google sono bastati 10 anni per rivoluzionare Internet**

Clamoroso crash alla borsa di Shangai

29 **18** **Ascoltate questa conversazione in famiglia. Quali parole straniere riconoscete?**

29 **19** **Riascoltate e indicate con una x le affermazioni corrette.**

| | | |
|---|---|---|
| 1. Armando vuole accompagnare sua figlia | ☐ ad una riunione. | ☐ al treno. |
| 2. Chiara | ☐ è già pronta. | ☐ sta ancora cercando qualcosa. |
| 3. Chiara sarà di nuovo a casa | ☐ domenica sera. | ☐ la sera stessa. |
| 4. Armando non capisce | ☐ l'inglese. | ☐ delle parole che usa sua figlia. |
| 5. La figlia dice che anche il padre | ☐ usa termini stranieri. | ☐ dovrebbe imparare l'inglese. |

**20 Ora leggete il dialogo.**

- ● Chiara, se vuoi che ti accompagni alla stazione, muoviti perché sono già in ritardo.
- ❍ Aspetta papà, non trovo la mia bandana.
- ● Che cosa?!
- ❍ La bandana!
- ● E che diavolo di roba è?
- ❍ Ma è quella specie di fazzoletto blu che ho sempre in testa.
- ● E allora spiegati meglio! L'ho visto sul divano. Bandana! E perché non si chiama più fazzoletto?
- ❍ Perché non è un fazzoletto, è una bandana!
- ✦ Chiara, domenica a che ora tornate? Sarai qui per cena?
- ❍ Non lo so, mamma. Dipende da quando finisce il meeting. Non mi aspettate, magari prendo un kebab con gli altri.
- ● Il meeting, un kebab? Ma come parla questa ragazza?! Uno per capire deve avere un dizionario. Come la tua amica ieri sera quando è andata via, cos'è che ti ha detto?
- ❍ Buon weeky!
- ● Ecco, sì buon weeky. Si può sapere cosa vuol dire buon weeky?
- ✦ Eh, ma Armando, sei proprio fuori dal mondo! Lo so perfino io, vuol dire buon week end, buon fine settimana.
- ● E allora perché non si dice buon fine settimana? Perché uno deve usare sempre tutte queste parole straniere? Ma a scuola non vi dicono niente?
- ❍ Papà, forse tu non te ne rendi conto ma è sempre stato così, chissà quante parole straniere usi tutti i giorni senza farci più caso.
- ● Certo, ma uso quelle che non esistono in italiano.
- ❍ Non è vero. Ti ho sentito una volta al telefono che dicevi a un tuo collega: "Ma sai che ho avuto un blackout totale? Non ricordavo più la password".
- ✦ Guardate che a forza di discutere Chiara perde il treno!

**21 Rileggete il dialogo. Quali delle espressioni sottostanti potreste usare se ...**

| **1.** desiderate ancora chiarimenti? | **2.** siete d'accordo, ma solo in parte? | **3.** volete contraddire? |
|---|---|---|
| ☐ Si può sapere cosa vuol dire? | ☐ Non è vero. | ☐ E allora spiegati meglio ... |
| ☐ Certo, ma ... | ☐ Perché uno deve usare ...? | ☐ Cos'è che ti ha detto? |

**22 Voi condividete l'opinione del padre o quella della figlia? Anche voi usate delle parole straniere parlando nella vostra lingua? Quando?**

**23 Rileggete le seguenti frasi e dite in quale altro modo si potrebbero esprimere.**

Perché uno deve usare sempre tutte queste parole straniere?
Uno per capire deve avere un dizionario.

OSSERVATE!

Arriva l'autunno: ci si incontra di nuovo per il brunch.

**Che cosa notate in questa frase nell'uso della forma impersonale?**

E. 8-9 pag. 162

**24 Secondo voi le parole straniere arricchiscono o impoveriscono una lingua? Raccogliete argomenti pro o contro il loro uso.**

# Riferire cosa ha detto una persona

**25** **L'autore del seguente brano fa parte della comunità Arbëresh, la comunità di origine albanese presente in Sicilia e nel Sud d'Italia da alcuni secoli. Leggete il testo. Perché la madre e la figlia hanno un diverbio? Dove potrebbe essere il padre e perché?**

Un giorno, a pranzo, ci aveva letto con due lacrime ferme agli angoli degli occhi la lettera striminzita di papà, piena di "io sto bene e così spero di voi", "non vedo l'ora che passa questo tempo di lontananza e torno[1] a riabbracciarvi a Natale", "vi penso sempre pure al lavoro e pure la notte"; ma poi, quando la mamma aveva cominciato a snocciolare i sacrifici che papà faceva per la famiglia, soprattutto per noi figli, Elisa l'aveva fulminata con uno sguardo tra commiserazione e disprezzo e aveva detto decisa: "Io non mi sposerò mai, ma se mi sposo, mio marito non lo lascio andare via, nemmeno se mi ammazza di legnate: deve stare con me e i nostri figli".

Guardai mia madre: sembrava stordita, forse più per lo sguardo di Elisa che per le sue parole. Infine parlò con una voce incerta, spezzata dai rimorsi: "Cosa pensi, che non ci ho provato in mille maniere a farlo restare? Chiedilo a tuo padre se a me non credi. Solo che lui, i shkreti[2], cosa poteva fare? È stato costretto a partire, con l'intenzione di accucchiare[3] qualche soldo per il futuro vostro ... tu che sei grande dovresti saperlo".

"Certo che lo so. Ma se mio marito sarà costretto a partire, partiamo tutti insieme: non uno qui e uno là, col rischio di diventare estranei."

Da: *La festa del ritorno* di Carmine Abate, Mondadori, 2004

[1]espressione dialettale, in italiano: non vedo l'ora che passi ... e di tornare a ...
[2]albanese per: poveretto
[3]espressione dialettale: mettere da parte, risparmiare

**26** **Segnate con una x quali affermazioni sono esatte.**

1. La figlia non apprezza quello che dice la madre. ☐
2. La figlia guarda la madre con tenerezza. ☐
3. La madre non capisce perché la figlia la guardi in quel modo. ☐
4. La madre cerca di giustificare la scelta del padre. ☐
5. La figlia dice che con la lontananza due persone diventano come due sconosciuti. ☐

**27** **Abbinate le espressioni alle spiegazioni corrispondenti.**

| | |
|---|---|
| **1.** striminzita → b | **a** elencare |
| **2.** snocciolare | **b** brevissima |
| **3.** i sacrifici | **c** senza rispetto |
| **4.** fulminare con uno sguardo | **d** le fatiche e le rinunce |
| **5.** con disprezzo | **e** guardare male qualcuno |
| **6.** ammazzare | **f** i sensi di colpa |
| **7.** stordita | **g** uccidere |
| **8.** i rimorsi | **h** confusa |

**28** **Lavorate in coppia. Quali potrebbero essere i rimorsi della madre? Quali le riflessioni del figlio minore sulla situazione? Scrivete alcune frasi.**

*Forse saremmo dovuti partire tutti insieme.*

...

## OSSERVATE!

| | |
|---|---|
| Il padre aveva scritto che | stava bene. |
| Elisa aveva detto che | non si sarebbe mai sposata. |
| La mamma le aveva risposto che | suo padre era stato costretto a partire. |

**In quale frase si esprime uno stato di contemporaneità, in quale un'intenzione futura e in quale un'azione passata rispetto alla frase principale?**

**29** **Leggete le seguenti frasi. Poi cercate nel testo al punto 25 quelle corrispondenti nella forma del discorso diretto e trascrivetele nelle righe apposite.**

1. La mamma ci aveva letto la lettera in cui il papà diceva che stava bene e così sperava di noi e che ci pensava sempre.
2. La madre disse ad Elisa che ci aveva provato in mille maniere a farlo restare.
3. Le disse di chiederlo a suo padre se a lei non credeva.
4. Le chiese che cosa avrebbe potuto fare suo padre.
5. Elisa rispose che lo sapeva, ma se suo marito fosse stato costretto a partire, sarebbero partiti tutti insieme.

.......................................................
.......................................................
.......................................................
.......................................................
.......................................................
.......................................................
.......................................................
.......................................................
.......................................................
.......................................................
.......................................................

**Ora sottolineate nelle frasi tutte le parti che sono cambiate.**

**30** **Ecco i pensieri del padre al momento del suo arrivo in Francia, negli anni Sessanta. Volgeteli al discorso indiretto.**

Esempio: *Il padre pensava che avrebbe mandato il suo stipendio . . .*

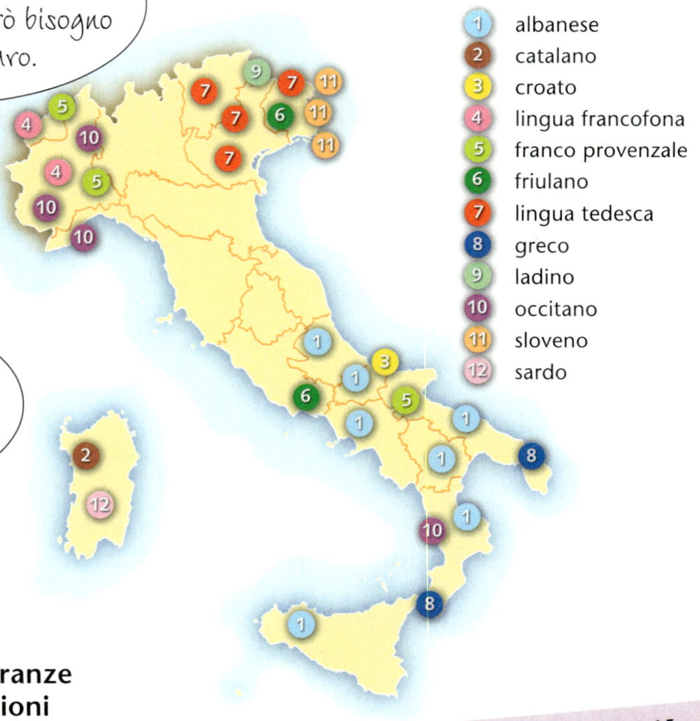


**31** **In Italia oltre agli albanesi ci sono altre minoranze linguistiche. Guardate la cartina. In quali regioni vengono parlate le altre lingue?**

E. 11-16 pagg. 163-165

# Ascolto

30 **32** **Ascoltate Matteo, Alina ed Enzo che parlano della loro regione e cercate le loro città d'origine sulla cartina stampata della copertina interna. Poi riascoltate e annotate cosa dicono su ...**

| | geografia | paesaggio | storia/arte | tradizioni | cucina |
|---|---|---|---|---|---|
| Matteo | | | | | |
| Alina | | | | | |
| Enzo | | | | | |

# Riferire una storia come testimonianza di un'epoca

**33** **Lavorate in coppia. Voi o qualcuno della vostra famiglia ha mai vissuto o è emigrato in un paese straniero? Raccontate.**

**34** **Leggete il seguente testo e prendete nota degli aspetti positivi e di quelli negativi della vita di Naiaga.**

## Il mondo dei piedi freddi

"Ogni tanto ho nostalgia di quella casa. Un giorno sono salito in macchina e sono andato a vederla: fuori è rimasta la stessa di quando sono arrivato io, ma dentro l'hanno un po' sistemata".
La casa di cui parla Naiaga è un vecchio casolare fuori Manzano. È immerso in un boschetto di alti pioppi circondato da campi e in lontananza si scorgono le colline coperte di vigneti. Stranamente, le sagome delle fabbriche di sedie che segnano il paesaggio di questo paese di settemila abitanti a quindici chilometri da Udine, si intravedono appena.
Detto così sembra un posto da cartolina, perfetto per un agriturismo esclusivo, in realtà è un luogo disabitato da almeno quarant'anni. Quando Naiaga e alcuni suoi connazionali senegalesi vi entrarono, nella primavera del 1990, non c'era acqua corrente né elettricità. Mancavano anche le finestre. I cinque ragazzi giunti dall'Africa avevano trovato lavoro in alcune fabbriche della zona ma una casa in affitto per loro non c'era. Così, col permesso del proprietario, vennero "lasciati" alloggiare nel casolare abbandonato. Almeno avevano un tetto. Ma poco o nulla più di quello.
Oggi Naiaga abita con la moglie e i tre figli in un condominio di ex case popolari: ha comprato con un mutuo ventennale un appartamento all'ultimo piano. Quel casolare in cui ha vissuto per quattro anni gli è rimasto tuttavia nel cuore. Gli ricorda le difficoltà a cui è andato incontro per farsi una vita in una delle zone più ricche e produttive del Nord-Est italiano. Nel momento in cui si paventò la possibilità di abitare nel casolare, da alcuni mesi lui e altri quattro connazionali facevano i pendolari tra Trieste, dove dormivano in un albergo vicino alla stazione, e Manzano. [...]
"Dopo due mesi avevo finito i soldi, tra albergo, treno e mangiare non mi rimaneva niente in tasca".
Decisero tutti assieme che dovevano trovare una casa a Manzano. Ma se per trovare un lavoro ci avevano messo due giorni, per una casa in affitto la ricerca sembrava molto più difficile. Dopo le prime risposte negative chiesero "al padrone" se potevano dormire in fabbrica, sul pavimento, "spostando le pedane", ma questi rispose che non era possibile, era fuori legge. Andarono con lui in Comune, senza trovare una soluzione, e pure dal parroco, che non aveva posto. [...]
Il suo cammino di emigrante è per un tratto simile a quello di tanti altri per poi divaricarsi e assumere delle caratteristiche originali. Ha un primato che nessuno gli ha ancora riconosciuto e che lui, d'altra parte, non ci tiene a segnalare: è il primo imprenditore africano nell'industria delle sedie. Guida, in società con un friulano, un'azienda con cinque dipendenti che segue le fasi iniziali della filiera produttiva del Triangolo[1]. Quando lo conobbi, nel 2000, aveva da poco cominciato quest'avventura e mi colpì per la determinazione con la quale perseguiva il suo obiettivo di "mettersi in proprio".

Da: *La mia casa è dove sono felice* di Max Mauro, Kappa Vu, Udine, 2005

[1]Triangolo della Sedia: zona che comprende tre comuni udinesi e in cui si realizza l'80 % della produzione italiana delle sedie.

**35** **Riordinate le frasi cronologicamente.**

- ☐ Naiaga abita con la famiglia in un appartamento di sua proprietà.
- ☐ Naiaga e i suoi compagni chiedono al proprietario della fabbrica se possono dormire lì.
- ☐ Con cinque altri ragazzi africani trova lavoro in una fabbrica del Nord-Est d'Italia.
- ☐ Domandano in comune e al prete ma non ricevono aiuto neanche da questi.
- ☐ Dormono in un albergo e per andare al lavoro fanno i pendolari.
- ☐ Insieme ad un socio diventa titolare di un'azienda.
- ☐ Va ad abitare insieme ad altri senegalesi in una casa senza finestre, né acqua né corrente.

**36** **Rileggete il testo e raccogliete tutte le parole relative ai termini: casa – ambiente – paesaggio**

**37** **Rileggete il brano da "Quando Naiaga e alcuni ..." fino a "... stazione, e Manzano". Sottolineate le forme del passato prossimo e del passato remoto e cercate di spiegare la differenza nell'uso.**

**38** **Lavorate in gruppi e discutete. Nella vostra zona vivono molte persone provenienti da paesi europei o extraeuropei? Quali sono le loro possibilità di lavoro e di integrazione?**

E. 17-19 pagg. 166-167

## Guardiamo da vicino!

**39** **A chi e a cosa pensate quando sentite la parola "cantautore"? C'è un cantautore italiano che vi piace particolarmente? Perché?**

**40** **Leggete le strofe di alcune canzoni e dite quale parla di ...**

**a** una situazione che costringe l'individuo ad isolarsi.
**b** chi cerca la felicità malgrado una realtà difficile.
**c** inquinamento e degrado della società.
**d** chi cerca un modo di vivere senza regole.

31 **Ora ascoltate la canzone di Jovanotti.**

*Giorgia, Mal Di Terra (2007)*
*Benvenuti in questa età*
*dove tutto è lecito*
*e la terra supplica pietà*
*al nostro sguardo gelido ...*

*Mi ricordo il mare era trasparente*
*e mi ricordo bene che non mancava niente*
*e mi ricordo che bastava alzare il viso*
*per un sorriso.*
*Soldi-Potere-Plastica-Rumore*

*Vasco Rossi, Vita spericolata (1983)*
*Voglio una vita maleducata*
*Di quelle vite fatte fatte così*
*Voglio una vita che se ne frega*
*Che se ne frega*
*Che se ne frega di tutto sì*
*Voglio una vita che non è mai tardi*
*Di quelle che non dormi mai*
*Voglio una vita, di quelle che non si sa mai.*

*Jovanotti, Ragazzo fortunato (1992)*
*Se io potessi sarei sempre in vacanza*
*se io fossi capace scriverei il cielo in una stanza*
*ma se devo dirla tutta*
*qui non è il paradiso*
*ma all'inferno delle verità*
*io mento col sorriso*
*problemi zero problemi a non finire*
*un giorno sembra l'ultimo*
*un altro è da impazzire.*

*Lucio Dalla, L'anno che verrà (1979)*
*Si esce poco la sera compreso quando è festa*
*e c'è chi ha messo dei sacchi di sabbia vicino alla finestra,*
*e si sta senza parlare per intere settimane,*
*e a quelli che hanno niente da dire*
*del tempo ne rimane.*
*Ma la televisione ha detto che il nuovo anno*
*porterà una trasformazione*
*e tutti quanti stiamo già aspettando.*

# ALLA SCOPERTA DELL'ITALIA

**41** **Lavorate in piccoli gruppi. Cosa ricordate delle vostre vacanze da bambini?**

**42** **L'autore del seguente brano ricorda le vacanze che da bambino trascorreva con la famiglia al mare in Toscana. Lavorate in gruppi e date un titolo ad ogni paragrafo.**

Forte dei Marmi, in questi anni, era una nota località balneare – mi sembra si dicesse così – e aveva ambizioni mondane (la Sardegna era ancora terra di inglesi, artisti e zanzare; la Romagna veniva considerata un ripiego). Le decappottabili passavano trasportando i primi yuppie della storia d'Italia – i bulli degli anni Cinquanta, che avevano finito l'apprendistato – e ragazze di una certa età (diciott'anni, come minimo), con i denti bianchi e la fascia nei capelli. C'erano, a poca distanza, la Bussola e la Capannina: le tate andavano con noi bambini a vedere le prove al pomeriggio; sognando di tornarvi, senza bambini, la sera. Leggo in un libro sugli anni Sessanta (*La grande illusione*, di Marta Boneschi) che "in quei mesi si apriva un nuovo capitolo della scostumatezza: le ragazze ballavano in stivaletti col tacco e minigonna – cosce e glutei al vento della Versilia – oppure in minishort e piedi nudi, copiando Francoise Hardy e Sandie Shaw".

Tutto questo, devo dire, era per noi irrilevante. Per un bambino padano la notte in Versilia non esisteva: dormivamo. C'era solo la sera: passeggiata, un minigolf di rigore euclideo, il blu irreale del ghiacciolo, la sobrietà del gelato. Noi eravamo la generazione dei sei/otto gusti, figli della generazione due/tre gusti, futuri padri della generazione quaranta/cinquanta gusti. La scelta avveniva scrutando l'interno di malinconici cilindri industriali, da cui il barista estraeva una o più palline; il gelato si chiamava "sfuso" o "sciolto" (nomi disastrosi, se ci pensate: è come proporre latte acido o frutta marcia). A limone, fragola, crema e cioccolato si aggiungevano talvolta sostanze esotiche come stracciatella o torroncino; scegliere albicocca veniva giudicato un indizio débauche. Ricordo la mia perplessità quando ho visto per la prima volta il gusto malaga (con le uvette): pensavo che la crema fosse stata invasa da insetti obesi.

Con il cono gelato in mano, talvolta venivamo condotti – trattamento speciale, preceduto da promesse e fantasie – a guidare un calesse tirato da un somarello, sul quale prendeva posto tutta la famiglia. [...]

L'universo diurno era ancora più limitato: non superava il chilometro quadrato. C'erano passeggiate sotto cappellini rotondi di cotone, stile Braccio di Ferro (oppure berretti blu con le ancorine alla Jean Gabin); costumi di lana e di spugna che salivano oltre l'ombelico, tirando sull'inguine; accappatoi decorati con motivi cinesi; sandali di cuoio blu, con due buchi a forma di fagiolo in coincidenza delle dita. Non contenti di conciarci così, i genitori, approfittando dei capelli bagnati e della nostra indolenza estiva, ci pettinavano, e poi ci fotografavano. Noi possedevamo una Leica con esposimetro, che ci costringeva a interminabili attese sotto il sole. [...] C'erano anche le cineprese (col manico), che venivano tenute in una borsa di plastica e usate con parsimonia. Un padre degli anni Sessanta girava, in un mese, quello che un padre degli anni Novanta gira in tre ore. E il primo, se ci pensate, aveva più bambini da inseguire.

Da: *Italiani si diventa* di Beppe Severgnini, Rizzoli 1998

**Vocabolario:**

zanzare *insetti che pungono*
decappottabili *macchine cabriolet*
bulli *ragazzi arroganti e un po' macho*
Bussola e Capannina *due locali notturni molto famosi in tutt'Italia negli anni '60 e '70*
tate *baby sitter*
scostumatezza *maleducazione o mancanza di moralità*
ghiacciolo *gelato a base di acqua ghiacciata e sciroppo*
calesse *carrozza con due ruote*
somarello *animale simile al cavallo ma più piccolo e con lunghe orecchie*
Braccio di Ferro *personaggio dei fumetti che acquista forza mangiando spinaci*
ombelico *punto centrale della pancia*
accappatoio *indumento per asciugarsi dopo il bagno*
conciare *qui: vestire in modo strano*
cinepresa *apparecchio per girare un film*

**43** **Lavorate in coppia e raccogliete le informazioni. Cosa racconta l'autore dei giovani degli anni '60? Cosa racconta invece dei bambini? In che parte del racconto paragona mode e abitudini degli anni '60 con quelle dei giorni nostri?**

**44** **Lavorate in gruppi. Quali sono state le caratteristiche dell'età della vostra infanzia? Quali i miti, quali le mode, quali i cibi preferiti? Fate una breve descrizione scritta. Se appartenete a generazioni differenti, raggruppate le informazioni per generazione.**

# GRAMMATICA

## 1 Il pronome relativo *il cui*

L'Abruzzo, **il cui** monte più alto è il Gran Sasso, è una regione bellissima.
Ho sentito tante volte quella canzone **la cui** melodia è molto semplice.
Il libro, **i cui** autori sono immigranti, parla anche della situazione in Italia.
Il film, **le cui** immagini presentano un mondo ignoto, è straordinario.

*Dessen/deren* wird mit dem bestimmten Artikel und dem Relativpronomen **cui** ausgedrückt.

## 2 L'uso dell'ausiliare *essere* nel passato prossimo di alcuni verbi

E. 7 pag. 161

**Sono bastati** pochi anni per far cambiare l'Europa.
Non **è valsa** la pena di fare una riunione di tre ore.
Questi libri non **sono costati** tanto.
Non **sono** mai **esistite** condizioni migliori.

Unpersönliche und eine Reihe weiterer Verben bilden das **passato prossimo** mit **essere.** Dies gilt auch für **piacere, dispiacere, servire** und **sopravvivere.**

## 3 Il soggetto indefinito *uno*

Per trovare lavoro **uno** deve saper parlare l'inglese.
**Uno** per capire deve prima ascoltare.

In der Umgangssprache wird ein unpersönlicher Satz häufig mit **uno** als Subjekt gebildet.

## 4 Il congiuntivo imperfetto o trapassato dopo *come se*

E. 10 pag. 163

Questo ragazzo parla **come se** non **sapesse** l'italiano.
Il mio collega si è comportato **come se** non **avessimo** mai **discusso** di quel problema.

Auf die Konjunktion **come se** (*als wenn/ als ob*) folgt der **congiuntivo imperfetto** bzw. **trapassato.**

## 5 Il discorso indiretto II

Wird die indirekte Rede von einem Verb der Vergangenheit eingeleitet, ist neben den Ihnen bereits bekannten Änderungen (vgl. auch S. 31) Folgendes zu beachten:

| discorso diretto | discorso indiretto |
|---|---|
| Maria **ha detto/disse/diceva**: | Maria **ha detto/disse/diceva** … |
| "Beppe **tornerà** per Natale." | … che Beppe **sarebbe tornato** per Natale. |
| "Mio marito mi **manca** tanto." | … che le **mancava** tanto suo marito. |
| "Non **ha** ancora **imparato** il francese." | … che lui non **aveva** ancora **imparato** il francese. |
| "Qui non **c'era** lavoro." | … che lì non **c'era** lavoro. |
| "**Era stato** disoccupato per troppo tempo." | … che **era stato** disoccupato per troppo tempo. |
| "**Preferirei** partire domani." | … che **avrebbe preferito** partire il giorno dopo. |
| "**Avrei preferito** parlarne prima." | … che **avrebbe preferito** parlarne prima. |
| "**Chiedilo** a Beppe!" | … **di chiederlo**/che lo **chiedesse** a Beppe. |

Es ergeben sich also folgende Änderungen in Tempus und Modus:

| discorso diretto | discorso indiretto |
|---|---|
| indicativo presente | → indicativo imperfetto |
| passato prossimo | → trapassato prossimo |
| futuro semplice | → condizionale passato |
| condizionale presente | → condizionale passato |
| imperativo | → infinito o congiuntivo imperfetto |

**Imperfetto, trapassato prossimo** und **condizionale passato** erfahren keine Änderung.

In der indirekten Frage wird aus dem Präsens der direkten Frage **indicativo** bzw. **congiuntivo imperfetto**, aus dem **passato prossimo** wird **indicativo** bzw. **congiuntivo trapassato**.

| | |
|---|---|
| Luisa **ha chiesto/chiese/chiedeva** a Maria:<br>"**Prendi** la macchina stasera?"<br>"Tuo marito cosa **ha scritto**?" | Luisa **ha chiesto/chiese/chiedeva** a Maria<br>... se **prendeva/prendesse** la macchina.<br>... che cosa **aveva/avesse scritto** suo marito. |

Zudem verändern sich in der indirekten Rede zeitliche und örtliche Angaben aus der direkten Rede:
"**Domani** guarderò **questo** film". → Piero disse che **il giorno dopo** avrebbe guardato **quel** film.

| | | | |
|---|---|---|---|
| **qui/qua** | → lì/là | **questo/a** etc. | → quel, quella etc. |
| **oggi** | → quel giorno/il giorno stesso | **quest'anno** | → quell'anno |
| **ieri** | → il giorno prima/precedente | **fra due giorni/mesi/anni** | → due giorni/... dopo |
| **domani** | → il giorno dopo/seguente | **due giorni/mesi/anni fa** | → due giorni/... prima |

## 6 L'uso del *passato prossimo* e del *passato remoto*

Nel 1990 Ines **venne** in Italia e **iniziò** a lavorare come badante.
Un anno fa **si è messa** in proprio come estetista.

Werden **passato prossimo** und **passato remoto** nebeneinander verwendet, schildert das **passato remoto** weit in der Vergangenheit zurückliegende Handlungen und Ereignisse, die als vollkommen abgeschlossen empfunden werden, das **passato prossimo** hingegen solche, die in jüngerer Vergangenheit geschehen sind und noch auf die Gegenwart wirken.

## 7 La posizione dell'aggettivo

E. 19 pag. 167

una macchina **nera**
un ragazzo **francese**
un libro **affascinante**
una zona **industriale**
una storia **lunga** e **triste**

Adjektive stehen meist nach dem Substantiv, insbesondere Unterscheidungsmerkmale (z. B. Form-, Farb-, Länder- und Ortsbezeichnungen) und von Substantiven oder Partizipien abgeleitete Adjektive, besonders lange Adjektive oder mehrere Adjektive, die sich auf ein Substantiv beziehen.

una **grande** casa
una casa **grande**
una casa **molto grande**

Häufig gebrauchte Adjektive (z. B. auch **bello, buono, piccolo, bravo**) werden vorangestellt, wenn sie nicht betont werden, aber nachgestellt, wenn sie betont werden sollen oder durch ein Adverb ergänzt werden.

**molta** gente
la **prima** volta
**alcune** fabbriche

**Molto, poco, tutto, mezzo,** Ordnungszahlen und die meisten indefiniten Adjektive werden vorangestellt.

Bisweilen können sich durch Vor- oder Nachstellung verschiedene Bedeutungen ergeben:
**un povero ragazzo** (*bemitleidenswert*) ↔ **un ragazzo povero** (*mittellos*)

Mondi reali e mondi irreali

# Ma tu ci credi?

## In questa unità impariamo a

- raccontare di un viaggio insolito
- parlare di credenze e di fatti reali e irreali
- parlare di una festa o di una tradizione
- interpretare una scena teatrale
- scrivere una storia

## Per cominciare

**1** Osservate le foto. Cosa rappresentano? A cosa vi fanno pensare?

**2** **Quali delle seguenti cose avete già fatto? Quali no? Quali vorreste eventualmente fare? Mettete una crocetta.**

| | non l'ho mai fatto | l'ho già fatto | lo vorrei fare |
|---|---|---|---|
| – fare giochi al computer | ☐ | ☐ | ☐ |
| – fare viaggi virtuali al computer | ☐ | ☐ | ☐ |
| – farsi leggere le carte/farsi fare l'oroscopo | ☐ | ☐ | ☐ |
| – guardare i film di fantascienza | ☐ | ☐ | ☐ |
| – travestirsi e assumere il ruolo di un personaggio | ☐ | ☐ | ☐ |

**3** **Ora confrontate le vostre esperienze con quelle di un compagno e raccontate quando, perché e in quali circostanze le avete fatte o vorreste farle.**

*Non l'ho mai fatto perché . . .*
*Mi piacerebbe farlo almeno una volta perché . . .*

*L'ho già fatto; (non) mi piace perché . . .*

E. 1-2 pag. 168

# Raccontare di un viaggio insolito

**4** **Lavorate in coppia. Vi è mai capitato di inventare un gioco da soli o in compagnia per vincere la noia? Raccontate.**

**5** **Leggete il seguente brano. Chi è, secondo voi, la persona che racconta? Cosa trovano di divertente nel gioco inventato le due persone?**

Per distrarci, Claudia ed io abbiamo giocato a "Purtroppo" col navigatore satellitare: abbiamo impostato come destinazione l'indirizzo della scuola, quindi abbiamo sistematicamente disubbidito agli ordini della voce femminile – fredda, perentoria, e parecchio antipatica – che ci indicava il tragitto più breve: "Svolta a destra ORA!", diceva la voce, ma io le rispondevo "Purtroppo non mi va", e tiravo dritto, il navigatore si confondeva, si metteva a ricalcolare il tragitto per la nostra destinazione, e Claudia rideva. Poi, quando lo aveva reimpostato, la voce femminile riattaccava: "Fra cento metri svolta a sinistra"; io replicavo "Purtroppo sarà difficile"; la voce insisteva, "Svolta a sinistra ORA!" ed era Claudia, mentre io invece svoltavo a destra, a dire al navigatore "Purtroppo abbiamo svoltato a destra"; di nuovo il navigatore andava in confusione, e ricalcolava daccapo la rotta, e noi ridevamo. Perché in effetti c'è qualcosa di veramente comico nel contrasto tra la perentorietà di quegli ordini e la remissività ovina con cui, dopo che gli ordini sono stati trasgrediti, il computer si mette a ricalcolare la rotta senza protestare: una specie di ottusa pazienza digitale che rende automaticamente ridicola la voce intransigente che spara i propri ordini; la disperata comicità delle macchine, col loro cieco ripetere, sempre, per sempre, le stesse cose, senza alternative e senz'altra salvezza possibile che rompersi.

Da: *Caos calmo* di Sandro Veronesi, Bompiani 2007

**6** **Cercate nel testo le parole relative a:**

**7** **Rileggete il testo e indicate con una x il significato corrispondente alle espressioni numerate.**

| | | |
|---|---|---|
| **1.** impostare come destinazione | ☐ stabilire come meta | ☐ interpretare come destino |
| **2.** indicare il tragitto | ☐ fare un giro | ☐ segnalare il percorso |
| **3.** una voce perentoria | ☐ una voce dal tono deciso | ☐ una voce dal tono incerto |
| **4.** confondersi | ☐ fare confusione con le cose | ☐ fare confusione e rumore |
| **5.** trasgredire un ordine | ☐ rispettare una regola | ☐ non osservare un comando |
| **6.** riattaccare | ☐ reagire in modo aggressivo | ☐ ricominciare |
| **7.** ricalcolare la rotta | ☐ indicare nuovamente il tragitto | ☐ avere di nuovo un guasto |

**8** **Abbinate le frasi di sinistra a quelle di destra secondo il senso dato dal testo.**

**1.** Claudia e il papà avevano impostato l'indirizzo della scuola
**2.** La voce femminile del navigatore sembrava
**3.** Claudia e il papà si divertivano
**4.** Il padre di Claudia trovava buffo
**5.** Le macchine seguono sempre lo stesso procedimento

**a** che il navigatore desse degli ordini e poi accettasse di cambiare rotta.
**b** a rispondere che purtroppo non potevano seguire le indicazioni.
**c** e non sono libere di scegliere un'alternativa.
**d** dare degli ordini.
**e** ma non seguivano le indicazioni del navigatore satellitare.

**9** **Lavorate in piccoli gruppi. Cosa ne pensate del navigatore satellitare? Quali sono i vantaggi? Quali gli svantaggi? Quando dovete fare un lungo viaggio come vi organizzate e di quali mezzi vi servite per renderlo più agevole?**

E. 4-5 pag. 169

**10** **Leggete i seguenti titoli: c'è un tipo di viaggio che potrebbe interessarvi? Quale invece non fareste mai? Perché?**

**Ecco come si salta nel passato**
*Un fisico italiano ha costruito un modello teorico di macchina del tempo. Che sarà vagliato dal satellite Glast della Nasa*

**Quattro passi nello spazio, ora si può**
**Nasce la vacanza tra le stelle**
Nuovo pacchetto turistico: hotel e visite guidate a 400 km dalla Terra
Con 27 milioni di euro, 16 giorni nella stazione spaziale internazionale

**Viaggio virtuale nella Roma antica**
*Sarà possibile rivivere in 3D i luoghi e le atmosfere della Capitale all'epoca dell'imperatore Costantino, grazie al progetto Rewind Rome*

**Via Francigena: sulle orme dei pellegrini in cammino verso Roma**
Un viaggio a piedi da Losanna a Lucca
*Affidatevi ai vostri piedi!*

**IL PARCO DELLA PREISTORIA**
*Rivolta d'Adda – Un tuffo nel passato per "vedere" i dinosauri e scoprire come erano i nostri antenati*

**REGATA STORICA**
4 Settembre – Venezia "La Regata Storica" € 47,00
Viaggio in pullman G.T. – Vaporetto/Passaggio in treno – Accompagnatore

**11** **Lavorate in gruppi. Scegliete uno dei viaggi al punto 10 e riflettete su quello che occorre per organizzarlo e realizzarlo insieme. Cosa portate con voi? Quando partite? Quanto tempo calcolate che duri il viaggio? Quali pericoli potreste incontrare?**

**Esempio:** *Per il viaggio virtuale nella Roma antica mi porterei qualche stuzzichino e un'aranciata.*

E. 7 pag. 170

## Guardiamo da vicino!

**12** **Leggete il programma della festa "La Chiave di Cichino". Potrebbe interessarvi?**

Quante volte è possibile vedere il corteo storico nei due giorni di festa?
Dove è possibile mangiare il menù medievale?
Quali spettacoli si possono vedere?

### La Chiave di Cichino

L'antico borgo di Roncitelli, sulle colline di Senigallia, rivive in tutto il suo fascino medievale in occasione della rievocazione storica "La Chiave di Cichino", il 19 e 20 agosto. Come ai tempi del Capitano Cichino di Giunta, che nel 1335 ricevette dal Vescovo Ugolino le chiavi del Castello, Roncitelli si anima dei suoni e dei colori di un tipico borgo medievale. Mercanti, artigiani, cantastorie, maghi, trampolieri popoleranno le vie del paese, creando un'atmosfera di grande suggestione. Da segnalare anche le taverne, che proporranno veri e propri menu medievali.

### Programma

**Sabato 19 agosto**

**Dalle ore 18**
Apertura taverne e cantine
Spettacolo di burattini "San Floriano" Jesi

**ore 21**
Sfilata corteo storico

**ore 21.30**
Spettacoli di teatro itinerante
Infusio Vulgaris Mangiafuoco

**ore 22.30**
Sfilata corteo storico

**ore 22.45**
Spettacolo "Le avventure di Ruzzante"

**Domenica 20 agosto**

**Dalle ore 18**
Apertura taverne e cantine
Spettacolo Arcieri e Tamburini "San Floriano" Jesi
PALIO DELLE CONTRADE
S.Giovanni, Sant'Antonio, Santa Liberata

**ore 19.30**
Sfilata corteo e Rievocazione Storica

**ore 21.30**
Menestrelli "Timbrei" da Foligno
Spettacoli di teatro itinerante
Infusio Vulgaris Mangiafuoco

**ore 22.00**
Premiazione palio delle contrade

**ore 22.30**
Spettacolo di danza "La compagnia di Avalon"

## Parlare di una festa o di una tradizione

**13** **Lavorate in coppia. Vi piace assistere a delle feste tradizionali, religiose o popolari? Avete mai partecipato ad una festa in una città o un paese italiano? Raccontate.**

[ mercatino – bancarelle – giostre – giochi a premi – sfilata – anniversario – spettacolo – costumi d'epoca – gare – fuochi d'artificio ]

32 **14** **Ascoltate il dialogo tra Pasquale e una sua amica. Cosa vuole fare Pasquale a Napoli?**

**15 Riascoltate il dialogo e, in piccoli gruppi, rispondete alle seguenti domande.**

1. In quale epoca è vissuto San Gennaro?
2. In che cosa consiste il miracolo?
3. Perché questo miracolo è importante per i napoletani?

**16 Ora leggete il dialogo e raccogliete tutte le parole che riguardano la festa, la religione e la tradizione. Poi fate un confronto in coppia.**

● Allora quand'è che parti per Napoli? La settimana prossima?
○ No, parto domani, sto via tutto il fine settimana e torno lunedì. Pensavo che tu lo sapessi.
● No, anzi. Credevo che saresti venuto con noi al concerto del 1° maggio!
○ Ma non te l'ha detto Giulio? Credevo che vi foste visti la settimana scorsa e che te l'avesse detto.
● No, non lo sapevo. Peccato! Vai a trovare i tuoi?
○ Sì, e stavolta vado a vedere la processione di San Gennaro. Saranno dieci anni che non la vedo.
● Eh beh, da buon napoletano non te la puoi perdere! Ma spiegami un po': in cosa consiste esattamente il miracolo di San Gennaro?
○ Ma come, non lo sai? È il sangue di San Gennaro che si scioglie. Quando l'imperatore Diocleziano lo fece decapitare, una donna raccolse il suo sangue che oggi viene conservato in ampolle. Lo tengono nel duomo e una volta l'anno il sangue si scioglie.
● Davvero?
○ Sì, ma non ne hai mai sentito parlare? Adesso a maggio c'è anche la processione delle statue.
● E cioè?
○ E cioè una processione per le vie della città con la statua di San Gennaro e le statue d'argento di altri santi. I balconi sono tutti belli decorati. È veramente suggestiva, anche se prima era tutta un'altra cosa.
● Ma dimmi un po': si scioglie sempre il sangue?
○ Beh, in genere sì. Sai, per noi napoletani è importante che si sciolga, perché è di buon augurio. Se si scioglie, sparano 21 colpi di cannone da Castel dell'Ovo. Se invece non si scioglie, sono guai ...
● Perché?
○ Eh, perché viene interpretato come un segno sfavorevole per la città.
● Ma dai! E tu ci credi?
○ Sì, cioè, no. Insomma, che ti posso dire, molti napoletani sono devoti a San Gennaro.
● Lo so, lo so: "San Gennaro, fammi la grazia!"
○ Eh, prendi in giro, tu. Ma sai, è un fatto di fede religiosa. Fa anche effetto vedere la gente che aspetta davanti al duomo e che prega in napoletano perché avvenga il miracolo.
● Eh, immagino! Ma non sarai un po' superstizioso?

**17 Lavorate in gruppi. Sapete raccontare un evento storico o mitico legato alla vostra città o regione?**

## OSSERVATE!

Pensavo che tu lo sapessi!
Credevo che te l'avesse detto la settimana scorsa.
Credevo che saresti venuto con noi il 1° maggio.

**Qual è il tempo verbale della frase principale?**
**Che differenze notate nell'uso dei tempi nelle frasi secondarie?**

**18** **Cosa pensano i genitori di Pasquale? Completate.**

Martedì scorso non sapevamo ancora che nostro figlio ......................... (venire) a trovarci dopo pochi giorni. Prima non credevamo che (lui) ......................... (tenerci) tanto a venire per la festa. L'ultima volta aveva visto la processione quasi dieci anni fa. Non ci sembrava che da allora ......................... (passare) già così tanto tempo. Davanti alla chiesa abbiamo aspettato tutti insieme che la processione ......................... (muoversi). Pasquale ci ha raccontato che la sua amica lo considera un po' superstizioso. Nonostante ciò, ci piacerebbe che una volta ......................... (venire) anche lei a vedere la festa.

**19** **Leggete quanto segue e sottolineate tutte le forme verbali presenti.**

Quando Pasquale mi ha raccontato di voler vedere la processione di San Gennaro non sapevo che il santo avesse vissuto ai tempi di Diocleziano. Sapevo che era il patrono di Napoli e che era stato e continuava ad essere molto importante per la città, ma non ne conoscevo il motivo. Non sapevo infatti che il miracolo del sangue sciolto fosse un buon augurio per la città e ignoravo che il non avverarsi del miracolo avrebbe portato sfortuna nei mesi successivi.

**In quale frase si esprime una certezza e quali tempi verbali seguono nelle frasi secondarie? In quali frasi si afferma che non si conosceva un fatto e quali tempi seguono nelle frasi secondarie?**

**20** **Lavorate in piccoli gruppi e leggete le seguenti informazioni su alcune feste. Cosa sapevate già? Cosa non sapevate? Cosa non immaginavate?**

*Sapevo che il patrono di Milano era Sant'Ambrogio, ma non sapevo che fosse nato a Treviri.*

E. 8-12 pagg. 170-172

*Sant'Ambrogio, il patrono di Milano, nacque a Treviri nel 339. Viene festeggiato il 7 dicembre, giorno in cui ogni anno si inaugura ufficialmente la stagione teatrale del Teatro alla Scala.*

*San Nicola è il patrono di Bari. Le sue spoglie sono custodite nella cattedrale di Bari e la sua festa è il 9 maggio. A Bari e in alcune altre città il 6 dicembre San Nicola porta dei doni ai bambini.*

*Tutti conoscono il Carnevale di Venezia, ma altrettanto importante è quello di Viareggio con i suoi carri allegorici con le caricature dei personaggi della politica, della cultura e dello spettacolo. Il Carnevale di Viareggio si festeggia dal 1873.*

*Durante il carnevale di Ivrea, dalla metà dell'Ottocento nelle principali piazze della città si svolge la Battaglia delle Arance tra le guardie del tiranno (sui carri) e i popolani ribelli, rappresentati dalle squadre di tiratori a piedi.*

**21** **Un amico italiano vuole venirvi a trovare. Vi piacerebbe fargli conoscere qualche aspetto particolare della vostra zona e gli scrivete indicandogli un periodo in cui ha luogo una festa religiosa, storica o popolare di rilievo. Spiegategli di cosa si tratta e come si svolge la festa.**

# Parlare di credenze e di fatti reali e irreali

**22** In ogni paese ci sono oggetti, numeri o proverbi che nelle credenze popolari assumono un'importanza particolare. Sapreste indicarne qualcuno e dire quale significato gli viene attribuito?

**23** Guardate le seguenti illustrazioni e lavorate in piccoli gruppi. Provate ad individuare che cosa porta fortuna o sfortuna.

## La Smorfia Napoletana

La Smorfia è il libro dei sogni chiamato così a Napoli e nell'Italia del Sud. Molti sogni corrispondono ad un numero del lotto. Quindi se ad esempio si è sognata una tavola imbandita o una cena con gli amici, allora il numero corrispondente da giocare al lotto è l'82. Se invece si sono sognati i soldi, si deve giocare il 46. Sulla base di queste corrispondenze molti napoletani tentavano (e tentano ancora) di interpretare i sogni traendone indicazioni per le giocate del lotto napoletano.

**E voi? Avete un portafortuna? Vi considerate superstiziosi o non lo siete per niente?**

**24** Da bambini abbiamo tutti creduto a qualcuno. Ecco dei personaggi importanti per i bambini italiani. Voi a chi o a che cosa credevate? Chi portava i regali? Parlatene in coppia.

***Santa Lucia***

*Santa Lucia, Santa Lucia,*
*bussa alla porta di casa mia,*
*portami un sacco di bei balocchi:*
*bambole belle che chiudono gli occhi,*
*libri illustrati, frutta e torroni,*
*cioccolatini e panettoni.*
*Oh cara santa, come sei buona ...*
*Io buona sarò ...*
*e i tuoi doni meriterò!*

E. 15-18 pagg. 173-174

# Ascolto

33 **25 Ascoltate il dialogo e rispondete.**

1. Dove si trovano le due signore?
2. Cosa vorrebbe acquistare la cliente?
3. Per chi e per quale occasione?
4. Cosa consiglia la commessa?
5. Cosa esclude la cliente e perché?
6. Cosa decide di prendere?

# Interpretare una scena teatrale

**26 Lavorate in piccoli gruppi. Avete la possibilità di assistere ad una rappresentazione teatrale. Quale dei seguenti generi teatrali scegliereste e perché? Dramma (commedia o tragedia), opera, balletto, musical.**

34 **27 Ascoltate il dialogo. Che tipo è lo zio Nicola?**

E. 21 pag. 174

**28 Ora leggete la scena. Come giudichereste la conversazione tra Berta e lo zio?**

[ gradevole – divertente – assurda – seria – tragicomica – chiara – incomprensibile – astrusa ]

**Il ciambellone**

*Si festeggia un fidanzamento. Ad un certo punto si sente suonare il campanello, arriva un ospite inatteso, zio Nicola. È un tipo cordiale, festoso, vestito un po' alla campagnola. Porta in regalo un ciambellone, un dolce fatto in casa. Berta, la madre del fidanzato, è curiosa di conoscere meglio il nuovo ospite.*

**Berta** (allo zio, esaminandolo con l'occhialino) E così, eh, lei s'è stabilito in campagna?
**Zio** Ah sì, francamente la campagna è una gran cosa.
**Berta** Io però preferisco il mare. In fondo, il mare ...
**Zio** Ma, vede, il mare ... lei forse non ha bambini ...
**Berta** Non ho che questo.
**Zio** Me lo immaginavo. Sa, per chi ha bambini, la campagna è una gran cosa.
**Berta** Lo capisco. Ma, le dirò; il mare è come dire?, è un'altra cosa.
**Zio** Non dico di no, non dico di no. Ma sa ...
**Berta** E lei ha figlioli?
**Zio** Cinque.
**Berta** Di che età?
**Zio** Il più piccolo ha sessant'anni.
**Berta** A quell'età sono così carini. E li tiene sempre in campagna?
**Zio** Sempre. È un piacere vederli ruzzare sui prati, rincorrersi, giocare.
**Berta** Lei è in città per un breve soggiorno?
**Zio** Potrei dire di sì ...
**Berta** Benissimo.

**Zio** ... ma non lo dico.
**Berta** Forse ha delle proprietà in campagna?
**Zio** Una casetta. Oh, non è un gran che intendiamoci. Una cosa da nulla. Una piccola casa. Piccolissima. Quasi non si vede, per quanto è piccola. Anzi, a pensarci bene, non si vede affatto. Io non l'ho mai vista. Si potrebbe quasi dire che non esiste.
**Berta** Perché dice: si potrebbe quasi dire che non esiste?
**Zio** È vero, in fondo si può dire benissimo: non esiste affatto.
**Berta** E già qualche cosa. Si comincia dal niente.

Da: *L'inventore del cavallo e altre quindici commedie* di Achille Campanile, Rizzoli 2002

**29** **Il teatro di Campanile fa parte del teatro dell'assurdo, letto però in chiave comica. Lavorate in coppia e provate a recitare questo brano. Se volete potete sostituire le battute con altre a piacer vostro.**

**30** **Guardate l'illustrazione e fate una breve descrizione della scena con i seguenti vocaboli.**

palcoscenico
attori
sipario
palco
platea
spettatori

**31** **Leggete il seguente brano in cui una nota scrittrice italiana parla di un suo sogno. Quale aspetto della sua vita riguarda?**

**Un sogno teatrale**
*di Dacia Maraini*

Spesso faccio questo sogno: sono sopra un palcoscenico in cui si sta rappresentando un testo teatrale, devo dire una battuta ma non mi viene, ce l'ho sulla punta della lingua ma mi sfugge. Vedo gli attori che aspettano la mia frase per rilanciare la loro e vengo presa da una paura cieca e disperata. Cerco freneticamente, cerco nella memoria la battuta che pure so di conoscere e che ho già ripetuto tante volte ma non riesco a trovarla. A questo punto mi sveglio in preda al panico, con la gola stretta per l'angoscia. Eppure io amo il teatro e considero l'atto rituale dell'apertura del sipario un momento di grande emozione. Prima di tutto come spettatrice, e poi come autrice. Forse fare teatro significa proprio questo: vincere una paura profonda, ridare la parola ad un silenzio primordiale che ancora minaccia i nostri sogni infantili.

Da: *Fare teatro* di Dacia Maraini, RCS Libri S.p.A., Milano

**32** **Lavorate in coppia e raccontate di una rappresentazione teatrale scolastica o di un gruppo amatoriale a cui avete partecipato come attore o a cui avete assistito come spettatore.**

E. 22-24 pag. 175

**33** **Lavorate in coppia. Prendete spunto dalle seguenti parole e inventate una storia. Scrivetela e poi leggetela ai vostri compagni.**

re – perla – gatto nero – principessa – crociera – solitudine – pescatore – matrimonio – mago – fortuna – gelosia – isola

# ALLA SCOPERTA DELL'ITALIA

**34 Leggete il seguente brano. Cosa scopre di avere l'autore nel suo appartamento?**

*Sostituendo il toner della stampante, l'autore macchia inavvertitamente la carta da parati. Decide così di farla cambiare.*

**La porta screpolata**

[...] Per cambiare parato gli operai furono costretti a spostare una libreria carica di libri e fu così che scoprii alle spalle della stessa una porta di legno chiusa a chiave, priva di maniglia, tutta screpolata: una porta bianca che non avevo mai visto prima. Ora, provate a figurarvi la mia faccia: ero sbalordito! Non credevo ai miei occhi! Che c'era dietro quella porta? Dove portava? Non riuscivo nemmeno a immaginarlo. Così, una volta andati via gli operai, mi precipitai ad aprirla. Prima tentai con un cacciavite, poi con un martello, poi con un Black & Decker, poi con delle spallate, e infine con un paio di calci riuscii a buttarla giù. Dopodiché entrai in una stanza di pochi metri quadri di cui, giuro, dovessi morire in questo stesso momento se dico una bugia, non conoscevo l'esistenza.

La casa l'avevo acquistata nel marzo del '71. Ero appena arrivato a Roma e la comprai già ammobiliata. Non mi era mai venuto in mente di spostare quella libreria, né sulla piantina del contratto d'acquisto compariva un altro vano. Fin dal primo giorno ero convinto che l'appartamento finisse lì, lì dov'era piazzata la libreria. Ora, invece, venivo a sapere che la casa era nove metri quadri più grande. Dio solo sa perché le signorine Buzzi, le ex proprietarie, non me ne avevano parlato! Forse nemmeno loro ne sapevano nulla. Per giunta era anche arredata. A parte l'odore di muffa e la polvere sparsa dappertutto, aveva sulla sinistra un lettino con un materasso e una coperta di lana, al centro un tavolino con quattro sedie, e sulla destra un vecchio armadio con un'unica grossa anta rivestita da uno specchio. Insomma, una stanzetta ideale per un ospite di passaggio e il tutto senza aver speso una lira.

Dal giorno della scoperta presi l'abitudine di andarmi a rintanare nella stanza misteriosa. Non a caso l'avevo battezzata il mio "pensatoio", se non altro per il silenzio in cui era immersa. Non c'erano radio, apparecchi televisivi, telefoni o altro marchingegno che potesse in qualche modo disturbarmi. Una volta rimessa in sesto la famosa porta, nemmeno il citofono di casa si riusciva a sentire.

Una sera, poi, accadde un fatto incredibile: erano le 22.30 e io ero incerto se sdraiarmi sul lettino per leggermi *Finzioni* di Borges, o se rivedere su RaiTre *Lo sceicco bianco* di Fellini. Alla fine optai per *Finzioni* ed enorme fu il mio stupore quando, dopo due ore di buona lettura, mi resi conto che erano ancora le 22.30 e che, volendo, mi sarei potuto vedere *Lo sceicco* fin dal principio. In un primo momento pensai che il mio orologio si fosse fermato, oppure che la RAI avesse mandato in onda il film con due ore di ritardo; poi, però, ripetei l'esperimento con un altro libro e mi resi conto che "in quella stanza il tempo non passava". [...]

Da: *Tale e quale* di Luciano de Crescenzo, Mondadori 2001.

**Vocabolario:**
- screpolata *non più liscia, un po' rovinata*
- priva di maniglia *senza il manico per aprire*
- sbalordito *stupito, meravigliato*
- cacciavite/martello *attrezzi usati dagli artigiani*
- calcio *un colpo dato col piede*
- anta *porta dell'armadio*
- rintanarsi *ritirarsi in un luogo protetto*
- marchingegno *strumento, apparecchio*
- citofono *apparecchio per parlare con chi suona alla porta*

**35 Indicate con una x le affermazioni che corrispondono al testo.**

1. Il protagonista scopre nella sua casa una porta di cui non sapeva nulla. ☐
2. È curioso di vedere cosa c'è dietro quella porta. ☐
3. Apre la porta con la chiave trovata nella serratura. ☐
4. Scopre che il suo appartamento è più piccolo di quanto pensasse. ☐
5. Aveva comprato la casa già arredata. ☐
6. La "nuova" stanza è vuota, c'è uno strano odore e non è pulita. ☐
7. Il protagonista prende l'abitudine di ritirarsi in quella stanza. ☐
8. Nella stanza non entrano i rumori. ☐
9. Nella stanza sembra che il tempo si fermi. ☐

E. 25 pag. 175

**36 Lavorate in gruppi e discutete. Vi piacerebbe avere un luogo dove non passa il tempo? Quando ci andreste e a quale scopo?**

# GRAMMATICA

## 1 L'uso del passato prossimo e dell'imperfetto III

E. 3 pag. 168

Den unterschiedlichen Gebrauch von **passato prossimo** und **imperfetto** kennen Sie bereits (vgl. Azzurro, S. 96 und S. 122). Hier noch ein weiterer Unterschied:

Mia madre **leggeva sempre** l'oroscopo.
Gino **non guardava mai** film di fantascienza perché non gli piacevano.

Luisa **ha sempre giocato** al lotto.
**Non ho mai fatto** dei giochi al computer.

Ausdrücke wie **sempre, non ... mai, ogni volta/anno** etc. sagen, dass etwas in der Vergangenheit gewohnheitsmäßig, wiederholt oder nie passiert ist. Wird hier nicht das **imperfetto**, sondern das **passato prossimo** benutzt, betont man damit, dass etwas seit jeher so war und immer noch so ist oder sich nie geändert hat.

## 2 Alcuni prefissi

E. 6 pag. 170

La casa adesso è **dis**abitata.
Molte tradizioni **s**compaiono.
È stata una giornata **in**dimenticabile.
Era una situazione **ir**reale.
Perché sei sempre così **im**paziente?
Hanno servito un vino **im**bevibile.
Tim vive con un suo **con**nazionale.
Ho **ri**ascoltato tutto il CD.

Die Vorsilben **dis-**, **s-** und **in-** können die Bedeutung eines Substantivs, Adjektivs oder Verbs ins Gegenteil verkehren. Vor Wörtern, die mit **l**, **m** oder **r** beginnen, wird das **n** der Vorsilbe **in-** durch den jeweiligen Konsonanten ersetzt: **il**limitato, **im**maturo, **ir**risolto.
Vor **b** und **p** steht statt **in-** die Vorsilbe **im-**. Die Vorsilbe **con-** entspricht dem deutschen *mit-*. Die Vorsilbe **ri-** drückt aus, dass etwas nochmals gemacht wird.

## 3 La concordanza dei tempi II

Steht das Verb eines Hauptsatzes in der Vergangenheit, ergeben sich für den Nebensatz folgende Zeiten:

| | | | |
|---|---|---|---|
| **Sapevo** che | **eri stato** al mare il giorno prima.<br>in quel momento **dormivi.**<br>**saresti partito** il giorno dopo. | **indicativo trapassato**<br>**indicativo imperfetto**<br>**condizionale passato** | *bei Vorzeitigkeit*<br>*bei Gleichzeitigkeit*<br>*bei Nachzeitigkeit* |

Der **indicativo imperfetto** steht auch in Nebensätzen ohne eindeutigen zeitlichen Bezug:
**Sapevo** che Aldo **era** timido.

Steht im Hauptsatz ein Verb in der Vergangenheit, das den **congiuntivo** verlangt, ergeben sich für den Nebensatz folgende Zeiten (vgl. auch S. 72):

| | | | |
|---|---|---|---|
| **Pensavo** che | **fossi stato** al mare il giorno prima.<br>che in quel momento **dormissi**.<br>**saresti partito** il giorno dopo. | **congiuntivo trapassato**<br>**congiuntivo imperfetto**<br>**condizionale passato** | *bei Vorzeitigkeit*<br>*bei Gleichzeitigkeit*<br>*bei Nachzeitigkeit* |

Der **congiuntivo imperfetto** steht auch in Nebensätzen ohne eindeutigen zeitlichen Bezug:
**Pensavo** che Aldo **fosse** timido.

Bei gleichbleibendem Subjekt bildet man dagegen keinen Nebensatz mit **che**, sondern gebraucht einen Infinitiv. Es gibt folgende Möglichkeiten:

| | | | |
|---|---|---|---|
| **Penso** di<br>**Pensavo** di | **averglielo** già **detto**.<br>**avere** il suo numero di telefono.<br>**partire** domani. | **infinito passato**<br><br>**infinito presente** | *bei Vorzeitigkeit*<br>*bei Gleichzeitigkeit*<br>*bei Nachzeitigkeit* |

## 4 Indicativo o congiuntivo dopo *sapere* ed *essere sicuro/convinto*

Mit **sapere** drückt man aus, dass man etwas weiß, mit **essere sicuro**, dass man sich einer Sache sicher ist. Folglich wird im Nebensatz der Indikativ verwendet. **Non sapere** und **non essere sicuro** hingegen drücken einen Zweifel aus und verlangen deshalb den Konjunktiv. **Essere convinto** mit Indikativ kann eine feste Überzeugung wiedergeben, mit **congiuntivo** die Subjektivität einer Meinung unterstreichen. Vergleichen Sie:

| indicativo | congiuntivo |
|---|---|
| **Sono sicuro che** tu **sei** bravo.<br>**Sapevo che** Pasquale **era** di Napoli.<br>**Sono convinto che** a Bea Londra **piace**. | **Non sono sicuro che** mia figlia **venga** con me.<br>**Non sapevo che** Paolo **fosse** superstizioso.<br>**Sei** ancora **convinto che sia** così facile? |

## 5 La differenza tra *mentre* e *durante*

E. 13-14 pagg. 172-173

**Durante il film** voglio mangiare una pizza.
**Mentre guardo** il film voglio mangiare una pizza.

**Mentre passava** la processione, le strade erano chiuse al traffico.

Zum Ausdruck von *während* benutzt man **durante** zusammen mit einem Substantiv oder **mentre** mit einem Verb.
Liegt das Geschehen in der Vergangenheit, folgt auf **mentre** stets das **imperfetto**!

## 6 Altre congiunzioni che richiedono il congiuntivo

E. 17 pag. 173

Ti mando una mail **affinché** tu **sia** al corrente.
Ti racconto tutto **perché** tu **sappia** com'è andata.
È la notizia **migliore che abbia ricevuto**.
Venezia è la città **piu bella che esista**.

Die finalen Konjunktionen **affinché** und **perché** (in der Bedeutung von *damit*) verlangen den **congiuntivo**.
Er steht auch in einem Relativsatz, der sich auf einen Superlativ bezieht.

## 7 La forma impersonale del verbo riflessivo

Al Parco della Preistoria i bambini **si** divertono molto.
Al Carnevale di Venezia **ci si** diverte sempre tanto.
**Ci si** mettono le maschere e i costumi d'epoca.

Wird ein reflexives Verb unpersönlich gebraucht, verwendet man nicht etwa ***si si**, sondern **ci si**.

## 8 *Si* impersonale e *si* passivante al passato prossimo

E. 19-20 pag. 174

Das passato prossimo des **si impersonale** und des **si passivante** wird stets mit **essere** gebildet.

Quella sera **si è ballato** fino a notte inoltrata. (**avere** ballato)
**Si è andati** a vedere le barche decorate. (**essere** andato)

Beim **si impersonale** verwendet man **si è** + Partizip. Wenn das Verb das **passato prossimo** an sich mit **avere** bildet, endet das Partizip auf **-o**, wenn es das **passato prossimo** mit **essere** bildet, endet das Partizip auf **-i**.

**Si è bevuto** dell'ottimo **vino**.
**Si è ascoltata** la **banda**.
**Si sono mangiate** tante **delizie**.
**Si sono visti** dei **fuochi** d'artificio magnifici.

Beim **si passivante** gebraucht man – je nach Bezugswort – **si è** + Partizip oder **si sono** + Partizip. Die Endung des Partizips richtet sich in Numerus und Genus nach dem Bezugswort.

# Portfolio Che cosa so fare

| Unità 7 | | |
|---|---|---|
| **So** | **So farlo bene** | **Voglio migliorare** |
| descrivere avvenimenti politici e storici (2, 6, 9) | | |
| leggere e interpretare una poesia dialettale (11-13) | | |
| discutere sull'uso del dialetto o delle parole straniere (15-18, 21, 22, 24) | | |
| riferire che cosa ha detto o raccontato qualcuno nel passato (28-30) | | |
| descrivere aspetti geografici, storici e culturali di una regione (31, 32) | | |
| raccontare della mia vita o di quella di altri (33, 38) | | |
| capire ed interpretare il testo di una canzone (39, 40) | | |

| Unità 8 | | |
|---|---|---|
| **So** | **So farlo bene** | **Voglio migliorare** |
| parlare di giochi, svaghi ed interessi (2-4,10) | | |
| valutare vantaggi e svantaggi di un oggetto (9) | | |
| descrivere oralmente e per iscritto feste e tradizioni (12, 13, 17, 21, 24) | | |
| esprimere la mia opinione o le mie conoscenze su un fatto passato, presente o futuro (18-20) | | |
| parlare di credenze e superstizioni (22, 23) | | |
| comprendere un pezzo teatrale (26-29, 32) | | |
| inventare una storia e scriverla (33) | | |

# Trascrizione degli esercizi di comprensione auditiva

## Unità 1

2 **Es. 10**

- ● Prego.
- ❍ Buongiorno, senta, siccome vorrei cambiare l'indirizzo di studi volevo sapere se basta compilare il modulo scaricabile da Internet o bisogna allegare altri documenti?
- ● Che facoltà?
- ❍ Lettere e filosofia.
- ● Ma lei è già iscritta a questa università?
- ❍ Sì, a Studi Filosofici e vorrei passare a Scienze della Comunicazione.
- ● Beh, deve allegare anche la certificazione che attesta il suo curriculum, con gli esami che ha già sostenuto e i crediti corrispondenti e poi una fotocopia del suo libretto.
- ❍ E basta?
- ● Sì, e si ricordi che deve consegnare la domanda entro il 26 giugno.
- ❍ Certo, la ringrazio.

## Unità 2

6 **Es. 24**

❍ Per me la posta elettronica non è solo progresso, eh! Questa mattina per esempio nella cassetta postale avevo circa trenta e-mail, ci ho messo quasi mezz'ora a leggerle, ma almeno la metà era spazzatura. Si perde tempo solo a cestinarle. La ditta ci dà sì il cellulare ma poi chiamano anche il fine settimana, in vacanza, insomma non mi lasciano mai in pace.

## Unità 6

20 **Es. 6**

**1.** ● Senti, le forbici le hai prese tu per caso?
❍ No, dovrebbero essere sulla scrivania, accanto alla tastiera.

**2.** ● Il raccoglitore con gli ordini evasi, dove lo hai messo?
❍ Guarda, è proprio vicino al computer.

**3.** ● Non trovo quella cosa che serve a tenere insieme i fogli. Sai quella macchinetta ...?
❍ Ah, la spillatrice.

23 **Es. 30**

- ● Gabriele ciao. Come va? Dormito bene?
- ❍ Mica tanto. Ogni volta che dovevo girarmi, avevo dei dolori allucinanti al braccio e alla spalla.
- ● Ma senti! Ma è tanto che ce li hai?
- ❍ Eh, saranno due settimane. All'inizio pensavo che

dipendesse dalle arrampicate perché ci ero stato proprio in quei giorni.
● Eh, infatti forse esageri un po' con queste arrampicate ...
❍ Sì, avevo pensato anch'io la stessa cosa all'inizio. E così il fine settimana invece di andare a fare di nuovo arrampicate me ne sono rimasto a casa a scrivere due rapporti. Eh, ma la notte i dolori sono diventati così forti che addirittura ho pensato di prendere degli antidolorifici.
● Perché non li hai presi? Almeno potevi metterti una pomata.
❍ No, lo sai che cerco di evitare quando posso.
● Eh bravo lui, allora tieniti i tuoi dolori per chissà quanto tempo ancora. Ma scusa, puoi andare da un ortopedico, a farti fare una radiografia, dal tuo medico curante ... ti sapranno consigliare qualcosa!
❍ No, aspetta. Parlando con degli amici e leggendo anche qualcosa in Internet, ho scoperto questa ... eh RSI, "sindrome da mouse" la chiamano.
● Che cosa? E cioè?
❍ Dovrebbe essere una sindrome provocata dai movimenti ripetitivi e per quello ne soffrono molte persone che lavorano per molto tempo al computer con il mouse.
● Ma va là? Ma allora credi che sia dovuto proprio al computer?
❍ Ormai ne sono quasi sicuro. Sabato dopo aver fatto una bella arrampicata non avevo dolori, e invece lunedì ho ricominciato a lavorare per un sacco di ore al computer, a scrivere degli articoli, e i dolori sono ricominciati.
● Beh, allora, scusami se insisto sai, però prima che diventino cronici, dovresti fare qualcosa. Non trovi?
❍ Eh, mi sa che hai ragione ...

## Ripasso 3

24 **Es. 1**

**1.** ● Ah, signora Maina. Buona sera.
❍ Buona sera, mi scusi il disturbo ...
● Ma si figuri! Vuole entrare un attimo?
❍ No, no, La ringrazio, ma sono di fretta. Volevo solo chiederLe se potrebbe farmi un piacere.
● Ma certo, se posso, più che volentieri.
❍ Devo andare via alcuni giorni e mia sorella è ammalata. Sa, mi ritira sempre la posta. ... Potrebbe essere così gentile da svuotarmi la cassetta?
● Certo, si immagini. Non è un problema.
❍ Perché sa, da me arrivano sempre dei pacchetti abbastanza voluminosi e la cassetta si riempie facilmente.
● Non si preoccupi. Non c'è alcun problema.
❍ Va bene, allora Le do la chiave. Ecco qua ... Eh, io torno tra una settimana.
● D'accordo, e la posta la tengo io o ...
❍ Se per Lei non è un fastidio.
● No, assolutamente. Allora Le auguro buon viaggio.
❍ Grazie! E grazie ancora per la posta!

25 **2.** ❍ Avanti!
● Mi scusi, dottore, volevo dirLe che prima che Lei arrivasse ha telefonato l'avvocato Parisi per chiedere se possiamo spostare l'appuntamento di domani a giovedì.
❍ E perché?
● Per motivi privati che non ha specificato.
❍ Ma, se non ricordo male, però giovedì abbiamo l'incontro con il direttore della Fluovial. Lei ha già controllato?
● Sì, l'incontro è alle 10 qui da noi in sede. Volendo potrebbe andare dall'avvocato nel pomeriggio.
❍ Hm sì, sì, potrei fare così. Allora, mi faccia la cortesia di chiamarlo subito e fissi un appuntamento. Ma non prima delle 15. Conto di andare a pranzo con il dottor Nogara.
● Va bene, lo chiamo subito.
❍ Ah, e aspetti un attimo. Il rapporto da presentare a Nogara è già pronto?
● Non ancora, Letizia ci sta lavorando.
❍ Non dimentichi che lo voglio leggere prima, quindi per domattina dev'essere sul mio tavolo, mi raccomando.
● Certo, non si preoccupi! Glielo dirò.

26 **3.** ❍ La sai l'ultima?
● No, dimmi!
❍ Paolo si sposa.
● Paolo chi?
❍ Ma come "Paolo chi"? Paolo Melandri, il mio ex. Non te lo ricordi?
● Ah, ma dai! Non ci credo!
❍ Te lo giuro!
● E da chi l'hai saputo?
❍ Da lui stesso! L'ho incontrato per caso sabato scorso alla mostra di Boccioni.
● Ma se diceva sempre che non si sarebbe mai sposato.
❍ Eh, gliel' ho detto anch'io. Ma sai, con l'età si cambia ... Pensa che mi ha addirittura invitata. Ha detto che mi manderà le partecipazioni.
● Davvero? E tu ci vai?
❍ No, ma dico, vuoi scherzare? Figurati! Non ci penso proprio. Con quello che mi ha fatto passare.
● Certo che anche lui ha un bel coraggio.

27 **4.** ● Dino, scusa, potresti darmi una mano col computer?
❍ Perché? Cos'è successo?
● Ma che ne so, stavo scrivendo e all'improvviso invece delle lettere sono saltati fuori tutti questi segni. È da mezz'ora che provo, riprovo ...
❍ Fa' vedere. Ma hai premuto qualche tasto ... ?
● Boh, è possibile, non lo so. L'avrò fatto senza accorgermene. Ci mancava anche questa. Ho un sacco di roba da finire e per giunta sono sola.
❍ E Marina, la nuova stagista?
● È a casa, si è ammalata.
❍ Ah!
● Proprio oggi che devo assolutamente uscire prima.
❍ Sta' calma, non ti agitare, vedrai che rimettiamo tutto a posto.
● Eh, speriamo!
❍ Ecco fatto. Adesso puoi continuare a scrivere.
● Oh, grazie Dino. Sei un tesoro! Se tutti i colleghi fossero come te ...

# Piccoli e grandi cambiamenti

## Cosa c'è di nuovo?

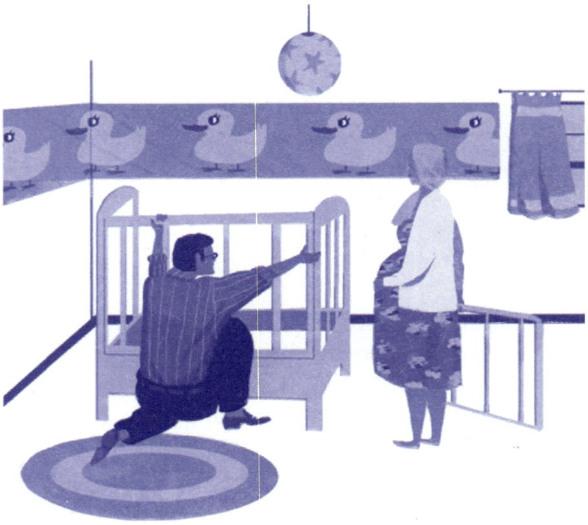

35 **Fonologia. Ascoltate le seguenti frasi e indicate con i segni di punteggiatura se si tratta di un'affermazione (.), di una domanda (?), di un'esclamazione semplice (!) o di una esclamazione in tono interrogativo (!?).**

1. Anna prima di uscire deve finire la relazione ☐
   Anna prima di uscire deve finire la relazione ☐
2. Come, sei andato al lavoro oggi ☐
   Come sei andato al lavoro oggi ☐
3. Domani dobbiamo partire presto ☐
   Domani dobbiamo partire presto ☐
4. Ti aspetto davanti al ristorante ☐
   Ti aspetto davanti al ristorante ☐
5. Prendi tu le chiavi della macchina ☐
   Prendi tu le chiavi della macchina ☐
6. Fai la pasta anche stasera ☐ Fai la pasta anche stasera ☐
7. Carlo accompagna Lucia alla stazione ☐ Carlo accompagna Lucia alla stazione ☐
8. Serena è andata via di casa ☐ Serena è andata via di casa ☐

**1 Con quali preposizioni collegate le due parti di ogni frase? Quali frasi sono complete senza preposizioni?**

a(d) – di

1. Ho finito ...
2. Sono veramente stufo ...
3. Ho pensato ...
4. E stavolta ho deciso ...
5. Vorrei rimettermi ...
6. Ma temo che, se riprendo ...
7. Forse dovrei ...
8. Da ragazzo mi piaceva ...
9. In ogni caso devo ricominciare ...

- scrivere la relazione per la riunione ieri sera alle nove.
- lavorare sempre fino a tardi.
- prendere qualche giorno libero all'inizio di giugno.
- restare a casa e riposarmi.
- fare sport regolarmente.
- andare in palestra, non sarò costante.
- praticare uno sport di squadra per essere più motivato.
- giocare a calcio, magari dovrei riprovare.
- fare qualcosa.

**2 Completate le frasi con i seguenti elementi.**

[ appena – ora – all'inizio – adesso – i primi tempi – poi in futuro – da tempo – dopo – per il momento – un anno fa – già – poi ]

1. Alberto è fortunato: ha .................... finito il corso di formazione e ha .................... cominciato a lavorare in ospedale. .................... non è stato per niente facile, ma .................... è contento di essere d'aiuto agli altri.
2. Era ................ che Maria e Carlo volevano riprendere a studiare lo spagnolo e così hanno cominciato a frequentare un corso.
3. Gianna si è rimessa a studiare. .................... aver finito l'università, di esami non ne voleva più sapere, ma .................... ha sentito il bisogno di nuovi stimoli.
4. Siccome Vanessa non riusciva a trovare lavoro, è andata in Svizzera. ....................... ha un posto a tempo determinato e ....................... si vedrà.
5. Mario e Lisa erano proprio stufi di abitare in un piccolo paese di provincia. Così .................... hanno deciso di trasferirsi a Roma. .................... sono stati difficili, ma .................... che anche Lisa ha trovato lavoro, hanno pensato addirittura di cercare una casa più grande.

**3 Completate le frasi con le seguenti espressioni.**

essere d'aiuto a – staremo a vedere – ho pensato di – che te ne pare – ho proprio bisogno di – in futuro si vedrà – mi sono rimessa a – eravamo proprio stufi di – cambiare aria – mi metteva tristezza

1. Ultimamente cominciavo ad annoiarmi, mi mancavano nuovi stimoli, così .............................. cercarmi una nuova occupazione.
2. .......................................................... riposo, ho lavorato troppo questa settimana.
3. .......................................................... delle persone che ne hanno bisogno dà tanta soddisfazione, per questo mi piace fare volontariato.
4. ...................................... tornare sempre nello stesso posto, così quest'anno abbiamo deciso di fare una vacanza diversa.
5. Sai, mi è sempre piaciuto insegnare, quindi da quando Matteo va all'asilo ................................ lavorare.
6. L'idea di trasferirmi all'estero non mi preoccupa, anzi, ho voglia di .......................................... e di conoscere gente nuova.
7. Guarda qui, un libro sulla storia del tango. Potrebbe essere interessante, ..................................?
8. Vedere tutto questo grigio ........................................, così ho piantato delle margherite gialle sul balcone.
9. Giulio si è rimesso a studiare il francese, ........................................ quanto dura questa volta.
10. Per adesso sono contento di aver trovato lavoro, ........................................, magari ci saranno possibilità migliori.

**4 Abbinate le espressioni idiomatiche al loro significato.**

| | |
|---|---|
| **1.** ricominciare da capo | **a** morire |
| **2.** finire a gambe all'aria | **b** trasferirsi in un'altra abitazione |
| **3.** cambiare bandiera | **c** cambiare l'opinione o una decisione |
| **4.** finire sulla bocca di tutti | **d** cambiare opinione o comportamento per interesse |
| **5.** cambiare idea | **e** iniziare qualcosa nel modo migliore |
| **6.** cominciare con il piede giusto | **f** rifare la stessa cosa partendo dall'inizio |
| **7.** cambiare casa | **g** cadere per terra |
| **8.** finire all'altro mondo | **h** un'informazione diventata di dominio pubblico |

**5 Sottolineate la parola corretta.**

1. Marta ha sempre sognato di fare la carriera diplomatica e *così/dato che* dopo la maturità ha deciso di frequentare l'Istituto per gli Studi Europei di Gorizia.
2. *Visto che/Perché* Eugenio è molto bravo a suonare le percussioni, ha pensato di offrire dei corsi per i ragazzi dell'oratorio.
3. Il fine settimana siamo andati al mare *siccome/perché* a Bologna c'era un caldo insopportabile.
4. *Siccome/Così* dopo la laurea mi piacerebbe fare un'esperienza di lavoro in Spagna, quest'estate andrò a Salamanca per frequentare un corso di lingua.
5. Sono pediatra in un ospedale, tra poco comincerò un corso per diventare "dottore-clown", *perché/siccome* mi piacerebbe far ridere i bambini e fargli dimenticare per un po' la malattia.
6. *Poiché/Perché* mi hanno offerto un posto a Firenze mi trasferirò lì fra due mesi.

**10** **Completate le citazioni con *basta, bastano, aver bisogno di* e *bisogna.***

1. .................................. un pizzico di buon senso e una buona amicizia per non .................................. un analista. (Joan Crawford)
2. Non .................................. guardare, occorre guardare con occhi che vogliono vedere, che credono in quello che vedono. (Galileo Galilei)
3. Per essere poeti, .................................. avere molto tempo. (Pier Paolo Pasolini)
4. Non .................................. fare il bene, .................................. anche farlo bene. (Diderot)
5. La legge è uguale per tutti. .................................. essere raccomandati[1]. (Marcello Marchesi)
6. Quando i veri nemici sono troppo forti, .................................. pur scegliere dei nemici più deboli. (Umberto Eco)
7. Non .................................. mai contraddire[2] una donna. .................................. aspettare: lo farà da sola. (Humphrey Bogart)
8. .................................. prendere il denaro[3] dove si trova, presso i poveri. Hanno poco, ma sono in tanti. (Ettore Petrolini)
9. Non .................................. avere grandi qualità, .................................. saperle amministrare. (François de La Rochefoucauld)
10. I giochi dei bambini non sono giochi, e .................................. considerarli[4] come le loro azioni più serie. (Michel de Montaigne)

**Vocabolario:**
[1]essere raccomandati *über gute Beziehungen verfügen*
[2]contraddire *widersprechen* [3]denaro *Geld* [4]considerare *ansehen, betrachten*

**11** **Qual è l'intruso?**

1. impresa – firma – cooperativa – ditta
2. carcere – detenuto – pena – socio
3. pastiglia – pasta – dolce – pasticcino
4. battesimo – matrimonio – fiera – prima comunione
5. cuoco – cameriere – volontario – badante
6. cliente – stand – banco – esperienza
7. lavoro – guadagno – riposo – produzione
8. impiegato – sposato – divorziato – celibe

**12** **Cosa sapete di Maurizio? Rileggete il testo a pag. 12 e scegliete l'espressione giusta.**

Maurizio ha 44 anni, è *celibe/sposato* e ha due figli. È in carcere per *omicidio/rapina*, ma spera di uscire presto grazie alla buona *condotta/condanna*. In carcere ha cominciato a lavorare in una *cooperativa/cooperazione* di cinque *impiegati/soci detenuti* e cinque socie *esterne/estere*. Alla *messa/fiera* "Fa la cosa giusta" c'è anche un loro *stand/negozio* dove Maurizio *accompagna/accoglie* i clienti e gli offre pasticcini di loro *produzione/preparativi*. Nella *sociale/società* cooperativa di catering Maurizio fa l'aiuto cuoco e prepara diversi *piatti/paste*, dagli antipasti ai dolci; ogni tanto *fa/lavora* anche come cameriere. Il loro servizio viene *richiesto/ripreso* per battesimi, prime comunioni e matrimoni, ma anche da aziende, da *assunzioni/associazioni* e dal mondo del no profit. Grazie a quest'attività Maurizio riesce a *mantenere/rimanere* un contatto con la *verità/realtà* esterna al carcere, e anche a *guadagnare/vincere* qualcosa. Appena esce vuole cercare un *posto/possibilità* di lavoro. Sa che ci sono dei *precedenti/pregiudizi* nei confronti dei detenuti, ma la *partecipazione/partita* a questa cooperativa lo ha aiutato a guardare *all'avvenuto/avvenire* con più fiducia. Spera che quest'esperienza renderà meno difficile il suo *reinserimento/rilascio* nella società.

**13 Qual è l'espressione corretta? Mettete una x.**

1. aderire
   - ☐ di un'iniziativa
   - ☐ un'iniziativa
   - ☐ a un'iniziativa

2. avvalersi
   - ☐ nella collaborazione
   - ☐ alla collaborazione
   - ☐ della collaborazione

3. scontare
   - ☐ una pena
   - ☐ per una pena
   - ☐ ad una pena

4. dare
   - ☐ vita di una società
   - ☐ alla vita ad una società
   - ☐ vita ad una società

5. avviare qualcuno
   - ☐ per un reinserimento
   - ☐ ad un reinserimento
   - ☐ verso un reinserimento

6. partecipare
   - ☐ nella cooperativa
   - ☐ della cooperativa
   - ☐ alla cooperativa

7. cercare
   - ☐ ad arrangiarsi
   - ☐ di arrangiarsi
   - ☐ arrangiarsi

8. mantenere un contatto
   - ☐ con la realtà
   - ☐ della realtà
   - ☐ verso la realtà

9. riuscire
   - ☐ di guadagnare qualcosa
   - ☐ a guadagnare qualcosa
   - ☐ da guadagnare qualcosa

10. avere il compito
    - ☐ tra mantenere in contatto
    - ☐ di mantenere il contatto
    - ☐ a mantenere in contatto

**14 Completate il bando di concorso con le forme del passivo al presente e al futuro dei verbi tra parentesi.**

## PROGRAMMA SOCRATES/ERASMUS

Per l'anno accademico 2009 .................................... (mettere) a disposizione 48 posti in dieci sedi universitarie europee. I moduli per l'iscrizione al concorso[1] .................................... (pubblicare[2]) sul nostro sito Internet a partire dal 15 novembre. .................................... (ammettere) al concorso tutti i candidati iscritti a questa Università. La domanda dovrà essere consegnata[3] entro il 31 gennaio 2008. Per certificare le conoscenze di lingua i candidati .................................... (invitare) a sostenere un test di lingua. Il test .................................... (strutturare) in due parti, una scritta ed una orale. Le candidature .................................... (trasmettere) ai docenti o alle Commissioni. Gli elenchi degli studenti selezionati[4] .................................... (pubblicare) online sulla pagina web delle Relazioni Internazionali. Solo gli studenti selezionati .................................... (contattare) direttamente dal Servizio Relazioni Internazionale. Poiché le comunicazioni relative a questa fase .................................... (inviare) via e-mail, i candidati .................................... (invitare) a monitorare regolarmente la loro casella di posta elettronica.

**Vocabolario:** [1]concorso *Auswahlverfahren* [2]pubblicare *veröffentlichen* [3]consegnata *eingereicht* [4]selezionati *ausgewählt*

**15 Trasformate le frasi attive in frasi passive scegliendo i tempi adatti.**

Rinnoveranno il contratto. → *Verrà/sarà rinnovato il contratto.*

1. Hanno costruito una nuova strada. ....................................................
2. Fanno una grande campagna pubblicitaria. ....................................................
3. Non hanno ancora pagato il conto. ....................................................
4. Assumeranno nuovo personale. ....................................................
5. Informano i clienti sui nuovi prodotti. ....................................................
6. Apriranno un negozio di abbigliamento. ....................................................
7. Hanno compilato il modulo. ....................................................
8. Finiscono il lavoro entro domani. ....................................................

**16 Come si chiamano queste associazioni?**

[ Legambiente – Croce Verde – Emergency ]

1. ..................... nasce a Torino nel 1907 per opera di generosi soci fondatori con lo scopo di soccorrere gli infortunati e gli ammalati. I volontari sono impegnati soprattutto nei servizi di trasporto sanitario secondario o soccorso sanitario urgente. Negli ultimi venti anni l'associazione ha operato anche con il servizio di Guardia Medica, ha organizzato il servizio di Guardia Medica Pediatrica e fornisce la struttura per la realizzazione della Guardia Medica Psichiatrica.

2. ....................., organizzazione fondata nel 1994 a Milano, si dichiara neutrale rispetto alle parti in causa di qualsiasi conflitto. È presente in Cambogia, Afghanistan, Iraq, Sierra Leone, Sudan costruendo ospedali per i feriti di guerra e per emergenze chirurgiche, centri per la riabilitazione fisica e sociale delle vittime di mine antiuomo e altri traumi di guerra, un centro per la maternità, posti di primo soccorso per il trattamento immediato dei feriti, centri sanitari per l'assistenza medica di base.

3. Nata nel 1980, ..................... è un associazione ambientalista con 1.000 circoli locali e circa 115.000 sostenitori. Organizza campagne di monitoraggio e di educazione ambientale come il referendum contro il nucleare, e attività di volontariato come "Spiagge pulite".

**17 Mettete questi verbi al passato prossimo.**

1. mi sveglio *mi sono svegliata*
2. ci laviamo ..............................
3. vi riaddormentate ..............................
4. si trasferisce ..............................
5. mi faccio vivo/a ..............................
6. s'informa ..............................
7. vi integrate ..............................
8. si alzano ..............................
9. si fa la barba ..............................
10. ti prepari ..............................
11. si separano ..............................
12. c'incontriamo ..............................
13. ti metti in proprio ..............................
14. mi abituo ..............................

**18 Vi ricordate di Elisa? A Belluno incontra per caso una sua vecchia amica. Completate il dialogo.**

| | |
|---|---|
| | ● Ma chi si vede! Elisa! Ciao! |
| *Elisa begrüßt Cinzia und freut sich. Sie fragt, wie es ihr geht.* | ○ ........................................................... |
| | ● Sto bene, grazie. E tu, sei venuta a trovare i tuoi genitori? |
| *Elisa verneint und erklärt, dass sie vor vier Monaten wieder nach Belluno gezogen ist.* | ○ ........................................................... |
| | ● Ah! Allora tuo marito lavora di nuovo qui? |
| *Elisa verneint und sagt, dass sie alleine mit ihren Kindern gekommen ist und ihr Mann am Wochenende kommt.* | ○ ........................................................... |
| | ● Ah, capisco. E tu, hai trovato lavoro? |
| *Elisa erzählt, dass sie in einer Privatschule Italienisch unterrichtet und ab und zu Übersetzungen macht.* | ○ ........................................................... |
| | ● Bene! E i ragazzi, come stanno? |
| *Elisa berichtet, dass sie sich gut integriert haben und dass vor allem für ihre Tochter der Wechsel sehr positiv gewesen ist.* | ○ ........................................................... |

| | |
|---|---|
| | ● Sono contenta per te. Senti, perché non usciamo una di queste sere, così possiamo parlare un po' ... |
| *Elisa ist einverstanden und sagt, dass sie sich telefonisch melden wird.* | ❍ .................................................................... |
| | ● Allora a presto, ciao! |
| *Auch Elisa verabschiedet sich.* | ❍ .................................................................... |

**19 Guardate le vignette e raccontate la storia di Federica e Paul con l'aiuto delle seguenti parole.**

[ acquistare – ambientarsi – gatti – incontrarsi – innamorarsi – mettersi in proprio – ritornare – avere nostalgia di – stufarsi – trasferirsi – aprire un negozio – valigie ]

**20 Sostituite il gerundio utilizzando le seguenti congiunzioni.**

[ siccome – perché – se – mentre ]

1. Lavorando tantissimo tutta la settimana la domenica mi piace dormire fino a tardi.
   ..............................................................................................
2. Prendendo l'autostrada da Milano arrivi a Como in poco più di mezz'ora.
   ..............................................................................................
3. Tornando dal lavoro ho incontrato una vecchia compagna di scuola.
   ..............................................................................................
4. Sono passata in libreria andando a fare la spesa, ma il libro non è ancora arrivato.
   ..............................................................................................
5. Cercando su Internet troverai sicuramente l'organizzazione di cui ti ho parlato.
   ..............................................................................................
6. Essendo molto stanco ho preferito tornare a casa in taxi.
   ..............................................................................................

# Dimmi un po' ...

**36 Fonologia.**

**a) Ascoltate e ripetete le seguenti parole facendo attenzione alla pronuncia della s e della z.**

1. sole – essere – tessera – sale – sicuro – assistente – corso – ascensore – scala – ascolto
2. caso – viso – rosa – svelto – uso – chiesa – sbaglio – slitta – sbucciare – vaso
3. alzare – milza – zucchero – zio – agenzia – polizia – silenzio – carrozza
4. pranzo – razzo – organizzare – zaino – zoo – zebra – ozono – zero

**b) Ascoltate adesso le frasi.**

1. Sotto il sole ascolto l'assistente del corso che sicuro di essere solo aspetta l'ascensore e non sale le scale.
2. Una sposa svelta con il viso di rosa e una blusa rosa slitta in chiesa per caso e rompe un vaso.
3. Zio Ezio in silenzio esce dall'agenzia e va in carrozza alla polizia.
4. Prima di pranzo vado allo zoo dove una zebra corre come un razzo con uno zaino.

**1 Formate delle espressioni aggiungendo il verbo adatto.**

[ comunicare, lasciare, parlare (2x), mettere, dare, passare, fare (3x), capirsi, inviare ]

| | | |
|---|---|---|
| .............. quattro chiacchiere | .............. con uno sguardo | .............. un gesto |
| .............. per iscritto | .............. un messaggio | .............. un'e-mail |
| .............. un colpo di telefono | .............. delle informazioni | .............. al corrente (di) |
| .............. una dichiarazione d'amore | .............. sottovoce | .............. a quattrocchi |

**2 Completate le frasi sottostanti scegliendo tra le espressioni dell'esercizio 1 e coniugando il verbo nella forma adeguata. Attenzione, in alcuni casi sono possibili più soluzioni.**

1. Perché non vieni a trovarmi domani, così finalmente ................................ .
2. Quando arrivo in albergo ti .............................. per avvisarti.
3. Noi non abbiamo bisogno di tante parole, ci ................................. .
4. Carla, mi ............................... degli ultimi sviluppi, quando torni dalla riunione.
5. Secondo me, per chiarire tutto con Guido, gli dovresti .................................. .
6. È meglio .................................. certe decisioni e non a voce.
7. Stefano non risponde al telefono, comunque gli ho ......................................... sulla segreteria.
8. Sì, ragioniere. Le ho già ............................ con il file allegato.

**3 Scrivete una conferma di prenotazione usando i seguenti elementi.**

*Albergo Aurora,/Abbiamo provveduto/con la presente/ad effettuare/confermiamo la prenotazione/ Cordiali saluti/dal 20 al 23 maggio/ di € 300/2 camere singole/Giulio e Alberto Bruni/ il versamento dell'acconto/ Spettabile/ sul Vs. c.c./tramite vaglia postale/ trattamento di pensione completa*

**4** **Completate questo invito con le parole sottostanti.**

Mostra – presso – invitare – terrà – lieta

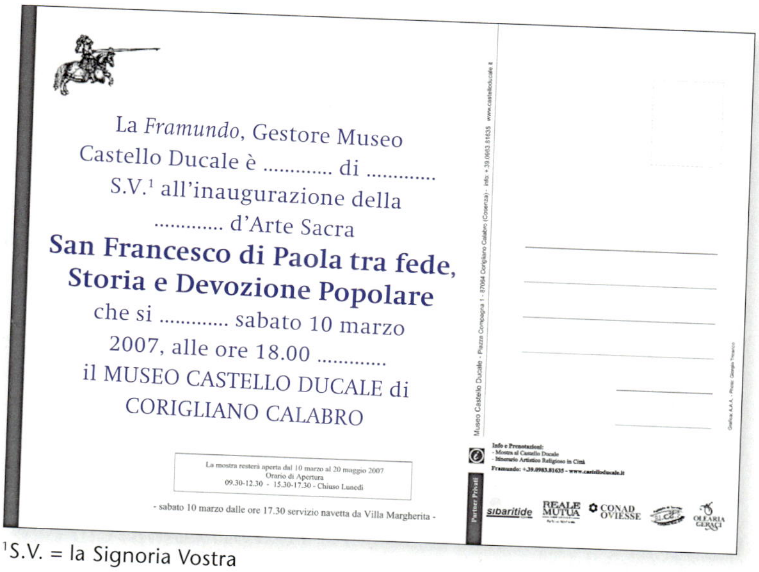

La *Framundo*, Gestore Museo Castello Ducale è ............ di ............ S.V.[1] all'inaugurazione della ............ d'Arte Sacra

**San Francesco di Paola tra fede, Storia e Devozione Popolare**

che si ............ sabato 10 marzo 2007, alle ore 18.00 ............ il MUSEO CASTELLO DUCALE di CORIGLIANO CALABRO

La mostra resterà aperta dal 10 marzo al 20 maggio 2007
Orario di Apertura
09.30-12.30 - 15.30-17.30 - Chiuso Lunedì

- sabato 10 marzo dalle ore 17.30 servizio navetta da Villa Margherita -

[1]S.V. = la Signoria Vostra

**5** **Giorgio e Luca sono due cari amici di Carlo. Completate il testo con i verbi seguenti usando, a seconda dei casi, la preposizione *di* o la particella pronominale *ne*.**

discutere (2x) – essere contento – sapere – parlare – interessarsi – sentir parlare

"Giorgio è quello a sinistra. Lui ed io ...................... spesso ...... politica. Con Marco invece, quello a destra, non ...................... mai perché lui non .............. ........ questo governo e si agita subito. Però ...................... tutto ...... cinema e .............. ........ per ore. Giorgio non ...................... cinema ma ha un'altra passione: i viaggi esotici. Quando ...................... un posto che non conosce fa subito progetti per partire!"

**6** **Ecco la lista dei buoni propositi di Angela. Completate con la preposizione *a* o *di*.**

Nei prossimi giorni ...

1. passerò ...... trovare mia cugina.
2. chiederò ...... Rita ...... uscire insieme.
3. cercherò ...... non finire ...... lavorare sempre tardi.
4. eviterò ...... andare ...... letto sempre dopo mezzanotte.
5. proverò ...... smettere ...... fumare.
6. proporrò ...... Claudio ...... andare ...... trovare sua madre.
7. aiuterò mia madre ...... imbiancare la cucina.

**7** **Cosa significano le espressioni di sinistra? Scegliete la frase adatta tra quelle proposte a destra.**

| | | |
|---|---|---|
| 1. Tu come sei messa? | ☐ Sei di buon umore? | ☐ Sei libera o hai da fare? |
| 2. Ti va di venire? | ☐ Vieni tu da noi o veniamo noi da te? | ☐ Hai voglia di venire? |
| 3. Sei già impegnata? | ☐ Sei già occupata? | ☐ Sei già stressata? |
| 4. Ma certo, figurati! | ☐ Non è assolutamente un problema. | ☐ Ma certo, che figura! |
| 5. Cerchiamo di non fare troppo tardi. | ☐ Cerchiamo di tornare a casa piuttosto presto. | ☐ Cerchiamo di arrivare puntualmente. |

**8** **Ricostruite il dialogo mettendo i numeri delle battute a destra nelle caselle appropriate.**

- ● Pronto?
- ❍ [ ]
- ● Ciao Stefania! Come va? Tutto bene?
- ❍ [ ]
- ● Guarda, ci verrei volentieri, però venerdì sera ho già un impegno, ho promesso a Valeria di accompagnarla all'aeroporto.
- ❍ [ ]
- ● Sì, va bene! Cosa facciamo, vogliamo incontrarci prima per l'aperitivo?
- ❍ [ ]
- ● D'accordo.
- ❍ [ ]

1. Beh, allora facciamo sabato, non c'è problema. Magari cerchiamo di non fare tardi, perché domenica vorrei andare al lago.
2. Allora scrivo un sms a Bea e Pino e gli dico che va bene sabato.
3. Abbastanza bene, grazie. Ti telefono perché venerdì o sabato Bea, Pino ed io vorremmo andare al cinema, a vedere Il Rabdomante. Ti va di venire o sei già impegnato?
4. Direi di sì. Facciamo alle sette e mezza, al bar di fronte al cinema Odeon?
5. Ciao, Carlo. Sono Stefania.

**9** **Che cosa potreste proporre ai vostri compagni di classe? Formate delle frasi con gli elementi dati. Attenzione, a volte potete usare sia il presente che il condizionale.**

**Esempi:** *voi/andare/fare una foto del gruppo? → Vi va/Vi andrebbe di fare una foto del gruppo?*

1. (io) proporre/(noi) incontrarsi prima del corso/prendere un caffè insieme.
   …
2. (tu) che dire/andare/cinema/vedere un film italiano?
   …
3. (noi) cercare/restare/contatto/quando/(tu) trasferirsi in Italia!
   …
4. (io) dire/andare/mangiare una pizza dopo il corso.
   …
5. (noi) potere/scambiarsi/tutti/numeri di telefono.
   …

**10** **Completate il dialogo con i pronomi mancanti.**

- ● Pronto, sono Amanda.
- ❍ Ehi, ciao Amanda! È da tanto che non ....... sentiamo! Come stai?
- ● Bene, grazie. ....... telefono proprio per proporti di uscire con un paio di amici. Che ....... dici di andare a mangiare al ristorante giapponese di via Respighi? Il sushi ....... piace, no?
- ❍ Certo, questa sì che è un'ottima idea! Quando vuoi andar.......?
- ● Venerdì sera alle otto. Vengono anche Mario, Gianna e ovviamente Piero, che però ....... raggiungerà un po' più tardi.
- ❍ Va benissimo. Senti, tu ....... vai in tram o in macchina?
- ● In tram, la mia macchina è dal meccanico.
- ❍ Allora se vuoi ....... vengo a prendere io a casa. Alle otto ....... andrebbe bene?
- ● Grazie, che gentile! Va benissimo. Poi al ritorno ....... accompagnerà Piero. Tanto lui abita qui vicino.
- ❍ A proposito di Piero, se ....... senti ancora prima di venerdì, ....... puoi dire di portar....... il DVD che ....... ho prestato?
- ● Sì, guarda, penso di chiamar....... proprio stasera.
- ❍ Oddio!
- ● Che c'è?
- ❍ Mi è venuto in mente che venerdì arriva mia cugina da Ascoli!
- ● Beh, non puoi dir....... di venire con noi?
- ❍ Non sarà un problema per gli altri?
- ● Ma figurati! Anzi, farà piacere a tutti conoscer....... .
- ❍ Va bene. Allora ....... telefono subito e ....... chiedo cosa ....... pensa.

**11** **Completate le colonne con l'oggetto, la persona o il luogo corrispondenti ai pronomi.**

| | chi/che cosa? | a chi? | dove? |
|---|---|---|---|
| **Esempio:** Gli piace il gelato al cioccolato. | | ai ragazzi/alle ragazze | ................ |
| **1.** La usiamo molto per fare le gite. | la bicicletta | .............................. | ................ |
| **2.** Lo regalo al mio amico. | .................. | .............................. | ................ |
| **3.** Gli ho scritto un'e-mail. | .................. | .............................. | ................ |
| **4.** Le vedo domani. | .................. | .............................. | ................ |
| **5.** Le telefono stasera. | .................. | .............................. | ................ |
| **6.** Ci va da solo in macchina. | .................. | .............................. | ................ |
| **7.** Li devo lavare. | .................. | .............................. | ................ |
| **8.** L'accompagno a casa. | .................. | .............................. | ................ |
| **9.** A Luisa ne vorrei regalare uno di Paolo Conte. | .................. | .............................. | ................ |
| **10.** Ci torniamo sicuramente l'anno prossimo. | .................. | .............................. | ................ |

**12** **Rileggete l'articolo a pagina 24. Cosa significano i termini della colonna a sinistra? Abbinate le spiegazioni.**

| | |
|---|---|
| **1.** spaccare a metà | **a** andare oltre un certo limite |
| **2.** un confine invisibile | **b** occupare sempre più spazio |
| **3.** l'analfabetismo tecnologico | **c** dividere in due parti |
| **4.** padroneggiare una cosa | **d** il primo motivo |
| **5.** superare la soglia | **e** il metodo più usato |
| **6.** la ragione principale | **f** essere capaci di usare bene una cosa |
| **7.** farsi largo | **g** la mancanza di abilità nell'usare il computer |
| **8.** il reddito tende a non crescere | **h** cercare di spendere di meno |
| **9.** razionalizzare la spesa | **i** una linea che divide e non si vede |
| **10.** la strada maestra | **l** le entrate economiche non aumentano |

**13 Italiani: non solo al telefono, ma anche al computer! Sostituite il pronome relativo come nell'esempio.**

Nell'Italia del mondo digitale c'è una linea *la quale* (che) spacca il Paese a metà.

1. L'uso del computer e del telefono è l'argomento ........................ (del quale) parla l'articolo.
2. È aumentato il numero delle famiglie ........................ (nelle quali) si utilizza Internet.
3. La posta elettronica è una delle ragioni ........................ (per cui) si fa uso di Internet.
4. Gli utenti, ........................ (i quali) non sono più soltanto destinatari di Internet, producono sempre più spesso anche contenuti.
5. Le famiglie ........................ (in cui) c'è più di un utilizzatore di telefonino sono il 90%.
6. L'abbandono del telefono fisso è il modo ........................ (con cui) molti italiani scelgono di risparmiare.

**14 Che rapporto hanno gli italiani con i mezzi di comunicazione?**
**Formate delle frasi e fate attenzione all'uso dell'articolo.**

1. più/90 %/italiani/guardare regolarmente/tv
   ..............................................................................................................
2. in circa/70 %/famiglie/esserci/più di un utilizzatore/cellulare
   ..............................................................................................................
3. meno/50 %/persone/leggere/settimanali
   ..............................................................................................................
4. famiglia italiana/spendere/media/quasi 1000 euro/servizi di telefonia
   ..............................................................................................................
5. circa/decimo/popolazione/andare a/concerti di musica classica
   ..............................................................................................................
6. quasi/quinto/andare/concerti di altro genere
   ..............................................................................................................
7. più/metà/persone/non leggere/libri
   ..............................................................................................................
8. circa/40%/leggere/quotidiani
   ..............................................................................................................

**15 Leggete queste testimonianze. Dove bisogna mettere l'articolo? Dove non è necessario?**

1. "Nel tempo libero mi piace leggere, soprattutto ...... gialli. Non leggo ...... giornale, ma guardo ...... notizie su ...... Internet. Come ...... genere musicale preferisco ...... musica classica. Non ascolto quasi mai ...... radio, solo quando sono in ...... macchina."

2. "...... sera, dopo ...... lavoro, in genere siamo stanchi e non abbiamo più ...... voglia di fare niente, quindi guardiamo ...... tv, prima ...... telegiornale e poi quello che capita."

3. "...... mattina appena mi sveglio accendo ...... computer, un po' per ...... abitudine, ma anche per vedere se ...... miei amici sono online, per scambiarci un breve messaggio. Quando esco di ...... casa mi porto ...... i-pod. ...... mio genere musicale preferito è ...... musica tecno. ...... mia madre dice che così mi rovino ...... orecchie, ma non riesco a stare senza."

**16** **Tommaso lascia un messaggio sulla segreteria telefonica per Kati. Riferite alla vostra compagna d'appartamento il messaggio modificando le parti in grassetto[1].**

Risponde la segreteria telefonica del numero 83484968. Purtroppo in questo momento siamo assenti. Se volete, potete lasciare un messaggio dopo il segnale acustico.

"Ciao Kati, sono Tommaso. Questa sera non **posso** venire con te al cinema, perché **mia** madre ha deciso di tornare prima dal mare e così **devo** andare a prenderla alla stazione. Insomma, **mi** dispiace, ma stasera non è proprio possibile. Però, se vuoi, **ci possiamo** vedere domani a casa **mia**. **Io tornerò** dalla palestra verso le sette e mezza. **Possiamo** mangiare qualcosa insieme e poi fare un salto al "Divina". **Aspetto** tue notizie. Ciao e bacioni."

Kati, c'è un messaggio di Tommaso, dice che questa sera non ................. venire con te al cinema, perché ................. madre ha deciso di tornare prima dal mare e così ................. andare a prenderla alla stazione. Insomma, ................. dispiace ma stasera non è proprio possibile. Però, se vuoi, ................. ................. vedere domani a casa ................. . Dice che ................. dalla palestra verso le sette e mezza e che ................. mangiare qualcosa insieme e poi fare un salto al "Divina". ................. tue notizie e ti saluta.

**Vocabolario:** [1]in grassetto *fettgedruckt*

**17** **a) Leggete l'intervista alla signora Carrisi.**

- ● Signora Carrisi, è stato facile imparare ad usare il computer?
- ○ Beh, all'inizio avevo quasi timore di quell'apparecchio, ma dovevo usarlo per il lavoro ...
- ● E come ha imparato?
- ○ La mia ditta ci ha offerto un corso di formazione e dopo le prime due o tre volte ho incominciato addirittura a divertirmi.
- ● Che cosa la divertiva particolarmente?
- ○ Mi divertiva particolarmente provare e riprovare ad usare il mouse.
- ● E qual è il suo rapporto con il computer adesso?
- ○ Oggi il computer è diventato la mia passione. Non solo ci lavoro in ufficio, ma ne ho anche uno portatile a casa, che uso esclusivamente per motivi privati.
- ● Potrebbe rinunciare al computer?
- ○ No, assolutamente no. Oggi non riuscirei a immaginare la mia vita senza il computer.

**b) Completate il resoconto della testimonianza della signora Paola Carrisi.**

Alla domanda se è stato facile imparare ad usare il computer, Paola Carrisi risponde che all'inizio .............. quasi timore di quell'apparecchio, ma .............. usarlo per il lavoro. Aggiunge che la .............. ditta .............. .............. .............. un corso di formazione e che dopo le prime due o tre volte .............. .............. addirittura a .............. . Racconta che ........... ................. particolarmente provare e riprovare ad usare il mouse. La signora Carrisi dice che oggi il computer ......... .............. la .............. passione e che non solo ci .............. in ufficio, ma ne ............... anche uno portatile a casa, che .............. esclusivamente per motivi privati. La signora Carrisi conclude dicendo che oggi non ................. a immaginare la ................. vita senza il computer.

**18** **Anche Raffaele, un ragazzo di 17 anni, è stato intervistato sull'uso del computer. Leggete la sua testimonianza e trasformatela al discorso indiretto, introducendo le frasi anche con i seguenti verbi.**

[ continuare – aggiungere – concludere – dire – raccontare ]

"Per me vivere senza Internet e senza cellulare è impensabile. La prima cosa che faccio la mattina, quando mi alzo, prima di andare al liceo, è leggere i messaggi dei miei amici. E poi con Internet posso ascoltare tutta la musica che voglio e guardare i film. Quando i miei genitori avevano la mia età non c'era ancora il pc e non esisteva Internet. E nemmeno il cellulare! Quando volevano incontrare gli amici, dovevano mettersi d'accordo all'uscita da scuola, oppure dovevano telefonargli da casa. Non avevano la libertà che ho io. Però è anche vero, che i miei nonni non potevano rintracciarli dappertutto. Io per non essere disturbato devo spegnere il cellulare, ma poi rischio di non ricevere le chiamate dei miei amici. Beh, forse anche i miei genitori, senza cellulare, avevano qualche vantaggio."

..........................................................................................................................................................
..........................................................................................................................................................
..........................................................................................................................................................
..........................................................................................................................................................
..........................................................................................................................................................
..........................................................................................................................................................
..........................................................................................................................................................
..........................................................................................................................................................
..........................................................................................................................................................
..........................................................................................................................................................

**19** **Sottolineate la parola giusta.**

1. *Se/Quando* la TV aveva pochi canali, la qualità dei programmi a volte era migliore.
2. *Se/Quando* riesci a venire prima, dammi uno squillo.
3. Non sappiamo ancora esattamente *se/quando* partiremo, ma sarà domenica o lunedì.
4. *Se/Quando* stasera piove, non vado a fare jogging.
5. Non posso dire con certezza *se/quando* torno, ma cercherò di non fare troppo tardi.
6. *Se/Quando* mi ripari il computer ti invito a cena.
7. *Se/quando* ci dici quando arrivi, ti veniamo a prendere alla stazione.
8. *Se/Quando* fra due ore la connessione a Internet ancora non funziona, chiamo il servizio assistenza.

**20** **Qual è la combinazione giusta? Sottolineate.**

| | | | | | |
|---|---|---|---|---|---|
| **facilitare** | di vita | la vita | **vivere** | buono | bene |
| **fare** | tardi | sul tardi | **guardarsi** | in faccia | nella faccia |
| **essere** | per giro | in giro | **parlare** | aperto | apertamente |
| **rintracciare** | sul cellulare | dal cellulare | **perdere** | tempo | tempi |
| **abitare** | lontanamente | lontano | **lasciare** | in pace | nella pace |

**21** **Completate le frasi con le espressioni elencate.**

[ scrivendoci – concentrandoti – facendogli – regalandole – tenendosi – parlandoci ]

1. I miei nonni si vogliono ancora molto bene. Vanno sempre a passeggio ............................ la mano.
2. ............................ un po' vedrai che potrai risolvere questo problema.
3. Lisa non è arrabbiata con Nino. Anzi, gli è andata incontro ............................ un bel sorriso.
4. Preferirei discutere la questione solo con te di persona, insomma ............................ a quattrocchi.
5. Le abbiamo fatto una grande sorpresa, ............................ un nuovo computer portatile.
6. Abbiamo mantenuto il contatto ............................ un'e-mail una volta al mese.

**22** **Scrivete il dialogo.**

| | |
|---|---|
| *Fabio sagt seinem Kollegen Sandro, dass er jetzt geht, da er noch einen Termin beim Zahnarzt hat.* | ● ............................................ |
| *Sandro erwidert, dass er davon gar nichts wusste und er fragt, ob Fabio später wiederkommt.* | ❍ ............................................ |
| *Fabio weiß nicht, ob er das schafft.* | ● ............................................ |
| *Sandro fragt, warum Fabio ihm nichts davon gesagt hat, dass er früher gehen muss, und ob Fabio vergessen hat, dass um drei Uhr noch eine Besprechung ist.* | ❍ ............................................ |
| *Fabio tut es leid, er hat es wirklich vergessen. Er bittet Sandro, ihn morgen über alles zu informieren.* | ● ............................................ |

**23** ***Avere*** **o** ***essere?*** **Completate il testo con i verbi al passato prossimo scegliendo l'ausiliare adatto.**

Cara Caterina,
ieri non .......... potut.... venire. Mi devi scusare, ma è stata proprio una giornataccia[1] dall'inizio alla fine. È cominiciata male già la mattina, quando mi .......... dovut.... alzare prestissimo perché Melissa doveva partire per una gita scolastica, così .......... dovut.... portarla al pullman[2] in macchina. Pensando di passare da te dopo il lavoro non .......... volut.... andare in ufficio in macchina e così sono tornata a casa, l'ho lasciata in garage e sono andata a prendere la metropolitana. Ma quando ci si mette la sfortuna[3]: alla stazione della metropolitana c'era tantissima gente, perché da mezz'ora non passavano treni per un guasto[4] alla linea.
Così .......... dovut.... tornare a casa a riprendere la macchina! Ti puoi immaginare che traffico c'era a quell'ora! Ovviamente sono arrivata in ritardo in ufficio e mi .......... dovut.... sentire anche le lamentele del mio capo a cui dovevo urgentemente consegnare una documentazione. La giornata è continuata male perché all'improvviso il computer si è bloccato. Così .......... dovut.... restare in ufficio fino alle 8 per finire un lavoro urgente.
E alla fine mi sono addirittura dimenticata di avvisarti che non potevo più venire! Scusami ancora! ☹
Bianca

**Vocabolario:** [1]giornataccia *schlechter Tag* [2]pullman *Reisebus* [3]sfortuna *Pech* [4]guasto *Panne*

**24** **Sottolineate il pronome doppio adeguato.**

1. Quando ridai i cd a Giuliano? – *Glieli/Me li* riporto la settimana prossima.
2. Ci fai vedere le foto del Cile? – Adesso non ho tempo, ma *te li/ve le* posso spedire più tardi.
3. Sai che ho incontrato Verena? – Si, *me lo/glielo ha* detto lei l'altra sera.
4. Hai detto a Gaia di non tornare troppo tardi? – Si, non ti preoccupare, *gliene/gliel'* ho già detto.
5. Se vai al parco, posso venire con te? Certo! – *Te lo/Glielo* faccio sapere.
6. La Signora Assi è malata, non può finire la relazione. – *Se ne/Gliene* può occupare Lei?
7. Oddio! Mi sono dimenticata di portarvi i cd-rom! – Non importa, *ce ne/ce li* porti la prossima volta.
8. Senti, devo andare. Puoi finire tu di inserire questi dati? – Sì, vai pure. *Me ne/Me lo* occupo io.

**25** **Completate con i pronomi doppi.**

1. Ultimamente ho letto un libro molto avvincente, se vuoi ............ presto.
2. Non ho fatto in tempo a scrivere l'invito a Guido. ............ scrivi tu, per favore?
3. Ragazzi, la signora Terzi ha dimenticato qui gli occhiali da sole. Se ritorna ............ date voi?
4. Come mai Aldo sapeva già che cambio lavoro, ............ hai parlato tu?
5. In vacanza abbiamo fatto delle foto bellissime. Se volete domani ............ facciamo vedere.
6. Mia cugina è una ragazza molto carina, quando vieni da me la prossima volta ............ presento.
7. Mamma, ho raccontato a Fausto che il nostro televisore è rotto e mi ha detto che ............ può aggiustare lui.

## Sei in partenza?

**37 Fonologia.**
**Ascoltate e leggete le seguenti frasi che hanno lo stesso contenuto, ma cambiano significato a seconda della parola su cui cade l'accento. Sottolineatela e poi abbinate ogni frase al suo significato.**

1. a) Andiamo a mangiare il pesce alla Piazzetta? (allora andiamo, sì o no?)
   b) Andiamo a mangiare il pesce alla Piazzetta? (e non la pizza)
   c) Andiamo a mangiare il pesce alla Piazzetta? (e non al Peschereccio)

2. a) Stasera vado al cinema con Andrea. (e non a teatro)
   b) Stasera vado al cinema con Andrea. (e non con Angelina)
   c) Stasera vado al cinema con Andrea. (e non domani)

3. a) La settimana scorsa ho scritto un'e-mail a Laura. (e non una lettera)
   b) La settimana scorsa ho scritto un'e-mail a Laura. (e non a Cinzia)
   c) La settimana scorsa ho scritto un'e-mail a Laura. (e non solo ieri)

**1 Formulate delle domande.**

Sie fragen ...

1. ... Ihre Kollegin Anna, ob sie eine Bildungsreise oder einen Urlaub zum Ausspannen gemacht hat.
   ..............................................................................................................................
2. ... Ihren Freund Marco, ob seine Reise nach Paris eine Geschäftsreise gewesen ist.
   ..............................................................................................................................
3. ... Ihre Cousine, ob sie bereits am geplanten Studentenaustausch teilgenommen hat.
   ..............................................................................................................................
4. ... Ihren Nachbarn im Zug, ob er als Pendler unterwegs ist.
   ..............................................................................................................................
5. ... Ihren Neffen, wo er auf dem Schulausflug gewesen ist.
   ..............................................................................................................................

**2 Una vita in treno. Rileggete l'articolo a pagina 34 e sottolineate la parola giusta.**

1. Al terminal del Malpensa Express i pendolari hanno *presentato/analizzato* la loro analisi della situazione e le loro proposte.
2. Su diverse *corse/linee* c'erano ritardi di oltre dieci minuti.
3. Alessandro racconta che era *arrivato/venuto* al lavoro con un ritardo di 65 minuti.
4. Due giorni prima i minuti di *ritardo/anticipo* erano stati 50.
5. Tre giorni prima invece il treno era stato puntuale, ma le carrozze non erano riscaldate e *dimenticava/mancava* anche la luce.

**3** **Leggete il post di una pendolare e completate con le seguenti espressioni.**

gli orari – viaggiatori – tornare a casa – in partenza – arriva da – posto libero – in arrivo – nella carrozza – la stazione – di ritardo – binario – del pendolare – ritorno

Siccome stasera ho fatto tardi al lavoro, devo .................................. con il treno delle 20.40 che .................................. Brescia alle 20.30. Sono le 20.15, ho ancora un po' di tempo prima di prendere posto .................................., quindi faccio un giretto dentro .................................. . Dopo qualche minuto, uno dei display con ............................ si accende e mostra l'elenco dei treni .......................... . Sorpresa! Il treno delle 20.40 arriverà con 15 minuti ............................! Allora vado a prendermi un trancio di pizza al take away sul piazzale e dopo ............................ in stazione, che nel frattempo si è riempita di gente. Mi siedo e incomincio a mangiare. Sono le 20.39. All'improvviso un annuncio: "Si avvisano i signori ............................ che il treno delle ore 20.40 è ............................ dal primo ............................". Ma come è possibile? Mi metto a correre con la pizza ancora in mano e riesco a salire all'ultimo momento sul treno. Finalmente si ritorna a casa, ma in piedi, perché non c'è più un solo ............................ . Com'è dura la vita ............................!

**4** **Annunci in stazione. Collegate le frasi.**

| | |
|---|---|
| 1. Il treno regionale per Alessandria | **a** augura buon viaggio! |
| 2. L'intercity 4123 proveniente da Venezia ha | **b** al binario 10 anziché al binario 7. |
| 3. Ricordiamo ai signori viaggiatori di | **c** subirà un ritardo causa guasto[1] al locomotore. |
| 4. L'Eurostar delle 12.45 arriverà | **d** verranno soppressi[2] tutti i treni regionali. |
| 5. Causa sciopero del personale viaggiante | **e** un ritardo di 25 minuti. |
| 6. Trenitalia vi ringrazia e vi | **f** obliterare[3] il biglietto. |

**Vocabolario:** [1]causa guasto *wegen eines Defekts* [2]verranno soppressi *hier: werden nicht verkehren* [3]obliterare *entwerten*

**5** **Viaggiare in treno: istruzioni per l'uso. Completate le frasi con i verbi al passivo, usando l'ausiliare *andare*. Fate attenzione al tempo verbale.**

rispettare – difendere – prenotare – comunicare – completare

1. La natura ............................, i pendolari lo fanno usando i mezzi pubblici.
2. I ritardi ferroviari ............................, altrimenti i viaggiatori non possono regolarsi.
3. I lavori alla stazione ............................ entro novembre, tra due settimane è Natale e la stazione è nel caos più totale.
4. I limiti di velocità ............................ anche dai treni, solo così sarà garantita la sicurezza dei viaggiatori.
5. I biglietti a "prezzo smart" ............................ con anticipo, per partire domani ci sono solo quelli regolari.

**6** **Ieri, oggi o domani? Scrivete le espressioni di tempo nella sequenza giusta e scegliete poi, nelle frasi che seguono, l'espressione appropriata.**

domani – oggi – l'anno scorso – l'anno prima – la settimana prossima – l'anno prossimo – tre mesi fa – la settimana seguente – ieri – il mese passato – il mese prima – quattro giorni fa – l'altro ieri – dopodomani – fra tre giorni – due settimane fa – adesso

L'anno prima, ..........................................................................................................................
..........................................................................................................................................
..........................................................................................................................................

1. L'ingegner Sollazzo *ieri/il giorno prima* non è venuto in ufficio perché *ieri/il giorno prima* era tornato molto tardi da un viaggio d'affari.
2. Dato che *l'anno scorso/l'anno prima* non aveva superato un esame importante mio fratello *l'anno scorso/l'anno prima* ha studiato moltissimo.
3. *Da tre mesi/Fra tre mesi* mio figlio va a scuola, *i mesi prima/i mesi seguenti* non vedeva l'ora di cominciare ma *adesso/il mese passato* si lamenta di non avere tempo per giocare con gli amici.
4. *Due settimane fa/ieri* ho scritto un'e-mail a mia cugina, ma mi ha risposto solo *domani/l'altro ieri* perché aveva tanto da fare

**7** **Passato prossimo, imperfetto o trapassato prossimo? Completate le frasi con i verbi della colonna di destra.**

| | |
|---|---|
| 1. Domenica Roberto ed io .......................... andare a trovare Gianna ma .......................... per le vacanze il giorno prima. | volere/partire |
| 2. Oggi non .......................... a completare la relazione perché .......................... gli appunti a casa. | io – riuscire/dimenticare |
| 3. Giovedì scorso mia cugina non .......................... con noi perché qualche giorno prima .......................... e non .......................... ancora bene. | partire/ammalarsi/stare |
| 4. Oggi Fabio per andare al lavoro .......................... la bicicletta, perché la settimana scorsa .......................... bloccato nel traffico tutte le mattine. | prendere/rimanere |
| 5. I miei nonni .......................... un po' stanchi perché .......................... una lunga passeggiata. | arrivare/fare |
| 6. Giulio ieri .......................... prima dal lavoro perché nel pomeriggio gli .......................... un forte mal di testa. | andare via/venire |

**8** **Completate le frasi con la forma adatta del verbo *farcela*.**

1. Se Alma ............................. a tornare con il treno delle 17, stasera andiamo al cinema insieme.
2. Mi potresti aiutare a portare queste scatole? Io da solo non ................................ .
3. Su, ragazzi! Se vi impegnate un po' di più ................................ sicuramente a superare l'esame.
4. Dobbiamo correre altrimenti non ................................... a prendere il treno.
5. Guido, ................................... a portare quelle valigie da solo o devo darti una mano?
6. Elsa e Rino hanno detto che se ................................... vengono con noi al lago.

**9** **Guardate gli orari dei treni e completate le frasi.**

| Partenza | Arrivo | Durata | N° Treno | Categoria Treno | Info | Acquista |
|---|---|---|---|---|---|---|
| 06:23 BRESCIA | 07:33 MI LAMB | 01:10 | 2696 | R | Dettagli | |
| 06:52 BRESCIA | 07:46 MI LAMB | 00:54 | 2710 | R | Dettagli | |
| 07:03 BRESCIA | 08:15 MI LAMB | 01:12 | 10726 | R | Dettagli | |
| 07:28 BRESCIA | 08:21 MI LAMB | 00:53 | 2088 | R | Dettagli | |

| | |
|---|---|
| 1. In genere con il treno ..................... circa un'ora da Brescia a Milano. | volerci |
| 2. Il treno che parte alle 7.28 ...................... solo 53 minuti. | metterci |
| 3. Con il treno delle 6.23 ...................... 70 minuti. | volerci |
| 4. Stamattina il treno è partito da Brescia alle sette, ma un po' prima di Milano si è fermato per 20 minuti: oggi ................. di nuovo molta pazienza. | volerci |
| 5. Ieri Luisa ha perso il suo treno e ha preso quello delle 7.03 ma ................ quasi 20 minuti in più. | metterci |
| 6. Con il treno delle 7.28 parti 25 minuti dopo ma ...................... meno tempo che con quello delle 7.03 ed arrivi solo poco più tardi. | metterci |

**10 Come direste in italiano?**

1. Sie fragen, ob Sie eintreten dürfen. ..........................................................
2. Sie bitten den Anderen Platz zu nehmen. ..........................................................
3. Sie fordern Ihren Gesprächspartner auf zu sprechen. ..........................................................
4. Sie bitten, eine Sache zu bedenken. ..........................................................
5. Sie sagen, dass es vielleicht besser sei, nichts zu riskieren. ..........................................................
6. Sie pflichten Ihrem Gesprächspartner bei. ..........................................................
7. Sie sagen, dass etwas sehr gut passt. ..........................................................
8. Sie unterstreichen die Dringlichkeit Ihrer Bitte. ..........................................................
9. Sie fragen überrascht nach dem Grund für die Neuerung. ..........................................................
10. Sie sagen Ihrem Gesprächspartner, dass er sich nicht zu sorgen braucht. ..........................................................

**11 Completate il dialogo con i verbi mancanti nel tempo e nel modo adeguati.**

[ capire – considerare – dispiacere – metterci (3x) – preoccuparsi – raccomandarsi – tener presente – volerci – volere ]

- ● Ingegner Zamboni, Le .................... dire che Le ho prenotato un posto sull'Eurostar delle sette.
- ❍ In treno? Non ...................., perché non ha prenotato come sempre un volo?
- ● Lo so, mi ...................., ma purtroppo è stato annunciato uno sciopero dei controllori di volo a Linate, forse è meglio non rischiare.
- ❍ E quanto .................... l'Eurostar?
- ● Dunque, .................... 4 ore e mezza, arriva a Roma Termini alle 11.30.
- ❍ Mi sembra un po' tardi. .................... che la riunione dei delegati è alle 12.00? Da Termini con il traffico che c'è, .................... almeno tre quarti d'ora per arrivare. E se poi il treno arriva in ritardo? Non ce n'è uno prima?
- ● Beh, sì. Ci sarebbe il t-Biz che .................... 4 ore, però parte dalla Centrale già alle 6.30. Non è troppo presto per Lei?
- ❍ No, va benissimo. Prenoti pure un posto su quello. Se ne occupi subito, ...................., e .................... che la riunione durerà fino alle cinque.
- ● Sì, certo. Non .................... .

**12 Completate le frasi secondo il senso con la forma corretta del verbo.**

[ comprare – ~~preferire~~ – vedere – venire – regalare – trasferirsi – fare – dovere ]

Esempio: Anna per la laurea ha ricevuto dai genitori un viaggio in regalo. Lei però *avrebbe preferito* una macchina tutta per sé.

1. I miei ex vicini con i soldi dell'eredità hanno comprato un appartamento in centro, io al posto loro ...................................... una villetta in campagna.

2. Ieri sera eravamo troppo stanchi per uscire, altrimenti ...................................... a trovarti.
3. Non dovete lamentarvi se non ci sono più posti in aereo, ...................................... prenotare prima.
4. Mia cugina ...................................... in un'altra città, ma non è riuscita a trovare un nuovo lavoro.
5. Sì, forse io ho sbagliato, ma tu cosa ...................................... al mio posto?
6. Federica non sapeva del compleanno della sua nuova collega, altrimenti le ...................................... sicuramente qualcosa.
7. Io ...................................... volentieri quel film di cui mi hai parlato, ma non lo danno più.

**13 Cosa avrebbero potuto fare? Completate con il verbo adeguato e con le parole che vi suggeriscono i disegni.**

Il treno proveniente da Napoli è arrivato con 50 minuti di ritardo, ma i viaggiatori non sono stati avvisati ed hanno continuato ad aspettare al binario. Come avrebbero potuto passare il tempo diversamente?

avrebbero preferito – avrebbe preso – sarebbe andata – sarebbe passato – avrebbe fatto

1. La signora Longo forse ................................. uno spuntino con ................................. .
2. Suo marito sicuramente ................................. ................................. di fronte alla stazione.
3. I loro nipoti ................................. curiosare[1] nel negozio di ................................. .
4. Il signor Ricci probabilmente ................................. in ................................. .
5. Lisa ................................. a trovare ................................. che abita accanto alla stazione.

**Vocabolario:** [1]curiosare *hier: sich umsehen, Dinge anschauen*

**14 Che stress partire per un viaggio! Completate il dialogo con il pronome diretto, il verbo *avere* e aggiungete *ce* dove lo ritenete opportuno.**

● Sandra, .................... tu i biglietti?
○ Sì, .................... presi io. Mannaggia, non ho stampato la conferma dell'albergo!
● Non ti preoccupare, .................... io. Senti, piuttosto, non riesco a trovare il mio portafogli! Ma dove .................... messo? .................... visto da qualche parte?
○ Eh sì, dovresti stare più attento, .................... io il tuo portafogli, .................... dimenticato sul tavolo. Però adesso sono io a non trovare i miei occhiali. Dove sono finiti? Un attimo fa ................................!
● Hai già guardato nella borsa? Forse .................... rimessi nella borsa.
○ Ah, sì. Eccoli! Senti, .................... tu il numero di telefono dell'agenzia di viaggi?
● No, non .................... ma secondo me non ci serve.

**15** **Futuro, condizionale presente o condizionale passato? Scegliete la forma corretta del verbo.**

L'anno scorso ............................ (desiderare) tanto fare un viaggio in Messico. Mi ............................ (piacere) visitare i siti archeologici della civiltà Maya, e .............................. (andare) sicuramente a Città del Messico dove abita mia cugina Francesca. Ma Angelo non ne ha voluto sapere di fare un viaggio così lungo. Così quest'anno ho deciso di fare questo viaggio senza di lui. Penso però che viaggiando da sola .............................. (sentirsi) un po' insicura. Perciò .............................. (volere) provare a fare un viaggio organizzato, .............................. (essere) la prima volta nella mia vita. Venerdì sera dopo l'ufficio .............................. (andare) in agenzia ad informarmi. Ho già consultato alcuni cataloghi ed ho trovato qualcosa che .............................. (potere) fare al mio caso. Quando ................... (sapere) che voglio partire da sola forse Angelo .............................. (decidere) di venire con me. Ed io ne sarei contenta perché naturalmente ............................. (preferire) andarci insieme a lui.

**16** **Dopo un incidente. Collegate le parole di sinistra con quelle di destra.**

| | | | |
|---|---|---|---|
| **1.** | patente | **a** | della polizza |
| **2.** | libretto | **b** | di targa |
| **3.** | cedolino | **c** | di guida |
| **4.** | numero | **d** | della patente |
| **5.** | numero | **e** | dell'assicurazione |
| **6.** | scadenza | **f** | di circolazione |

| | | | |
|---|---|---|---|
| **7.** | prendere | **g** | la freccia |
| **8.** | essere | **h** | i dati |
| **9.** | mettere | **i** | la precedenza |
| **10.** | fare | **l** | col semaforo rosso |
| **11.** | dare | **m** | retromarcia |
| **12.** | passare | **n** | assicurati |

**17** **Ricostruite il dialogo mettendo i numeri delle battute di destra nelle caselle appropriate.**

- ● Oddio, che cosa ho combinato[1]!
- ❍ ☐
- ● Mi scusi, ero distratto.
- ❍ ☐
- ● Mi dispiace davvero. Lei ha il modulo per la constatazione amichevole?
- ❍ ☐
- ● Neanch'io. Allora se per cortesia mi dà i suoi dati ...
- ❍ ☐
- ● Grazie. Mi può dire anche il numero della targa?
- ❍ ☐
- ● Grazie. Ecco, se vuole prendere anche Lei nota dei miei dati, questo è il cedolino e questa è la mia patente.
- ❍ ☐
- ● Speriamo!

1. BE 773 HI. E questa è la mia patente.
2. No, io purtroppo non ce l'ho. E Lei?
3. Guardi qui, mi ha rotto il paraurti e la luce posteriore.
4. Ah, è assicurato anche Lei con le Generali. Allora forse la pratica sarà più veloce.
5. Certo. Sono assicurata con le Generali. Le faccio vedere il cedolino dell'assicurazione. Il numero della mia polizza è 4331720312.
6. Ma scusi, non ha visto che avevo messo la freccia a destra?

**Vocabolario:** [1]combinare *anstellen*

**18** **In macchina. Sottolineate la forma verbale giusta.**

1. C'è un rumore strano quando freno, devo *far/lasciar* vedere la macchina da un meccanico.
2. Si vede che sei stanco, *fa/lascia* guidare me.
3. Devo *far/lasciar* riparare il faro: ho messo una nuova lampadina, ma non funziona ancora.
4. Secondo me è proprio ora di *far/lasciar* cambiare le gomme, mi sembrano abbastanza consumate.
5. Attento, *fa/lascia* passare quella macchina che ha la precedenza!
6. Dal meccanico mi hanno *fatto/lasciato* aspettare due ore. E pensare che avevo preso un appuntamento!

**19** **Completate con la desinenza dell'aggettivo.**

Gabriele quest'anno vuole andare in vacanza da sol..... . Ha 17 anni, ma secondo me è ancora immatur..... . Per viaggiare da sol..... bisogna essere anche responsabil....., Gabriele non lo è. Mia nipote Aurora invece ha solo 16 anni, però è una ragazza già molto matur..... per la sua età. L'anno scorso è andata da sol..... in Francia, a lavorare in un ristorante di Annecy e ne è tornata entusiast..... . "Sai zia – mi ha detto – senza i genitori si diventa più autonom..... . Non è stato facile stare lontan..... da casa e dai miei amici, ma ho imparato anche tant..... cose. Per essere dispost..... a fare questo tipo d'esperienza, bisogna anche essere apert....., curios..... e interessat..... a tutto quello che è nuov..... e divers...... ."

**20** **Scrivete le parole nelle colonne opportune.**

[ controllore di volo – cofano – treno – coincidenza – partenza – corsia – aeroporto – targa – carrozza – volo – aereo – terminal – volare – stazione – pilota – binario – coda – patente – volante – pendolare – autostrada – conducente – controllore ]

| | | |
|---|---|---|
|  |  | <br> |
| ................................ | ................................ | ................................ |
| ................................ | ................................ | ................................ |
| ................................ | ................................ | ................................ |
| ................................ | ................................ | ................................ |
| ................................ | ................................ | ................................ |
| ................................ | ................................ | ................................ |
| ................................ | ................................ | ................................ |

**21** **Completate con le espressioni adeguate.**

[ perdersi il meglio – programmare itinerari – spirito d'adattamento – viaggio lampo – il meno possibile – troppo di fretta – avere pregiudizi – parlare la lingua ]

Il mese scorso sono stato in Norvegia. Ho vinto un premio della ditta: cinque giorni a Bergen e Oslo. Insomma un ................................ . Mi è piaciuto, anche se non è il viaggio che farei io in genere. Infatti io sono abituato a documentarmi bene prima di partire, per non rischiare di ....................... ......... . Invece questa volta non ho dovuto nemmeno ................................ perché era tutto organizzato dalla a alla zeta e avendo solo 5 giorni, molte cose sono state visitate .......................... ................. . Non è proprio una cosa che di solito mi piace fare. In un paese straniero cerco di essere turista ................................ e di mostrare un certo ................................ . Non è stato difficile fare l'ultima cosa, visto che eravamo solo in hotel a quattro stelle. Ma non sono entrato in contatto con la gente del luogo. Secondo me è importante cercare di essere aperti e disponibili e soprattutto non ................................ nei confronti del paese e della gente. Però stavolta le uniche persone che ho conosciuto erano quelle del gruppo! Infine la lingua: quando vado in un paese straniero, mi piace poter ................................ locale, saper dire almeno qualcosa per comunicare con la gente. Beh, stavolta con il norvegese non è stato proprio possibile. Per fortuna che lì parlano tutti benissimo l'inglese.

**22** **Rileggete il testo di attività 29 a pagina 41. Cosa racconta Terzani? Mettete le frasi in ordine cronologico.**

- ☐ Deve lavare i piatti dalla mattina alla sera.
- ☐ Capisce che viaggiare è la sua passione.
- ☐ Lui e il suo amico dormono nell'ostello.
- ☐ I ragazzi vanno alla stazione per comprare un giornale svizzero.
- ☐ Partono in autostop per la Francia.
- ☐ Tutti i compagni invidiano i due amici per la loro avventura.
- ☐ Passa alla pulizia dei pavimenti dell'albergo.
- ☐ Fanno tutti i documenti necessari.
- ☐ Quando arrivano c'è un signore che gli dice dove sistemarsi.
- ☐ Tornano passando per la Germania.

**23** **Sottolineate le forme verbali che appartengono al passato remoto.**

| | | | | | |
|---|---|---|---|---|---|
| avrebbe | imparò | dicesti | ebbe | credetti | scelga |
| scoprii | fui | avremmo | traducono | dà | arrivasti |
| letto | farò | saltarono | tornammo | terresti | sappi |
| andammo | direste | sarai | verrei | partì | prese |
| lavorai | cercò | bevevi | rimasero | fece | di' |
| esce | prenda | piaccio | scappaste | vissuto | invitarono |

**24** **Rileggete il brano di pag. 43, cercate le frasi corrispondenti nel testo e scrivetele di seguito.**

1. Firenze gli era piaciuta molto.
   ..............................................................................................................
2. Ricordava i luoghi di quand'era bambino e non capiva il perché.
   ..............................................................................................................
3. Pedalando si guardava intorno e osservava con attenzione ogni cosa.
   ..............................................................................................................
4. La padrona lo aveva obbligato con modi gentili.
   ..............................................................................................................
5. Pietro e Claudia salutavano gli altri clienti e scambiavano con loro solo qualche parola.
   ..............................................................................................................
6. Lars era contento di come stava andando il suo viaggio.
   ..............................................................................................................

**25** **Guardate l'illustrazione ed inserite le parole al posto giusto.**

[ fanalino – ruote – sedile – freno – pedali – manubrio ]

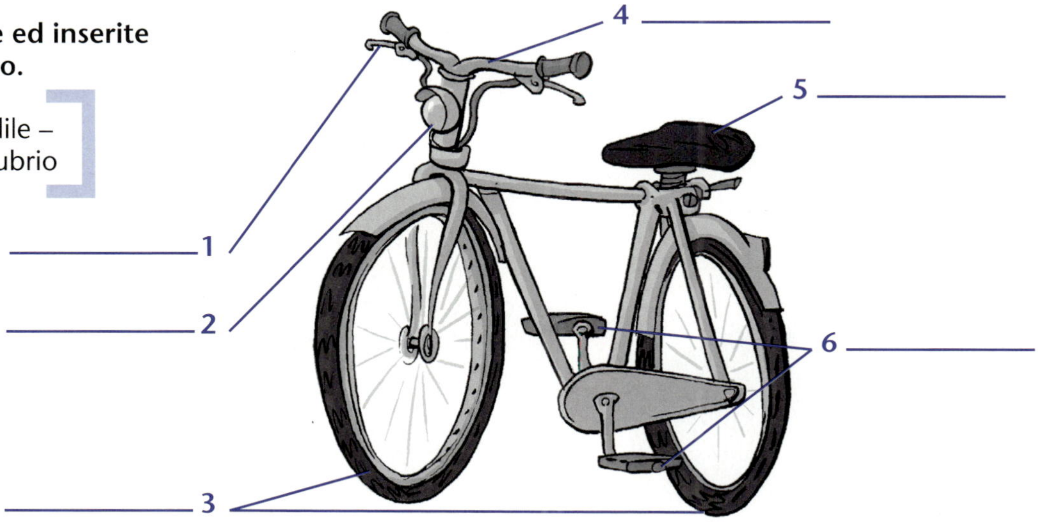

# Come ti trovi?

**38 Fonologia. Ascoltate i seguenti scioglilingua, poi leggeteli e ripeteteli ad alta voce.**

1. Nove navi nuove navigavano, una delle nove non voleva navigare.
2. Tre tigri contro tre tigri, contro un tram contro un treno.
3. Trentatré trentini entrarono a Trento tutti e trentatré trotterellando[1].
4. Sopra la panca la capra[2] campa, sotto la panca la capra crepa.
5. Settantatré struzzi[3] di stanza a Stresa stracchi[4] strimpellavano[5] strani strumenti.
6. Andavo a Lione cogliendo cotone, tornavo correndo cotone cogliendo.
7. Tre tozzi di pan secco in tre strette tasche stanno.
8. Sul tagliere l'aglio taglia, non tagliare la tovaglia, la tovaglia non è aglio, se la tagli fai uno sbaglio.

**Vocabolario:**
[1]trotterellare *trippeln* [2]capra *Ziege* [3]struzzo *Strauß* [4]stracco *matt* [5]strimpellare *klimpern*

**1 Completate la tabella con le parole mancanti.**

| sostantivo | verbo | sostantivo | verbo | sostantivo | verbo |
|---|---|---|---|---|---|
| l'abitazione | abitare | lo spostamento | | la tendenza | |
| lo sfogo | | | accedere | | transitare |
| il taglio | | la rinuncia | | la responsabilità | |
| il trasferimento | | la percezione | | l'impedimento | |
| | distare | | scegliere | l'inizio | |

**2 Leggete cosa dicono Lorenza e Sergio e completate con le seguenti espressioni.**

[ tagliato fuori – di renderla mia – avremmo impedito – questione di comodo – mi sfogo – tendo a – da sempre – mi sono reso conto – in mezzo – libera di fare ]

1. Praticamente posso dire di vivere in centro ........................, a parte una breve interruzione, quando sono andato a vivere da solo e ho cercato casa in periferia, perché gli affitti erano più bassi. Ma là mi sentivo ........................ dalla vita culturale e dopo poco ........................ che preferivo vivere in centro. Mi è sempre piaciuto uscire di casa e trovarmi subito ......... ............... alla gente e al traffico. Così dopo un anno, quando mi sono sposato, sono tornato qui. Adesso abbiamo due figli che vanno a scuola con i figli dei miei ex-compagni. Fa uno strano effetto. Per un momento io e mia moglie avevamo pensato addirittura di trasferirci in un'altra città, ma poi ......... ........................ ai nostri figli di frequentare la scuola e gli amici di sempre e siamo rimasti qui.

2. Io vivo in questa casa da pochi mesi, non ho avuto ancora il tempo ........................ del tutto. Sono andata a vivere da sola perché mi sono dovuta trasferire per lavoro. Fino a 26 anni sono rimasta a casa con i miei genitori. Del resto io ero sempre ...... .................. quello che volevo. I miei genitori sono persone molto tolleranti, tuttavia sono sempre uscita poco. Questione di carattere, anche adesso che vivo sola ........................ stare tanto a casa nei momenti liberi. Non frequento molta gente, l'unica persona con cui ........................ è mia sorella. Lei mi manca molto. È più grande di me, ma vive ancora con i miei genitori e ammette[1] di farlo per una ........................ .

**Vocabolario:**
[1]ammettere *hier: zugeben*

**3 A quali sostantivi potete abbinare i seguenti aggettivi? Cercate di trovare tutte le combinazioni possibili.**

[ comodo – lungo – indipendente – unico – libero – solo – pratico – provvisorio – tradizionale – vuoto – originale – precario ]

| | | |
|---|---|---|
| un vita *comoda* ....................<br>........................................<br>........................................<br>........................................ | un lavoro ...........................<br>........................................<br>........................................<br>........................................ | un appartamento .................<br>........................................<br>........................................<br>........................................ |
| un'idea .............................<br>........................................<br>........................................<br>........................................ | una persona .......................<br>........................................<br>........................................<br>........................................ | una scelta ...........................<br>........................................<br>........................................<br>........................................ |

**4 Cercasi – Vendesi – Affittasi. Completate gli annunci.**

[ cucina – camere – condominiali – tranquilla – affittasi – vicinanze – villetta – bagno ]

**Affittasi** QUARTIERE MONTESACRO
zona ..................... monolocale – arredato – angolo cottura – 500 € spese ..................... comprese

**VENDESI**
..................... Via Roma mq 95 ingresso, soggiorno, 2 ....................., cucina, bagno, balcone – cod: rv 132

**CERCASI**
■ periferia – appartamento o ..................... – soggiorno – ..................... – 3 camere – doppi servizi – terrazzo o giardino – garage

.....................
centro 3 vani – cucina – ............ – balcone – ripostiglio
Immobiliare – **tel. 06/3158873**

**5** **C'è posta per te! Completate la mail di Alessandra con i seguenti sostantivi nella forma adatta al singolare o al plurale.**

[ agenzia immobiliare – amico – annuncio – balcone – cartello – casa – centro – Internet – macchina – mezzo pubblico – monolocale – periferia – provvigione – stabile – via – camera – quartiere ]

Cara Alessandra,
mi hai chiesto come mi trovo a Palermo. Abbastanza bene, anche se non sono soddisfatto della mia abitazione. Infatti da qualche settimana sto cercando ancora .................... . Adesso abito in un .................... ma vorrei trovare qualcosa di più grande, magari due .................... e cucina, possibilmente anche un .................... . Vorrei andare via da questo ...................., perché non mi piace vivere in .................... . Spero di trovare qualcosa più vicino al ...................., anche perché non ho la .................... e quindi devo prendere i .................... per muovermi. Però è difficile. Ho messo degli .................... sul quotidiano locale, leggo quelli su ...................., ho chiesto aiuto ad .................... e colleghi, la sera giro per le .................... del centro per vedere se ci sono .................... affissi ai portoni degli ...................., ma finora non ho ancora trovato niente di adatto. Forse dovrei incaricare un'...................., però in questo caso dovrei pagare la .................... . Se riuscirò a trovare qualcosa, te lo farò sapere.
Baci e abbracci
Tommaso

**6** **Che confusione! Rimettete in ordine le battute del dialogo.**

- ● Abicom Buongiorno.
- ❍ ......
- ● Mi può dire il codice?
- ❍ ......
- ● L'appartamento a Foppolo?
- ❍ ......
- ● Anche per tutto l'anno, al momento è libero.
- ❍ ......
- ● Dunque, c'è l'ingresso, il soggiorno con la cucina a vista, due camere da letto e il bagno.
- ❍ ......
- ● No, c'è l'aspiratore.
- ❍ ......
- ● Sì, certo.
- ❍ ......
- ● È autonomo, signora.
- ❍ ......
- ● Sì, c'è un giardino condominiale e l'appartamento ha anche un bellissimo terrazzo.
- ❍ ......
- ● 650 € al mese.
- ❍ ......
- ● Sì, signora.
- ❍ ......
- ● No, è a carico del proprietario. Ma bisogna pagare una cauzione pari al 20% dell'affitto.
- ❍ ......
- ● Va bene, arrivederci.

1. E quant'è l'affitto al mese?
2. Oh, è molto alto. Ma sono comprese anche le spese condominiali?
3. Il bagno ha la finestra?
4. Buongiorno, mi chiamo Raboni, telefono per un annuncio sulla vostra rivista.
5. E l'appartamento è completamente ammobiliato?
6. Va bene. Senta, il riscaldamento è autonomo o centralizzato?
7. Ah, bene, bene. Ma nell'annuncio c'è scritto che c'è un giardino ...
8. Ancora una domanda: bisogna pagare una provvigione?
9. Ho capito. Allora ci rifletto ancora un po' e poi eventualmente Le telefono per andarlo a vedere.
10. Esatto. Volevo sapere per che periodo è possibile affittarlo.
11. Sì, WE 355.
12. Mi può dire esattamente com'è l'appartamento?

**7** **Completate con la forma irregolare del comparativo.**

1. buono – più buono/migliore
2. cattivo – più cattivo/....................
3. alto – più alto/....................
4. basso – più basso/....................
5. grande – più grande/....................
6. piccolo – più piccolo/....................

**8** **Un appartamento deludente, mi aspettavo di meglio! Completate le frasi con le seguenti espressioni.**

[ più grande – buone – migliore – inferiore – meno caro – più piccolo – migliore – peggiori ]

Gregorio è andato a vedere un appartamento, ma ne è rimasto molto deluso, perché ...

1. ci sono i fornelli elettrici, ma secondo lui la cucina a gas è .......................................... .
2. si aspettava un appartamento .......................................... e .......................................... .
3. pagherebbe un affitto .......................................... ai 700 € mensili, ma l'appartamento costa 850 €.
4. l'appartamento non era in .......................................... condizioni e comunque in condizioni .......................................... del suo.
5. il terrazzo era la parte .......................................... , ma la casa era un buco.
6. nella cucina tutto è .......................................... di quello che pensava.

**9** **Sottolineate la forma giusta del comparativo e del superlativo.**

1. Questo è il quartiere *migliore/superiore* della città.
2. Il monolocale che abbiamo visto ieri era *più piccolo/minore.*
3. Quest'agenzia è *più buona/migliore* di quella in centro.
4. La mansarda di Lucio è molto *maggiore/più grande* della mia.
5. Non andateci, è uno dei *peggiori/più bassi* ristoranti della città.
6. La distanza della casa dal centro era *maggiore/più alta* del previsto.
7. L'appartamento di Lia è di 135 mq, il nostro di 120 mq, quindi il suo è *maggiore/più grande.*
8. Se c'è o meno l'ascensore per noi è una cosa di importanza *minore/più piccola.*
9. Questo negozio vende dei mobili meno cari, ma di qualità *inferiore/più piccola.*
10. L'appartamento è a un piano *superiore/maggiore* in confronto a quello che abbiamo visto ieri.
11. Il mio giardino è *maggiore/più grande* del vostro.

**10** **Rispondete.**

Circa 50 sono una cinquantina. Circa ...

10 ... una decina ..................
12 ....................................
15 ....................................
30 ....................................
60 ....................................
90 ....................................
100 ....................................
1000 ....................................

**11** **Enrico si sta laureando in Scienze Politiche. Cosa farà in futuro?**
**Collegate le frasi di sinistra con quelle di destra.**

1. Quando si sarà laureato
2. Quando avrà trovato un lavoro
3. Quando avrà una casa tutta sua
4. Quando Milena si sarà trasferita da lui
5. Quando avranno finito i lavori
6. Quando saranno tornati dalla vacanza

**a** andrà a vivere da solo.
**b** partiranno per una vacanza.
**c** chiederà a Milena di andare a vivere con lui.
**d** cercherà un lavoro.
**e** faranno altri progetti per il futuro.
**f** faranno dei lavoretti alla casa.

**12** **Futuro semplice o futuro anteriore?**

1\. Nostra figlia e il suo ragazzo stanno cercando un appartamento. Quando l'........................ (trovare) probabilmente ........................ (sposarsi) e questa casa .......... (essere) più vuota. Ma non importa perché noi ........................ (trasferirsi) in campagna, non appena ........................ (finire) di ristrutturare la casa. Fra due anni mio marito ................................ (andare) in pensione e ................................ (noi/potere) finalmente viaggiare liberamente, dedicarci al giardinaggio e goderci la bella vita.

2\. ................................ (io/tornare) in ufficio solo quando ...................... .......... (guarire) completamente. Non ne posso più del tanto lavoro e dell'atmosfera sempre tesa. ........................ (io/essere) più tranquillo solo quando ................................ (firmare) il contratto con la nuova ditta. Quando ................................ (cambiare) lavoro, ................................ (dare) una grande festa e .............................. (invitare) tutti gli amici.

**13** **Da due settimane nessuno ha notizie di Angela. Gli amici cominciano a preoccuparsi. Ricostruite le loro frasi.**

**Esempio:** partire/viaggio lampo — *Sarà partita per un viaggio lampo.*

1. stufarsi/nostra compagnia ........................................................
2. andare a trovare/genitori/Svizzera ........................................................
3. cambiare/numero del cellulare ........................................................
4. andare vivere/altra città ........................................................
5. innamorarsi/ragazzo/noi/non conoscere ........................................................
6. mettersi finalmente/preparare/esami ........................................................
7. cominciare/lavorare/avere poco tempo ........................................................
8. passare voglia/andare/discoteca ogni sera ........................................................

**14** **Abbinate i sostantivi agli aggettivi corrispondenti.**

| | | | | | |
|---|---|---|---|---|---|
| **1.** | indagine | ☐ | **5.** | cittadino | ☐ |
| **2.** | assistenza | ☐ | **6.** | pista | ☐ |
| **3.** | raccolta | ☐ | **7.** | trasporto | ☐ |
| **4.** | soggiorno | ☐ | **8.** | codice | ☐ |

| | | | |
|---|---|---|---|
| **a** | ciclabile | **e** | italiano |
| **b** | differenziata | **f** | pubblico |
| **c** | telefonica | **g** | medica |
| **d** | stradale | **h** | temporaneo |

**15** **Vi ricordate di Francesco? Sottolineate il termine giusto.**

Francesco non *si sente/trova* un vero cittadino di Bologna, perché *guarda/vede* il suo soggiorno come una fase *temporanea/temporale*. Il primo anno l'università *riempiva/completava* tutta la sua giornata e la *serata/sera* usciva con gli amici, andavano nei *locali/luoghi* o nelle discoteche e in fondo viveva quasi in un *mondiale/mondo* a parte. Invece da quest'anno la situazione è *cambiata/corretta*, perché Francesco ha *finito/cominciato* a fare *volontariato/lavoro* in un doposcuola con ragazzi, per la maggior parte *immigrati/trasferiti*, delle scuole medie e superiori. Per lui sono questi i cittadini bolognesi con cui ha maggiori *comuni/contatti*. Ma sta *svolgendo/aprendo* ancora un'altra attività: *aiuta/collabora* con la Provincia per fare *studi/indagini* telefoniche e quindi deve *incontrare/intervistare* i cittadini sui *dubbi/problemi* della città, come il traffico, l'*inquinamento/avvenimento* o l'immigrazione. Questa *esperienza/esigenza* lo ha aiutato a capire che, *anche/malgrado* si abiti nella stessa città, si può vivere in tanti *modi/modalità* differenti. Dice di non avere mai *incuriosito/riflettuto* sui doveri ed i *diritti/leggi* di un cittadino, ma secondo lui un diritto di tutti è quello all'assistenza *salute/medica* mentre un dovere a cui pensa subito è la raccolta *differenziata/dettagliata*.

**16** **Indicativo e congiuntivo. Qual è la forma del congiuntivo?**

| | | | |
|---|---|---|---|
| senti .............. | date .............. | riflettete .............. | fate .............. |
| ho .............. | dice .............. | è .............. | devo .............. |
| incontriamo ........... | vedono .............. | sanno .............. | apri .............. |
| volete .............. | teniamo .............. | capisco .............. | uscite .............. |
| vanno .............. | piace .............. | sta .............. | puoi .............. |

**17** **Trasformate le frasi. Non dimenticate di usare il congiuntivo!**

**Esempio:** Forse Gianna torna più tardi stasera. → *Credo che Gianna torni più tardi stasera.*

1. Probabilmente costruiscono un nuovo centro commerciale.
   Pare che ..............................................................................................................
2. La gente dice che non sono mai sufficienti.
   Sembra che ..............................................................................................................
3. Secondo me nel quartiere mancano un cinema e una biblioteca.
   Penso che ..............................................................................................................
4. Se non sbaglio ci sono stati dei progetti, ma non hanno ancora realizzato niente.
   Credo che ..............................................................................................................
5. Per me questo è un errore.
   Penso che ..............................................................................................................
6. Dovrebbero pensare al futuro di questo quartiere.
   Trovo che ..............................................................................................................
7. Deve rimanere un luogo dove la gente vive volentieri e bene.
   Spero che ..............................................................................................................

**18** **Ancora congiuntivo! Completate.**

Angela pensa che il suo amico Francesco non ................... (sentirsi) un cittadino di Bologna perché vive in quella città soltanto da due anni. Lei e Francesco sono rimasti ottimi amici, nonostante ................... (vedersi) molto poco, da quando Francesco si è trasferito a Bologna. Lei crede che ultimamente Francesco ................... (essere) piuttosto impegnato, perché non telefona più spesso come un tempo. Pensa che adesso oltre all'università ................... (stare) facendo anche volontariato e che ................... (occuparsi) di ragazzi immigrati.

Angela trova che questa esperienza gli .................... (dare) molta soddisfazione. Poi ha sentito che Francesco collabora anche con il comune di Bologna, pare che .................... (intervistare) i cittadini sui problemi della città. Malgrado ................. (loro/essere) così distanti e .................... (avere) solo rare occasioni di vedersi, Angela è legata a Francesco. Trova che ora .................... (lui/fare) una vita migliore e più responsabile di prima, quando passava il tempo solo tra università e uscite con gli amici.

**19 Dalla parte dei cittadini: completate le loro opinioni con "di" o "che" e le forme adatte del verbo.**

1. Marco crede .......................... (essere) troppo costoso vivere a Roma.
   .......................... (guadagnare) abbastanza per potersi comprare una casa.
   ......... Mariella non .......................... (avere) più voglia di vivere a Bologna.
2. Lorenzo pensa ................................. (smettere) di studiare.
   ......... i suoi compagni .......................... (laurearsi) prima di lui.
   ......... il volontariato .......................... (essere) una esperienza che matura.
3. A Carla sembra ......... ogni cittadino .......................... (avere) diritti ma anche doveri.
   ......... poca gente .......................... (fare) la raccolta differenziata nella sua città.
   .......................... (rispettare) l'ambiente più di altri suoi amici.
4. I Vitrò credono .......................... (avere) diritto all'assistenza medica gratuita.
   ......... il loro vicino .......................... (fare doposcuola) ai bambini immigrati.
   ......... il loro nipote .......................... (passare) troppo tempo in discoteca.

**20 E voi rispettate l'ambiente? Completate il testo con le seguenti espressioni.**

energia
raccolta
contenitori
sacchetti
farmaci scaduti
plastica
ambiente
rinnovabili
imballaggi

ICQ Message History

Incoming | Outcoming | All Messages

Cosa fate per l'ambiente? Rispondete numerosi!
Fino a qualche anno fa solo pochi prestavano attenzione ai problemi dell'...................... e si preoccupavano del futuro della terra come accade oggi. E voi? Fate la ...................... differenziata, usate la macchina lo stretto indispensabile, usate energie ...................... per riscaldare la vostra abitazione? Cercate di risparmiare ...................., fate acquisti responsabili (pochi ................ usate ................ biodegradabili, non comprate prodotti usa e getta)? Buttate ...................... e pile esaurite negli appositi ....................?
O siete di quelli che stanno mezz'ora sotto la doccia, buttano cartacce e bottigliette di ...................... a terra, svuotano il portacenere dell'auto quando sono fermi al semaforo, ecc.?
Grazie per la vostra risposta!

Delete All | Close

**21 Sottolineate le forme del participio passato e trasformate le frasi come nell'esempio.**

**Esempio:** Ecco il discorso scritto dal direttore per l'apertura della fiera. → ... *che ha scritto il direttore*

1. Se vuoi ti faccio leggere un romanzo ungherese tradotto da mia sorella → ..............................
2. La piscina finanziata dal comune sarà inaugurata[1] il mese prossimo. → ..............................
3. Ti piace la casa progettata dall'architetto Nanni? → ..............................
4. La fabbrica ristrutturata nel 2004 oggi è un centro culturale. → ..............................
5. Come ti sembra il progetto presentato alla riunione dall'ingegner Belli? → ..............................
6. Nel parco allestito dal comune l'anno scorso ci sono delle belle piante → ..............................

**Vocabolario:** [1]inaugurata *eingeweiht*

**22** **Rileggete il testo dell'attività 26 a pagina 53 e cercate tutte le espressioni riguardanti l'industria e la città.**

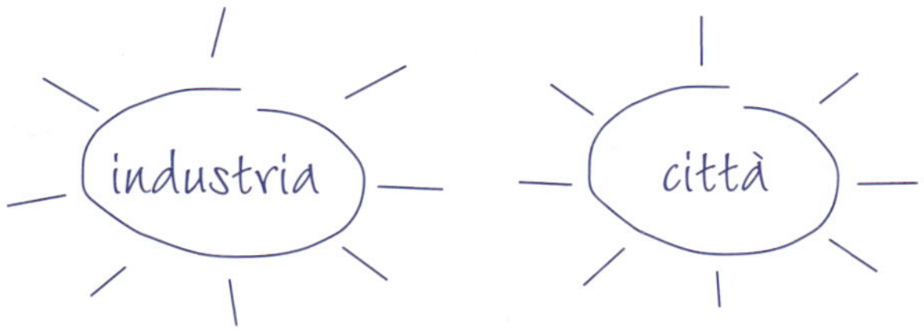


**23** **Cosa pensa il signor Fumagalli dei nuovi lavori e dei progetti del comune? Completate.**

[ sia stata – abbiano – sia stato approvato – si diano – abbia deciso – costruiscano ]

Pare che il comune ultimamente ................................ di far fare alcuni lavori davvero urgenti. Sembra che ................................ intenzione di mettere qualche albero lungo via Roma: ho visto che hanno cominciato a portare le piante. Sono contento che il progetto di costruire delle case sull'area della fabbrica abbandonata ................................ . Ma non mi sembra necessario che ................................ un nuovo centro sociale: perché quello esistente non va più bene? Temo che ................................ una decisione sbagliata. Ma la cosa più importante è che finalmente ................................ da fare per rendere questa città più vivibile!

**Vocabolario:** [1]approvare *genehmigen*

**24** **Quali delle seguenti intenzioni vengono espresse dalle frasi? Scrivete le lettere corrispondenti nelle caselle.**

**a** descrivere qualcosa
**b** manifestare soddisfazione
**c** esprimere un'opinione
**d** motivare una scelta
**e** mostrare timore o preoccupazione
**f** esprimere dispiacere
**g** mostrare sorpresa

1. Sono contento che finalmente abbiano preso una decisione. ☐
2. Temo che non sia stata la soluzione giusta. ☐
3. La mia casa non è grande, ma molto luminosa ed accogliente. ☐
4. Trovo che qui il traffico e l'inquinamento siano aumentati notevolmente negli ultimi anni. ☐
5. Mi sono trasferito in campagna perché la vita è tranquilla. ☐
6. Non sono proprio d'accordo. Io la penso diversamente. ☐
7. Trovo che sia un dovere di tutti fare degli sforzi per salvare l'ambiente. ☐
8. Temiamo che Sandra non riesca a pagare le spese condominiali, sono molto alte davvero! ☐
9. Mi dispiace, ma la casa è già stata affittata. ☐
10. Ma davvero Fabio ha comprato una villetta?! E dove li ha trovati i soldi? ☐
11. Ah! E così il comune ha deciso di ristrutturare la biblioteca? Finalmente! ☐
12. Dunque, c'è una cucina, il soggiorno e la camera con il bagno. ☐
13. Guarda! Hanno chiuso il centro sociale! Ma tu lo sapevi? ☐
14. Ho paura che l'appartamento sia troppo piccolo quando ci sarà anche il bambino. ☐

**25** **Rileggete il testo sulla famiglia Starnazza e completate le frasi secondo il senso.**

| | |
|---|---|
| **1.** La famiglia Starnazza era una coppia | **a** irregolare |
| **2.** Nessuno dei loro vicini aveva mai trovato il loro comportamento | **b** metodico. |
| **3.** La signora era casalinga a tempo | **c** silenziosamente. |
| **4.** Maria Pia era un tipo | **d** fisse. |
| **5.** Durante le giornate aveva abitudini | **e** normale. |
| **6.** Alle sette la coppia cenava | **f** ambulante. |
| **7.** Margherita Sponza, un'amica d'infanzia di Clemente, era fioraia | **g** spariti. |
| **8.** Da qualche giorno marito e moglie erano | **h** pieno. |

# Che facciamo di bello?

**1 Quali espressioni si riferiscono allo sport, quali alla musica e alla lettura? Completate le colonne.**

**a)** [ cantante – saggio – acquatici – ritornello – arrampicata – squadra – gialli – palestra – nuoto – cuffie – strofa – trama – narrativa – compositore – pallavolo – fumetto – racconto – immersioni – rivista – sci – canzone – classica – rock – quotidiano ]

| sport | musica | lettura |
|---|---|---|
| ................................... | ................................... | ................................... |
| ................................... | ................................... | ................................... |
| ................................... | ................................... | ................................... |
| ................................... | ................................... | ................................... |
| ................................... | ................................... | ................................... |
| ................................... | ................................... | ................................... |
| ................................... | ................................... | ................................... |
| ................................... | ................................... | ................................... |

**b) Come trascorrono il loro tempo libero Daniele e la sua ragazza? Completate l'intervista scegliendo le espressioni tra quelle dell'esercizio 1a.**

Io lavoro molto al computer, quindi nel tempo libero ho bisogno di muovermi. Due volte alla settimana vado in .......................... dopo il lavoro, se fa bel tempo ogni tanto faccio un'.......................... in montagna. In inverno amo molto lo .........................., ma in estate mi piacciono anche gli sport .......................... come il .................................. . Vado spesso in piscina e appena posso vado al mare, dove faccio anche delle .......................... . La mia ragazza invece è un tipo più tranquillo. Ha giocato alcuni anni in una .......................... di pallacanestro, adesso però dice che allo sport preferisce le attività culturali. Ama molto leggere, sia saggi che libri di .........................., ma non legge mai i .........................., perché poi non riesce a dormire. Tutti e due abbiamo in comune la passione per la musica, soprattutto per quella .......................... . Il nostro .......................... preferito è Ligabue, andiamo a tutti i suoi concerti e conosciamo ogni sua ........................ . A me piace talmente che lo ascolto tutte le sere ad altissimo volume con le .................... .

**2 Iscrivetevi a un corso di nuoto. Completate con le seguenti espressioni.**

[ nuoto – le iscrizioni – I partecipanti – istruttori – informazioni – bambini – la piscina – adulti – attività – corsi ]

**Corsi di Nuoto per l'anno 2007/08**

Si comunica che sono aperte .......................... per partecipare ai corsi di nuoto che si terranno presso .......................... comunale di Paderno Dugnano. I corsi cominceranno il giorno 3 ottobre e termineranno il giorno 30 maggio. Sono possibili le seguenti tipologie: corsi per .......................... (3-5 anni), .......................... per ragazzi (6-14 anni), per .......................... e .......................... di aquagym, acquaerobic, nuoto agonistico[1] e .......................... sincronizzato. .......................... saranno seguiti da .......................... qualificati. Per .......................... e iscrizioni rivolgersi alla nostra sede o telefonare al seguente numero telefonico: 029184919

**Vocabolario:** [1]agonistico *Wettkampf-*

**3 Come si dice in italiano?**

1. Ach, übrigens, Gabriella war heute hier. ..........................................................................
2. Genau, sie müsste jeden Tag hingehen. ..........................................................................
3. Das könnte man tun, oder? ..........................................................................
4. Gut, du hast mich überzeugt. ..........................................................................
5. Sicher, warum nicht? ..........................................................................
6. Das könnte in der Tat eine Lösung für uns sein. ..........................................................................
7. Es genügt, wenn du sie hinbringst. ..........................................................................

**4 Sottolineate nei dialoghi l'espressione corretta.**

1. ● Ieri ho visto Cinzia in centro.
   ❍ *A proposito/Altrimenti*, lo sai che non lavora più alla Fimi?
   ● *Appunto/Allora* avrà trovato un posto come istruttrice di nuoto per i bambini! Era il suo sogno.
   ❍ Sì, però non *so se/crede che* abbia fatto la scelta giusta. Adesso non avrà più uno stipendio fisso.
   ● E poi non è un lavoro sicuro. *Ma/Anzi* è molto precario.
   ❍ *Mi hai convinto/Hai ragione*, è proprio quello che penso anch'io.

2. ❍ *Basta/Che ne dici* se chiediamo a Mauro di venire in Sardegna con noi?
   ● Mah, *credi/è importante* che gli piacerà fare trekking?
   ❍ Certo, *perché no/in effetti*? L'anno scorso ha fatto l'Alta Via delle Dolomiti!
   ● *Mah/Ah, è vero!* Me n'ero scordata.

**5 Viva le preposizioni! Completate il testo con *per, da, a, di* con o senza l'articolo.**

per     da     a     di

Alice è un'amichetta ......... Serena. L'anno scorso dopo la fine .......... anno scolastico ha partecipato ......... Campus Estivo. Le è piaciuto molto e quest'anno vuole tornarci. Anche la mamma ......... Serena pensa ......... iscrivere sua figlia ......... Campus e ne parla ......... suo marito. Gli dice che i bambini lì giocano e fanno attività sportive, come il nuoto ......... esempio. Aggiunge che altrimenti Serena dovrebbe stare sempre ......... sola ........ casa ......... nonna. Serena sarebbe felicissima ......... partecipare ......... Campus perché potrebbe giocare anche ......... pallacanestro, il suo sport preferito. Accompagnare la bambina non sarà un problema. Potrà farlo sempre la mamma, il papà andrà ......... riprenderla il martedì e il giovedì. Se qualche volta non potranno andarci, chiederanno ......... qualcuno ........ farlo ......... loro.

**6 Carla divide l'appartamento con Alessio, uno studente. Lei lavora tutto il giorno e oggi è arrabbiatissima con lui. Leggete il foglietto che gli ha scritto e scegliete l'aggettivo o il pronome indefinito corretto.**

Non è possibile che *ogni/alcuni* giorno lasci in giro *qualche/tutte* le tue cose! Ti ho pregato *diverse/tutte* volte di essere più ordinato. In cucina c'era *qualche/tutta* mela, non ce ne sono più, sono scomparse … E sul tavolo c'erano *ogni/alcuni* libri che non trovo più, dove sono andati a finire? E poi, se non vai neppure all'università perché non fai almeno *qualche/ogni* altra cosa e non cerchi di mettere in ordine il bagno (è il tuo turno!) invece di stare *qualsiasi/tutta* la giornata davanti alla tv. E se non puoi fare a meno di guardarla scegli almeno un *altro/qualche* canale, ci sarà senz'altro *ogni/qualcosa* di più interessante di quegli stupidi reality show! A stasera!
Carla

**7** **Cosa fanno, cosa hanno fatto o cosa faranno queste persone? Completate con l'aiuto dei seguenti verbi e delle illustrazioni.**

[ suonare – comprare – studiare – fare una vacanza – giocare – laurearsi – andare a sciare ]

1. Credo che Antonio da bambino  .......................................... .
2. Pare che Fabio l'anno prossimo  .......................................... .
3. Mi sembra che la figlia di Grazia  ................................. a Parigi.
4. Pensiamo che i nostri vicini la prossima estate  .......................................... .

5. Mi pare che Giuseppe  .......................................... tutte le domeniche.
6. Dubito che Roberta  ................................. prima dell'autunno.
7. Penso che la mia collega  ................................. il fine settimana passato.

**8** **I pensieri della nonna di Serena. Completate le frasi nei fumetti aiutandovi con i seguenti verbi nella forma appropriata.**

[ annoiarsi – praticare – giocare – divertirsi – guardare – accettare – restare – partecipare – avere bisogno – venire ]

Mia figlia crede che Serena da me ....................... troppo la tv, ma non è vero. Pensa che Serena .................. di fare più movimento, anche secondo me è importante che la bambina .................... un po' di sport. Perciò sono contenta che Serena fra due settimane ....................... al Campus Estivo. È giusto che lei ....................... con i suoi amici.

Serena teme che io ....................... delusa se non viene da me e spera di ....................... a trovarmi la sera.

È possibile che l'anno scorso qui da me Serena ....................... un po' e immagino invece che al Campus ....................... molto.

Dubito che mio genero ieri ....................... subito di mandare la bambina al Campus, ma alla fine come sempre mia figlia lo avrà convinto.

**9** **Peccato che ... Abbinate in modo da formare delle frasi.**

1. Peccato che
2. Però è strano che
3. È importante che
4. Se vuoi frequentare il corso di judo, bisogna che
5. Forse è meglio che
6. È una vergogna che

a facciate qualche partita, prima di partecipare al torneo[1].
b Raffaella non sia potuta venire a giocare a tennis.
c tu parta subito se vuoi arrivare in tempo agli allenamenti[2].
d Guido non abbia invitato anche Laura alla sua festa di laurea.
e non abbiano ancora finito di costruire il nuovo centro sportivo.
f ti iscriva entro la prossima settimana.

**Vocabolario:** [1]torneo *Turnier* [2]allenamenti *Training*

**10** **Leggete i seguenti dialoghi e completate con *ci, ne* o i pronomi oggetto diretto e indiretto.**

1. ● Bisogna passare alla "Piazzetta" per prenotare il tavolo per sabato, ...... volevo fare io dopo il lavoro, ma non so se ...... riesco, visto che abbiamo una riunione nel tardo pomeriggio.
❍ Non ti preoccupare, ...... vado io dopo la palestra, il ristorante è lì vicino. Dopo volevo ancora fare una salto da Elena. A proposito, Miranda ha raccontato che Enzo ed Elena si sono lasciati. Io non ...... sapevo niente!
● Ma non creder......, racconta sempre un sacco di bugie. Senti, se passi da Elena, perché non ...... porti la Playstation di Rino? Elena ha chiesto se poteva aver...... per suo nipote che viene a trovarla.
❍ Ma no! Rino ...... gioca quasi ogni giorno, è uno dei suoi giochi preferiti.

2. ● Allora pensi di venire in palestra domani sera?
❍ Guarda, sono pieno di lavoro, però non vorrei rinunciar......, perché ...... ho proprio bisogno. Però, volevo chiederti un favore, non so se faccio in tempo ad andare a prendere i biglietti per Milan-Atalanta.
● Ma dai, ...... penso io. Del resto ...... volevo anche invitare.
❍ Ah, grazie! Senti un'altra cosa, secondo te, vale la pena di chiedere a Mauro e Lino se ...... danno una mano ad organizzare la partita tra i colleghi? Ti ricordi, l'anno scorso avevamo detto di ripeter...... .
● Ma certo, sono gentilissimi. Lo faranno molto volentieri, ...... puoi contare.

**11** **Quali sport sono raffigurati dai pittogrammi?**

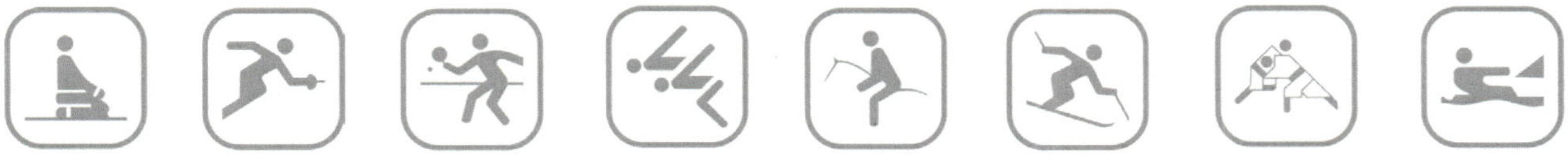

............ ............ ............ ............ ............ ............ ............ ............

............ ............ ............ ............ ............ ............ ............

**12** **Abbinate le seguenti espressioni alle loro spiegazioni:**

1. il popolo dei pigri
2. crescere a dismisura
3. il campione intervistato
4. praticare un'attività fisica
5. se pur di misura, è stato superato
6. al terzo posto della graduatoria si colloca

**a** fare sport
**b** le persone che hanno partecipato all'inchiesta
**c** tutta la gente che evita il movimento
**d** dopo il secondo in classifica si mette
**e** aumentare notevolmente
**f** è stato leggermente oltrepassato

**13** **Gli italiani e lo sport. Completate le frasi con *di* o *che*.**

1. Secondo le statistiche gli italiani oggi fanno meno sport ........ un tempo. Anche i bambini spesso preferiscono guardare la tv piuttosto ........ fare un po' di movimento. Eppure una volta si muovevano molto più ........ oggi. Infatti sarebbe meglio per loro giocare all'aria aperta ........ stare sempre fermi.

2. Forse molti pensano che lo sport sia più faticoso ........ divertente. È infatti strano che il calcio, che una volta era lo sport più amato, sia meno praticato ........ prima. Però la gente fa più ginnastica e le palestre sono frequentate addirittura più ........ campi di calcio. E pare anche che gli italiani amino più nuotare ........ andare in bicicletta.

**14** **Scrivete nelle righe le parti del corpo indicate tra parentesi.**

braccia
collo
gambe
mani
naso
occhi
piedi
spalle
testa

**15** **Ecco alcuni modi di dire in cui si usano le parti del corpo. Completate le frasi e abbinatele poi al loro significato.**

capelli – bocca – piede – mano – occhio – gamba

1. Mettersi le mani nei ............................................. .
2. Costare un ............................................. della testa.
3. Essere una persona alla ............................................. .
4. Fare il passo più lungo della ............................................. .
5. Tenere il ............................................. in due scarpe.
6. Restare a ............................................. asciutta.

☐ costare tantissimo
☐ essere disperati
☐ non ricevere niente
☐ essere cordiali e semplici
☐ fare o decidere qualcosa che va oltre le proprie possibilità
☐ tenere aperte due possibilità

**16** **Meglio una dieta o un po' di sport? Completate il dialogo con le seguenti espressioni, coniugando il verbo nella forma adeguata.**

fare un po' di jogging – andare in piscina – fare una vita – farlo – muoversi di più – praticare qualche sport – frequentare un corso – avere voglia – dipendere – correre – cambiare modo di vivere – sentirsi meglio

- ● Allora vieni con noi al ristorante domani?
- ❍ No, mi dispiace, ma ho deciso di fare una dieta. Da quando ho smesso di fumare sono ingrassato di quasi 10 chili.
- ● Ma non credo che ............................ solo dal fumo. Secondo me .................................. troppo sedentaria[1]. Stai sempre seduto qui in ufficio, dovresti .................................. . Ti farebbe bene .................................. o andare in palestra.
- ❍ Ma quando, scusa? La sera torno a casa stanco morto. Pensi che io .................................. di andare in palestra?
- ● E chi dice che devi farlo la sera? È sufficiente che tu .................................. il fine settimana.
- ❍ Sì, e cosa dovrei fare, secondo te?
- ● Beh, perché non provi a ..................................? In fondo basta che tu .................................. un'oretta due volte alla settimana, e vedrai che .................................. .

**Vocabolario:** [1]sedentario *wenig Bewegung machend*

❍ No, il jogging in autunno proprio no. Non sono il tipo che ama correre anche sotto la pioggia.
● Eh, quante scuse! Ma non capisci che è importante che tu ....................................?
La dieta da sola non basta. Allora se non vuoi fare jogging perché non ....................................?
❍ Scherzi? Non so nuotare!
● Ma scusa, è sufficiente che .................................... e in poche settimane puoi imparare.
❍ No, guarda, lo sport non fa per me. Preferisco mettermi a dieta.
● Contento te.

**17 A quali parole corrispondono le spiegazioni? Sottolineate la parola corretta.**

1. campi di erba e fiori: *boschi/prati*
2. essere stanco e volere dormire: *avere sonno/avere un sogno*
3. pensare con nostalgia: *piangere/rimpiangere*
4. montagna bassa: *collina/roccia*
5. persona che non ragiona: *pazzesca/matta*
6. persona che cammina in modo difettoso: *zoppa/nervosa*
7. in buona salute: *robusto/sano*
8. una cosa poco intelligente: *stupidaggine/curiosità*
9. camminare in fretta e a salti: *sollecitare/trottare*
10. fuoco spontaneo: *grigliata/incendio*

**18 Cosa si racconta nel brano di Pavese? Collegate le parti di sinistra con quelle di destra.**

1. Le ragazze, nonostante
2. Speravano che
3. La gente pensava che le ragazze
4. Un'amica di Ginia trovava che
5. Ginia non voleva che gli altri
6. Ginia era contenta che

**a** si comportassero così perché erano giovani.
**b** si accorgessero se lei era triste.
**c** fossero stanche, spesso tornavano tardi.
**d** ci fosse un pezzo di strada da percorrere al mattino.
**e** fosse stupido dormire.
**f** succedesse qualcosa di eccitante al ritorno.

**19 Ancora congiuntivo! Completate il paradigma dei seguenti verbi.**

| essere | fare | dire | bere | stare |
|---|---|---|---|---|
| io .................. | io facessi | io .............. | io .............. | io stessi |
| tu fossi | tu .............. | tu .............. | tu .............. | tu .............. |
| lui/lei fosse | lui/lei .............. | lui/lei .............. | lui/lei .............. | lui/lei .............. |
| noi .................. | noi facessimo | noi .............. | noi bevessimo | noi .............. |
| voi .................. | voi .............. | voi diceste | voi .............. | voi .............. |
| loro .................. | loro .............. | loro .............. | loro .............. | loro .............. |

**20 Com'è difficile essere adolescenti! Completate l'intervista con i verbi tra parentesi.**

Allora ... io ho due sorelle: Martina che ha tre anni meno di me e Giuliana che invece ne ha tre di più. Quando avevo sedici anni e Martina tredici, lei era molto invidiosa di quello che facevo. Mi vedeva uscire con i miei amici e sperava che io la .................... (invitare) a venire con noi. Cominciavo a tingermi i capelli e a truccarmi e lei voleva che mia madre le .................... (permettere) di fare la stessa cosa. Scrivevo un diario e lei si aspettava che le .................... (leggere) qualcosa. I miei mi avevano regalato un motorino per la promozione e Martina pretendeva che io glielo .................... (prestare) quando i miei genitori non c'erano. Ma anch'io ero un po' invidiosa di Giuliana che era più grande di me. Lei, per esempio, aveva già la patente e volevo che mi .................... (portare) in giro con lei, ma questo succedeva raramente. Allora sognavo che .................... (venire) abbassata l'età per fare la patente e che non si .................... (dovere) aspettare i diciott'anni. Mi sembrava che due anni ....................

(essere) un'eternità. Giuliana poteva star fuori fino a tardi ed io che dovevo tornare sempre prima di mezzanotte ritenevo che tutto ciò .................. (essere) ingiusto. E poi le vacanze! Giuliana poteva farle con la sua compagnia ed io, che non ero ancora maggiorenne, speravo che mamma e papà mi .................. (lasciare) andare con lei. Ma loro erano irremovibili[1] e così ho dovuto aspettare ancora due anni prima di andare in campeggio da sola con la mia migliore amica.

**Vocabolario:** [1]irremovibile *unerschütterlich*

**21 Indovinate il significato di questi proverbi.**

1. *Amico è uno che ti conosce eppure ti vuole bene.*
2. *Dall'amico o parente, non comprare e non vendere niente.*
3. *Non c'è migliore specchio dell'amico vecchio.*
4. *I veri amici sono come le mosche bianche.*
5. *Amici a scelta, e parenti come sono.*
6. *Si può vivere senza fratelli ma non senza amici.*

**a** Si può diventare amici di chi si desidera mentre spesso si è parenti anche di chi non si vuole.
**b** È meglio non fare nessun genere di affari con amici o parenti.
**c** È difficile trovare degli amici sinceri.
**d** Anche se conosce i nostri difetti un amico per noi prova lo stesso affetto.
**e** Chi non ha amici è più solo di chi non ha parenti.
**f** Un vecchio amico ci dice sempre la verità.

**22 Andiamo al cinema! Completate con le seguenti parole.**

Anno – Durata – Genere – Regia –Trama – Attori

........................

Il film si ispira alla storia di Luca Flores, scritto da Ivan Cotroneo & altri. Luca Flores, pianista di enorme talento, arriva in Italia dopo l'infanzia in Mozambico, si diploma in pianoforte con il massimo dei voti e scopre il jazz, che gli permetterà di esprimere il suo estro creativo ai livelli più alti. Innamoratosi di Cinzia, una ragazza conosciuta nel locale in cui ha esordito, Luca raggiungerà presto il successo e comincerà a suonare con i jazzisti di maggior fama, fra cui Chet Baker; ma qualcosa dentro di lui comincia progressivamente a logorarsi, e né la sua arte, né tanto meno l'affetto della sua famiglia, riusciranno a salvarlo ...

| | |
|---|---|
| .............. | Kim Rossi Stuart, Jasmine Trinca, Michele Placido, Paola Cortellesi, Sandra Ceccarelli, Roberto De Francesco, Claudio Gioè |
| .............. | Riccardo Milani |
| .............. | 2007 |
| .............. | 1:44:00 |
| .............. | Drammatico |

**23 Qual è l'intruso?**

| 1. | 2. | 3. | 4. | 5. |
|---|---|---|---|---|
| mostra | divertente | regista | teatro | suonare |
| film | triste | usuraio | ufficio | cantare |
| conferenza | comico | attore | cinema | ascoltare |

**24** **Realtà o possibilità? Abbinate le frasi ipotetiche.**

1. Se Salvo non andasse al festival di Mantova
2. Se domani torno a casa prima
3. Se finissi di lavorare verso le cinque
4. Se Luisa facesse un po' di jogging
5. Se veniste con noi a cena
6. Se mi piacesse l'opera
7. Se il concerto non finisce tardi
8. Se mi regalassero i biglietti per il concerto di Jovanotti

**a** possiamo andare allo Zelig.
**b** trascorrerebbe qualche ora all'aria aperta.
**c** ti accompagnerei a vedere il Rigoletto.
**d** sarebbe fantastico.
**e** torno a casa con il tram.
**f** potremmo programmare le prossime vacanze.
**g** resterebbe a casa a far niente.
**h** farei in tempo ad andare alla presentazione dell'ultimo libro di Culicchia.

**25** **La linea telefonica è molto disturbata. Ricostruite la telefonata coniugando i verbi tra parentesi al periodo ipotetico.**

- ● Pronto?
- ❍ Ciao Gianni, sono Dina.
- ● Ehi Dina! Tutto bene?
- ❍ Abbastanza, grazie. Dopodomani se tutto ...................... (andare) bene ...................... (io/dare) l'ultimo esame in storia dell'arte. E tu?
- ● Benissimo! Sono in partenza per Mantova. Partecipo come volontario al Festival della Letteratura.
- ❍ Bello! Se ...................... (io/avere) tempo lo ...................... (fare) anch'io. Senti, a proposito di attività culturali, ti ho chiamato per chiederti se hai voglia di venire con me al concerto dei Negramaro, giovedì prossimo.
- ● Giovedì? Mannaggia[1]! Giovedì il mio amico Aurelio fa la festa di laurea. Mi dispiace. Se ...................... (io/potere) ci ...................... (venire) di corsa! Ma ormai gli ho promesso di andarci ... Ma hai già i biglietti?
- ❍ Sì, è proprio questo il problema. Giorgia ci teneva tanto ad andarci, ma adesso ha saputo che dovrà accompagnare il suo capo ad un congresso.
- ● E a Romeo hai già chiesto. So che a lui piacciono un sacco!
- ❍ Beh, veramente prima avevo chiamato proprio lui che ...................... (essere) anche felicissimo di andarci, se non ...................... (lui/dovere) lavorare. È di servizio al pronto soccorso.
- ● Che sfortuna. Senti, se mi ...................... (venire) in mente qualcuno te lo ...................... (fare) sapere.
- ❍ Ok, grazie. Ci sentiamo!

**Vocabolario:** [1]mannaggia *Mist*

**26** **Qual è il plurale?**

| | | | | | |
|---|---|---|---|---|---|
| la farmacia | | il collega | | l'ipotesi | |
| la cuffia | | la foto | | la bici | |
| la musica | | lo sport | | l'immersione | |
| il turista | | il dubbio | | l'attività | |
| il bosco | | l'abitudine | | il pub | |
| la mano | | il cinema | | l'autobus | |
| la ciliegia | | lo zio | | lo sci | |

# Lavoro, tecnologia, salute

## Come te la cavi con ...?

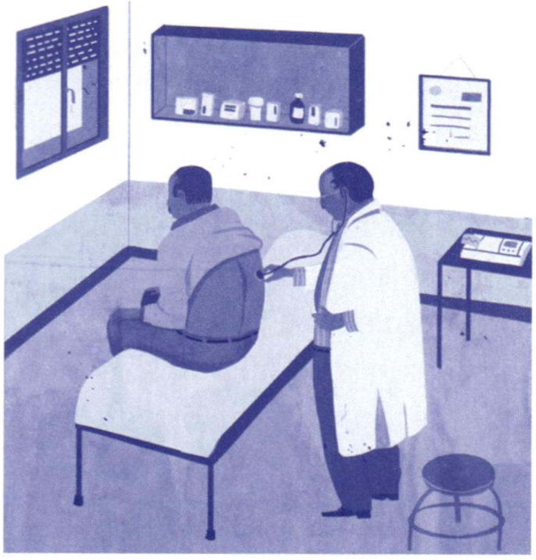

**1 Qual è l'intruso? Cancellate la parola che non fa parte del gruppo.**

| | | |
|---|---|---|
| 1. computer<br>cartella<br>file<br>penna<br>documento | 2. salvare<br>accendere<br>fotografare<br>stampare<br>scaricare | 3. tesi<br>contabilità<br>relazione<br>documentazione<br>lettera commerciale |

**2 Un colloquio di lavoro. Collegate le frasi.**

1. Ho bisogno di un lavoro, accetterò il posto
2. Comunque vada il colloquio
3. Marco è sempre disponibile
4. Ti chiederanno la conoscenza dell'inglese
5. Conosci qualcuno che possa spiegarmi
6. Auguro ad ognuno che il lavoro
7. Chiunque cominci a lavorare nel nostro reparto
8. In ditta non c'è nessuno che sappia

a nota che c'è un'ottima atmosfera.
b qualsiasi cosa gli si chieda.
c qualunque stipendio mi offrano.
d come si fa il video-curriculum online?
e installare il nuovo programma.
f possa essere gratificante.
g in qualsiasi ditta tu faccia domanda.
h ti consiglio di non perdere la fiducia.

**3 La patente per il computer. Completate con i verbi tra parentesi nei tempi e nei modi adeguati.**

**Che cos'è la Patente Europea del Computer?**

"Sa usare il computer?" è la domanda che si sente ................. (fare) chiunque ................. (cercare) oggi un lavoro. La risposta a questa domanda è spesso generica, quasi mai precisa. Se noi invece ................. (chiedere) a qualcuno se sa guidare l'automobile, si ................. (ottenere) come risposta un sì o un no, che significa so o non so fare tutto ciò che è richiesto per ottenere la patente di guida. Nella società odierna[1], qualunque ................. (essere) la nostra formazione e in qualsiasi luogo si ................. (presentare) una domanda di lavoro, verranno richieste anche precise conoscenze informatiche. Per questo da poco ................. (introdurre[2]) la European Computer Driving Licence (ECDL), ossia la "Patente Europea di Guida del Computer" con cui ................. (essere) possibile definire in modo preciso che cosa vuol ................. (dire) saper usare il computer. Ovunque si ................. (conseguire[3]), l'ECDL attesta che la persona ................. (avere) il minimo delle abilità necessarie per poter lavorare col personal computer – in modo autonomo o in rete – in un'azienda, un ente pubblico[4], uno studio professionale, ecc.
L'ECDL è una iniziativa del CEPIS (Council of European Professional Informatics Societies), l'ente che ................. (riunire) le associazioni europee di informatica. L'Italia è uno dei 17 Paesi membri.

ridotto e adattato da: http://www.prometheo.it/ecdl/patente.html

**Vocabolario:** [1]società odierna *heutige Gesellschaft* [2]introdurre *einführen* [3]conseguire *erlangen, absolvieren* [4]ente pubblico *öffentliche Einrichtung*

**4 Parole crociate in ufficio!**

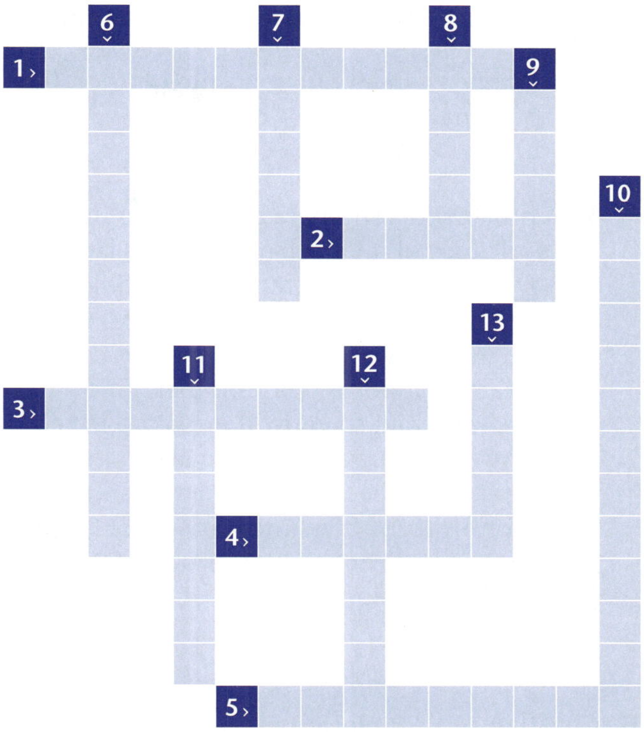

1. Con questo attrezzo si uniscono i fogli con dei punti di metallo.
2. È un apparecchio con cui si possono riprodurre documenti o fotografie da salvare in un file.
3. Sono di metallo o di plastica e si usano per tenere insieme i fogli.
4. Si usa per scrivere, ma non è una penna.
5. Questo strumento serve a riprodurre sulla carta un documento del computer.
6. Serve per fare i buchi nei fogli.
7. Sulle sue pagine ci sono i giorni dell'anno. Si usa per prendere nota o fissare appuntamenti.
8. Con questo prodotto si possono attaccare i fogli di carta o altro.
9. Può essere di metallo o di plastica e serve per scrivere.
10. Si utilizza per raccogliere fogli, documenti, lettere ecc.
11. Si usano per tagliare.
12. Ha molti tasti con le lettere dell'alfabeto, i numeri e altri segni.
13. Serve per cancellare qualcosa scritta a matita.

**5 Un capo famiglia che dà ai nervi. Trasformate le frasi come nell'esempio.**

**Esempio:** Giorgia, dove hai comprato il nuovo portatile? *Il nuovo portatile, dove l'hai comprato?*

1. Hai chiesto lo sconto? ..................................................
2. Ragazzi, avete preso voi le forbici? ..................................................
3. Luca, hai spento il computer? ..................................................
4. Chi ha usato la colla? ..................................................
5. Chi ha visto i miei occhiali? ..................................................
6. Anna, dove hai messo la mia agenda? ..................................................
7. Chi ha finito la carta della stampante? ..................................................

**6 Maschile o femminile? Aggiungete l'articolo indeterminativo.**

| | | | |
|---|---|---|---|
| ...... comunicazione | ...... spillatrice | ...... informazione | ...... relazione |
| ...... file | ...... mouse | ...... settore | ...... portatile |
| ...... documentazione | ...... situazione | ...... calcolatrice | ...... stage |
| ...... stampante | ...... affermazione | ...... motore | ...... giornale |
| ...... alimentazione | ...... cellulare | ...... dimensione | ...... frase |
| ...... esame | ...... abitudine | ...... raccoglitore | ...... mensile |
| ...... iscrizione | ...... perforatrice | ...... fotocopiatrice | ...... televisione |
| ...... produzione | ...... attore | ...... istruttore | ...... settimanale |

**7 Quali tra gli oggetti elencati corrispondono alle definizioni?**

[ scanner – beamer – macchina fotografica digitale – stampante – personal computer – cellulare ]

1. A proiezione terminata evitare assolutamente di staccare l'alimentazione elettrica, fino a quando il ventilatore di raffreddamento della lampada non si sia spento spontaneamente. Inoltre l'apparecchio non deve essere spostato a lampada calda. ..................................
2. La nuova BenQ DC E720 è dotata di sensore CCD da 7 Megapixel, zoom ottico 3x, ottiche Pentax SMC (Super Multi-Coating) e di un display LTPS da 2,5 pollici. Tutto inserito in un corpo in alluminio satinato. Supporta una sensibilità fino a 1200 ISO, i formati di output 3:2, 16:9 e 4:3 per la visione delle immagini su carta stampata o in televisione; inoltre, la funzione Picture Bridge consente la stampa diretta tramite una stampante compatibile senza passare dal PC. ..................................
3. Il Samsung SGH F700 è estremamente compatto (104 millimetri di altezza, 50 millimetri di larghezza) e soprattutto sottilissimo, con i suoi 16,4 millimetri di spessore.
   La tastiera permette di gestire perfettamente la messaggistica (e-mail, sms), mentre il display è di grandi dimensioni, di tipo LCD TFT con la risoluzione di 440x240 pixel e capace di visualizzare 262.000 colori. ..................................

**8 Chattiamo! Completate la chat con le battute di Giusi.**

| | | |
|---|---|---|
| | *Enzo scrive:* | Ciao Giusi! |
| *Giusi grüßt zurück.* | *Giusi scrive:* | ................................................ |
| | *Enzo scrive:* | Come stai? |
| *Ihr geht es recht gut, sie genießt die letzten Tage am Meer, bevor sie mit dem Praktikum beginnt. Sie fragt Enzo, wie es ihm geht.* | *Giusi scrive:* | ................................................<br>................................................<br>................................................ |
| | *Enzo scrive:* | Benissimo! Figurati, sono a Parigi! Da tre settimane! |
| *Giusi fragt, was Enzo dort tut.* | *Giusi scrive:* | ................................................ |
| | *Enzo scrive:* | Lavoro in un albergo e faccio un corso di francese. |
| *Giusi freut sich für ihn und fragt, wie lange er noch dort bleiben wird.* | *Giusi scrive:* | ................................................<br>................................................ |
| | *Enzo scrive:* | Fino al termine del corso, ancora tre settimane. |
| *Giusi fragt, ob er dann nach Bologna zurück kommt.* | *Giusi scrive:* | ................................................ |
| | *Enzo scrive:* | Eh sì, purtroppo! Mi piacerebbe rimanere, ma devo anche preparare gli esami ... |
| *Giusi antwortet, dass ihr im Moment die Prüfungen vollkommen egal sind, damit hat sie erst in drei Monaten wieder zu tun.* | *Giusi scrive:* | ................................................<br>................................................<br>................................................ |

**9** **Completate i dialoghi con le forme corrette di *cavarsela, andarsene, fregarsene, prendersela, farcela.***

| | |
|---|---|
| 1. ● Come va il corso d'inglese? | ❍ Mah, per il momento .......................... abbastanza bene. |
| 2. ● Come mai si è arrabbiata Sara? | ❍ Boh, lo sai che lei .......................... sempre per niente. |
| 3. ● Siete rimasti ancora molto alla fiera? | ❍ No, .......................... quasi subito anche noi. |
| 4. ● Non vorrai mica uscire così? Cosa dirà la gente? | ❍ Lo sai che .......................... di quello che dice. |
| 5. ● Domenica è venuto anche Fabio con voi? | ❍ No, purtroppo ha perso il treno e non .......................... . |
| 6. ● Allora l'esame di fisica com'è andato? | ❍ Insomma, direi che .......................... abbastanza bene. |
| 7. ● Andate a sciare con questo brutto tempo? | ❍ Ma sì, chi ..........................! |
| 8. ● Lele e Gina sono già andati via? | ❍ Sì, secondo me .......................... perché nessuno parlava con loro. |

**10** **Vi ricordate di Simone? Mettete una x accanto alle affermazioni che corrispondono al testo di pagina 76.**

Simone ...

1. ha cominciato ad usare il computer da piccolo. ☐
2. per usare la tastiera del computer ha bisogno di un caschetto con un'asta. ☐
3. è stato obbligato a fare l'esame di maturità. ☐
4. se non avesse avuto il computer non si sarebbe laureato facilmente. ☐
5. è stato aiutato a diventare autonomo da persone a lui vicine. ☐
6. si faceva fare i compiti dai compagni. ☐
7. anche in futuro sarà capace di agire da solo. ☐
8. sente di essere come le altre persone, ma di avere altre abilità. ☐

**11** **Laurea triennale o specialistica? Completate il dialogo con i verbi a lato.**

| | |
|---|---|
| ● Ciao Paolo. | |
| ❍ Ciao, come va? Da quando hai cominciato a lavorare non ti si vede più. | |
| ● Guarda, se ....................... di non avere più tempo libero, ....................... a studiare ancora per un po'. Scherzi a parte, mi trovo bene. Tu invece a che punto sei con gli esami? | sapere/ continuare |
| ❍ Dunque, se tutto va bene a ottobre mi laureo anch'io. | |
| ● E poi? Continui con la specialistica? | |
| ❍ Non lo so. Si sentono pareri contrastanti. Tu cosa mi consiglieresti? | |
| ● Mah, credo che se ....................... che spesso i geologi junior vengono preferiti dalle società, non ....................... subito la specialistica. Se ....................... dopo tre anni, forse ....................... lo stesso un posto interessante. | sapere<br>fare<br>laurearsi/trovare |
| ❍ Io invece a volte penso che se ....................... indirizzo dopo il primo anno, non ....................... così tanto tempo e ....................... già ....................... i miei studi. Comunque adesso credo che ci dovrò riflettere ancora un po'. Ma cambiamo discorso, tu ci sarai alla festa di Gabriele? | cambiare<br>perdere/<br>concludere |
| ● No, purtroppo me l'ha detto troppo tardi. Se mi ....................... prima, ci ....................... sicuramente, anzi anche Sandra ci ....................... andare, ma ormai abbiamo preso un impegno che non possiamo più disdire. | invitare<br>andare/volere |

**12** **Chiara festeggia la sua laurea. Cosa dicono i suoi amici? Completate le loro affermazioni con i seguenti verbi.**

impegnarsi – laurearsi – insistere – iscriversi – sapere – studiare – potere – trasferirsi – scegliere – cominciare – fare – conoscere

1. Se ................ di più adesso .................... anch'io.
2. Se i miei genitori non ...................., non .................... all'università.
3. Se io ................ come è difficile fare l'insegnante, .................... qualcos'altro.
4. Se ............. studiare a Cosenza, non .................... a Napoli.
5. Se ............. la laurea triennale, adesso ............ già ....... a lavorare.
6. Se non ............ un anno di Erasmus a Montpellier, non .......... Pierre.

**13** **Ipotesi probabili, improbabili o impossibili? Mettete una x.**

| | realizzazione | | |
|---|---|---|---|
| | probabile | improbabile | impossibile |
| **1.** Fabiana avrebbe potuto finire l'università quest'anno se avesse studiato di più. | ☐ | ☐ | ☐ |
| **2.** Se la riunione non dura tanto, forse ce la faccio a fare la spesa dopo il lavoro. | ☐ | ☐ | ☐ |
| **3.** Se foste più motivati, otterreste risultati migliori. | ☐ | ☐ | ☐ |
| **4.** Se Valerio fosse stato più convincente, ce l'avrebbe fatta ad avere l'aumento di stipendio. | ☐ | ☐ | ☐ |
| **5.** Se me lo dicevi, ti aiutavo a completare la relazione. | ☐ | ☐ | ☐ |
| **6.** Se riuscissi a dare tre esami in due mesi, potrei laurearmi a ottobre. | ☐ | ☐ | ☐ |
| **7.** Se gli impegni me lo permettessero, prenderei una settimana di vacanza. | ☐ | ☐ | ☐ |
| **8.** Se ci fosse stata più collaborazione tra i colleghi, il progetto sarebbe partito. | ☐ | ☐ | ☐ |

**14 Un'iniziativa importante. Scegliete la preposizione giusta.**

La "Bottega dell'Aquilone" è un laboratorio dove puoi trovare originali manufatti *da/di* vario tipo realizzati nell'ambito *sulle/delle* attività *della/nella* Fondazione Aquilone Onlus *da/di* persone *di/con* disabilità, bambini e adolescenti, anziani, famiglie e *da/a* tanti volontari.

*Alla/Dalla* Bottega dell'Aquilone trovi un ampio assortimento *di/da* bomboniere e sacchetti *per/in* confetti, ideali *in/per* ogni occasione, articoli *da/a* regalo *a/in* vetro o *da/in* legno lavorato, originali e adatti *con/ad* ogni pensiero.

Puoi visitarci senza impegno e scegliere *a/con* tutta calma vari tipi *di/da* materiale, colori, decorazioni *in/di* diverso genere, oppure commissionare prodotti *su/con* misura, *per/in* colori e forme desiderati.
I volontari e le persone *da/con* disabilità che partecipano *sul/al* progetto saranno lieti *di/per* accoglierti e *di/per* consigliarti *con/per* il meglio.
Il ricavato verrà interamente devoluto *in/a* sostegno *alle/delle* attività rivolte *a/da* disabili, anziani, famiglie, bambini ed adolescenti.

La Bottega Dell'Aquilone, Milano

**15 Sapete scrivere una lettera commerciale? Completate con le seguenti parole.**

superiori
Restando in attesa
sconti
Oggetto
Gentili
Responsabile
catalogo
preghiamo
inviamo
Spett.le
saremmo grati

F.LLI SIMONAZZI – VIA FOSSE ARDEATINE 18 – 45031 ARQUÀ POLESINE – ROVIGO

............... Zanini s.r.l.
Ufficio Vendite
Viale dell'Industria 86
I-24068 Seriate (Bergamo)

Arquà Polesine, 18 giugno 2007

......................... : Richiesta catalogo pezzi di ricambio e condizioni di pagamento.

......................... Signori,
Vi ......................... se ci voleste inviare il Vs. nuovo ......................... dei pezzi di ricambio con il relativo listino prezzi indicandoci gli eventuali ......................... che potreste praticare per quantità ......................... ai 100 pezzi.
Vi ......................... cortesemente di comunicarci anche le Vs. condizioni di pagamento così come i termini di consegna della merce e anche se questa sarà coperta da assicurazione durante il trasporto.
......................... di un Vs. gentile riscontro Vi ......................... distinti saluti.

Patrizia Ronchi
......................... Ufficio Acquisti

**16 In ufficio. Completate le frasi coniugando i verbi tra parentesi al modo opportuno.**

**1.** Vi saremmo grati se ci ......................... (spedire) gli articoli mancanti entro la fine del mese.
**2.** Sarebbe importante che alla riunione ......................... (essere) presente anche l'avvocato Tozzi.
**3.** Saremmo contenti se ......................... (potere) continuare la collaborazione con la vostra agenzia.
**4.** Sarebbe bene che Lei ci ......................... (richiamare) il più presto possibile.
**5.** Vorremmo che un tale errore non si ......................... (ripetere).
**6.** Mi farebbe piacere se ......................... (noi/andare) a cena con la nuova stagista.
**7.** Il direttore desidererebbe che ci ......................... (voi/fare) un'offerta più conveniente.
**8.** Preferirei che ......................... (voi/mandare) un fax.

**17 Un reclamo al telefono. Sottolineate le espressioni corrette.**

- ● Ditta Tacconi, *buongiorno/ciao*. Sono Rosi.
- ❍ Buongiorno, sono Annalisa De Stefani della Pac. *Mi passa/Mi dia* l'ufficio vendite, *prego/per cortesia*?
- ● Sì, un attimo. *Deve aspettare/Attenda* in linea.
- ✦ *Dimmi!/Pronto?*
- ❍ Buongiorno, sono Annalisa De Stefani ...
- ✦ Ciao Annalisa, sono Valeria. Come va?
- ❍ Bene, grazie. Senti, ti *telefono/richiamo* perché abbiamo un problema.
- ✦ *Dimmi tutto/Raccontami*!
- ❍ *Certo/Dunque*, noi avevamo ordinato 80 lampade, ma ne sono arrivate solo 30. Come mai?
- ✦ Un *tempo/attimo* che controllo. *Guarda/Vedi,* abbiamo fatto la consegna allo spedizioniere ieri.
- ❍ Ieri?! Ma avevo scritto che era urgente! Adesso questo ci causa dei bei problemi con i clienti!
- ✦ Valeria, sono *desolata/arrabbiata*, ma prima non era possibile.
- ❍ Già, ma dopodomani chiudiamo per ferie.
- ✦ Senti, *facciamo/diciamo* così: adesso chiamo lo spedizioniere e gli dico che è molto urgente.
- ❍ D'accordo, ma chiamalo subito però.

**18 Ricordate la telefonata di Patrizia Ronchi alla ditta Zanini? Dopo la telefonata, Anna si lamenta con la sua collega. Cosa le dice?**

1. La merce sarebbe arrivata (arrivare) in tempo, se la Ronchi ......................... (mandare) l'ordine prima.
2. Se ci ......................... (essere) i pezzi di ricambio in magazzino, li ......................... (noi/consegnare) subito.
3. Se il magazziniere ......................... (essere) più attento, ......................... (lui/notare) immediatamente che mancavano gli articoli.
4. L'......................... (io/dire) sicuramente allo spedizioniere se ......................... (io/ricordarsi) che la loro ditta avrebbe chiuso per ferie.
5. Se ......................... (io/parlare) del ritardo alla Ronchi, sicuramente ......................... (disdire) l'ordine.
6. Se ......................... (loro/disdire) l'ordine, li ......................... (noi/perdere) come clienti.
7. Se ......................... (lei/inviare) l'ordine per e-mail, non ......................... (pervenire) così tardi.

**19 Leggete il seguente articolo su un'importante impresa italiana.**

**Vocabolario:**
[1]successo *Erfolg*
[2]ago ipodermico *Spritzennadel*
[3]siringa *Spritze*
[4]sanitario *Gesundheits-*
[5]soprannome *Spitzname*
[6]fatturato complessivo *Gesamtumsatz*
[7]obiettivo *Ziel*
[8]sindacale *gewerkschaftlich*

**Accompagniamo i bambini in un percorso di crescita**

*La storia del gruppo Artsana è prima di tutto quella di un uomo, nato a Monte Olimpino sul confine italo-svizzero e capace di creare in poco più di cinquant'anni un gruppo industriale i cui prodotti seguono ogni fase dell'attesa e poi della crescita di un bambino.*

La storia di Pietro Catelli non è solo quella di un successo[1] imprenditoriale. È l'affermazione di una centralità del bambino che ha ispirato in ogni momento la filosofia, l'immagine e la comunicazione dell'azienda. Alla testa del Gruppo, insieme a Pietro Catelli che conserva la carica di Presidente ci sono i tre figli: Francesca Catelli, Coordinatore della marca Chicco e Direttore della comunicazione, Enrico, Direttore della logistica e degli acquisti, e Michele, Direttore generale.

"Tutto inizia – racconta Francesca Catelli – nel secondo dopoguerra quando mio padre fondò una piccola azienda per la produzione di aghi ipodermici[2], termometri e siringhe[3]. Le tre grandi aree dove si concentrano i numerosi marchi del Gruppo Artsana sono quello sanitario[4], del bambino e cosmetico. Il marchio Chicco nasce invece nel 1958, insieme con il figlio maggiore, Enrico, il cui soprannome[5] dette il nome alla nuova azienda. Il fatturato complessivo[6] è di circa 1.260 milioni di Euro, sempre in crescita anche negli ultimi anni. Dal 1998, è stato definito dall'Azienda un proprio Codice di Condotta che ha l'obiettivo[7] di garantire il rispetto dei diritti umani e sindacali[8] fondamentali, e la tutela dell'ambiente".

***Chicco è un marchio sicuramente conosciuto in tutto il mondo ...***

"Le ragioni di questo successo sono tante, a cominciare dal fatto che questo marchio abbraccia tutti i bisogni del bambino dall'attesa al suo ingresso alle scuole elementari e nell'accompagnare la sua crescita si dà l'obiettivo di risolverne tutte le necessità. In altre parole, Chicco si propone come una guida che accompagna il bambino e i suoi genitori in questo viaggio che è poi il processo di crescita, materiale e spirituale, di ogni individuo".

ridotto e adattato da: Ticino Welcome 03/2004

**a** **Indicate con una x se le affermazioni sono vere o false.**

| | vero | falso |
|---|---|---|
| **1.** Pietro Catelli ha fondato la ditta circa 50 anni fa. | ☐ | ☐ |
| **2.** I suoi figli lavorano con lui nell'azienda come responsabili di diversi settori. | ☐ | ☐ |
| **3.** Inizialmente la ditta produceva cosmetici. | ☐ | ☐ |
| **4.** Nel 1958 Catelli dette un nuovo nome alla Artsana, che da allora si chiama Chicco. | ☐ | ☐ |
| **5.** L'azienda è in continua crescita. | ☐ | ☐ |
| **6.** L'azienda cerca di garantire i diritti sindacali e umani ai propri dipendenti. | ☐ | ☐ |
| **7.** La Chicco fabbrica dei prodotti per salvare l'ambiente. | ☐ | ☐ |
| **8.** I prodotti della Chicco si concentrano sui bambini fino ai sei anni circa. | ☐ | ☐ |

**b** **Ora rileggete il testo e scrivete di seguito tutte le parole che riguardano l'azienda ed il mondo del lavoro.**

.......................................................................................................................................................

.......................................................................................................................................................

.......................................................................................................................................................

## 20 Ho bisogno di una medicina ... Completate le frasi.

[ queste gocce oculari – un antistaminico – una pomata – una compressa[1] – un antidolorifico – degli antidolorifici ]

1. Se ti bruciano gli occhi, perché non prendi ............................?
2. Ho un mal di schiena terribile. Potresti andare in farmacia a prendermi ............................?
3. So che sei allergico al pelo dei gatti. Prima di andare da Claudio dovresti prendere .................. perché lui ha tre gatti in casa.
4. Dopo l'operazione ho dovuto prendere per molto tempo ............................ .
5. Anna ha il mal di testa, hai ............................ per lei? Un'aspirina o qualcosa di simile?
6. Mio figlio ha una forte irritazione alla pelle. Sta usando ............................ ma finora non gli ha fatto alcun effetto.

**Vocabolario:** [1]compressa *Tablette*

## 21 Leggete questo contributo a un forum on-line sul tema "Lavoro e salute". Completate con *prima* e *dopo*, aggiungendo *che* o *di*, se necessario.

**FORUM**

Che stress! Pensate che la mia collega ..................... aver saputo di dover cambiare reparto, ha deciso di lavorare solo il minimo indispensabile e mi ha lasciato una montagna di ordini da evadere[1]. Bisogna dire che è stata pure "fortunata", perché ..................... io potessi lamentarmi, si è ammalata. ..................... andare nel nuovo reparto è venuta a salutarmi e a dirmi che dovrei chiedere il trasferimento anch'io ..................... sia troppo tardi. Adesso che abbiamo il nuovo direttore, sarebbe il momento migliore. Ma io sto bene nel mio ufficio anche se, ora che lei se n'è andata, mi tocca lavorare sempre fino a tardi e spesso sono stanchissima. Anche ieri sera, ..................... aver lavorato fino alle otto circa, mi è venuto un fortissimo mal di testa. Non è la prima volta, anzi, ormai ho il mal di testa quasi ogni sera. ..................... i dolori diventino cronici, dovrei trovare un rimedio, ma lo potrò fare solo ..................... il mio capo sarà ritornato da Detroit.

Video | Cancella tutto | Chiudi

**Vocabolario:** [1]evadere (un ordine) *einen Auftrag erledigen*

# Politica, storia e società

## Come eravamo e come siamo

**1 Siete bravi in storia? Scrivete sopra i testi a quali avvenimenti riportati a pag. 86 al punto 2 si riferiscono.**

**1** ..............................................................

Nel 1979 un deputato verde, Daniel Brélaz, entrò a far parte del Parlamento nazionale della Svizzera. Due anni più tardi, quattro rappresentanti dei Verdi vennero eletti deputati al Parlamento belga. Ma il grande successo avvenne nel 1983, quando i verdi tedeschi riuscirono a conquistare 28 seggi nel Parlamento nazionale. Oggi i partiti verdi fanno parte anche del Parlamento Europeo.

**2** ..............................................................

Venne costruito nella notte tra il 12 e il 13 agosto 1961 per fermare la continua emigrazione verso la parte occidentale della città e cadde il 9 novembre 1989.

**3** ..............................................................

Non da tutti accettata con entusiasmo, è diventata realtà dal 1° gennaio 2002 per gli abitanti di dodici paesi europei.

**4** ..............................................................

Due naufragi nel giro di poche ore non bastano a fermare chi sta cercando una nuova vita. 259 migranti sono arrivati questa mattina sull'isola di Lampedusa.

**2 Caccia all'errore. Trovate le espressioni sbagliate, sottolineatele e riscrivete le frasi in modo corretto.**

1. Dopo la seconda guerra mondiale, con una rivoluzione, l'Italia passa dalla monarchia alla repubblica.
   ..............................................................
2. La Fiat 500 e la Vespa diventano dei simboli dell'"autunno caldo" italiano.
   ..............................................................
   ..............................................................
3. Nel 1969 gli impiegati statali scendono in piazza per ottenere maggiori diritti e cominciano una lunga serie di scioperi.
   ..............................................................
4. I grossi cambiamenti nell'Europa orientale e diversi scandali, i cui protagonisti sono uomini politici, cambiano il panorama politico italiano. Quasi tutti i partiti esistenti eleggono nuovi leader.
   ..............................................................
   ..............................................................

**3 Raggruppate le seguenti parole in quattro campi lessicali.**

[ partito – emigrati – manifestare – approvare – senatore – chiusura – protestare – varare – apertura – ratificare – deputato – immigrante – referendum – camera – sciopero – pacifista ]

| parlamento | legge | confine | manifestazione |
|---|---|---|---|
| .................... | .................... | .................... | .................... |
| .................... | .................... | .................... | .................... |
| .................... | .................... | .................... | .................... |
| .................... | .................... | .................... | .................... |

**4** **Lo sapevate? Completate le frasi con il pronome relativo "cui" e l'articolo determinativo appropriato.**

[ il cui (2x) – la cui (2x) – i cui (2x) – le cui ]

1. L'Italia, ........... nome ufficiale è *Repubblica Italiana*, è nata nel 1861 come monarchia ed è diventata repubblica parlamentare nel giugno del 1946.
2. I Reali di Savoia, ........... numerose residenze si trovano a Torino, erano originari della Borgogna.
3. La Repubblica Italiana, ........... capitale è Roma, ha più di 59 milioni di abitanti.
4. Fa parte dell'Italia anche il comune di Campione d'Italia, ........... territorio si trova nella Svizzera italiana.
5. Il Paese, ........... nomi più poetici sono il *Belpaese* (per il clima e le bellezze naturali ed artistiche), la *Penisola* o lo *Stivale* (per la forma geografica), si estende su più di 300 000 km².
6. Le cinque regioni a Statuto speciale, ........... maggiore autonomia è spesso dovuta a motivi linguistici, sono il Friuli Venezia Giulia, il Trentino Alto Adige, la Valle d'Aosta, la Sicilia e la Sardegna.
7. La bandiera italiana o il Tricolore, ........... colori sono il verde, il bianco e il rosso, nasce nel 1797 a Reggio Emilia.

**5** **Abbinate ai verbi elencati le espressioni che ne completano il significato.**

| | |
|---|---|
| 1. approvare | a ad una manifestazione |
| 2. segnare | b pacificamente |
| 3. manifestare | c dalla monarchia alla repubblica |
| 4. ottenere | d in piazza |
| 5. partecipare | e una legge |
| 6. passare | f maggiori diritti |
| 7. scendere | g la fine |

**6** **Quali sostantivi derivano dai seguenti verbi? Cercateli nel riquadro.**

aprire
cadere
eleggere
emigrare
entrare
fondare
manifestare
muovere
mutare
nascere
scioperare
unire

| | | | | | | | | | | | | | |
|---|---|---|---|---|---|---|---|---|---|---|---|---|---|
| M | A | N | I | F | E | S | T | A | Z | I | O | N | E |
| A | U | A | E | L | E | Z | I | O | N | I | A | Z | M |
| R | N | S | R | E | A | P | E | R | T | U | R | A | I |
| C | I | C | F | O | N | D | A | T | O | R | E | I | G |
| A | O | I | C | M | U | T | A | M | E | N | T | O | R |
| E | N | T | R | A | T | A | B | C | A | D | U | T | A |
| Z | E | A | M | O | V | I | M | E | N | T | O | E | T |
| M | O | S | S | O | A | S | C | I | O | P | E | R | O |

**7** **Le parole di un immigrato straniero in Italia. Completate con i verbi tra parentesi al passato prossimo.**

........................ (lasciare) il mio paese tre anni fa. Non mi ........................ (dispiacere) andare via anche se ........................ (dovere) lasciare là la mia famiglia. Volevo offrirle un futuro migliore, ma purtroppo nel mio paese non esistono ancora tante possibilità di lavoro e perciò sono partito.
In Italia le prime settimane ........................ (avere) qualche difficoltà, ma fortunatamente avevo dei contatti con alcuni connazionali che vivevano già qui e così ........................ (bastare) pochi mesi per ambientarmi e dopo poco tempo ........................ (trovare) anche un lavoro che mi piace. Certo, mi ........................ (servire) molto imparare l'italiano ed ........................ (valere) la pena frequentare un corso. Dopo due anni mia moglie e mio figlio mi ........................ (raggiungere). Il bambino

l'.................... (io/iscrivere) subito in prima elementare, in questo modo .................... (potere) frequentare immediatamente bambini della sua età e la vita qui gli .................... (piacere) subito. Da pochi mesi .................... (cominciare) la terza elementare. Mia moglie invece all'inizio aveva pochissimi contatti e non parlava neanche un po' d'italiano. Poi finalmente .................... (io/riuscire) a convincerla ad iscriversi ad un corso offerto dal comune, che .................... (lei/finire) da poco di frequentare.

**8 Ma come parlano? Completate i dialoghi inserendo le seguenti espressioni.**

[ dipende da – lo so perfino – spiegati meglio – fuori dal mondo – che diavolo di roba – a forza di – te ne rendi conto – quella specie di – farci caso ]

1. ● Nonna, hai visto il mio i-pod?
   ❍ L'i-pod? ................................ è?
   ● Ma dai, nonna! È ................................ walkman, quell'apparecchio che uso per ascoltare la musica.
   ❍ E allora ................................, scusa. Dimmi che stai cercando il walkman.
   ● Ma non è un walkman!

2. ● Io i giovani non li capisco più. Quando sono partito per venire da te, la figlia della mia vicina mi ha augurato "buon weeky". Io le ho risposto "grazie", ma non ho mica capito cosa vuol dire. Tu lo sai?
   ❍ Giovanni, ma sei proprio ................................! Vuol dire buon fine settimana, ................................ io che di figli non ne ho.

3. ● Anna, forse tu non ................................, ma quando parli usi un sacco di parole straniere.
   ❍ Che esagerato! ................................ quello che devo dire, se parlo di lavoro a volte sono costretta ad usarle perché non ci sono termini simili in italiano.
   ● No, guarda, prova a ................................ e ti accorgerai che le usi anche in altre situazioni.
   ❍ Sei anche tu uno di quelli che dice che ................................ usare termini stranieri dimenticheremo la nostra lingua?

**9 Quando uno ... Completate il testo con la forma impersonale "si" o "uno" laddove è più opportuno.**

Al giorno d'oggi non ...si... capisce più niente quando la gente parla. È vero che al lavoro a volte ...... è quasi costretti ad usare dei termini inglesi, ma è altrettanto vero che a volte ...... usano le parole straniere anche quando ci sono degli equivalenti in italiano. I giovani, soprattutto, ne fanno un vero e proprio abuso. Non capisco perché a scuola non ...... faccia niente per abituare i ragazzi a parlare come ...... dovrebbe e non solamente come ...... vuole. Io sono del parere che se ...... usano troppe parole straniere ...... finisce per dimenticare la propria lingua. Non solo, ma ...... rischia anche di farla scomparire. Mia figlia, naturalmente dice che esagero e mi fa notare che anch'io, pur criticando quest'uso spropositato[1] di termini stranieri, qualche volta dico delle parole inglesi senza nemmeno accorgermene.

**Vocabolario:** [1]spropositato *unverhältnismäßig, übertrieben*

**10 Indicativo, congiuntivo o infinito? Completate il racconto di Chiara con l'uso corretto delle forme verbali e la preposizione *di*, se necessario.**

« Guarda, Alessandra, oggi mi sento come se non .......................... (dormire) tutta la notte, malgrado ieri sera .......................... (andare) a letto alle 10 e .......................... (addormentarsi) anche subito. Credo .......................... (prendere) freddo al meeting e la sera .......................... (mangiare) un kebab che mi .......................... (rimanere) sullo stomaco. Mi sento come se .......................... (fare) una grande abbuffata[1], nonostante non l' .......................... (mangiare) tutto. Tra l'altro mi sembra che mi .......................... (stare) venendo il raffreddore, perciò è possibile che .......................... (essere) anche per questo che .......................... (sentirsi) così stanca. E come se non .......................... (bastare), stasera .......................... (esserci) anche una riunione al centro sociale per organizzare la manifestazione di sabato che forse .......................... (durare) parecchio. Se .......................... (andare) avanti fino a tardi temo.......................... (crollare[2]). Forse sarà meglio che .......................... (fermarsi) a comprare qualcosa da mangiare perché i miei sono in vacanza e il frigo è vuoto. Ma ora .......................... (bisognare) cominciare a studiare, altrimenti qui non si .......................... (concludere) più niente e credo che ce ne .................... (volere) di tempo prima che .......................... (io/riuscire) a finire tutta questa traduzione. »

**Vocabolario:** [1]abbuffata *Völlerei* [2]crollare *zusammenklappen*

**11 Leggete le testimonianze di alcuni emigrati italiani all'estero, intervistati da una redattrice del programma radiofonico italiano e trasformatele nel discorso indiretto.**

**Esempio:** *Antonio racconta che suo padre è partito dal Friuli per andare a lavorare in Belgio . . .*

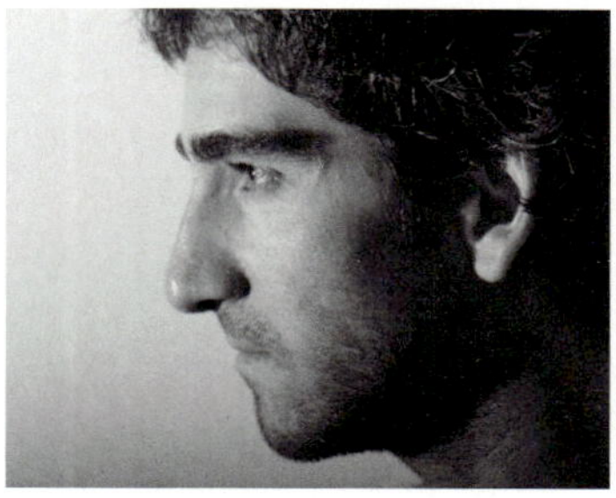

**Antonio, 45 anni:** "Mio padre negli anni '50 è partito dal Friuli per venire a lavorare in Belgio. Io sono nato qui e non ho mai vissuto in Italia, però da bambino ci andavo spesso in vacanza. Dopo la pensione i miei genitori sono tornati a vivere in Italia."
..............................................................................
..............................................................................
..............................................................................

**Raffaele, 65 anni:** "Ho lasciato il mio paese nel 1963. Allora i treni erano carichi di emigranti. I primi anni qui in Francia sono stati difficili, gli unici contatti che avevo con i francesi erano sul lavoro. Poi ho conosciuto Martine e ci siamo sposati. Adesso sono in pensione e potrei tornare al mio paese. Ma qui ho i miei figli, i nipotini e dopo tutti questi anni ormai mi sento un po' francese anch'io."
..............................................................................
..............................................................................
..............................................................................

**Graziella, 52 anni:** "Sono venuta a Brighton perché mio marito lavorava nella pizzeria di uno zio. Non volevo restarci, non capivo la lingua e non conoscevo nessuno. Era terribile. Due anni dopo mio marito ha aperto una pizzeria sua ed io ho cominciato ad aiutarlo. Adesso viviamo qui da 27 anni e abbiamo uno dei migliori ristoranti della città. Ci piace stare qui, ma quando andremo in pensione torneremo a Torre del Greco, dove abbiamo costruito una villetta."
..............................................................................
..............................................................................
..............................................................................

**12** **Ricordate il racconto di pagina 91? Ricostruite l'ordine cronologico delle frasi.**

☐ Elisa ha detto che, se si fosse sposata, non avrebbe lasciato partire il marito.
☐ La madre ha quasi cominciato a piangere.
☐ Elisa ha lanciato uno sguardo arrabbiato a sua madre.
☐ La madre ha cominciato ad elencare i sacrifici che il padre faceva per la famiglia.
☐ La madre ha letto ai figli la lettera del loro padre mentre stavano pranzando.
☐ La madre ha risposto che anche lei aveva cercato di convincere il padre a restare.

**13** **Scegliete a lato la frase corretta corrispondente al discorso diretto.**
**Attenzione! In due casi sono corrette entrambe le frasi.**

| Discorso diretto | Discorso indiretto |
|---|---|
| Disse: | Mi disse ... |
| **1.** "Guido tornerà fra due giorni." | ☐ che Guido tornerebbe due giorni dopo.<br>☐ che Guido sarebbe tornato due giorni dopo. |
| **2.** "Non parta a quest'ora! C'è molto traffico." | ☐ di non partire a quell'ora.<br>☐ che non partissi a quell'ora. |
| **3.** "Mio nonno era di origine albanese." | ☐ che suo nonno sarebbe stato di origine albanese.<br>☐ che suo nonno era di origine albanese. |
| **4.** "Avevo comprato il biglietto prima di partire." | ☐ che aveva comprato il biglietto prima di partire.<br>☐ che comprava il biglietto prima di partire. |
| **5.** "Voglio che mio figlio faccia una vita migliore." | ☐ che voleva che suo figlio faceva una vita migliore.<br>☐ che voleva che suo figlio facesse una vita migliore. |
| Chiese: | Ci chiese ... |
| **6.** "Siete stanche di vivere in questa città?" | ☐ se eravamo stanche di vivere in quella città.<br>☐ se eravamo state stanche di vivere in quella città. |
| **7.** "Vi sembra giusto quello che state facendo?" | ☐ se ci sembrasse giusto quello che stavamo facendo.<br>☐ se ci sembrava giusto quello che stavamo facendo. |
| **8.** "Come mai Enrica vuole studiare all'estero?" | ☐ come mai Enrica aveva voluto studiare all'estero.<br>☐ come mai Enrica volesse studiare all'estero. |

**14** **Promesse da marinaio[1]! Leggete cosa aveva promesso Franco ai suoi genitori prima di emigrare all'estero e trasformate le frasi dal discorso diretto al discorso indiretto.**

| Franco |
|---|
| "Non ho voglia di partire e mi dispiace lasciarvi soli. Ho cercato un posto dappertutto e ho capito che qui non troverò mai un lavoro dignitoso. Ma non dovete preoccuparvi per me. Vi telefonerò tutte le settimane e vi manderò una parte del mio stipendio. Tornerò e sposerò Tina quando avrò trovato un lavoro. Vorrei passare la mia vita con lei. L'ho detto anche ai suoi genitori." |

**I genitori**

Avevi detto che non ......................... voglia di partire e che ............................................ soli, che ......................... un posto dappertutto e ......................... che .............. non .................... mai un lavoro dignitoso. Avevi aggiunto che non ............................................ per ........ perché ........................................... tutte le settimane e ............................................ una parte del .......... stipendio. Avevi promesso che ......................... e ......................... Tina quando ......................... un lavoro perché ......................... la .......... vita con lei. Avevi perfino aggiunto ......................... ai suoi genitori. E noi abbiamo creduto a tutto. Invece ci hai telefonato solo i primi mesi, non ci hai mai mandato soldi, ti sei sposato con una straniera e non ci hai neppure invitato al matrimonio.

**Vocabolario:** [1]promesse da marinaio *leere Versprechungen*

**15 Rileggete il dialogo tra Chiara ed Armando a pagina 90 e completate il testo coniugando i verbi tra parentesi in modo appropriato.**

Armando ha detto a Chiara di ... *muoversi* ......... (muoversi) se ... *voleva* ......... (volere) essere accompagnata al treno, perché lui ....................... (essere) già in ritardo. Chiara ha chiesto a suo padre di ....................... (aspettare) perché non ....................... (trovare) la bandana. Suo padre voleva sapere cosa ....................... (essere) e la figlia ha spiegato che ....................... (essere) quella specie di fazzoletto blu che lei ................. (avere) sempre in testa. Armando le ha risposto che l'....................... (vedere) sul divano e ha chiesto a Chiara perché quella cosa non ....................... (chiamarsi) più fazzoletto.
Sua moglie lo ha interrotto chiedendo a Chiara se domenica ....................... (tornare) per cena. Chiara le ha risposto che non lo ....................... (sapere) e che ....................... (dipendere) da quando ....................... (finire) la riunione. Le ha detto di non ....................... (aspettare) perché magari ....................... (mangiare) un kebab con i suoi amici.
Il padre ha osservato che per capirla ....................... (volerci) un dizionario e ha domandato se i professori a scuola non ....................... (dire) niente agli studenti. Chiara però ha obiettato che forse suo padre non ..................... (rendersene) conto, ma che ....................... (essere) sempre così, che anche lui probabilmente ............................. (usare) tante parole straniere senza farci più caso. Suo padre le ha risposto che le ....................... (usare) solo se non ....................... (esistere) dei termini equivalenti in italiano. Chiara gli ha fatto notare che non ....................... (essere) vero, che una volta lo ....................... (sentire) dire al suo collega che ....................... (avere) un black out e che non ....................... (ricordare) più la password. Per interrompere la discussione la mamma di Chiara ha fatto notare a entrambi che se avessero continuato a discutere Chiara avrebbe rischiato di perdere il treno.

**16 Minoranze in Italia. Segnate con una x quali delle seguenti lingue appartengono a minoranze linguistiche presenti in Italia.**

| | |
|---|---|
| ☐ sloveno | ☐ spagnolo |
| ☐ francoprovenzale | ☐ greco |
| ☐ slovacco | ☐ albanese |
| ☐ catalano | ☐ ladino |
| ☐ ucraino | ☐ olandese |
| ☐ tedesco | ☐ croato |

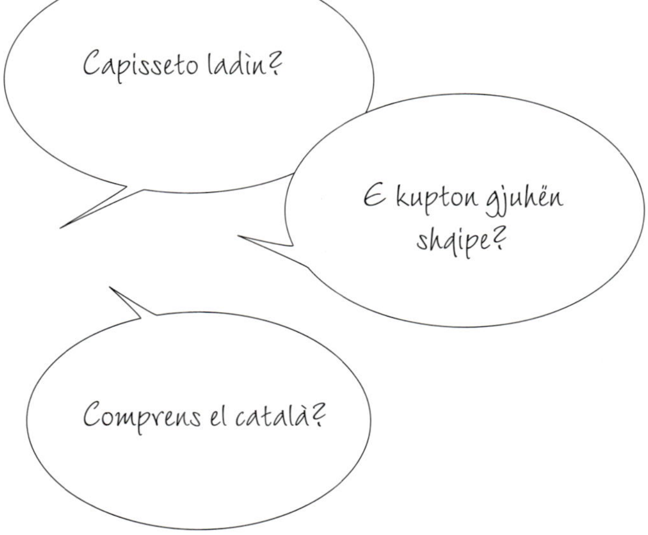

**17** **Intervistiamo Naiaga! Ricordate il brano che parla dell'esperienza dell'immigrato senegalese a Marzano? Completate la seguente intervista.**

| | |
|---|---|
| *Sie begrüßen Naiaga und fragen ihn, woher er stammt.* | • ..................................<br>❍ Sono senegalese. |
| *Sie erläutern, dass er die ersten Jahre mit fünf Landsleuten in einem Haus auf dem Land gewohnt hat und fragen, wie das Haus war und wie es ihm dort gefiel.* | • ..................................<br>..................................<br>❍ Era un casolare immerso in un boschetto circondato da campi. In lontananza si vedevano le colline con i vigneti. Fuori il paesaggio era molto bello, ma dentro non c'era né acqua né elettricità e mancavano pure le finestre. |
| *Sie fragen, ob sie schon Arbeit hatten, als sie dort hin zogen.* | • ..................................<br>❍ Sì, avevamo trovato tutti un posto nelle fabbriche della zona. |
| *Sie fragen, wie es dazu kam, dass er und die anderen in ein Landhaus in einem so schlechten Zustand eingezogen sind.* | • ..................................<br>❍ Perché nessuno voleva darci una casa in affitto. Avevamo chiesto aiuto anche al comune e al parroco, ma non ci avevano dato una mano nemmeno loro. |
| *Sie möchten wissen, wo die Männer vorher wohnten.* | • ..................................<br>❍ Dormivamo in un albergo vicino alla stazione di Trieste e facevamo i pendolari ogni giorno per andare a Manzano a lavorare. |
| *Sie fragen Naiaga, wo er jetzt lebt.* | • ..................................<br>❍ Adesso abito con mia moglie e i miei figli in un appartamento all'ultimo piano di un condominio di ex case popolari. |
| *Sie fragen, ob die Wohnung gemietet ist.* | • ..................................<br>❍ No, l'ho comprato facendo un mutuo ventennale. |
| *Sie fragen, ob Naiaga noch in der selben Fabrik arbeitet.* | • ..................................<br>❍ No, ho un'azienda con cinque dipendenti che gestisco in società con un friulano. |

**18** **Passato prossimo o passato remoto? Completate le frasi in modo corretto.**

furono – abbiamo venduto – emigrò – hanno potuto – è tornata – hanno cominciato – hanno acquistato – fece – si trasferì – emigrarono

1. Il mese scorso .......................... la casa che il mio bisnonno .......................... costruire negli anni '20.
2. Caterina .......................... dal Canada da alcuni mesi. Quando .......................... a Montréal negli anni '50 era poco più di una bambina, ma ha sempre mantenuto un forte legame con il suo paese d'origine.
3. Quando mio padre .......................... a Milano per cercare lavoro, il Veneto era una regione di emigranti, invece adesso molti immigrati stranieri in questa regione .......................... cominciare una nuova esistenza.
4. Dal paesino dei miei suoceri negli anni '60 .......................... molte persone e tantissime case vennero abbandonate. Da una decina d'anni molti turisti stranieri .......................... a comprare queste case e a restaurarle.
5. I cinesi .......................... certamente tra i primi immigrati stranieri in Italia. La loro comunità a Milano esiste da circa un secolo e nel frattempo .......................... molti immobili in alcuni quartieri della città.

**19** **Completate il brano collocando l'aggettivo nella posizione corretta.**

[ adatto – alcuni – alimentari – altra – commerciale – elementare – familiare – tanta – italiani – negative – piccolo – più ~~ricche e produttive~~ – popolari – primi – ultimo – pochi ]

Sonia è argentina, ma abita in Emilia Romagna, una delle .........X..........regioni più ricche e produttive d'Italia. Quando è venuta in Italia suo marito ci viveva già da .................... anni .................... . Aveva lavorato sodo facendo il pendolare e alloggiando per un po' di tempo in un .................... appartamento .................... con suo fratello che era venuto in Italia con lui. Poi aveva cominciato a cercare una casa tutta per sé. Dopo le prime .................... risposte .................... era riuscito a trovare un .................... appartamento .................... alle esigenze della sua famiglia, all'.................... piano .................... di un condominio di ex .................... case .................... ed aveva potuto chiedere finalmente il .................... ricongiungimento[1] .................... . Sonia i .................... tempi .................... era rimasta a casa ad occuparsi dei bambini che dovevano essere inseriti nella ....................scuola .................... .
D'.................... parte .................... aveva anche anche lei.................... voglia .................... di cominciare a lavorare. Essendo un tipo estroverso, si lamentava di avere .................... contatti .................... con altre persone. Ma da quando il marito ha rilevato[2] l'.................... attività .................... di .................... generi .................... di un suo connazionale, lo aiuta in negozio ed è contenta di parlare con i .................... clienti .................... che vanno da loro a fare la spesa.

**Vocabolario:** [1]ricongiungimento *Zusammenführung* [2]rilevare *hier: übernehmen*

**20** **Leggete le seguenti frasi e segnate con una x quelle che corrispondono alle intenzioni evidenziate in neretto.**

| **riferire cosa ha detto una persona** | |
|---|---|
| **1.** La mia amica ha raccontato che a casa parlano sempre in dialetto. | ☐ |
| **2.** Penso che mio fratello non conosca molto la storia europea. | ☐ |
| **3.** Mia madre mi ha riferito nei dettagli cosa ha scritto lo zio del Belgio. | ☐ |
| **4.** Ho l'impressione che la mia collega preferirebbe rimanere a lavorare nel nostro reparto. | ☐ |
| **5.** Alessio mi ha chiesto se volevi venire anche tu al concerto di Giorgia. | ☐ |

| **spiegare o chiedere spiegazioni** | |
|---|---|
| **1.** Non ho capito cosa vuol dire. | ☐ |
| **2.** Armando non me ne ha parlato. | ☐ |
| **3.** Scusi, può ripetere? Non ho capito. | ☐ |
| **4.** Allora spiegati meglio! | ☐ |
| **5.** Questo termine significa … | ☐ |

| **collocare un avvenimento storico e politico nel tempo** | |
|---|---|
| **1.** Il re dovette andare in esilio nel 1946 quando nacque la Repubblica. | ☐ |
| **2.** Credo che le manifestazioni operaie dell'"autunno caldo" abbiano avuto luogo nel 1969. | ☐ |
| **3.** Andrea ieri ha partecipato alla manifestazione degli studenti. | ☐ |
| **4.** Ma quando è caduto il muro di Berlino? | ☐ |
| **5.** Al referendum per confermare la legge sul divorzio mio padre aveva votato sì. | ☐ |

| **raccontare la propria storia** | |
|---|---|
| **1.** Sono nato in un villaggio del Senegal e sono venuto in Italia quando avevo 18 anni. | ☐ |
| **2.** I miei vicini sono ritornati al loro paese. | ☐ |
| **3.** Dopo la laurea mio marito ha trovato un lavoro a Torino, così io mi sono traferita con lui. | ☐ |
| **4.** Ma lo sai che alla tv hanno fatto vedere il tuo capufficio? | ☐ |
| **5.** I miei nonni volevano che mio padre studiasse medicina, invece lui è diventato insegnante. | ☐ |

## Ma tu ci credi?

**1 Raggruppate le parole in due campi lessicali e scegliete per ognuno il titolo adatto tra i seguenti: oroscopo, viaggio, fantascienza, teatro.**

[ rotta – scena – svoltare – tragitto – travestirsi – personaggio – destinazione – interpretare – tirare dritto – ruolo ]

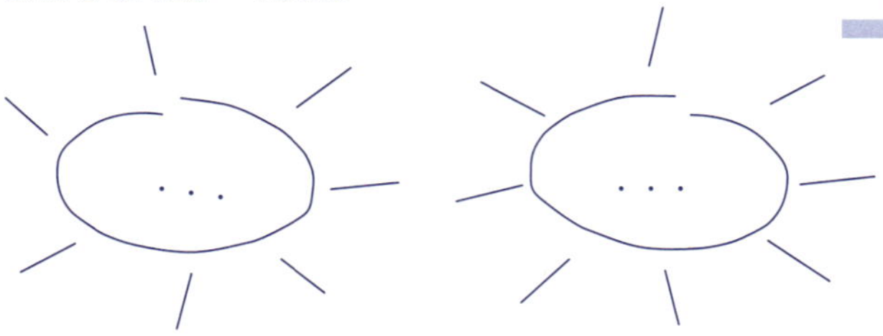


**2 Quante combinazioni sono possibili? Collegate le espressioni del mouse e del computer e aggiungete, se necessario, articolo e preposizione.**

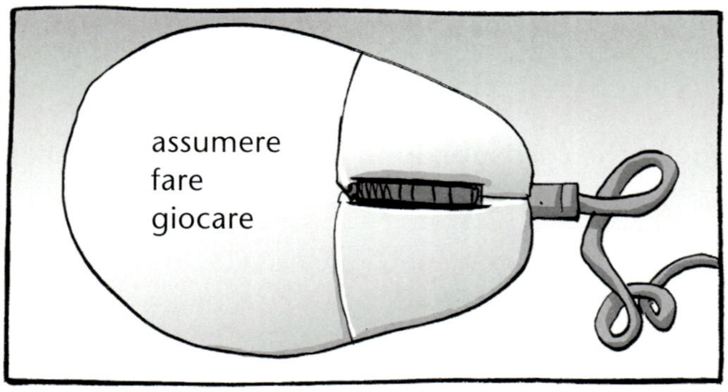

..........................................................................................................................................
..........................................................................................................................................
..........................................................................................................................................
..........................................................................................................................................
..........................................................................................................................................

**3 Mondi irreali. Completate il testo con i seguenti verbi.**

[ ha dato – ci rifugiavamo – ha capito – si travestiva – preferiva – leggeva – odiava – era – guardavo – ero – ha lasciata – piacevano – c'era – dovevamo – ho fatto – diceva – interpretava – è rimasta ]

"Non mi piace fare giochi al computer e non .......................... mai .......................... un viaggio virtuale, quando .......................... un ragazzino non .......................... neanche il computer. Io allora .......................... sempre i film di fantascienza. La mia serie preferita .......................... Star Trek. A mia sorella Clara invece quei film non .......................... proprio. Lei .......................... recitare, così durante le feste di compleanno .......................... e noi invitati .......................... indovinare quale personaggio .......................... . Mia sorella Teresa, che .......................... i film di fantascienza e non .......................... mai .......................... la passione di Clara per la recitazione, .......................... che tutti e due .......................... in un mondo irreale. Senza accorgersi di quanto fosse irreale il suo! Dovete sapere, infatti, che Teresa .......................... tutti i giorni l'oroscopo e questa mania le ........... sempre .......................... . Pensate un po' che quando il fidanzato l'.......................... lei ....................... la colpa a un gatto nero che le aveva attraversato la strada! Da allora si fa leggere le carte."

**4 Ricordate il racconto del gioco insolito? Completate le parole.**

Claudia e suo padre si erano inventati un gi.................. con cui si divertivano la mattina, quando il papà accompagnava la figlia a scu............... . Impostavano sul navig............... satel............... come destinazione l'indi............... della scuola, ma poi non seguivano le indic............... date dalla vo.................. femminile. Disubbidivano sistematicamente agli ord.................. che indicavano il trag.................. più breve. Quando la voce ad esempio diceva di svol............... a destra, le rispondevano che purtroppo non avevano seguito le indicazioni correttamente, e tiravano dri............... . Così il navigatore si confo.............., si metteva a ricalcolare il trag............... , e la figlia si divertiva e rideva. Dopo aver reimpostato, la voce riprendeva a dare le indic..............., che loro continuavano a non seguire, continuando a scusarsi con lei dicendo o che non era poss.................. girare o che non ne avevano voglia. Così prendevano in giro quell'aggeggio che andava in confu.............. ma che, senza protestare, con una specie di pazi..............digitale, ripeteva sempre le stesse cose, senza alternative e senz'altra salv.............. possibile che rompersi.

**5 Completate i dialoghi con le seguenti espressioni. Attenzione all'uso corretto dei tempi verbali.**

[ insistere – confondersi – disubbidire sistematicamente – impostare come destinazione – voce antipatica – contraddire – tono perentorio – ripetere – replicare – rispondere – rompersi (2x) – indicare il tragitto – protestare – intransigente[1] – discutere – continuare ]

1. ● Senti, spiegami un po' come si usa il navigatore satellitare.
   ❍ Guarda, è facilissimo. Bisogna solo ............................ il luogo che si vuole raggiungere e basta. Per me è comodissimo. Io ho un pessimo senso dell'orientamento e quando non avevo il navigatore ............................ spesso. Tu invece come fai?
   ● Beh, le poche volte che devo recarmi in un posto che non conosco, mi affido a un programma online. Anche lì basta digitare il punto di partenza e di arrivo e il programma ti ............................ che puoi stampare.

2. ● Non so più cosa fare con mia figlia. Qualsiasi cosa le dica di fare, lei ............................ . Non serve proprio a un bel niente usare con lei un ............................!
   ❍ Cosa vuoi, è l'età. Sembra che il loro compito sia quello di ............................ sempre tutto ciò che gli viene detto. È il loro modo di ............................ contro noi grandi. Cerca di non essere troppo ............................, è importante continuare a ............................ con loro e bisogna fare in modo che i rapporti non ............................ . Vedrai che passerà.

3. ● Non ne posso più di Gianni. ............................ a telefonarmi e ............................ a chiedermi se voglio uscire con lui. Quando sento quella ............................ che ............................ continuamente le stesse cose non so che farei.
   ❍ Anche con me ci ha provato, sai? Ma ogni volta che me lo chiedeva ............................ sempre che avevo altri impegni. Ma tu perché gli ............................, scusa?
   ● Perché non lo riconosco, chiama sempre come anonimo. Comunque stamattina mi è caduto il cellulare e ............................ e sta' sicura che questa volta cambio numero.

**Vocabolario:** [1]intransigente *unnachgiebig, streng*

**6 Quali parole contengono un prefisso? Sottolineatele.**

| | | | |
|---|---|---|---|
| dispiacere<br>discutere<br>distante<br>disubbidire<br>disoccupato | indiretto<br>indovinare<br>indomani<br>indipendente<br>informale | scomparire<br>sbagliato<br>sconosciuto<br>spettacolo<br>sconto | |
| | connazionale<br>contento<br>concittadino<br>contenitore<br>connettere | rileggere<br>rifare<br>rispettare<br>riascoltare<br>risparmiare | impaziente<br>immenso<br>illustrazione<br>irritazione<br>irreale |

**7 Un viaggio nel passato. A quali articoli si riferiscono i seguenti titoli? Abbinateli.**

1. **Ecco come si salta nel passato**
2. Viaggio virtuale nella Roma antica
3. Il Parco della Preistoria
4. **Via Francigena: sulle orme dei pellegrini in cammino verso Roma**

**A** "I cammini del cielo": così si chiamavano gli itinerari dei pellegrini medievali, mossi dalla fede verso Roma, San Giacomo di Compostela o Gerusalemme.
Questa via proveniva dalla Francia, discendeva la Valle di Susa e raggiungeva Torino.

**B** A chi non piacerebbe poter tornare indietro nel tempo? Magari per non ripetere più gli errori o rivivere bei momenti? Questa possibilità potrebbe diventare realtà: le leggi della fisica lo permettono.

**C** Potrete camminare per le strade dell'Urbe tardo-antica e incontrare personaggi e luoghi storici. La simulazione ricostruisce per la prima volta in maniera virtuale 31 monumenti e 7 mila edifici dell'epoca.

**D** Gli animali e gli uomini preistorici, ricostruiti con metodi scientifici a grandezza naturale, sono distribuiti lungo l'itinerario in ordine cronologico ed evolutivo e si presentano così come erano, viventi, milioni di anni fa.

**8 Il miracolo di San Gennaro. Leggete il seguente testo e scegliete la forma corretta del verbo.**

« Oggi ho incontrato Pasquale. Pensavo che *fosse/sarebbe* partito per Napoli solo la settimana prossima, invece partirà domani perché oltre a far visita alla famiglia, vuole assistere alla festa di San Gennaro. Lui credeva che io *l'avrei saputo/lo sapessi* già.
Era convinto che Giulio me lo *avesse/avrebbe* detto. Io speravo che Pasquale *sarebbe/fosse* venuto con noi al concerto, mi sembrava che ci *tenesse/avesse tenuto* tanto. Non sapevo invece che Pasquale *fosse/fosse stato* tanto legato alle tradizioni della sua città. Finalmente ho capito in cosa consiste il miracolo di San Gennaro. Io non ci credo, ma se Pasquale una volta mi *avesse chiesto/chiedesse* di andare a vedere la festa con lui, forse ci andrei. »

**9 San Nicola di Bari. Ricostruite il dialogo inserendo le seguenti battute al posto giusto.**

| | |
|---|---|
| **a** E quand'è esattamente? | **d** Grazie, volentieri. Ma cosa fanno, una messa? |
| **b** La festa di San Nicola? Ma che festa è? | **e** Ma San Nicola è lo stesso che era in Turchia? |
| **c** Quindi è una festa religiosa. | **f** Il 30 aprile. |

● Olga, quando tornerai da Minsk?
❍ …
● Ah, che bello! Allora farai in tempo a vedere la festa di San Nicola.
❍ …
● Eh, già, tu non la conosci. È la festa del Patrono di Bari. Commemora l'arrivo delle reliquie del santo qui a Bari intorno al 1080 …
❍ …
● Sì, sostanzialmente è religiosa. Però come tutte le feste religiose, è legata anche a diverse tradizioni e oggi è un appuntamento culturale irrinunciabile.
❍ …
● Dal 7 al 9 maggio. Devi venirci assolutamente, sai? Potresti venire con noi.
❍ …
● Beh, certo, ci sarà anche quella, anzi, ce ne sarà più di una. Però ci sarà anche un corteo storico. Si porta anche la statua in mare e verso sera si riporta sulla terraferma con una processione attraverso la città.
❍ …
● Brava! Sul calendario la sua festa è il 6 dicembre. Una volta portava anche i regali ai bambini, ma oggi sono pochissimi quelli che osservano ancora questa tradizione.

**10 Indicate con una crocetta tutte le combinazioni possibili.**

| | | |
|---|---|---|
| **1.** Mi sembrava che | ☐<br>☐<br>☐ | **a** Maria fosse tornata la settimana prima.<br>**b** Maria sarebbe tornata pochi giorni dopo.<br>**c** Maria sia tornata ieri. |
| **2.** Credevamo che | ☐<br>☐<br>☐ | **a** nostro figlio partecipasse alla festa.<br>**b** si diverta alla festa.<br>**c** avesse mangiato troppo alla festa. |
| **3.** Non sapevi che | ☐<br>☐<br>☐ | **a** Lucio sarebbe stato napoletano?<br>**b** Lucio fosse così legato alle tradizioni?<br>**c** Lucio avesse suonato al concerto di Natale? |
| **4.** Temevate che | ☐<br>☐<br>☐ | **a** non sarebbe avvenuto il miracolo?<br>**b** verrebbe poca gente alla processione?<br>**c** i vostri amici si fossero dimenticati di venire? |
| **5.** Sapevo che | ☐<br>☐<br>☐ | **a** era importante per loro.<br>**b** Anselmo non conosceva la storia.<br>**c** voi foste partiti due giorni prima. |
| **6.** Speravano che | ☐<br>☐<br>☐ | **a** ci fermassimo qualche giorno di più.<br>**b** cambieremmo idea.<br>**c** saremmo andati con loro al concerto. |
| **7.** Pensavano che | ☐<br>☐<br>☐ | **a** gli racconterei la storia.<br>**b** dicessi come stavano le cose.<br>**c** non avrei voluto conoscere le cause. |
| **8.** Era dell'opinione che | ☐<br>☐<br>☐ | **a** quell'uomo fosse un po' superstizioso.<br>**b** sarebbe stato difficile convicerlo a stare a casa.<br>**c** voleva partecipare alla processione. |

**11** **Non sapevo che ...**
**Completate il racconto di Bruno.**

« Sapevo che il mese scorso ............................. (esserci) la Festa dell'Uva nel paese dei miei nonni, ma non sapevo esattamente a che ora ............................. (cominciare) le manifestazioni. Non ero nemmeno sicuro che ............................. (fare) la sfilata dei carri con l'uva, perché mi ricordavo che l'anno scorso ............................. (esserci) dei problemi per ottenere l'autorizzazione. Ignoravo del tutto che mio nonno quest'anno ............................. (essere) tra gli organizzatori della festa e non immaginavo che ............................. (dimenticarsi) di invitarmi ... »

**12** **La sagra del pesce a Pozzallo. Ricostruite il testo collegando le frasi delle due colonne.**

1. Le sagre alimentari, oltre a dare la possibilità ai turisti di conoscere le zone della Sicilia
2. Molteplici sono le attività delle feste: dai giochi tradizionali
3. A Pozzallo, splendida cittadina in riva al mare, dall'11 al 13 agosto si tiene una delle sagre
4. La manifestazione si svolge attorno ad una enorme padella[1] dal diametro[2] di 4 metri
5. Il pesce, appena fritto viene posto sui vassoi e servito da decine di camerieri
6. Durante la manifestazione gli spettatori sono intrattenuti[3]

http://www.comune.ragusa.it

**Vocabolario:** [1]padella *Bratpfanne* [2]diametro *Durchmesser* [3]intrattenere *unterhalten* [4]artigianato *Handwerk* [5]indiscusso *unbestritten*

**a** ai partecipanti, fino a quando anche l'ultimo pesce viene offerto alle persone in attesa.
**b** all'esposizione dei prodotti di artigianato[4] locale, dai concerti folcloristici agli spettacoli teatrali.
**c** con musica orchestrale, cantanti, lotterie di pesce e bancarelle d'ogni genere.
**d** dove il pesce (seppie, calamari, gamberoni e polpi) è il protagonista indiscusso[5] di questa serata.
**e** e i prodotti dell'isola, possono considerarsi un momento di incontro in cui si festeggia il piacere del mangiar bene con l'augurio di una buona produzione alimentare.
**f** più caratteristiche della provincia di Ragusa: "la sagra del pesce".

**13** **Indovinate la città! Completate con *mentre* o *durante* e indicate sulla cartina il nome della città e il numero della frase relativa.**

1. ........................... passeggiavo per il centro ho sentito i colpi di cannone che annunciavano il miracolo.
2. ........................... il Carnevale si possono ammirare delle bellissime maschere in tutta la città.
3. Le guardie del Tiranno e i popolani ribelli si affrontano ........................... la battaglia delle arance.
4. Siamo arrivati proprio ........................... passavano i carri allegorici con le caricature degli uomini politici.
5. ........................... l'inaugurazione della stagione teatrale della Scala davanti al teatro ci sono spesso manifestazioni di protesta.
6. ........................... la festa di San Nicola a maggio si svolge anche una processione.
7. ........................... la festa de "La Chiave di Cichino" il borgo torna ad essere una città medievale con gli artigiani, i cantastorie ed i maghi che popolano le vie del paese.

**14** **Tra poco è Natale! Trasformate le frasi come nell'esempio.**

Che stanchezza! È mezzanotte e sono sfinito, perché oggi che è la vigilia di Natale come al solito c'era un sacco da fare.

1. Mentre rientravo dal lavoro mi sono ricordato che dovevo ancora comprare un regalo per mia moglie.
   Durante il rientro dal lavoro mi sono ricordato che dovevo ancora comprare un regalo per mia moglie.
2. Mentre viaggiavo in macchina sull'autostrada c'è stato un incidente.
   ..................................................................................................
3. Mentre sostavo davanti alla stazione in attesa dei miei suoceri un vigile voleva farmi la multa.
   ..................................................................................................
4. A casa mentre ci scambiavamo saluti e convenevoli[1] è andata via la corrente.
   ..................................................................................................
5. Mentre cenavamo c'era una grande confusione perché c'erano anche tanti bambini.
   ..................................................................................................
6. Mentre giocavamo tutti a tombola mia figlia si è messa a piangere perché non vinceva mai.
   ...............................della tombola...............................................
   Finalmente adesso sono andati tutti a casa ed io posso andare a dormire. Buon Natale!

**Vocabolario:** [1]convenevoli *Höflichkeiten*

**15** **Di cosa si tratta? Leggete le definizioni e indovinate la parola.**

1. Gioco d'azzardo, in cui vengono estratti cinque numeri dall'1 al 90 e dato un premio a chi ne abbia indovinati uno o più: ......................
2. Credenza popolare secondo la quale un avvenimento può influenzare il futuro di una persona: ......................
3. Festa popolare con fiera e mercato, dedicata a un prodotto di stagione o a un raccolto: ......................
4. Oggetto simbolico a cui si assegna il potere magico di procurare felicità, benessere, fortuna: ......................

**16** **Paese che vai, usanza che trovi. Secondo voi porta fortuna o sfortuna? Mettete una x.**

1. toccare ferro ☺ ☹
2. incontrare uno spazzacamino ☺ ☹
3. trovare un quadrifoglio ☺ ☹
4. passare sotto una scala ☺ ☹
5. rompere uno specchio ☺ ☹
6. incrociare le dita ☺ ☹
7. veder cadere una stella ☺ ☹
8. aprire l'ombrello in casa ☺ ☹

**17** **Babbo Natale e la Befana. Fate una breve descrizione scritta dei due personaggi con le informazioni sottostanti.**

vestito di rosso – una vecchietta – su una scopa – porta i doni su una slitta – vola di tetto in tetto – la notte tra il 5 e il 6 gennaio – scende dal camino – barba bianca – toppe[1] alla sottana[2] – lascia dei dolcetti in una calza – porta il carbone ai bimbi cattivi – lascia i doni sotto l'albero – la notte della Vigilia di Natale

**Vocabolario:** [1]toppe *Flicken* [2]sottana *Rock*

..................................................................................................
..................................................................................................
..................................................................................................

**18** **Conoscete la festa di Santa Lucia? Sottolineate la forma verbale corretta.**

Nonostante *sia/è* quasi dappertutto Babbo Natale oggi a portare i doni, in molte province dell'Italia settentrionale per i bambini la festa di Santa Lucia, il 13 dicembre, è ancora la festa più importante che *esista/esiste*. È il caso dei bambini di Lenna, in provincia di Bergamo. La sera del 12 dicembre, si fa un grande falò[1] e la gente *scende/scendono* in piazza. Ci *sono/siano* bancarelle di dolci e di torte, e lavoretti fatti a mano preparati dalle mamme di Lenna. Una donna vestita da Santa Lucia sale su un carretto e lancia caramelle[2] a tutti. Più tardi si *facciano/fanno* i fuochi d'artificio e si *mangiano/mangino* le caldarroste[3] con il vin brulé. Prima che *arrivasse/arrivi* la mezzanotte tutti tornano a casa. I bambini *preparino/preparano* sulla finestra la letterina, il fieno[4] per l'asinello, delle arance per Santa Lucia e poi *vanno/vadano* di corsa sotto le coperte affinché S. Lucia non li *trovi/trova* svegli al suo arrivo. Poi *arrivi/arriva* il 13 dicembre, il giorno più bello che *c'è/ci sia*: Santa Lucia la notte ha portato i doni e la mattina dopo non si *vada/va* a scuola.

**Vocabolario:** [1]falò *großes Feuer anlässlich eines Festes* [2]caramella *Bonbon* [3]caldarroste *heiße Maronen* [4]fieno *Heu*

**19** **Il *si* impersonale: completate le frasi con l'ausiliare *essere* e l'accordo del participio.**

Si . . .

......è..... andati.... alla festa
........... guardat.... la sfilata
........... comprat.... i regali
........... arrivat.... a casa
........... aspettat....
........... venut.... troppo tardi
........... uscit.... con gli amici
........... avut.... molto da fare
........... sces.... dalle macchine
........... vist.... le manifestazioni
........... ascoltat.... il concerto
........... stat.... al cinema

**20** **A casa nostra si è sempre festeggiato così. Collegate le frasi.**

A casa nostra ...

1. la vigilia di Natale si è giocato
2. la mattina del 25 dicembre ci si è scambiati
3. ogni anno il giorno di Natale si è mangiato
4. il cenone di Capodanno si è concluso sempre
5. per Carnevale si sono preparate
6. a Carnevale grandi e piccini ci si è mascherati
7. il giorno di Pasqua ai più piccoli si sono regalate
8. invece a Pasquetta si è fatta spesso

a con lo zampone[1] e le lenticchie[2].
b le chiacchiere[3] e le frittelle[4].
c le uova con la sorpresa.
d per andare alla sfilata.
e i regali di Natale.
f sempre a Tombola.
g una scampagnata con parenti ed amici.
h il panettone.

**Vocabolario:** [1]zampone *gefüllter Schweinsfuß* [2]lenticchie *Linsen* [3]chiacchiere *Karnevalsgebäck* [4]frittelle *Schmalzgebäck*

**21** **Andiamo a teatro a vedere "Il Ciambellone". A chi si riferiscono le seguenti affermazioni? Segnatelo con una crocetta.**

| | Berta | Nicola |
|---|---|---|
| 1. Dice di vivere volentieri in campagna. | ☐ | ☐ |
| 2. Preferisce il mare alla campagna. | ☐ | ☐ |
| 3. Ritiene che per i bambini la campagna sia migliore del mare. | ☐ | ☐ |
| 4. Afferma di avere cinque figli. | ☐ | ☐ |
| 5. Ha solo un figlio. | ☐ | ☐ |
| 6. Si diverte a vedere i suoi figli giocare all'aria aperta. | ☐ | ☐ |
| 7. Ha una casa di dimensioni incerte. | ☐ | ☐ |

**22 Cruciverba teatrale. Inserite le parole richieste dalle definizioni.**

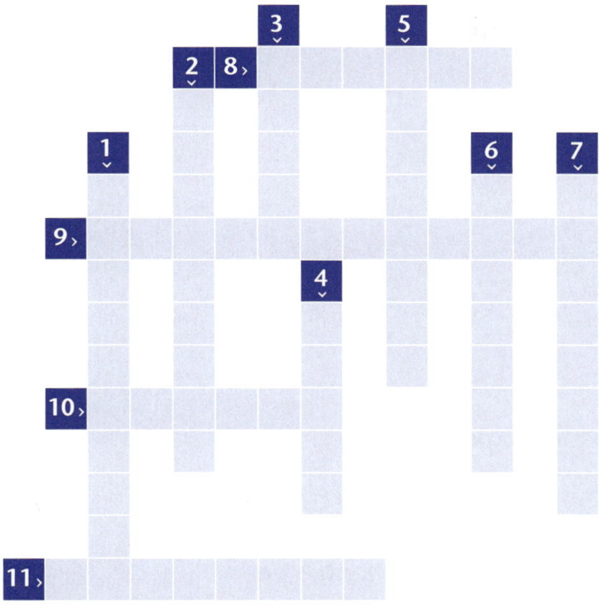


**1** chi assiste ad una rappresentazione teatrale
**2** bisogna comprarlo prima della rappresentazione
**3** parte laterale dalla quale si può assistere allo spettacolo
**4** componimento musicale
**5** opera teatrale drammatica
**6** tendone di stoffa che viene chiuso o aperto sul palcoscenico all'inizio e alla fine della rappresentazione e tra un atto e l'altro
**7** opera teatrale solitamente a lieto fine
**8** superficie con poltrone per il pubblico
**9** lo spazio dove si svolge la scena
**10** interprete di rappresentazioni teatrali
**11** sostenere un ruolo in una rappresentazione teatrale

**23 Chi sono i personaggi di queste favole?**

La sirenetta – Biancaneve – Cappuccetto rosso – Il gatto con gli stivali – Pinocchio – Cenerentola

1. Era la più bella di tutte alla festa del principe, ma se ne andò a mezzanotte: .....................
2. Non sapeva che la vecchietta che le regalò la mela fosse la regina cattiva: .....................
3. Non immaginava che il lupo avesse mangiato la nonna e si fosse messo nel suo letto: .....................
4. Era un animale che riuscì a far diventare ricco il suo padrone: .....................
5. Non credeva che il suo naso sarebbe cresciuto ogni volta che diceva una bugia: .....................
6. Viveva sul fondo del mare e a quindici anni si innamorò del principe che comandava una nave: .....................

**24 Vi ricordate il sogno di Dacia Maraini? Sottolineate nel testo i termini giusti.**

Dacia Maraini sogna spesso che sta rappresentando un testo teatrale e deve dire una *battuta/barzelletta* ma non le viene in mente. Gli attori aspettano la sua *risata/frase* per continuare. Allora lei viene presa da una *paura/agitazione* cieca e disperata. Cerca nella *tasca/memoria* la battuta ma non la trova. A quel punto si sveglia in preda al *nervosismo/panico* con la gola stretta per *l'angoscia/la sete*. Eppure lei ama il teatro e considera *l'apertura/la grandezza* del sipario un momento di grande emozione. Prima di tutto come *ascoltatrice/spettatrice* e poi come *autrice/lettrice*.

**25 Ricordate il racconto della porta screpolata? Completate.**

si sente – ammobiliata – spostano – abitudine – scopre – si nascondeva – aprire

1. Per mettere la nuova carta da parati gli operai ................................ una libreria.
2. Dietro la libreria ................................ una porta bianca di legno senza la maniglia.
3. Quando riesce ad ................................ la porta il protagonista scopre una stanza arredata.
4. Egli aveva acquistato la casa già ................................ .
5. Il protagonista prende l'................................ di ritirarsi nella stanza.
6. Una volta chiusa la sua porta, non ................................ neanche il telefono.
7. Dopo un po' il protagonista ................................ che in quella stanza il tempo non passa.

# Test B1 (Unità 1-6)

**Punti:**

39 **1 Comprensione selettiva di un testo orale**
**Ascoltate la registrazione e mettete una x alle affermazioni corrette.**

1. La Liguria in passato ha avuto rapporti con ...
   ... gli svedesi. ☐
   ... gli arabi. ☐
   ... i persiani. ☐
2. Il dialetto ligure ...
   ... è un dialetto puro. ☐
   ... contiene molte parole di origine straniera. ☐
   ... è abbastanza comprensibile. ☐

**Punteggio totale 2. Risultato personale:**

...... /2

39 **2 Comprensione dettagliata di un testo orale**
**Ora leggete il seguente testo e sottolineate l'espressione giusta.**

Mi chiamo Chiara e vengo da Genova. Genova *è vicino alla/fa parte della* Liguria, che è una regione, secondo me, *bellissima/interessantissima*. È stretta fra le *montagne/rocce* e il mare e forma un *golfo/arco*. Ci sono un sacco di *scogli/monti* e per fare il bagno è estremamente *divertente/difficile*, però l'acqua è sempre molto *pulita/mossa* e molto ricca di *minerali/pesci*. La mia *regione/città* mi manca molto, e mi manca molto la *pizza/focaccia*, mi manca mangiare tanto *pesce fresco/fritto misto* e mi manca ovviamente la pasta al *pesto/pesce*. La ... il dialetto della mia regione è molto *strano/complicato*, la Liguria è sempre stata una terra che ha comunicato con arabi, con portoghesi, con tutto il *mare/bacino* del Mediterraneo e quindi il dialetto ha subito *influssi/influenze* di tutte le lingue. È un dialetto infatti molto complicato, è difficilissimo da *scrivere/parlare* ...

**Punteggio totale 16. Risultato personale:**

...... /16

40 **3 Comprensione globale di un testo orale**
**Ascoltate la registrazione e mettete una x alle affermazioni corrette.**

1. La persona
   ☐ descrive i suoi quadri preferiti.
   ☐ racconta di una mostra che ha visitato.
   ☐ presta la sua voce all'audioguida di un museo.
2. La collezione descritta si trova
   ☐ tutta a Trento.
   ☐ in parte a Rovigo.
   ☐ in parte a Rovereto.
3. Si parla di una corrente artistica
   ☐ nata negli anni Venti.
   ☐ del ventesimo secolo.
   ☐ di cui sono esposte venti opere.
4. Nei dipinti vengono raffigurati principalmente
   ☐ la natura ed il paesaggio.
   ☐ le metropoli ed il progresso tecnico.
   ☐ l'uomo e la società.

**Punteggio totale 4. Risultato personale:**

...... /4

40 **4 Comprensione dettagliata di un testo orale**
**Riascoltate e completate il testo.**

Attraverso una .................... di manifesti, i futuristi proclamano la rottura con l'arte .................... ed esaltano il mito della ...................., della velocità e del .................... . Il caos della ...................., le folle che avanzano, i .................... e le auto che sfrecciano, costituiscono le nuove .................... della pittura futurista. Nel Manifesto del 1909 Marinetti afferma provocato-

**Punteggio totale 12. Risultato personale:**

...... /12

riamente che l'..................... è più bella della "Nike di Samotracia", il ..................... della scultura greca antica ..................... al museo del Louvre. I principali ..................... di questa prima ..................... del Futurismo sono Giacomo Balla, Umberto Boccioni, Carlo Carrà e Gino Severini.

**Punti:**

**5 Vocabolario, espressioni e strutture**
**Completate le parole del testo.**

## Federalberghi: "La metà degli italiani questa estate non andrà in vacanza"

TORINO – Più della metà degli italiani, ovvero i.............. 51%, quest'anno non va in vacanza. È quanto risulta da un'inda.............. compiuta da Federalberghi e Confturismo ad inizio estate per monitorare l'andamento del mercato. Sarà infatti il 47,3% (risp.............. al 49,5% dell'estate 2006) della popolazione adulta che si appresta a fare, o ha già fatto, vacanze da giugno a settembre dorm.............. almeno una notte fuori casa. Il che significa che sono "solo" 22,4 milioni gli italiani che andr.............. in vacanza questa estate rispetto agli olt.............. 23,4 milioni del 2006. I motivi per i qua.............. così tanti italiani non si muov.............. di casa, saranno dovuti addirittura nel circa 40% dei casi a motivi economici. Il 22,2% enuncia motivi di salute, il 14,1% dichiara impegni di lavoro e l'11,8% parla di motivi famil.............. . Se la previsione di 1 milione di italiani in meno in vacanza quest'anno dove.............. rivelarsi corretta, alla fine della stagione estiva il turismo risc.............. di perdere una cifra tra i 12 ed i 15 milioni di pernottamenti. Tracollo in vista anche per il giro d'aff.............. del turismo estivo (spesa media a persona comprensiva di viaggio, allo.............., ristorazione e divert..............). Nel dettaglio, per la vacanza principale in Italia verr.............. spesi in media a persona 695 euro rispetto ai 780 euro del 2006 (-11%). Per la vacanza oltreconfine la spesa media procapite si attesterà invece sui 1212 euro rispetto ai 1220 euro del 2006.

*ridotto e adattato da: www.lastampa.it*

**Punteggio totale 15. Risultato personale:**

**...... /15**

**6 Vocabolario, espressioni e strutture**
**Leggete il testo e completate le parole.**

Marina, volon.......... presso l'ufficio SOS di Milano, racconta: Volontariato, realtà alla quale ho sempre pensato immaginando il periodo in c.......... avessi avuto del tempo libero da mettere a disposizione degli altri. Quel momento è venuto ed eccomi qui a "fare volontariato", come s.......... usa dire oggi, nell'uffi.......... Promozione e Comunicazione dell'Associ.......... SOS Italia. Essere volontaria, seco.......... me, vuol dire essere disposta a fare un po' di tutto, cioè essere dispon.......... anche per le p.......... piccole cose. Allora un giorno si piegano i moduli del conto corr.......... da inserire nei "Quaderni" che raccontano a grandi linee la storia SOS nel mondo, la volta dopo c'è l'urgenza della spedizione di una comunic.........., perciò, forza con le etichette degli indirizzi! E già che ci siamo, con i francobolli (lavoro più che delizioso visto come appiccicano poi le dita!). Così proseguendo arriva il giorno in cui si inseriscono nel computer i dati delle schede piuttosto che quello in cui biso.......... eliminare dati obsoleti e ormai inutili. L'impor.......... è fare tutto volentieri e non sare.......... proprio possibile il contrario visto l'ambiente in cui sono finita! Lo staff perennemente indaffarato riuscirebbe a far sentire a suo agio anche un extraterrestre che per caso fini.......... in sede. Cerco in questo mo.......... di essere utile ai nostri bambini, che hanno biso.......... di aiuto ma prima di tutto di amore e di una famiglia. Per loro, direttamente, non potrei fare molto sia per la distanza dei villaggi da Milano sia perché un tale impe.......... comporterebbe anche una specifica preparazione che io di certo non ho. Allora mi accontento di essere una loro nonna a distanza che l.......... aiuta in una maniera dive.......... e che dice: "Possibile che non ci s.......... qualche altra nonna che ha un po' di tempo per loro?"

www.sositalia.it

**Punteggio totale 20. Risultato personale:**

**...... /20**

**7 Comprensione globale di un testo scritto**
**Leggete il seguente testo e mettete una crocetta accanto all'affermazione corretta.**

L'articolo parla del problema
1. dei corsi universitari troppo affollati. ☐
2. del numero insufficiente degli alloggi per gli studenti. ☐

L'articolo
3. espone il problema. ☐
4. propone delle soluzioni del problema. ☐

Gli autori dell'articolo
5. hanno raccolto alcune testimonianze dirette. ☐
6. si sono basati su statistiche già esistenti. ☐

**Punti:**

**Punteggio totale 3. Risultato personale:**

**...... /3**

INCHIESTA TRA GLI STUDENTI UNIVERSITARI DI MILANO E ROMA

# Affitti e ricatti, l'odissea dei fuori sede

**Fino a 400 euro per un posto letto. Tutto rigorosamente in nero. Anche quando ad incassare è un finanziere**

**MILANO** – Trilocale di 90 metri quadrati zona Buenos Aires - Porta Venezia, 1.350 euro al mese; appartamento di 100 mq vicinanze Precotto, 1.100 euro più le spese; ampia mansarda quartiere Bicocca, 4 posti letto, 1000 euro. Questi sono solo alcuni dei prezzi del mercato immobiliare milanese. Perlomeno quello ufficiale, che si può ricavare dalle proposte online di uno dei principali operatori del settore.

**TUTTO IN NERO** – Nella realtà, invece, le cose stanno un po' diversamente, soprattutto se si parla di alloggi destinati agli studenti fuori sede. In questi casi le cifre, tutte rigorosamente in nero, possono anche raddoppiare perché contando sulla scarsa disponibilità di posti nei pensionati universitari, molti proprietari di immobili hanno preso l'abitudine di non offrire la locazione dell'appartamento, bensì del singolo posto letto, con cifre che arrivano anche a 400 euro al mese per una sistemazione da condividere con altre quattro o cinque persone.

**IL CARO-LETTO** – Lo confermano la nostra prova sul campo (ci siamo finti studenti per agganciare alcuni proprietari) e le testimonianze che abbiamo raccolto in questi giorni nei principali atenei di Milano e Roma, dove migliaia di studenti, in particolare matricole, sono proprio in questi giorni alle prese con la ricerca di un tetto sotto cui vivere in concomitanza con l'avvio del nuovo anno accademico. È il caso ad esempio di Andrea S., studente fuori sede proveniente da Sondrio, e dei suoi tre coinquilini che tutti i mesi sono costretti a sborsare 1200 euro per condividere un appartamento di 60 metri quadri con un solo bagno e una sola camera in zona Lambrate - Città Studi. O quello di Giovanna M., 22 anni, di Serravalle Scrivia, al secondo anno di Ingegneria, che paga 450 euro per una stanza singola escluse le spese. O, ancora, quello di Silvia F., 19 anni, della provincia di Cremona, matricola di Lettere alla Statale che non ha ancora trovato una soluzione dopo aver visitato una dozzina di appartamenti. [...] Emblematico anche il caso di Lucrezia, 22enne della provincia di Brescia, che dopo una lunga serie di vicissitudini è approdata ad un modesto appartamento non lontano dalla sua facoltà (Scienze Naturali alla Bicocca) dove è costretta a dividere con altre due studentesse un'unica stanza di tre metri per tre. Tre lettini uno di fianco all'altro.[...] La situazione non è molto diversa a Roma. [...]

**IL BORSINO DEGLI ALLOGGI** – Insomma, un quadro davvero desolante. La situazione non è nuova, da anni si parla degli abusi subiti dai giovani costretti a studiare lontano da casa e che non riescono a trovare posto negli alloggi universitari, nei pensionati o nei campus delle università. Statistiche ufficiali sul fenomeno non ne esistono. [...]

*www.corriere.it*

**8 Comprensione dettagliata di un testo scritto**
**Segnate con una crocetta quali affermazioni corrispondono al testo precedente.**

1. I prezzi degli appartamenti in affitto nelle offerte online non sempre corrispondono alla realtà. ☐
2. Chi studia in una città diversa dalla propria trova facilmente un posto in uno studentato. ☐
3. Spesso si è costretti a prendere in affitto, anziché una stanza, solo un posto letto. ☐
4. Gli autori dell'articolo sono studenti. ☐
5. Sono soprattutto gli studenti del primo anno che hanno difficoltà a trovare un alloggio. ☐
6. Lucrezia deve dormire in una stanza con altre studentesse. ☐
7. È da poco tempo che esiste il problema degli alloggi per gli studenti. ☐
8. È stata realizzata una statistica ufficiale per valutare il problema. ☐

**Punti:**

**Punteggio totale 4. Risultato personale:**

**...... /4**

**9 Comprensione dettagliata di un testo scritto**
**Leggete il seguente testo e cercate i sinonimi per:**

1. qualche volta ........................
2. facili ........................
3. rilevante ........................
4. zone ........................
5. suggerimenti ........................
6. ricominciare ........................
7. vuol dire ........................
8. cominciare ........................
9. usate ........................
10. basta ........................
11. ridà ........................
12. malgrado ........................
13. provocare ........................
14. avrà luogo ........................

**Punteggio totale 14. Risultato personale:**

**...... /14**

## E per cominciare solo 15 minuti

Con l'arrivo della primavera molte persone decidono di riprendere a fare movimento per recuperare la forma fisica, talvolta un po' trascurata nei freddi mesi invernali. La corsa e il jogging rappresentano una delle attività sportive più diffuse e più semplici da praticare. Ecco alcuni consigli di Giuseppe Magni, Anestesista rianimatore e medico sanitario della Stramilano, la più importante manifestazione podistica cittadina d'Italia che si svolgerà a Milano il prossimo 6 Aprile:

- Praticare la corsa nelle aree verdi dei parchi, dove la qualità dell'aria è migliore.
- Correre sulla terra o sull'erba, evitando i percorsi asfaltati. Una superficie troppo dura, infatti, rischia di causare micro traumi alle articolazioni del piede, del ginocchio e dell'anca, causando fastidiose infiammazioni.
- Vestirsi nel modo più adatto al clima della stagione. Ciò significa coprirsi bene quando fa freddo, nonostante la sensazione di calore prodotta dallo sforzo fisico. Indossare indumenti leggeri e far respirare la pelle con il clima caldo.
- Verificare che le scarpe utilizzate permettano di ammortizzare i passi della corsa.
- Non correre a digiuno, né a stomaco pieno. Un'alimentazione regolare e varia aiuta l'attività sportiva.
- Reidratare il corpo durante la corsa, bevendo spesso liquidi ma a piccoli sorsi.
- Meglio respirare più dal naso che dalla bocca. Questo permette di umidificare l'aria, e di riscaldarla in caso di clima freddo, così da evitare l'eccessiva secchezza della gola.
- Fare stretching prima della corsa riscalda i muscoli, evita dolorosi strappi e contrazioni muscolari durante lo sforzo.
- Fare stretching alla fine della corsa rilassa e restituisce elasticità ai muscoli dopo lo sforzo.
- Per iniziare, correre per un tempo di circa 15 minuti. Con il tempo aumentare a 30 minuti, 45 fino a un'ora. Per mantenere una buona forma fisica è comunque sufficiente correre 30 minuti, 2-3 volte alla settimana.

www.repubblica.it/salute

**10 Comprensione globale di un testo scritto**
**Abbinate ad ogni trafiletto il titolo corrispondente.**

**Punti:**

**A** Gli e-book faranno lo zaino più leggero
**B** Università, al via le preiscrizioni sul web fino al 28 aprile
**C** Iscrizioni, boom degli istituti tecnici
**D** E tra gli universitari italiani decolla il prestito per le tasse

**1**

.......................................................................................................

**ROMA** Il ministero della Pubblica Istruzione ha reso noti i primi dati riguardanti le preiscrizioni per l'anno scolastico 2008/09. Dalle statistiche emerge il crescente appeal degli istituti tecnici e professionali, che raccolgono il 56,7% delle preferenze. Trend negativo – viceversa – per i licei, con lo scientifico che si assesta al 22% e il classico poco sotto il 10%. Proprio allo scientifico si registra il calo più sensibile, pari al meno 1% di iscritti rispetto a un anno fa.

**2**

.......................................................................................................

Interessati 450.000 maturandi: opzioni anche su 3 corsi diversi

**ROMA** Nei prossimi giorni gli studenti interessati ad iscriversi all'università dovranno cominciare ad avere le idee più chiare sul tipo di corso da scegliere: attraverso un apposito decreto il ministro dell'Università e della Ricerca, Fabio Mussi, ha infatti dato il via alla prescrizione ufficiale all'anno accademico 2008/09 che potrà essere trasmessa tramite Internet fino al 28 aprile.

**3**

.......................................................................................................

Al via il credito facile per giovani meritevoli. La maggior parte lo usa per pagarsi gli studi

**MILANO** Non servono busta paga o firma dei genitori. Per ottenere i nuovi prestiti per studenti universitari ci vuole una buona media dei voti e la determinazione a investire sul proprio futuro. Garante del prestito sarà il governo grazie al Fondo per il credito ai giovani istituito con l'ultima Finanziaria.

**4**

.......................................................................................................

**ROMA** Dopo gli inviti ministeriali alla realizzazione di libri di testo digitali, al fine di superare i problemi di costi e peso, le case editrici cominciano a mandare segnali concreti in questa direzione: in vista del prossimo anno scolastico la Garamond, casa editrice di Roma, ha presentato il primo catalogo di libri di testo in formato elettronico scaricabile da Internet per la scuola secondaria superiore. Per il momento l'iniziativa è limitata a poche materie (italiano, latino e inglese per il biennio, più matematica e informatica per il triennio), ma considerati i vantaggi (e l'interesse già espresso da associazioni di consumatori e genitori) è probabile che entro breve si allargherà a tutte le discipline.

www.lastampa.it

**Punteggio totale 4. Risultato personale:**

**...... /4**

**11** **Espressione orale**
**Leggete il seguente dialogo e scegliete sempre l'espressione adatta.**

- ● È *vero/giusto* che vivi all'estero?
- ❍ Sì, *vivo/abitavo* a Parigi.
- ● E *che te ne pare/ti piace*?
- ❍ Veramente *tantissimo/troppo*!
- ● È da molto che *ne/ci* abiti?
- ❍ Beh, ormai sono *una ventina/vent'*anni!
- ● Ci sono stato alcune volte, per pochi giorni, ma è bellissima, ci *vivrei/vivessi* anch'io subito!
- ❍ *Ti credo/Credici*!
- ● E *sei già impegnata/cosa fai* a Parigi?
- ❍ *A proposito/Beh,* insegno italiano all'università, sono lettrice.
- ● *Che bello, interessante/D'accordo*!
- ❍ Ma ho sentito che anche tu *però/veramente* hai vissuto un periodo all'estero.
- ● Sì, ormai sono già *qualche/diversi* anni ...
- ❍ Dove?
- ● A Londra! Ho studiato, *ho fatto/facevo* un master, è stata un'esperienza importante.
- ❍ *Immagino/Ma certo, figurati*! E quanto tempo *hai messo/ci sei rimasto*?
- ● *Dunque/Appunto*, due anni e mezzo, poi sono venuto via, però il mio ricordo di Londra è ancora molto vivo.
- ❍ *In effetti/Immagino*! E ci torni ogni tanto?
- ● Sì, ho degli amici che ogni tanto vado a *visitare/trovare*, certo!
- ❍ Le *esperienze/abitudini* all'estero sono molto belle.
- ● Davvero molto utili e da *ricordare/consigliare* a tutti!

**Punti:**

**Punteggio totale 21. Risultato personale:**

**...... /21**

**12** **Espressione scritta**
**Leggete le seguenti espressioni e indicate in quale tipo di testo le usereste.**

1. È un da sacco di tempo che non mi faccio vivo ...
2. Se sei interessato, scrivici a ...
3. a + tardi
4. X Sandra
5. Spett.le Vinello
6. Ringraziando anticipatamente ...
7. Cerco appassionati di cinema ...
8. Vendesi trilocale in zona centrale ...
9. Cerco posto letto o camera ...
10. Un forte abbraccio

| | | |
|---|---|---|
| a | un sms | .......... |
| b | una e-mail o lettera privata | .......... |
| c | un bigliettino | .......... |
| d | un annuncio immobiliare | .......... |
| e | un annuncio per trovare persone con gli stessi interessi | .......... |
| f | una lettera formale | .......... |

**Punteggio totale 10. Risultato personale:**

**...... /10**

**Punteggio totale 125. Risultato personale:**

**...... /125**

# Soluzioni degli esercizi e del test B1

## Esercizi 1

**Fonologia.**
1. . / !
2. !? / ?
3. . / ?
4. ? / .
5. ? / !
6. ? / !?
7. . / ?
8. . / !?

**1**
1. di
2. di
3. di
4. di
5. a
6. ad
7. -
8. -
9. a

**2**
1. appena/già/All'inizio/ adesso
2. da tempo
3. Dopo/poi
4. Per il momento/ poi in futuro
5. un anno fa/I primi tempi/ora

**3**
1. ho pensato di
2. Ho proprio bisogno di
3. Essere d'aiuto a
4. Eravamo proprio stufi di
5. mi sono rimessa a
6. cambiare aria
7. che te ne pare
8. mi metteva tristezza
9. staremo a vedere
10. in futuro si vedrà

**4**
1f – 2g – 3d – 4h – 5c – 6e – 7b – 8a

**5**
1. così
2. Visto che
3. perché
4. Siccome
5. perché
6. Poiché

**6**
1. ha
2. hanno
3. È
4. è
5. è
6. È
7. ha
8. è

**7**
1. non ... nessuno
2. non ... proprio
3. non ... niente
4. Non ... mai
5. non ... ancora
6. non ... nessuno
7. Non ... mica
8. non ... mai
9. non ... nemmeno
10. Non ... mica
11. non ... più

**8**
4b – 1e – 5d – 2a – 3c

**9a**
Modulo per il cambio di indirizzo di studio

**b**
1. il sottoscritto/ la sottoscritta
2. residente a
3. modulo
4. iscritto
5. facoltà
6. anno accademico
7. suddetto
8. dichiara
9. regolarmente iscritto

**10**
1. Basta/aver bisogno di
2. basta
3. bisogna
4. basta/bisogna
5. Basta
6. bisogna
7. bisogna/Basta
8. Bisogna
9. basta/bisogna
10. bisogna

**11**
1. firma
2. socio
3. pastiglia
4. fiera
5. volontario
6. esperienza
7. riposo
8. impiegato

**12**
sposato – rapina – condotta – cooperativa – soci – esterne – fiera – stand – accoglie – produzione – società – piatti – lavora – richiesto – associazioni – mantenere – realtà – guadagnare – posto – pregiudizi – partecipazione – avvenire – reinserimento

**13**
1. a un'iniziativa
2. della collaborazione
3. una pena
4. vita ad una società
5. ad un reinserimento
6. alla cooperativa
7. di arrangiarsi
8. con la realtà
9. a guadagnare qualcosa
10. di mantenere il contatto

**14**
saranno messi – saranno pubblicati – Sono/Saranno ammessi – saranno invitati – è strutturato – saranno trasmesse – saranno pubblicati – saranno contattati – saranno inviate – sono invitati

**15**
1. È stata costruita una nuova strada.
2. Viene fatta una grande campagna pubblicitaria.
3. Non è stato ancora pagato il conto.
4. Sarà/Verrà assunto nuovo personale.
5. I clienti vengono informati sui nuovi prodotti.
6. Sarà/Verrà aperto un negozio di abbigliamento.
7. Il modulo è stato compilato.
8. Il lavoro viene finito entro domani.

**16**
1. Croce verde
2. Emergency
3. Legambiente

**17**
2. ci siamo lavati
3. vi siete riaddormentate
4. si è trasferito
5. mi sono fatto vivo
6. si è informata
7. vi siete integrati
8. si sono alzati
9. si è fatto la barba
10. ti sei preparato
11. si sono separati
12. ci siamo incontrate
13. ti sei messa in proprio
14. mi sono abituato

**18**
*Lösungsvorschlag:*
- Ciao, Cinzia! Come stai?
- No, mi sono trasferita a Belluno quattro mesi fa.
- No, sono venuta da sola con i ragazzi. Mio marito ci raggiunge/ viene il fine settimana.
- Sì. Insegno l'italiano in una scuola privata e ogni tanto faccio delle traduzioni.
- Si sono integrati bene. Soprattutto per mia figlia il cambiamento è stato molto positivo.
- D'accordo. Mi faccio viva per telefono.
- Ciao.

**19**
*Lösungsvorschlag:*
Federica e Paul si sono incontrati a Londra e si sono innamorati. Federica ha fatto le valigie e si è trasferita a casa di Paul con i suoi tre gatti. Ma a Londra non si

è ambientata e dopo qualche tempo si è stufata di vivere là, perché pioveva troppo e aveva nostalgia di casa. È ritornata a Roma con Paul e insieme hanno acquistato una casa vicino a Roma. Hanno aperto un negozio di prodotti biologici e si sono messi in proprio.

**20**
1. Siccome lavoro tantissimo tutta la settimana, la domenica mi piace dormire fino a tardi./ La domenica mi piace dormire fino a tardi perché lavoro tantissimo tutta la settimana.
2. Se prendi l'autostrada, da Milano arrivi a Como in poco più di mezz'ora.
3. Mentre tornavo dal lavoro ho incontrato una vecchia compagna di scuola.
4. Sono passata in libreria mentre andavo a fare la spesa, ma il libro non è ancora arrivato.
5. Se cerchi su Internet troverai sicuramente l'organizzazione di cui ti ho parlato.
6. Ho preferito tornare a casa in taxi perché ero molto stanco./Siccome ero molto stanco ho preferito tornare a casa in taxi.

## Esercizi 2

**1**
**fare** quattro chiacchiere
**comunicare** per iscritto
**dare** un colpo di telefono
**fare** una dichiarazione d'amore
**capirsi** con uno sguardo
**lasciare** un messaggio
**passare** delle informazioni
**parlare** sottovoce
**fare** un gesto
**inviare** un'e-mail
**mettere** al corrente (di)
**parlare** a quattrocchi

**2**
1. facciamo quattro chiacchiere
2. do un colpo di telefono/ invio un'e-mail
3. capiamo con uno sguardo
4. metti al corrente
5. parlare a quattrocchi/ dare un colpo di telefono
6. comunicarle per iscritto
7. ho lasciato un messaggio
8. inviato un'e-mail

**3**
Spettabile Albergo Aurora,
con la presente confermiamo la prenotazione di due camere singole e trattamento di pensione completa dal 20 al 23 maggio. Abbiamo provveduto ad effettuare il versamento dell'acconto di 300€ tramite vaglia postale sul Vs. c.c.
Cordiali saluti
Giulio e Alberto Bruni

**4**
lieta – invitare – Mostra – terrà – presso

**5**
discutiamo – di – ne
discutiamo/discuto –
è contento di – sa – di –
ne parla – si interessa di –
sente parlare di

**6**
1. a
2. a – di
3. di – di
4. di – a
5. a – di
6. a – di – a
7. a

**7**
1. Sei libera o hai da fare?
2. Hai voglia di venire?
3. Sei già occupata?
4. Non è assolutamente un problema.
5. Cerchiamo di tornare a casa piuttosto presto.

**8**
5 – 3 – 1– 4 – 2

**9**
1. Proporrei/propongo di incontrarci prima del corso per prendere un caffè insieme.
2. Che ne dici di andare al cinema a vedere un film italiano?
3. Cerchiamo di restare in contatto quando ti sarai trasferito/a in Italia!
4. Direi di andare a mangiare una pizza dopo il corso.
5. Potremmo scambiarci tutti i numeri di telefono.

**10**
ci – ti – ne – ti – ci – ci –
ci – ti – ti – mi – lo – gli –
mi – gli – lo – le – la – le –
le – ne

**11**
*chi/che cosa?*
2. il cd/il libro
4. le ragazze
7. i pantaloni
8. la signora
9. il cd

*a chi?*
3. ai ragazzi/alle ragazze
5. alla signora

*Dove?*
6. a Roma/in Sicilia
10. a Roma/in Sicilia

**12**
1c – 2i – 3g – 4f – 5a –
6d – 7b – 8l – 9h – 10e

**13**
1. di cui
2. in cui
3. per le quali
4. che
5. nelle quali
6. con il quale

**14**
1. Più del 90 % degli italiani guarda regolarmente la tv.
2. In circa il 70 % delle famiglie c'è più di un utilizzatore di cellulare.
3. Meno del 50 % delle persone legge i settimanali.
4. La famiglia italiana spende in media quasi 1000 euro per servizi di telefonia.
5. Circa un decimo della popolazione va a concerti di musica classica.
6. Quasi un quinto va a concerti di altro genere.
7. Più della metà delle persone non legge libri.
8. Circa il 40 % legge quotidiani.

**15**
1. i – il – le – x – x – la – la – x
2. La – il – x – la – il
3. La – il – x – i – x – l' – Il – la – x – le

**16**
può – sua – deve – gli –
vi potete – sua – tornerà –
potete – Aspetta

**17 b**
aveva – doveva – sua –
gli ha offerto – ha incominciato – divertirsi –
la divertiva – è diventato –
sua – lavora – ha – usa –
riuscirebbe – sua

**18**
Raffaele racconta che per **lui** vivere senza Internet e senza il cellulare è impensabile. **Dice** che la prima cosa che **fa** la mattina, quando **si alza**, prima di andare al liceo, è leggere i messaggi dei **suoi** amici. E poi con Internet **può** ascoltare tutta la musica che **vuole** e guardare i film. **Dice** che quando i **suoi** genitori avevano la **sua** età non c'era ancora il pc e non esisteva Internet. E nemmeno il cellulare! **Aggiunge** che quando loro volevano incontrare gli amici, dovevano met-

tersi d'accordo all'uscita di scuola, oppure dovevano telefonargli da casa. Non avevano la libertà che **ha lui**. Però è anche vero, che i **suoi** nonni non potevano rintracciarli dappertutto. **Continua che** per non essere disturbato **deve** spegnere il cellulare, ma poi **rischia** di non ricevere le chiamate dei **suoi** amici. Raffaele **conclude** che forse anche i **suoi** genitori, senza cellulare, avevano qualche vantaggio.

**19**
1. Quando
2. Se
3. quando
4. Se
5. quando
6. Se
7. Se
8. Se

**20**
facilitare la vita
fare tardi
essere in giro
rintracciare sul cellulare
abitare lontano
vivere bene
guardarsi in faccia
parlare apertamente
perdere tempo
lasciare in pace

**21**
1. tenendosi
2. concentrandoti
3. facendogli
4. parlandoci
5. regalandole
6. scrivendoci

**22**
*Lösungsvorschlag:*
- ● Sandro, io adesso vado. Ho (ancora) un appuntamento dal dentista.
- ❍ Dal dentista? Non lo sapevo! Ma torni dopo?
- ● Non so se faccio in tempo.
- ❍ Ha perché non me l'hai detto prima che dovevi andare via? Hai dimenticato che alle tre c'è una riunione?
- ● Mi dispiace, me ne sono dimenticato. Mi puoi mettere al corrente tu di tutto domani?

**23**
sono potut**a** – sono dovut**a** – ho dovut**o** – sono volut**a** – sono dovut**a** – sono dovut**a** – sono dovut**a**

**24**
1. Glieli
2. ve le
3. me lo
4. gliel'
5. Te lo
6. Se ne
7. ce li
8. me ne

**25**
1. te lo
2. Glielo
3. glieli
4. gliene
5. ve le
6. te la
7. ce lo

## Esercizi 3

**Fonologia**

1. a) <u>il pesce</u> (e non la pizza)
   b) <u>Andiamo</u> (allora andiamo, sì o no?)
   c) <u>alla Piazzetta</u> (e non al Peschereccio)

2. a) <u>Stasera</u> (e non domani)
   b) <u>al cinema</u> (e non a teatro)
   c) <u>con Andrea</u> (e non con Angelina)

3. a) <u>la settimana corsa</u> (e non solo ieri)
   b) <u>un'e-mail</u> (e non una lettera)
   c) <u>a Laura</u> (e non a Cinzia)

**1**
*Lösungsvorschlag:*
1. Hai/ha fatto un viaggio culturale o una vacanza rilassante?
2. Il tuo viaggio a Parigi era per affari?
3. Hai già partecipato allo scambio universitario?
4. Lei fa il/è un pendolare?
5. Dove sei stato in gita scolastica?

**2**
1. presentato
2. linee
3. arrivato
4. ritardo
5. mancava

**3**
tornare a casa – arriva da – nella carrozza – la stazione – gli orari – in arrivo – di ritardo – ritorno – viaggiatori – in partenza – binario – posto libero – del pendolare

**4**
1c – 2e – 3f – 4b – 5d – 6a

**5**
1. va difesa
2. vanno comunicati
3. andavano completati
4. vanno rispettati
5. vanno prenotati

**6**
l'anno scorso – tre mesi fa – il mese prima – il mese passato – due settimane fa – quattro giorni fa – l'altro ieri – ieri – oggi – adesso – domani – dopodomani – fra tre giorni – la settimana prossima – la settimana seguente – l'anno prossimo

1. ieri – il giorno prima
2. l'anno prima – l'anno scorso
3. Da tre mesi – i mesi prima – adesso
4. Due settimane fa – l'altro ieri

**7**
1. volevamo – era partita
2. sono riuscita – avevo dimenticato
3. è partita – si era ammalata – stava
4. ha preso – era rimasto
5. sono arrivati – avevano fatto
6. è andato via – era venuto

**8**
1. ce la fa
2. ce la faccio
3. ce la fate/ce la farete
4. ce la facciamo
5. ce la fai
6. ce la fanno

**9**
1. ci vuole
2. ci mette
3. ci vogliono
4. c'è voluta
5. ci ha messo
6. ci metti

**10**
1. È permesso?
2. Si accomodi.
3. Dica.
4. Tenga presente che ...
5. Forse è meglio non rischiare.
6. Sì, certo./Beh, sì.
7. Va benissimo.
8. Mi raccomando.
9. Come mai questa novità?
10. Non si preoccupi.

**11**
volevo – capisco – dispiace – ci mette – ci mette – Ha considerato – ci vogliono – ci mette – mi raccomando – tenga presente – si preoccupi

**12**
1. avrei comprato
2. saremmo venuti
3. avreste dovuto
4. si sarebbe trasferita
5. avresti fatto
6. avrebbe regalato
7. avrei visto

**13**
1. avrebbe fatto – un po' di frutta
2. avrebbe preso un caffè
3. avrebbero preferito – giocattoli
4. sarebbe passato – libreria
5. sarebbe andata – la sua amica

**14**
ce li hai – li ho – ce l'ho – l'ho – L'hai – ce l'ho – l'avevi– ce li avevo – li hai – ce l'hai – ce l'ho

**15**
avrei desiderato – sarebbe piaciuto – sarei andata – mi sentirei – vorrei – sarebbe – andrò – potrebbe – saprà – deciderà – preferirei

**16**
1c – 2f – 3e – 4b – 5a – 6d – 7h – 8n – 9g – 10m – 11i – 12l

**17**
6 – 3 – 2 – 5 – 1 – 4

**18**
1. far
2. lascia
3. far
4. far
5. lascia
6. fatto

**19**
sol**o** – immatur**o** – sol**i** – responsabil**i** – matur**a** – sol**a** – entusiast**a** – autonom**i** – lontan**a** – tant**e** – dispost**i** – apert**i** – curios**i** – interessat**i** – nuov**o** – divers**o**

**20**
*a sinistra:* treno – coincidenza – partenza – carrozza – stazione – binario – pendolare – controllore
*in mezzo:* controllore di volo – aeroporto – volo – aereo – terminal – volare – pilota
*a destra:* cofano – corsia – targa – coda – patente – volante – autostrada – conducente

**21**
viaggio lampo – perdermi il meglio – programmare itinerari – troppo di fretta – il meno possibile – spirito d'adattamento – avere pregiudizi – parlare la lingua

**22**
4 Deve lavare i piatti ... –
10 Capisce che viaggiare ... –
7 Lui e il suo amico ... –
1 I ragazzi vanno ... –
6 Partono in autostop ... –
9 Tutti i compagni ... –
5 Passa alla pulizia ... –
2 Fanno tutti i ... –
3 Quando arrivano c'è ... –
8 Tornano passando per ...

**23**
scoprii – andammo – lavorai – imparò – fui – cercò – dicesti – saltarono – ebbe – tornammo – rimasero – scappaste – credetti – partì – fece – arrivasti – prese – invitarono

**24**
1. Firenze gli aveva fatto una grande impressione.
2. Ricordava i luoghi di quand'era bambino e non capiva il perché.
2. Chissà perché aveva negli occhi il paesaggio dell'infanzia.
3. Pedalando si guardava intorno e osservava con attenzione ogni cosa.
4. ... che la padrona gli aveva imposto forzandolo affettuosamente.
5. Pietro e Claudia si limitavano a un saluto e qualche battuta.
6. ... felice della piega che aveva preso quel viaggio.

**25**
1. freno – 2. fanalino – 3. ruote – 4. manubrio – 5. sedile – 6. pedali

## Esercizi 4

**1**
sfogare – tagliare – trasferire – distanza – spostare – accesso – rinunciare – percepire – scelta – tendere – transito – responsabilizzarsi – impedire – iniziare

**2**
1. da sempre – tagliato fuori – mi sono reso conto – in mezzo – avremmo impedito
2. di renderla mia – libera di fare – tendo a – mi sfogo – questione di comodo

**3**
**una vita** lunga, indipendente, unica, libera, sola, pratica, tradizionale, vuota, originale, precaria
**un'idea** indipendente, unica, sola, pratica, tradizionale, originale
**un lavoro** comodo, indipendente, pratico, provvisorio, tradizionale, originale, precario
**una persona** indipendente, unica, libera, sola, pratica, tradizionale, vuota, originale
**un appartamento** comodo, libero, pratico, tradizionale, vuoto, originale
**una scelta** comoda, indipendente, libera, sola, pratica, provvisoria, originale

**4**
**Affittasi**
tranquilla – condominiali
**Vendesi**
vicinanze – camere
**Cercasi**
villetta – cucina
affittasi – bagno

**5**
casa – monolocale – camere – balcone – quartiere – periferia – centro – macchina – mezzi pubblici – annunci – Internet – amici – vie – cartelli – stabili– agenzia immobiliare – provvigione

**6**
4 – 11 – 10 – 12 – 3 – 5 – 6 – 7 – 1 – 2 – 8 – 9

**7**
2. peggiore
3. superiore
4. inferiore
5. maggiore
6. minore

**8**
1. migliore
2. più grande – meno caro
3. inferiore
4. buone – peggiori
5. migliore
6. più piccolo

**9**
1. migliore
2. più piccolo
3. migliore
4. più grande
5. peggiori
6. maggiore
7. più grande
8. minore
9. inferiore
10. superiore
11. più grande

**10**
12: una dozzina
15: una quindicina
30: una trentina
60: una sessantina
90: una novantina
100: un centinaio
1000: un migliaio

**11**
1d – 2a – 3c – 4f – 5b – 6e

**12**
1. avranno trovato – si sposeranno – sarà – ci trasferiremo – avremo finito – andrà – potremo

2. tornerò – sarò guarito – Sarò – avrò firmato – avrò cambiato – darò – inviterò

**13**
1. Si sarà stufata della nostra compagnia.
2. Sarà andata a trovare i suoi genitori in Svizzera.
3. Avrà cambiato numero del cellulare.
4. Sarà andata a vivere in un'altra città.
5. Si sarà innamorata di un ragazzo che non conosciamo.
6. Si sarà messa finalmente a preparare gli esami.
7. Avrà cominciato a lavorare e avrà poco tempo.
8. Le sarà passata la voglia di andare in discoteca ogni sera.

**14**
1c – 2g – 3b – 4h – 5e – 6a – 7f – 8d

**15**
si sente – vede – temporanea – riempiva – sera – locali – mondo – cambiata – cominciato – volontariato – immigrati – contatti – svolgendo – collabora – indagini – intervistare – problemi – inquinamento – esperienza – malgrado – modi – riflettuto – diritti – medica – differenziata

**16**
senta – abbia – incontriamo – vogliate – vadano – diate – dica – vedano – teniamo – piaccia – riflettiate – sia – sappiano – capisca – stia – facciate – debba – apra – usciate – possa

**17**
1. Pare che costruiscano un nuovo centro commerciale.
2. Sembra che non siano mai sufficienti.
3. Penso che nel quartiere manchino un cinema e una biblioteca.
4. Credo che ci siano stati dei progetti, ma non abbiano ancora realizzato niente.
5. Penso che questo sia un errore.
6. Trovo che dovrebbero/debbano pensare al futuro di questo quartiere.
7. Spero che rimanga un luogo dove la gente vive volentieri e bene.

**18**
si senta – si vedano – sia – stia – si occupi – dia – intervisti – siano – abbiano – faccia

**19**
1. che sia/di guadagnare/ che – abbia
2. di smettere/che – si laureino/che – sia
3. che – abbia/che – faccia/di rispettare
4. di avere/che – faccia/ che – passi

**20**
ambiente – raccolta – rinnovabili – energia – imballaggi – sacchetti – farmaci scaduti – contenitori – plastica

**21**
1. che ha tradotto mia sorella
2. che ha finanziato il comune
3. che ha progettato l'architetto Nanni
4. che hanno ristrutturato
5. che ha presentato l'ingegner Belli
6. che ha allestito il comune

**22**
**industria:** area ex industriale – acciaierie – rovine industriali – cemento – basso inquinamento atmosferico
**città:** periferie – parco – struttura urbana – residenziale – commerciale – terziario direzionale – università – strade – tessuto urbano – reti di trasporto – basso inquinamento atmosferico – zona

**23**
abbia deciso – abbiano – sia stato approvato – costruiscano – sia stata – si diano

**24**
1b – 2e – 3a – 4c – 5d – 6c – 7c – 8e – 9f – 10g – 11b – 12a – 13g – 14e

**25**
1e – 2a – 3h – 4b – 5d – 6c – 7f

## Esercizi 5

**1a**
**sport:** acquatici, arrampicata, squadra, palestra, nuoto, pallavolo, immersioni, sci.
**musica:** cantante, ritornello, compositore, cuffie, strofa, canzone, classica, rock.
**lettura:** saggio, gialli, fumetto, trama, narrativa, racconto, rivista, quotidiano.

**1b**
palestra – arrampicata – sci – acquatici – nuoto – immersioni – squadra – narrativa – gialli – rock – cantante – canzone – cuffie

**2**
le iscrizioni – la piscina – bambini – corsi – adulti – attività – nuoto – I partecipanti – istruttori – informazioni

**3**
1. A proposito, oggi è stata qui Gabriella.
2. Appunto, ci dovrebbe andare ogni giorno.
3. Si potrebbe fare, no?
4. Va bene, mi hai convinto.
5. Certo, perché no?
6. In effetti per noi potrebbe essere una soluzione.
7. Basta che tu la porti.

**4**
1. A proposito/Allora/se/ Anzi/Hai ragione
2. Che ne dici/credi/ perché no/Ah, è vero

**5**
di – dell' – al – di – di – al – a – ad/per – da – a – della – di – al – a – a – a – di – per

**6**
ogni – tutte – diverse – qualche – alcuni – qualche – tutta – altro – qualcosa

**7**
*Lösungsvorschlag:*
1. ... abbia suonato il violino.
2. ... comprerà la moto.
3. ... studi/abbia studiato matematica a Parigi.
4. ... faranno una vacanza in Africa.
5. ... giochi a calcio tutte le domeniche.
6. ... si laurei/laureerà prima dell'autunno.
7. ... sia andata a sciare il fine settimana passato.

**8**
*Sprechblase oben links:*
guardi – abbia bisogno – pratichi – partecipi – giochi
*Sprechblase unten links:*
si sia annoiata un po' – si divertirà
*Sprechblase unten rechts:*
abbia accettato
*Sprechblase oben rechts:*
resti – venire

**9**
1b – 2d – 3a – 4f – 5c – 6e

**10**
1. lo – ci – ci – ne – gli – le – la – ci
2. ci – ne – ci – ti – ci – la – ci

**11**
yoga – scherma – tennistavolo – immersioni – equitazione – sci – judo – vela – canottaggio – beach volley – nuoto – pallacanestro – corsa – tennis – calcio

**12**
1c – 2e – 3b – 4a – 5f – 6d

**13**
1. di – che – di – che
2. che – di – dei – che

**14**
1. testa – 2. occhi –
3. naso – 4. collo –
5. spalle – 6. braccia –
7. mani – 8. gambe –
9. piedi

**15**
1. capelli
2. occhio
3. mano
4. gamba
5. piede
6. bocca

2 costare tantissimo
1 essere disperati
6 non ricevere niente
3 essere cordiali e semplici
4 fare o decidere qualcosa che va oltre le proprie possibilità
5 tenere aperte due possibilità

**16**
dipenda – fai una vita – muoverti di più – praticare qualche sport – abbia voglia – lo faccia – fare un po' di jogging – corra – ti sentirai meglio – cambi modo di vivere – vai in piscina – frequenti un corso

**17**
1. prati
2. avere sonno
3. rimpiangere
4. collina
5. matta
6. zoppa
7. sano
8. stupidaggine
9. trottare
10. incendio

**18**
1c – 2f – 3a – 4e – 5b – 6d

**19**
*essere:*
io **fossi**, noi **fossimo**, voi **foste**, loro **fossero**
*fare:*
tu **facessi**, lui/lei **facesse**, voi **faceste**, loro **facessero**
*dire:*
io **dicessi**, tu **dicessi**, lui/lei **dicesse**, noi **dicessimo**, loro **dicessero**

*bere:*
io **bevessi**, tu **bevessi**, lui/lei **bevesse**, voi **beveste**, loro **bevessero**
*stare:*
tu **stessi**, lui/lei **stesse**, noi **stessimo**, voi **steste**, loro **stessero**

**20**
invitassi – permettesse – leggessi – prestassi – portasse – venisse – dovessero – fossero – fosse – lasciassero

**21**
1d – 2b – 3f – 4c – 5a – 6e

**22**
Trama – Attori – Regia – Anno – Durata – Genere

**23**
1. conferenza
2. triste
3. usuraio
4. ufficio
5. ascoltare

**24**
1g – 2a – 3h – 4b – 5f – 6c – 7e – 8d

**25**
va – do – avessi – farei – potessi – verrei – sarebbe – dovesse – viene – faccio

**26**
le farmacie, le cuffie, le musiche, i turisti, i boschi, le mani, le ciliegie, i colleghi, le foto, gli sport, i dubbi, le abitudini, i cinema, gli zii, le ipotesi, le bici, le immersioni, le attività, i pub, gli autobus, gli sci

## Esercizi 6

**1**
1. penna
2. fotografare
3. tesi

**2**
1c – 2h – 3b – 4g – 5d – 6f – 7a – 8e

**3**
fare – cerchi – chiediamo – ottiene – sia – presenti – è stata introdotta – è – dire – consegua – ha – riunisce

**4**
1. spillatrice – 2. scanner –
3. graffette – 4. matita –
5. stampante – 6. perforatrice – 7. agenda –
8. colla – 9. penna –
10. raccoglitore –
11. forbici – 12. tastiera –
13. gomma

**5**
1. Lo sconto l'hai chiesto?
2. Ragazzi, le forbici le avete prese voi?
3. Luca, il computer l'hai spento?
4. La colla chi l'ha usata?
5. I miei occhiali chi li ha visti?
6. Anna, la mia agenda dove l'hai messa?
7. La carta della stampante chi l'ha finita?

**6**
**una** comunicazione – **un** file – **una** documentazione – **una** stampante – **un**'alimentazione – **un** esame – **un**'iscrizione – **una** produzione – **una** spillatrice – **un** mouse – **una** situazione – **un**'affermazione – **un** cellulare – **un**'abitudine – **una** perforatrice – **un** attore – un'informazione – **un** settore – **una** calcolatrice – **un** motore – **una** dimensione – **un** raccoglitore – **una** fotocopiatrice – **un** istruttore – **una** relazione – **un** portatile – **uno** stage – **un** giornale – **una** frase – **un** mensile – **una** televisione – **un** settimanale

**7**
1. beamer
2. macchina fotografica digitale
3. cellulare

**8**
*Lösungsvorschlag:*
*Giusi:* Ciao Enzo!
*Giusi:* Tutto bene. Mi godo gli ultimi giorni al mare prima di cominciare lo stage. Te invece?
*Giusi:* E cosa fai lì?
*Giusi:* Sono contenta per te. Ma quanto ci stai ancora?
*Giusi:* E poi torni a Bologna?
*Giusi:* Beh, io per il momento degli esami me ne frego. Se ne riparla fra tre mesi.

**9**
1. me la cavo
2. se la prende
3. ce ne siamo andati
4. me ne frego
5. ce l'ha fatta
6. me la sono cavata
7. se ne frega
8. se la sono presa

**10**
1 – 2 – 4 – 5 – 7 – 8

**11**
avessi saputo – avrei continuato – avessi saputo – avrei fatto – mi fossi laureato – avrei trovato – avessi cambiato – avrei perso – avrei concluso – avesse invitato – sarei andato – sarebbe voluta

**12**
1. mi fossi impegnato/-a – mi sarei laureato/-a
2. avessero insistito – mi sarei iscritto/-a
3. avessi saputo – avrei studiato
4. avessi potuto – mi sarei trasferito/-a
5. avessi scelto – avrei cominciato
6. avessi fatto – avrei conosciuto

**13**
*probabile:* 2
*improbabile:* 3 – 6 – 7
*impossibile:* 1 – 4 – 5 – 8

**14**
di – delle – della – da – con – da – Alla – di – per – per – da – in – in – ad – con – di – di – su – in – con – al – di – di – per – a – delle – a

**15**
Spett.le – Oggetto – Gentili – saremmo grati – catalogo – sconti – superiori – preghiamo – Restando in attesa – inviamo – Responsabile

**16**
1. spediste
2. fosse
3. potessimo
4. richiamasse
5. ripetesse
6. andassimo
7. faceste
8. mandaste

**17**
buongiorno – Mi passa – per cortesia – Attenda – Pronto – telefono – Dimmi tutto – Dunque – attimo – Guarda – desolata – facciamo

**18**
1. avesse mandato
2. fossero stati – avremmo consegnati
3. fosse stato – avrebbe notato
4. avrei detto – mi fossi ricordata
5. avessi parlato – avrebbe disdetto
6. avessero disdetto – avremmo perso
7. avesse inviato – sarebbe pervenuto

**19 a**
1f – 2v – 3f – 4f – 5v – 6v – 7f – 8v

**19 b**
gruppo industriale, prodotti, imprenditoriale, azienda, presidente coordinatore, marca, direttore della comunicazione, direttore della logistica, direttore degli acquisti, direttore generale, produzione, marchio, fatturato complessivo, diritti sindacali

**20**
1. queste gocce oculari
2. un antidolorifico
3. un antistaminico
4. degli antidolorifici
5. una compressa
6. una pomata

**21**
dopo – prima che – Prima di – prima che – dopo – Prima che – dopo che

## Esercizi 7

**1**
1. L'entrata dei partiti ecologisti nei governi dei paesi europei
2. La caduta del muro di Berlino
3. L'unione monetaria
4. Sbarco di immigranti extracomunitari in Italia

**2**
1. ~~con una rivoluzione~~ **con un referendum**
2. ~~dell'"autunno caldo"~~ **del boom economico**
3. ~~impiegati statali~~ **operai**
4. ~~eleggono nuovi leader~~ **scompaiono e ne nascono di nuovi.**

**3**
**parlamento:** partito, camera, senatore, deputato
**legge:** approvare, varare, ratificare, referendum
**confine:** emigrati, chiusura, apertura, immigrante
**manifestazione:** scendere in piazza, protestare, sciopero, pacifista

**4**
1. il cui
2. le cui
3. la cui
4. il cui
5. i cui
6. la cui
7. i cui

**5**
1e – 2g – 3b – 4f – 5a – 6c – 7d

**6**
aprire – **apertura**
cadere – **caduta**
eleggere – **elezione**
emigrare – **emigrato**
entrare – **entrata**
fondare – **fondatore**
manifestare – **manifestazione**
muovere – **movimento**
mutare – **mutamento**
nascere – **nascita**
scioperare – **sciopero**
unire – **unione**

**7**
Ho lasciato – è dispiaciuto – ho dovuto – ho avuto – sono bastati – ho trovato – è servito – è valsa – hanno raggiunto – ho iscritto – ha potuto – è piaciuta – ha cominciato – sono riuscito – ha finito

**8**
1. che diavolo di roba – quella specie di – spiegati meglio
2. fuori dal mondo – lo so perfino
3. te ne rendi conto – dipende da – farci caso – a forza di

**9**
si – si – si – si/uno – si/uno – si – si/uno – si/uno

**10**
avessi dormito – sia andata – mi sia addormentata – di aver preso – ho mangiato – è rimasto – avessi fatto – abbia mangiato – stia – sia – mi sento – bastasse – c'è – durerà – va – di crollare/che crollerò – mi fermi – bisogna – conclude – voglia/vorrà – riesca

**11**
Antonio racconta che suo padre è partito dal Friuli per andare a lavorare in Belgio. Lui è nato là e non ha mai vissuto in Italia, però da bambino ci andava spesso in vacanza. Dopo la pensione i suoi genitori sono tornati a vivere in Italia.

Raffaele racconta che ha lasciato il suo paese nel 1963. Allora i treni erano carichi di emigranti. I primi anni in Francia erano stati difficili, gli unici contatti che aveva con i francesi erano sul lavoro. Poi ha conosciuto Martine e si sono sposati. Adesso è in pensione e potrebbe tornare al suo paese, ma là ha i suoi figli, i nipotini e dopo tutti quegli anni ormai si sente un po' francese anche lui.

Graziella racconta di essere andata a Brighton perché suo marito lavorava nella pizzeria di uno zio. Non voleva restarci, non capiva la lingua e non conosceva nessuno. Era terribile. Due anni dopo suo marito ha aperto una pizzeria sua e lei ha cominciato ad aiutarlo. Adesso vivono là da 27 anni ed hanno uno dei migliori ristoranti della città. Gli piace stare là, ma quando andranno in pensione torneranno a Torre del Greco dove hanno costruito una villetta.

**12**

1 La madre ha letto ai figli ...
2 La madre ha cominciato ad elencare ...
3 Elisa ha lanciato uno sguardo ....
4 La madre ha quasi cominciato ...
5 Elisa ha detto ...
6 La madre ha risposto ...

**13**

Disse:
1. che sarebbe tornato due giorni dopo.
2. di non partire a quell'ora./che non partissi a quell'ora.
3. che suo nonno era di origine albanese.
4. che aveva comprato il biglietto prima di partire.
5. che voleva che suo figlio facesse una vita migliore.

Chiese:
6. se eravamo stanche di vivere in quella città.
7. se ci sembrasse giusto quello che stavamo facendo./se ci sembrava giusto quello che stavamo facendo.
8. come mai Enrica volesse studiare all'estero.

**14**

avevi – ti dispiaceva lasciarci – avevi cercato – avevi capito – qui – avresti trovato – dovevamo preoccuparci – te – ci avresti telefonato – ci avresti mandato – tuo – saresti tornato – avresti sposato – avresti trovato – volevi/avresti voluto passare – tua – di averlo detto

**15**

era – aspettare – trovava – era/fosse – era – aveva – aveva vista – si chiamasse/chiamava – tornava/sarebbe tornata – sapeva – dipendeva – finiva/sarebbe finita – aspettare – avrebbe mangiato – ci voleva – dicevano/dicessero – se ne rendeva – era stato – usava – usava – esistevano – era – aveva sentito – aveva – ricordava

**16**

sloveno – francoprovenzale – catalano – tedesco – greco – albanese – ladino – croato

**17**

*Lösungsvorschlag:*

- Buongiorno, Naiaga. Lei di dov'è?
- Lei ha vissuto i primi anni in una casa di campagna con cinque connazionali. Com'era la casa? Le piaceva vivere là?
- Avevate già un lavoro quando siete entrati in quella casa?
- Come mai siete andati ad abitare in un casolare in condizioni così cattive?
- Dove abitavate prima?
- E adesso dove abita?
- L'appartamento l'ha affittato?
- Lavora ancora nella stessa fabbrica di un tempo?

**18**

1. abbiamo venduto – fece
2. è tornata – emigrò
3. si trasferì – hanno potuto
4. emigrarono – hanno cominciato
5. furono – hanno acquistato

**19**

**alcuni** anni – **piccolo** appartamento – risposte **negative** – appartamento **adatto** – **ultimo** piano – case **popolari** – ricongiungimento **familiare** – **primi** tempi – scuola **elementare** – **altra** parte – **tanta** voglia – **pochi** contatti – attività **commerciale** – generi **alimentari** – clienti **italiani**

**20**

*riferire cosa ha detto una persona:* 1 – 3 – 5
*spiegare o chiedere spiegazioni:* 1 – 3 – 4 – 5
*collocare un avvenimento storico e politico nel tempo:* 1 – 2 – 4
*raccontare la propria storia:* 1 – 3 – 5

## Esercizi 8

**1**

**viaggio:** rotta – svoltare – tragitto – destinazione – tirare dritto
**teatro:** ruolo – scena – travestirsi – personaggio – interpretare

**2**

*assumere:* un ruolo, un nomignolo, (del) personale, le caratteristiche
*fare:* le carte, confusione
*giocare:* a pallavolo, al lotto, a carte, al computer

**3**

ho *mai* fatto – ero – c'era – guardavo – era – piace-vano – preferiva – si travestiva – dovevamo – interpretava – odiava – ha *mai* capito – diceva – ci rifugiavamo – leggeva – è *sempre* rimasta – ha lasciata – ha dato

**4**

gi**oco** – scu**ola** – navig**atore** – satel**litare** – indi**rizzo** – indic**azioni** – vo**ce** – ord**ini** – trag**itto** – svol**tare** – dri**tto** – confo**ndeva** – trag**itto** – indic**azioni** – poss**ibile** – confu**sione** – pazi**enza** – salv**ezza**

**5**

1 impostare come destinazione – mi confondevo – indica il tragitto
2 disubbidisce sistematicamente – tono perentorio – contraddire – protestare – intransigente – discutere – si rompano
3 Continua – insiste – voce antipatica – ripete – replicavo – rispondi – si è rotto

**6**

dispiacere – disubbidire – disoccupato
indiretto – indipendente – informale
scomparire – sconosciuto
connazionale – concittadino
rileggere – rifare – riascoltare
impaziente – irreale

**7**

1B – 2C – 3D – 4A

**8**

sarebbe – lo sapessi – avesse – sarebbe – tenesse – fosse – chiedesse

**9**

f – b – c – a – d – e

**10**

1. a – b
2. a – c
3. b – c
4. a – c
5. a – b

6. a – c
7. b – c
8. a – b

**11**
c'era – sarebbero cominciate – avrebbero fatto – c'erano stati – fosse – si sarebbe dimenticato

**12**
1e – 2b – 3f – 4d – 5a – 6c

**13**
1. Mentre (Napoli)
2. Durante (Venezia)
3. durante (Ivrea)
4. mentre (Viareggio)
5. Durante (Milano)
6. Durante (Bari)
7. Durante (Roncitelli)

**14**
2 Durante il viaggio in macchina ...
3 Durante la sosta davanti alla stazione ...
4 ... durante lo scambio dei saluti e dei convenevoli ...
5 Durante la cena ...
6 Durante il gioco della Tombola ...

**15**
1. lotto
2. superstizione
3. sagra
4. portafortuna

**16**
1☺ – 2☺ – 3☺ – 4☹ – 5☹ – 6☺ – 7☺ – 8☹

**17**
*Lösungsvorschlag:*
Babbo Natale è un uomo vestito di rosso e con la barba bianca che porta i doni su una slitta. La notte della vigilia di Natale lascia i doni sotto l'albero. La Befana è una vecchietta con le toppe alla sottana. La notte tra il 5 e il 6 gennaio vola di tetto in tetto su una scopa e poi scende dal camino. Lascia dei dolcetti in una calza e porta il carbone ai bambini cattivi.

**18**
sia – esista – scende – sono – fanno – mangiano – arrivi – preparano – vanno – trovi – arriva – ci sia – va

**19**
**è** andat**i** alla festa –
**è** guardat**a** la sfilata –
**sono** comprat**i** i regali –
**è** arrivat**i** a casa –
**è** aspettat**o** –
**è** venut**i** troppo tardi –
**è** uscit**i** con gli amici
**è** avut**o** molto da fare
**è** sces**i** dalle macchine
**sono** vist**e** le manifestazioni
**è** ascoltat**o** il concerto
**è** stat**i** al cinema

**20**
1f – 2e – 3h – 4a – 5b – 6d – 7c – 8g

**21**
1 Nicola –
2 Berta –
3 Nicola –
4 Nicola –
5 Berta –
6 Nicola –
7 Nicola

**22**
1 spettatore – 2 biglietto – 3 palco – 4 opera – 5 tragedia – 6 sipario – 7 commedia – 8 platea – 9 palcoscenico – 10 attore – 11 recitare

**23**
1 Cenerentola –
2 Biancaneve –
3 Cappuccetto rosso –
4 Il gatto con gli stivali –
5 Pinocchio –
6 La sirenetta

**24**
battuta – frase – paura – memoria – panico – l'angoscia – l'apertura – spettatrice – autrice

**25**
1. spostano –
2. si nascondeva –
3. aprire –
4. ammobiliata –
5. l'abitudine –
6. si sente –
7. scopre

# Test B1

**1**
1. La Liguria in passato ha avuto rapporti con gli arabi.
2. Il dialetto ligure contiene molte parole di origine straniera.

**2**
fa parte della – bellissima – montagne – arco – scogli – difficile – pulita – pesci – regione – focaccia – pesce fresco – pesto – complicato – bacino – influssi – parlare

**3**
1. La persona presta la sua voce all'audioguida di un museo.
2. La collezione descritta si trova in parte a Rovereto.
3. Si parla di una corrente artistica del ventesimo secolo.
4. Nei dipinti vengono raffigurati principalmente le metropoli ed il progresso tecnico.

**4**
serie – tradizionale – macchina – progresso – metropoli – treni – immagini – automobile – capolavoro – conservata – protagonisti – fase

**5**
**il** – indag**ine** – rispe**tto** – dorm**endo** – andr**anno** – olt**re** – qua**li** – muov**ono** – famil**iari** – dov**esse** – risc**hia** – aff**ari** – allo**ggio** – diverti**mento** – verr**anno**

**6**
volon**taria** – c**ui** – s**i** – uffi**cio** – Associ**azione** – seco**ndo** – disponi**bile** – pi**ù** – corr**ente** – comunic**azione** – biso**gna** – impor**tante** – sare**bbe** – fini**sse** – mo**do** – biso**gno** – impe**gno** – l**i** – dive**rsa** – s**ia**

**7**
**2.** – **3.** – **5.**

**8**
**1.** – **3.** – **5.** – **6.**

**9**
1. talvolta
2. semplici
3. importante
4. aree
5. consigli
6. riprendere
7. significa
8. iniziare
9. utilizzate
10. è sufficiente
11. restituisce
12. nonostante
13. causare
14. svolgerà

**10**
1C – 2B – 3D – 4A

**11**
È vero – vivo – ti piace – tantissimo – ci – vent' – vivrei – Ti credo – cosa fai – Beh – Che bello, interessante – però – diversi – ho fatto – Immagino – ci sei rimasto – Dunque – Immagino – trovare – esperienze – consigliare

**12**
a 3 – b 1/10 – c 4 – d 8/9 – e 2/7 – f 5/6

# Vocabolario per lezioni

Hier finden Sie das gesamte Vokabular der Lektionen in der Reihenfolge des Vorkommens mit deutscher Übersetzung. Die Wörter des Lesetexts der Rubrik "Alla scoperta dell'Italia" stehen unter dem entsprechenden Text. Durch Fettdruck hervorgehobene Wörter stellen den Lernwortschatz dar. Punkte unter den Vokalen zeigen von der Regel abweichende Betonung an, sie sind nicht Bestandteil der Schreibweise. Verben auf -ire mit Stammerweiterung sind mit dem Zusatz (-isc) versehen. Die Formen der mit * gekennzeichneten unregelmäßigen Verben stehen auf S. 222–230.

**Abkürzungen:**

| | |
|---|---|
| f | *femminile* – feminin |
| inv | *invariabile* – unveränderlich |
| jm | jemand |
| jdm | jemandem |
| jdn | jemanden |
| m | *maschile* – maskulin |
| pl | *plurale* – Plural |
| qc | *qualcosa* – etwas |
| qn | *qualcuno* – jemand |
| G | *grammatica* |

## Unità 1

| | | |
|---|---|---|
| | **la decisione** | Entscheidung |
| | la necessità | Notwendigkeit |
| 1 | **secondo voi** | eurer Meinung nach |
| | ricominciare a | wieder anfangen zu |
| 3 | ẹssere* stufo/-a di | eine Sache leid sein |
| | mẹttere* tristezza a qn | jdn traurig machen |
| | Che te ne pare? | Wie findest du das? |
| | **parere*** | scheinen, den Anschein haben |
| | visto che | da, in Anbetracht dessen, dass |
| | **riuscire* (a)** | etwas schaffen, gelingen |
| | cambiare aria | woanders hingehen |
| | **per il momento** | momentan, einstweilen |
| | **la guida turịstica** *m/f* | Fremdenführer/in |
| | il corso di formazione | Aus-, Weiterbildungskurs |
| | fare* volontariato | ehrenamtlich tätig sein |
| | il volontariato | Ehrenamt |
| | la Croce Verde | *ital. Hilfsorganisation* |
| | **ẹssere* d'aiuto a qn** | jdm helfen |
| | **crẹdere** | glauben |
| | rimẹttersi* a | (Tätigkeit) wieder aufnehmen |
| | E **pensare** che ... | Wenn man bedenkt dass; wenn ich daran denke, dass |
| | **non ... più** | nicht mehr |
| | lo stịmolo | Antrieb, Ansporn |
| | staremo a vedere | wir werden sehen |
| | Era da tempo che volevo ... | es wurde Zeit, dass; ich wollte schon seit langem |
| | **strano/-a** | seltsam |
| | **non ... nessuno** | niemand |
| 4 | **sopportare** | ertragen |
| | **il parere** | Meinung |
| | **spiegare** | erklären |
| | **abbandonare** | verlassen, aufgeben |
| | **cambiare città** | in eine andere Stadt ziehen |
| | l'ausiliare *m* | Hilfszeitwort |
| 5 | **fare* attenzione** | aufpassen, aufmerksam sein |
| | il lavoretto | kleine Arbeit, Job |
| | **il comune** | Gemeinde |
| | il corso preparatorio | Vorbereitungskurs |
| | l'incạrico | Auftrag |
| | a tempo determinato | zeitlich befristet |
| 6 | **siccome** | da, weil, denn |
| | **occuparsi di** | sich beschäftigen mit |
| 8 | **non ... affatto** | überhaupt nicht |
| | ridipịngere* | neu streichen |
| | **il ballo** | Tanz |
| 9 | **realizzare** | verwirklichen, realisieren |
| | sconsigliare | abraten |
| 10 | **la conversazione** | Unterhaltung, Konversation |
| 11 | l'indirizzo di studi | Studiengang |
| | **gli Studi** filosọfici | Philosophie (als Studiengang) |
| | le Scienze della Comunicazione | Kommunikationswissenschaften |
| | certificare | zertifizieren, bestätigen |
| | il crẹdito (Università) | Leistungspunkt |
| | **il sistema** universitario | Universitätssystem |
| | il master *inv* | Master-Abschluss |
| | il dottorato | Doktorat |
| | la lạurea specialịstica | Master |
| | la lạurea magistrale | Master (alter Abschluss) |
| | pre-universitario/-a | voruniversitär |
| | compilare | (Formular) ausfüllen |
| | **il documento** | (Ausweis-)Dokument |
| 12 | il tema | Thema |
| | **l'educazione** *f* | Erziehung |
| | la tecnologịa | Technologie |
| | la prịvacy *inv* | Privacy |
| | i **diritti** delle minoranze | Minderheitenrechte |
| | **l'ecologịa** | Ökologie |
| | **le chiạcchiere** | Geschwätz |
| | il prẹmier | Premierminister |
| | **il partito** | Partei |
| | la coalizione | Koalition, Bündnis |
| | l'opposizione *f* | Opposition |
| | cambiare canale | Sender umschalten |
| | la discriminazione | Diskriminierung, Benachteiligung |
| | l'Ịnternet *f inv* | Internet |
| | la Carta dei diritti | Rechtsordnung, Charta |

| | | |
|---|---|---|
| 13 | l'associazione *f* di volontariato | Freiwilligenorganisation |
| | inserirsi (-isc) | sich eingliedern, sich einfügen |
| | l'associazione giovanile | Jugendverein |
| | il centro sociale | Sozialzentrum |
| | il no profit *inv* | Sektor, der keinen Profit macht |
| 14 | Di che tipo di ... | Von welcher Art von ... |
| | la cooperazione | Kooperation, Zusammenarbeit |
| | il cạrcere | Gefängnis |
| | il binomio | Doppelbegriff, Wortpaar |
| | capace di | fähig zu |
| | oltrepassare | überwinden, -steigen, -schreiten |
| | la barriera | Barriere, Schranke, Gitter |
| | **l'impresa** | Unternehmen |
| | cooperativo/-a | kooperativ |
| | avvalersi* di qc | sich einer Sache bedienen, von etwas Gebrauch machen |
| | detenuto/-a | strafgefangen |
| | avviare a | heranführen an |
| | il reinserimento lavorativo | berufliche Wiedereingliederung |
| | quanti | alle diejenigen |
| | la pena | Strafe |
| | scontare una pena | eine Strafe verbüßen |
| | **il caso** | Fall |
| | la sapienza | Geschicktheit, Fertigkeit |
| | l'impresa sociale | privatwirtschaftliches Unternehmen im Sozialbereich |
| | il catering *inv* | Catering |
| | **scorso/-a** | vorige/r |
| | la casa di reclusione | Strafanstalt |
| | la cooperativa | Kooperative |
| | il/la socio/-a | Gesellschafter/in, Mitglied |
| | esterno/-a | extern, draußen, außerhalb |
| | **il cọmpito** | Aufgabe |
| | **mantenere*** | beibehalten |
| | provvedere* a | sorgen, Vorsorge treffen |
| | la fornitura | Lieferung |
| | la fiera | (Verkaufs-/Produkt-)Messe |
| | lo stand *inv* | (Verkaufs-)Stand |
| | accọgliere* | begrüßen |
| | il/la visitatore/-trice | Besucher/in |
| | **i modi gentili** | höfliche Art |
| | **il modo** | Art, Weise |
| | il pasticcino | Feingebäck |
| | dare* vita a | ins Leben rufen |
| | **la società** cooperativa | Kooperative |
| | aderire (-isc) a | angehören, beitreten |
| | l'entusiasmo | Begeisterung, Enthusiasmus |
| | l'aiuto cuoco | Küchenhilfe |
| | all'occorrenza | bei Bedarf |
| | **arrangiarsi** | zurechtkommen, durchkommen, sich arrangieren |
| | **disoccupato/-a** | arbeitslos |
| | arrestare | festnehmen |
| | la rapina | Raub(überfall) |
| | condannare | verurteilen |
| | **grazie a** | dank |
| | la buona condotta | gute Führung |
| | la sezione | Sektion, Abteilung, Teil |
| | **ẹssere* in grado di** | in der Lage sein |
| | in occasione di | anlässlich |
| | il battẹsimo | Taufe |
| | la prima comunione | Erstkommunion |
| | il/la committente | Auftraggeber/in |
| | **la pụbblica amministrazione** | öffentliche Verwaltung |
| | l'iniziativa | Initiative |
| | **il mestiere** | Beruf |
| | **inoltre** | außerdem, darüber hinaus |
| | **la realtà** esterna | Wirklichkeit außerhalb (des Gefängnisses) |
| | **davvero** | wirklich |
| | appena | sobald |
| | **il campo** della ristorazione | Gaststättensektor |
| | il pregiudizio | Vorurteil |
| | **nei confronti di** | gegen, gegenüber |
| | **riconọscere** | anerkennen |
| | **la partecipazione** | Teilnahme |
| | l'avvenire *m* | Zukunft |
| | **la fiducia** | Vertrauen |
| | il reinserimento | Wiedereingliederung |
| | il/la redattore/-ttrice | Redakteur/in |
| 16 | il tẹrmine | Wort, Ausdruck |
| | **in comune** | gemeinsam |
| 17 | al posto di | anstelle von |
| | colloquiale | umgangssprachlich |
| 18 | **il passivo** | Passiv |
| | terminare | beenden |
| | **l'impiego** | Anstellung |
| | **rinnovare il contratto** | den Vertrag verlängern |
| | **ridurre*** | reduzieren |
| | **trovarsi bene** | sich wohl fühlen |
| | **informare** | informieren |
| | **la scadenza** | Auslaufen (des Vertrags) |
| 19 | sentịr parlare di | von etwas hören |
| | tutelare la **natura** | die Natur schützen |
| | **ferito/-a** | verletzt |
| | **il perịcolo** | Gefahr |
| | **familiare** | Familien- |
| | **difẹndere*** | verteidigen, schützen |
| | Legambiente | *ital. Umweltorganisation* |
| | Emẹrgency | *ital. Organisation zur Unterstützung von zivilen Kriegsopfern* |
| | **la violenza** | Gewalt |
| | il trasferimento | Versetzung, Umzug |
| 20 | **farsi* vivo/-a** | sich melden, von sich hören lassen |
| | ultimamente | in letzter Zeit |
| | rivoluzionare | revolutionieren, radikal verändern |
| | ebbene | nun gut |
| | **la discussione** | Diskussion |

| | | |
|---|---|---|
| | **la cosa migliore** | das Beste, die beste Möglichkeit |
| | l'ex-**collega** *m/f* | ehemalige/r Kollege/ Kollegin |
| | **mẹttersi* in proprio** | sich selbständig machen |
| | **passare qc a qn** | jdm etwas übergeben, (weiter)reichen |
| | **insegnare** | beibringen, lehren, unterrichten |
| | **la scuola privata** | Privatschule |
| | **distante** | entfernt |
| | traslocare | umziehen |
| | **abituarsi a** | sich gewöhnen an |
| | **immediatamente** | sofort |
| | **la terza** media | 8. Klasse des ital. Schulsystems |
| | **soprattutto** | vor allem |
| | **positivo/-a** | positiv |
| | **la difficoltà** | Schwierigkeit |
| | era felice come una Pasqua | er/sie hat sich gefreut wie ein Schneekönig |
| | **neanche** | auch nicht, nicht einmal |
| | **anzi** | dennoch, im Gegenteil, sondern |
| | **curioso/-a** | neugierig |
| | impaziente | ungeduldig |
| | integrarsi | sich integrieren |
| | **superare** | (erfolgreich) bestehen, überwinden, -ragen, -treffen |
| | brillantemente | glänzend |
| | **ẹssere* in giro** | unterwegs sein |
| | **comunque** | wie auch (immer), irgendwie, jedenfalls, sowieso, immerhin |
| | fammi sapere | lass es mich wissen |
| | far* sapere* | Bescheid geben, benachrichtigen, informieren |
| | **da queste parti** | hier, in dieser Gegend |
| | forte | fest |
| 21 | regolarmente | regelmäßig |
| | la particolarità | Besonderheit, Eigenheit |
| | il verbo riflessivo | reflexives Verb |
| 23 | assụmere* un ruolo | eine Rolle annehmen, übernehmen |
| | **sostituire** (-isc) | ersetzen |
| | il gerundio | Gerundium, Verlaufsform |
| 24 | **rẹndere*** | wiedergeben, darstellen, machen |
| | esplịcito/-a | ausdrücklich, explizit |
| | **la valigia** | Koffer |
| 26 | l'Atlạntico | Atlantik |
| | **collaborare** | mit-, zusammenarbeiten |
| | la Comunità Europea | Europäische Gemeinschaft |
| | fluente | fließend |
| | irlandese | irisch, Ire, Irin |
| | estroverso/-a | extrovertiert |
| | generoso/-a | großzügig |
| | **accogliente** | gastfreundlich |
| | amichẹvole | freundlich |
| | iniziale | anfänglich, Anfangs- |
| | tradizionale | traditionell |
| | **raro/-a** | rar, selten |
| 27 | la tromba | Trompete |
| | in cambio | anstelle, anstatt; *hier:* im Tausch |
| | il/la bassista | Bassist/in |
| | il basso elẹttrico | E-Bass |
| | glorioso/-a | glorreich |
| | il contrabbasso acụstico | Kontrabass |
| | **il gẹnere** (musicale) | *hier:* Musikrichtung, -stil |
| | il/la coetạneo/-a | Gleichaltrige/r |
| | il trio | Trio |
| | il quartetto | Quartett |
| | l'appassionato/-a | Liebhaber/in |
| | la culinaria | Kochkunst |
| | scambiare | austauschen, verwechseln |
| | per diletto | aus Liebhaberei |
| | il momento godereccio | Moment des Genießens |
| | condivịdere* | gemeinsam haben, teilen |
| 28 | riportare | *hier:* wiedergeben, abdrucken |
| | **servire** | dienen, nützlich sein |
| 29 | il timore | Sorge, Angst |
| 30 | l'affinità | Ähnlichkeit |
| 31 | in modo da | derart, dass; so, dass |
| | **rịdere*** | lachen |
| | **divịdere*** in classi | in Klassen unterteilen |
| | l'ạula | Klassenzimmer |
| | la panchina | (Park-)Bank |
| | l'alunno/-a | Schüler/in |
| | ritrovarsi | sich einfinden |
| G1 | poiché | da, weil, denn |
| | la giurisprudenza | Rechtswissenschaft, Jura |
| | **ụtile** | nützlich |
| G3 | **la frase negativa** | verneinter Satz |
| | **non ... per niente** | überhaupt nicht |
| | **non ... mica** | doch nicht |
| | **non ... neanche/ nemmeno/neppure** | nicht einmal |
| | **non ... né ... né** | weder ... noch |
| | **il dubbio** | Zweifel |
| | **lo sbaglio** | Fehler |
| G4 | il tirocinio | Praktikum |
| G6 | **l'uso** impersonale | unpersönlicher Gebrauch |
| G7 | **annoiarsi** | sich langweilen |
| G8 | **la frase** subordinata implịcita | impliziter Nebensatz |

## Unità 2

| | | |
|---|---|---|
| | dimmi un po' | sag' mal |
| | in **forma** scritta | schriftlich |
| | concordare | vereinbaren |
| | esporre* | dar-, ausstellen |
| | la lamentela | Klage, Beschwerde |
| | **il fatto** di attualità | aktuelles Geschehen |
| 1 | **adatto/-a** | geeignet |

| | | |
|---|---|---|
| | flirtare | flirten |
| | **parlare sottovoce** | leise sprechen |
| | **fare* quattro chiạcchiere** | einen Schwatz halten |
| | **a quattrocchi** | unter vier Augen |
| | chattare | chatten |
| | **dare* un colpo di telẹfono** | jdn (kurz) anrufen |
| | passare informazioni | Informationen weitergeben |
| | fare* un **gesto** | gestikulieren, eine Geste machen |
| | mẹttere* al corrente | auf dem Laufenden halten, über Neuigkeiten unterrichten |
| | lo sguardo | Blick |
| | per iscritto | schriftlich |
| | **lasciare un messaggio** | eine Nachricht hinterlassen |
| | farsi* capire | sich verständlich machen |
| 2 | di rado | selten |
| 3 | a voce | mündlich |
| | **la dichiarazione** d'amore *m* | Liebeserklärung |
| | **il reclamo** | Reklamation |
| | l'avvertimento | Benachrichtigung, Hinweis |
| | **il/la vicino/-a (di casa)** | (Wohnungs-)Nachbar |
| | **distratto/-a** | zerstreut, abgelenkt |
| | l'aumento di **stipendio** | Gehaltserhöhung |
| | **il capo** | Chef |
| 4 | **la lẹttera** formale | formeller Brief |
| | il post it *inv* | Klebezettel |
| | il biglietto d'invito | Einladungskarte |
| | Spett.le (spettạbile) | Sehr geehrte (nur für eine Firma) |
| | **con la presente** | mit dem vorliegenden (Brief) |
| | (il trattamento di) **mezza pensione** | mit Halbpension |
| | effettuare | vornehmen, ausführen |
| | trạmite | mittels |
| | **il vaglia postale** | Postanweisung |
| | vs. (vostro) | euer, Ihr |
| | **c.c. (conto corrente)** | Girokonto |
| | il versamento | Einzahlung |
| | l'acconto | An-, Vorauszahlung |
| | pari al 20 % | entsprechend 20 % |
| | l'importo totale | Gesamtsumme |
| | **Che ne dite di …** | Was haltet ihr davon … |
| | **la serata** di saluto | *hier:* Wiedersehenstreffen, -abend |
| | o meno | *hier:* oder nicht |
| | se vi va | wenn Ihr Lust habt |
| | **andare* bene** | passen, in Ordnung sein |
| | **sperare** | hoffen |
| | **buona giornata!** | einen schönen Tag! |
| | il vernissage *inv* | Vernissage |
| | **la (mostra) personale** | Einzelausstellung |
| | **il maestro** | *hier:* Meister, Künstler |
| | tenere* | abhalten, veranstalten |
| | lo stọrico | Historiker |
| | il crịtico d'**arte** | Kunstkritiker |
| | la gipsoteca | Gipsfigurensammlung |
| | aperto/-a al pụbblico | geöffnet, öffentlich zugänglich |
| | tutti i giorni | jeden Tag |
| | T vng a prend + td. | Ich hol' dich später ab |
| | T faccio 1 sql qnd arr | ich läute 1x an, wenn ich da bin |
| 5 | avvertire | benachrichtigen, hinweisen auf |
| | artịstico/-a | künstlerisch |
| 7 | da tempo | seit langem |
| | inaspettatamente | unerwarteterweise |
| | sollecitare | anmahnen, hervorrufen |
| | versare | *hier:* einzahlen |
| | le nozze *pl* | Hochzeit |
| 8 | la mail | E-Mail |
| | **il locale** | Lokal |
| 9 | Tu come sei messo/-a? | Wie sieht's bei dir aus?/ Hast du Zeit? |
| | **Ti va** di venire? | Hast du Lust zu kommen? |
| | impegnato/-a | beschäftigt, verabredet |
| | **far* piacere** | gefallen, recht sein, sich freuen |
| | **prẹndere* un appuntamento** | sich verabreden |
| | **promẹttere*** | versprechen |
| | **Beh, ma …** | Na dann … |
| | **incontrarsi** | sich treffen |
| | Facciamo alle otto? | Sagen wir um acht? |
| | **d'accordo** | einverstanden |
| | **Ah, senti …** | Ach, übrigens … |
| | **Figụrati!** | Klar! Kein Problem! |
| | niente in contrario | nichts dagegen |
| 10 | trascrịvere* | abschreiben |
| | segnalare interesse | Interesse signalisieren |
| | fare* un'altra **proposta** | einen Gegenvorschlag machen |
| 11 | **dopodomani** | übermorgen |
| 12 | il pronome | Objektpronomen |
| | indiretto/-a | indirekt |
| | riscrịvere* | noch einmal schreiben |
| | rispetto a | bezüglich |
| 13 | la lacuna | Lücke |
| | **prestare** | (ver-)leihen |
| | **un mese fa** | vor einem Monat |
| | **il ritorno** | Rückkehr |
| | **trovare qn** | *hier:* jdn antreffen, erreichen |
| | spẹgnere* | ausschalten |
| | ẹssere* **fuori** | *hier:* fort, außer Haus sein |
| | **per favore** | bitte |
| 14 | fare* per qc | gefallen, passen |
| | **il disco** | Schallplatte, Scheibe |
| | l'album *m inv* | Album |
| | **la librerịa** | Buchhandlung |
| | il sorriso | Lächeln |
| | la Gioconda | Mona Lisa |
| | il ciclo di incontri | Vortragsreihe |
| | il genio di Leonardo | Leonardos Genialität |
| | al di là di | über … hinaus |
| | il mistero | Geheimnis |
| | a cura di | *hier:* geleitet von |

| | | |
|---|---|---|
| | **l'iscrizione** *f* | Anmeldung |
| | uno su due | einer von zweien |
| | la biglietterịa | (Theater-) Kasse |
| 15 | **al giorno** | pro Tag |
| | **il biglietto** | Grußkarte |
| | **fare* gli auguri** | (be)glückwünschen |
| | **il Natale** | Weihnachten |
| | **il tẹlefono fisso** | Festnetztelefon |
| | la videochiamata | Videotelefonat |
| | anziché | statt (zu), anstelle von |
| 16 | hi-tech | technologisch, hi-tech |
| | **il Pc** *inv* | PC |
| | l'analfabetismo | Analphabetismus |
| | spaccare | zerteilen |
| | **il paese** | Land |
| | **a metà** | in zwei Hälften |
| | invisịbile | unsichtbar |
| | tecnolọgico/-a | technologisch |
| | da una parte | einerseits, auf der einen Seite |
| | padroneggiare | beherrschen |
| | la banda larga | Breitband(-technologie) |
| | **il/la pensionato/-a** | Rentner/in |
| | **la casalinga** | Hausfrau |
| | **escluso/-a** | ausgeschlossen |
| | l'universo | Universum, Welt |
| | l'utilizzo | Gebrauch |
| | registrare | registrieren |
| | **a suo modo** | auf seine Art |
| | l'utilizzatore/-trice | Nutzer/in |
| | la soglia | Schwelle |
| | abitualmente | regelmäßig, gewohnheitsmäßig |
| | il web *inv* | Web |
| | la quota | Quote |
| | **il milione** | Million |
| | la **posta** elettrọnica | E-Mail |
| | il download *inv* | Download |
| | il vịdeo *inv* | Video |
| | **la rete** | Netz |
| | farsi* largo | sich verbreiten, ausbreiten |
| | la tendenza | Tendenz |
| | **recente** | neu, letzt, jüngst |
| | l'auto-produzione *f* | selbständiges Erschaffen |
| | l'utente *m/f* | Nutzer/in |
| | il regno | (König-)Reich |
| | la telefonịa mọbile | Mobiltelefonie |
| | **finora** | bisher |
| | **per intero** | vollständig, ganz |
| | il fenọmeno | Phänomen |
| | porre* | setzen, stellen, legen |
| | il vẹrtice | Spitze |
| | la graduatoria | Rangfolge |
| | **la spesa** | Ausgaben |
| | annuale | jährlich |
| | **il servizio** di telefonịa | Dienst des Mobilnetzbetreibers |
| | in media | durchschnittlich |
| | **il (tẹlefono)** mọbile | Mobiltelefon |
| | a fronte di | in Anbetracht von |
| | il rẹddito medio | Durchschnittsgehalt |
| | **tẹndere* a** | neigen zu |
| | **il rapporto** | Bericht, Beziehung, Verhältnis |
| | razionalizzare | verringern, rationalisieren |
| | le telecomunicazioni | Telekommunikation |
| | **la strada** maestra | Königsweg |
| | **la lịnea fissa** | *hier:* Festnetz(anschluss) |
| | **tenere*** | behalten, haben |
| | il nụcleo familiare | Familie, Haushalt |
| 18 | **sviluppare** | entwickeln |
| | riscontrare | feststellen, vergleichen, prüfen |
| | **il comportamento** | Benehmen, Verhalten |
| 19 | il grạfico | Graphik |
| | **il quotidiano** | Tageszeitung |
| | il settimanale | Wochenzeitschrift, -zeitung |
| | il mensile | Monatszeitschrift |
| | **i due terzi** | zwei Drittel |
| | **la metà** | Hälfte |
| | **la popolazione** | Bevölkerung |
| | il quinto | Fünftel, Fünfter |
| 21 | la percentuale | Prozentsatz |
| | **navigare su Ịnternet** | im Internet surfen |
| 22 | **l'opinione** *f* | Meinung |
| | facilitare | erleichtern |
| | **fare* tardi** | bis spät ausgehen, spät heimkommen |
| | rintracciare | jdn erreichen |
| | **a volte** | manchmal |
| 24 | inserire (-isc) | einfügen, eingeben, einlegen |
| | **il progresso** | Fortschritt |
| | la cassetta postale | Postfach |
| | la spazzatura | Müll |
| | cestinare | wegwerfen, löschen |
| | **in pace** | in Ruhe |
| 25 | il resoconto | Bericht |
| | ai suoi tempi | zu seinen/ihren Zeiten, damals |
| | **risọlvere* (un problema)** | (Problem) lösen |
| | **lo stesso** | trotzdem |
| | **l'amicizia** | Freundschaft |
| | **sincero/-a** | ehrlich |
| | guardạndosi in faccia | *hier:* von Angesicht zu Angesicht |
| | apertamente | offen |
| | conclụdere* | abschließen, beenden, folgern |
| 26 | la testimonianza | (Zeugen-)Aussage |
| 27 | lo svantaggio | Nachteil |
| | **scusarsi** | sich entschuldigen |
| 28 | il notaio | Notar |
| | **fạrcela*** | etwas schaffen |
| | **domattina** | morgen früh |
| | **seguire** | (ver)folgen |
| | **presente** | anwesend |
| | **il momento** | Moment |

| | | |
|---|---|---|
| | Non è questo il modo di fare! | Das ist nicht die korrekte Vorgehensweise! |
| 29 | la bega | Unannehmlichkeit, Schererei |
| | **correre*** via | (schnell) weggehen, aufbrechen |
| | **succedere*** | geschehen |
| | farsi* **perdonare** | sich entschuldigen; ermöglichen, dass jm verzeiht |
| | il file *inv* | File |
| | consegnare | abgeben, aushändigen |
| 32 | installare | installieren |
| | **funzionare** | funktionieren |
| | il mouse *inv* | Computermaus |
| | l'home banking *m* | Internetbanking |
| | scaricare | downloaden |
| | salvare un file | Datei abspeichern |
| | il verbo modale | Modalverb |
| 34 | l'ideatore/-trice | Schöpfer/in, Erfinder/in |
| | **il corso** di comunicazione | Kommunikationskurs |
| | prendere* appunti | Notizen machen |
| 35 | il workshop *inv* | Workshop |
| | **in genere** | im Allgemeinen |
| | il/la commerciante | Händler/in |
| | la timidezza | Schüchternheit |
| | comunicare entusiasmo | Begeisterung vermitteln |
| | **la voce** | Stimme |
| | **la comunicazione** verbale | sprachliche Kommunikation |
| 36 | **l'articolo** di fondo | Leitartikel |
| | **la pagina sportiva** | Sportseite |
| | il canale | *hier:* Fernsehsender |
| | il sottotitolo | Untertitel |
| | **il telegiornale** | Fernsehnachrichten |
| | la trasmissione | Sendung |
| | **la rivista** | Zeitschrift |
| 37 | il commento | Kommentar |
| | il tema del giorno | Tagesthema |
| | **la partita di calcio** | Fußballspiel |
| 39 | caratterizzare | charakterisieren |
| G1 | la particella | Partikel |
| | il verbale | Protokoll |
| | **attuale** | aktuell, gegenwärtig |
| G4 | l'intervistato/-a | Befragte/r, Interviewte/r |
| G5 | la frazione | Bruchzahl |
| G6 | il discorso (indiretto) | (indirekte) Rede |
| G7 | parlare a voce | direkt mit jdm sprechen |
| G10 | i pronomi combinati | kombinierte Pronomen |

## Ripasso 1

| | |
|---|---|
| l'inventore/-trice | Erfinder/in |
| la casella | Kästchen, Spielfeld |
| a piacere | nach Belieben |
| oralmente | mündlich |
| esauriente | erschöpfend, ausreichend |
| **occupare** | besetzen |
| dopo di che | wonach, hierauf, danach |
| la linea verticale | vertikale Linie |
| orizzontale | horizontal |
| dare* **notizia** di | Neuigkeit mitteilen |
| l'apparecchio a pila | Batterie betriebenes Gerät |
| inventare | erfinden |
| il predecessore | Vorgänger |
| la batteria elettrica | Elektrobatterie |
| l'invenzione *f* | Erfindung |
| l'astrofisico/-a | Astrophysiker/in |
| l'Osservatorio Astronomico | Astronomisches Observatorium |
| il/la capufficio | Vorgesetzte/r |
| la relazione | Bericht, Referat |
| alternativo/-a | alternativ, andere/r |
| brevettare | patentieren, patentrechtlich schützen |
| il prototipo | Prototyp |
| infermo/-a | krank, leidend |
| il/la fisico/-a | Physiker/in |
| il/la **premio** Nobel | Nobelpreis(-träger/in) |
| la fisica | Physik |
| dopodiché | darauf, danach |
| dirigere* | leiten |
| il Centro Europeo per la Ricerca Nucleare | *CERN (Europäische Organisation für Kernforschung)* |
| Ginevra | Genf |
| il reattore | Reaktor |
| la reazione nucleare | Atomreaktion |
| la catena controllata | *hier:* kontrollierte Kettenreaktion |
| **la luna** | Mond |
| il personaggio storico | historische Persönlichkeit |
| la maturità classica | humanistisches Abitur |
| **in seguito a** | infolge, auf Grund |
| **le leggi** razziali | Rassengesetze |
| mettere* su | gründen, errichten |
| il laboratorio | Labor |
| la vocazione | Berufung |
| puro/-a | rein |
| **la scuola** dell'obbligo | Pflichtschuljahre |
| trasmettere* | *hier:* senden |
| il segnale radio | Radiosignal |
| senza fili | kabellos |
| **oltre** oceano | transatlantisch, jenseits des Atlantik |
| **il libro** illustrato | Bildband, illustriertes Buch |
| **pregare** | bitten, beten |
| **trattare** con cura | sorfältig behandeln |
| macchiare | beflecken, verschmutzen |
| rimediare | abhelfen, wiedergutmachen |
| il capolavoro | Meisterwerk |
| L'Ultima Cena | Das Abendmahl |
| processare | anklagen, verklagen, prozessieren |
| l'Inquisizione *f* | Inquisition |
| seguire | (Theorie) vertreten |
| la teoria copernicana | Kopernikanische Theorie |
| gli arresti domiciliari | Hausarrest |

| | | |
|---|---|---|
| | a vita | lebenslänglich |
| | l'osservazione *f* astronomica | astronomische Beobachtung |
| | specifico/-a | spezifisch, arteigen |
| | individuare | ermitteln, herausfinden |
| | interpretare | interpretieren |
| | la statistica | Statistik |
| | telematico/-a | telematisch |
| | uso e costume | Sitte, Brauch, Gewohnheit |
| | l'usanza | Sitte, Brauch |
| | Paese che vai Usanza che trovi | andere Länder, andere Sitten |
| | **di seguito** | im Folgenden, hintereinander, ohne Unterbrechung |
| | suscitare | hervorrufen |
| | lo stupore | Erstaunen |
| | la perplessità | Ratlosigkeit, Bestürzung |
| | la consumazione | Konsumieren von Speisen und Getränken, konsumierte Speisen und Getränke |
| | **in silenzio** | wortlos, still |
| | di buon **gusto** | *hier:* mit großem Appetit |
| | **andar*** via | weggehen |
| | la **fame** da lupi | Bärenhunger |
| | specificare | genau angeben, spezifizieren |
| | **togliere*** | *hier:* ausziehen |
| | **sporcare** | verschmutzen |
| | **il pavimento** | (Fuß-)Boden |
| | la spaghettata | Spaghettiessen |
| | le stoviglie *pl* | Geschirr |
| | risciacquare | aus-, ab-, nachspülen |
| | **l'acqua** corrente | fließendes Wasser |

# Unità 3

| | | |
|---|---|---|
| | valutare | (be)werten |
| | fornire (-isc) | versorgen, ausstatten |
| | **l'incidente** *m* | Unfall |
| 1 | **il viaggio di affari** | Geschäftsreise |
| | la **gita** scolastica | Schulausflug |
| | **lo scambio universitario** | Universitätsaustausch |
| | **la gita** turistica | touristischer Ausflug |
| | lo spostamento | Fahrt |
| | **quotidiano/-a** | täglich |
| 2 | premiare | auszeichnen |
| | Sos | SOS |
| | il terminal *inv* | Terminal |
| | il Malpensa Express | *Shuttle-Zug vom Malpensa-Flughafen nach Mailand* |
| | penalizzare | bestrafen, benachteiligen |
| | il/la pendolare | (Berufs-)Pendler/in |
| | **salvare l'ambiente** | die Umwelt retten |
| | **l'ambiente** *m* | Umwelt |
| | sulla Brescia-Milano | auf der Strecke Brescia-Mailand |
| | il post *inv* | Post (Beitrag in einem Internet-Forum) |
| | **la puntualità** | Pünktlichkeit |
| | **buio/-a** | dunkel |
| | l'analisi *f* bilancio | Untersuchungsergebnis |
| | **anzitutto** | zunächst, erst einmal |
| | considerare | bedenken, in Betracht ziehen |
| | di rilievo ambientale | von Bedeutung für die Umwelt |
| | **dunque** | also |
| | **piuttosto** che | eher als, anstatt |
| | il/la portavoce | Wortführer/in, Sprecher/in |
| 4 | **assomigliare** | sich ähneln |
| 5 | **contenere*** | beinhalten |
| | **il bene** | Wohlergehen |
| | la risorsa naturale | natürliche Resource |
| | la precisione | Genauigkeit |
| | **orario/-a** | zeitlich |
| | meritare | wert sein, verdienen |
| | **guadagnarsi** | sich etwas verdienen |
| | punire (-isc) | bestrafen, benachteiligen |
| 6 | il participio | Partizip |
| | il trapassato prossimo | Plusquamperfekt |
| 7 | regolare | regelmäßig, regulär |
| 8 | lo specchietto | *hier:* Kästchen |
| | puntualmente | pünktlich |
| | **in meno di** | in weniger als |
| 9 | **la dottoressa** | Frau Dr. |
| 10 | **È permesso?** | Darf ich eintreten? |
| | **Mi dica.** | *in etwa:* Bitte schön, was gibt's |
| | **Come mai?** | Weshalb? Warum in aller Welt? |
| | **la novità** | Neuigkeit |
| | tra l'altro | außerdem, unter anderem |
| | **lo sciopero** | Streik |
| | **il controllore** di volo | Fluglotse |
| | **rischiare** | riskieren |
| | **in effetti** | in der Tat |
| | **metterci*** | (Zeit) brauchen |
| | **il consiglio di amministrazione** | Verwaltungsrat |
| | il TrenOk | *Name eines Zuges* |
| | **volerci*** | (Zeit/Dinge) brauchen |
| | **cancellare** | stornieren |
| | Se ne occupi subito, mi raccomando! | Erledigen Sie das bitte schön umgehend! |
| | tenere* presente | sich vor Augen halten |
| 11 | pernottare | übernachten |
| 13 | **andare* a prendere** | abholen |
| 14 | il foglietto | Zettel |
| | ridistribuire (-isc) | wieder ver-, aufteilen |
| | **ad alta voce** | mit lauter Stimme |
| | indovinare | (er-)raten |
| | **costringere*** | zwingen |
| | **rinunciare a** | verzichten auf |
| | **la multa** salata | gesalzener Strafzettel |
| | **festeggiare** | feiern |
| | la Puglia | Apulien |

| | | |
|---|---|---|
| 15 | **la batteria** | Batterie |
| | **il motore** | Motor |
| | **il finestrino** | Autofenster, kleines Fenster |
| | **il portabagagli** | Kofferraum |
| | la portiera | Autotür |
| | il volante | Steuer |
| | il sedile | Autositz |
| | il cruscotto | Armaturenbrett |
| | il tergicristallo | Scheibenwischer |
| | il cofano | Motorhaube |
| | la ruota | Rad |
| | la freccia | Blinker, Pfeil |
| | il faro | Scheinwerfer |
| | **la targa** | Nummernschild, -tafel |
| | il paraurti | Stoßstange |
| 16 | ricaricare | wieder aufladen |
| | **cambiare le gomme** | Reifen wechseln |
| | **aggiustare** | reparieren |
| 17 | porca miseria! | *in etwa:* Mist! |
| | **la precedenza** | Vorfahrt |
| | **stare* attento** | aufmerksam sein, aufpassen |
| | vabbé va | *in etwa:* o.k., lassen wir's gut sein |
| | **peggio** | schlimmer, schlechter |
| | **il danno** | Schaden |
| | **appena** | erst vor kurzem |
| | **la pazienza** | Geduld |
| | **il modulo** per la constatazione amichevole | *Versicherungsformular zur gütlichen Einigung/Haftungsanerkenntnis bei einem Verkehrsunfall* |
| | **assicurare** | versichern |
| | il cedolino dell'**assicurazione** | Versicherungsformular |
| | la polizza | Police |
| | la **patente** | Führerschein |
| | patentato/-a | mit Führerschein versehen |
| | da poco | seit kurzem |
| | **il numero della targa** | Autokennzeichen |
| | **mettersi* in contatto** | Kontakt aufnehmen, herstellen |
| | **pensare a qc** | sich kümmern um |
| 18 | il disegno | Zeichnung |
| | illustrare | illustrieren, bebildern, erläutern, erklären |
| | la dinamica dell'**incidente** | Unfallhergang |
| 19 | fare* retromarcia | rückwärts fahren |
| | **frenare** | bremsen |
| | mettere* la freccia | blinken |
| | **bloccare** | blockieren, (ver-)sperren |
| | **rispettare** | befolgen, achten, respektieren |
| | **il limite di velocità** | Geschwindigkeitsbegrenzung |
| | **dare* la precedenza** | die Vorfahrt gewähren |
| | **guidare** | steuern, fahren |
| | contromano | gegen die Fahrtrichtung |
| 20 | il/la testimone | Zeuge/Zeugin |
| 21 | il suggerimento | Anregung, Rat |
| | **osservare** | folgen, beachten |
| | quello che capita | was sich bietet |
| | documentarsi | sich informieren, mit Informationsmaterial ausstatten |
| | perdersi* il meglio | das Beste verpassen |
| | **dietro l'angolo** | *hier:* ganz in der Nähe |
| | **provare** | empfinden |
| | la curiosità | Neugier |
| | il rispetto | Respekt |
| | **il/la turista** | Tourist/in |
| | **lo spirito** d'adattamento | Anpassungswille |
| | la cordialità | Herzlichkeit |
| | **evitare** | vermeiden |
| | **il viaggio** lampo | Kurztrip |
| | **la capitale** | Hauptstadt |
| 22 | nelle vicinanze | in der näheren Umgebung |
| | **prestare attenzione** | Aufmerksamkeit widmen |
| | **il bisogno** | Bedürfnis |
| | giudicare | beurteilen |
| 24 | la meta | Ziel |
| | desiderato/-a | ersehnt |
| | **convenire*** | vorteilhaft sein |
| | **odiare** | hassen, verabscheuen |
| 25 | **la carriera scolastica** | Schullaufbahn |
| | **il soggiorno** | Aufenthalt |
| 26 | **gli studi** universitari | Hochschulstudium |
| 27 | spingere* | *hier:* dazu bringen |
| 28 | suggerire (-isc) | anregen, wachrufen |
| 29 | **lasciare la scuola** | von der Schule abgehen |
| | **mettersi* a** | anfangen, beginnen zu |
| | disposto/-a a | bereit zu |
| | pagarsi | sich etwas bezahlen |
| | entusiasta *inv* di | begeistert von |
| | **la prima** liceo | 1. Klasse des it. Gymnasiums ~ 9. Schuljahr |
| | **sognare** | träumen |
| | fingere di* | vortäuschen |
| | il pianto | Weinen |
| | saltare le vacanze | Ferien(pläne) streichen |
| | il libretto di lavoro | Arbeitsbuch |
| | gestire (-isc) | leiten |
| | sistemarsi | unterkommen, eine Unterkunft finden |
| | il fighetto | toller Typ |
| | **battere a macchina** | mit der Maschine schreiben |
| | rigovernare | abwaschen |
| | per cui | deshalb |
| | ritrovarsi | geraten, sich wiederfinden |
| | il puzzo | Gestank |
| | la rigovernatura | Abwasch |
| | mi giravano i coglioni | *in etwa:* es ging mir auf den Geist, es nervte mich an |
| | farsi* **amico** | Freundschaft schließen |
| | promuovere* | befördern |
| | le **pulizie** | Reinigungsarbeiten |
| | **dare* la cera** | bohnern |
| | **in mezzo a** | inmitten |

| | | |
|---|---|---|
| | fare* l'autostọp | trampen |
| | **attraverso** | durch |
| | l'**Europa** | Europa |
| | Parigi | Paris |
| | la visione | Anblick |
| | **andare* in giro** | umherlaufen |
| | **l'albergo della gioventù** | Jugendherberge |
| | Quella fu la mia prima uscita nel mondo. | Das war das erste Mal, dass ich in die Welt hinausging. |
| | **passare la frontiera** | die Grenze überqueren |
| | l'aspirazione *f* | Streben |
| | **la scusa** | Ausrede |
| | la diversità | Verschiedenheit |
| | **l'odore** *m* | Geruch |
| | invidiare | beneiden |
| | la sorta | Sorte, Art |
| | l'eroe/eroina | Held/in |
| | il/la lavoratore/-trice stagionale | Saisonarbeiter/in |
| | creativo/-a | kreativ |
| 30 | il passato remoto | historisches Perfekt |
| 31 | derivare | (ab)stammen |
| | coniugare | konjugieren |
| 32 | in contrapposizione | im Gegensatz |
| 33 | il malinteso | Missverständnis |
| | **la lịngua straniera** | Fremdsprache |
| | **straniero/-a** | ausländisch, fremd |
| | sfogliare | durchblättern |
| | la collezione | Sammlung |
| | il Gotha | *in etwa:* das Beste |
| | l'orologerịa | Uhrmacherhandwerk |
| | nell'ạmbito di | im Bereich, innerhalb |
| | l'antiquariato | Antiquitätenhandel |
| | **in antịcipo** | im Voraus |
| | lo scenario | Szenerie |
| | **il sistema** | System |
| | **il mạssimo** | der Größte, Bedeutendste |
| | il settore turịstico | Tourismussektor |
| | il salone nạutico | Schifffahrtsmesse |
| | nạutico/-a | See-, Schifffahrts- |
| | la stazione marịttima | Hafengebäude |
| | l'arsenale *m* | Schiffswerft |
| | il Fẹstival del Mare | Festival des Meeres |
| | l'**esposizione** *f* | Ausstellung |
| | splẹndido/-a | prachtvoll, prächtig |
| | l'imbarcazione *f* a vela | Segelschiff, Segeltörn |
| | subạcqueo/-a | Unterwasser- |
| | il **servizio** broker | Broker-Dienstleistung |
| | il charter | Charter |
| 34 | la Borsa Internazionale del Turismo | Internationale Tourismusbörse |
| 35 | il parạgrafo | Paragraph, Absatz |
| 36 | pedalare | in die Pedale treten |
| | procẹdere | vorankommen, -gehen, fortfahren |
| G1 | **rifare*** | wieder machen, neu machen |
| G4 | **la chiave** | Schlüssel |
| G7 | **l'aggettivo** | Adjektiv |

# Unità 4

| | | |
|---|---|---|
| | **il progetto** urbanịstico | städtebauliches Projekt |
| | la convinzione | Überzeugung |
| 1 | i miei (**genitori**) | meine Eltern |
| | **l'uccello** | Vogel |
| | **tagliare fuori da** | abschneiden von |
| | **la vita sociale** | Sozialleben |
| | sfogarsi | sich abreagieren, Dampf ablassen |
| | **prẹndere* la patente** | den Führerschein machen |
| | tẹndere* a | neigen zu |
| | più ... possịbile | so viel ... wie möglich |
| | spoglio/-a | nackt, leer, schmucklos |
| | **rẹndere* suo** | *hier:* nach seinem Stil einrichten, sich zu eigen machen |
| | di trạnsito | *hier:* momentan, vorübergehend |
| | la cameretta | Kinderzimmer |
| | **rẹndersi* conto di qc** | einer Sache bewusst werden/sein |
| | il requisito | Erfordernis, Voraussetzung, Fähigkeit |
| | **la distanza** | Entfernung |
| | **finché non** | (solange) bis |
| | a quel punto | in der Lage/Situation |
| | spostare | verstellen, verschieben |
| | **la specie di** | Art von |
| | **il magazzino** | Lager |
| | responsabilizzarsi | Verantwortung übernehmen, verantwortungsvoll werden |
| | **lo spazio** | Platz, (freier) Raum |
| | ricavare | herausholen, gewinnen, nutzen |
| | la zona notte | Nachtbereich |
| | **lo studio** | Arbeitszimmer |
| | **in più** | außerdem, darüber hinaus |
| | di **là** | dort (hinten/drüben) |
| | tirare su | (auf)bauen, hochziehen |
| | impedire (-isc) | verbieten, versperren |
| | a malincuore | schweren Herzens |
| | il padrone del campo | Herr der Lage |
| | percepire (-isc) | wahrnehmen |
| | **questione** di cọmodo | eine Frage der Bequemlichkeit |
| | la generazione | Generation |
| 2 | **esclụdere*** | ausschließen |
| | **costruire (-isc)** | bauen, konstruieren |
| 3 | definire (-isc) | definieren, festlegen |
| | **prạtico/-a** | praktisch |
| | provvisorio/-a | provisorisch |
| | originale | ursprünglich, echt, originell |
| | precario/-a | unsicher, prekär, befristet |
| 7 | la maniera | Art, Weise |
| | differente | verschieden, unterschiedlich |

| | | |
|---|---|---|
| | il cod. (cọdice) | Code-Nummer |
| 8 | **prẹndere* in affitto** | (an)mieten |
| | mẹttere* un **annuncio** | eine Anzeige aufgeben |
| | **incaricare** | beauftragen |
| | **l'agenzịa** immobiliare | Immobilienagentur |
| | futuro/-a | zukünftig |
| | recarsi | sich begeben |
| | affịggere* | (Plakat) anschlagen |
| | il portone | (Eingangs-)Tür, Tor |
| | lo stạbile | Gebäude |
| | riempire* di | *hier:* übersäen mit, überall verteilen |
| | la priorità | Priorität, Wichtigkeit, Dringlichkeit |
| | l'ọbbligo | Zwang, Pflicht |
| | la cauzione | Kaution |
| | la provvigione | Provision |
| | il condominio | Mehrfamilienhaus (m. Eigentumswohnungen) |
| | **la zona** ben servita | gut versorgte Zone |
| | il **mezzo pụbblico** | öffentliches Verkehrsmittel |
| | la villetta a schiera | Reihenhaus |
| | **la zona** perifẹrica | Vorstadtgegend |
| 10 | **il divano** letto | Bettsofa |
| | il fornello | Kochplatte |
| 11 | in **persona** | (höchst)persönlich |
| | il mobiletto | Kommode, Schränkchen |
| | **la cucina** a gas | Gasherd |
| | **la luce** | Licht |
| | fulminarsi | durchbrennen |
| | la lampadina | Glühbirne |
| | **la finestra** | Fenster |
| | l'aspiratore *m* | Belüftung |
| | **in parte** | zum Teil |
| | **ammobiliato/-a** | möbliert |
| | **l'armadio** a muro | Einbauschrank |
| | il cassetto | Schublade |
| | **il riscaldamento** autọnomo | unabhängige Heizung |
| | **il riscaldamento** centralizzato | Zentralheizung |
| | Mah, veramente ... | Nun, ehrlich gesagt ... |
| | aspettarsi qc | sich etwas erwarten |
| | a malapena | mit Mühe und Not |
| | **il metro** quadro/quadrato | Quadratmeter |
| | una ventina | ca. 20 |
| | **migliore** | beste/r, besser |
| | far* parte di | zu etwas gehören, an etwas beteiligt sein |
| | la superficie abitạbile | Wohnfläche |
| | **l'affitto** | Miete |
| | comprẹndere* | beinhalten |
| | le spese condominiali | Wohnnebenkosten |
| | **inferiore** | geringer, niedriger |
| | **cattivo/-a** | schlecht, böse, schlimm |
| | la metratura | Ausmaß, Größe |
| | decisamente | unzweifelhaft, entschlossen |
| | **peggiore** | schlimmer, schlechter |
| | su due **piedi** | auf der Stelle, aus dem Stand |

| | | |
|---|---|---|
| 12 | l'agente immobiliare *m/f* | Immobilienmakler/-in |
| 13 | **il collegamento** | Verbindung, (Verkehrs-)Anbindung |
| | l'immọbile *m* | Immobilie |
| | ulteriore | weitere/r, zusätzliche/r |
| 14 | **il futuro** anteriore | Futur II |
| 15 | **meravigliarsi** | sich wundern |
| | il monolocale | Einzimmerappartement |
| | **la riduzione** | Reduzierung |
| 17 | viziato/-a | verwöhnt |
| | il membro | Mitglied |
| 18 | **vari/varie** | mehrere |
| | **immigrato/-a** | eingewandert |
| | il/la bolognese | Bologneser/in |
| | a tutti gli effetti | auf ganzer Linie, vollwertig |
| 20 | sinceramente | ehrlich |
| | temporạneo/-a | zeitlich begrenzt |
| | **a parte** | abgetrennt, abgesondert |
| | il doposcuola | Tagesstätte, Hort |
| | **la scuola superiore** | weiterführende Schule |
| | buffo/-a | lustig |
| | **nonostante** | obwohl, trotz |
| | originario/-a di | stammend aus |
| | la realizzazione | Verwirklichung, Realisierung |
| | la viabilità | Verkehrslage, Straßennetz |
| | **l'inquinamento** | Verschmutzung |
| | **l'immigrazione** *f* | Einwanderung |
| | malgrado | trotz (allem), obwohl |
| | tuttavịa | trotzdem, dennoch |
| | **il diritto** | Recht |
| | **l'assistenza mẹdica** | medizinische Versorgung |
| | **il dovere** | Pflicht |
| | **venire* in mente** | in den Sinn kommen, einfallen |
| | **la raccolta** differenziata (dei rifiuti) | Mülltrennung |
| | differenziato/-a | unter-, verschieden |
| | **la raccolta** | Sammlung |
| | il congiuntivo | Konjunktiv |
| | **la frase principale** | Hauptsatz |
| | precẹdere | voranstellen, vorangehen, vorausgehen, -fahren |
| 21 | mancante | fehlend |
| 22 | **la frase** secondaria | Nebensatz |
| 23 | **il trasporto pụbblico** | öffentlicher Transport, Verkehr |
| | efficiente | effizient, wirksam |
| | la pista ciclạbile | Fahrradweg |
| | accessịbile | *hier:* bezahlbar |
| | il cọdice stradale | Straßenverkehrsordnung |
| | **la tassa** | Steuer |
| 24 | **la vita pụbblica** | öffentliches Leben |
| | **votare** | wählen, abstimmen |
| | **la polịtica** comunale | Kommunalpolitik |
| | il cịrcolo | Club, Zirkel |
| | **la manifestazione** | Demonstration |
| | **i rifiuti** *pl* | Müll, Abfall |
| | l'alluminio | Aluminium |

| | | |
|---|---|---|
| | **la plạstica** | Plastik |
| | **la raccolta** indifferenziata | Restmüll(-sammlung) |
| | RSU (rifiuti sọlidi urbani) | Sperrmüll |
| | i rifiuti orgạnici ụmidi | Biomüll |
| | il contenitore | Behälter |
| | i fondi di caffè *pl* | Kaffeesatz |
| | la bustina di tè | Teebeutel |
| | l'infuso | (Kräuter)Tee |
| | l'osso *pl* le ossa | Knochen |
| | la lisca | Fischgräte |
| | **la foglia** | Blatt (einer Pflanze) |
| | l'avanzo | Rest |
| 25 | gettare | (weg)werfen |
| | la porcellana | Porzellan |
| | **rọmpere*** | (zer)brechen |
| | avanzare | übrigbleiben |
| | l'imballo | Verpackung |
| | il polistirolo | Styropor |
| 26 | **l'edificio** | Gebäude |
| | servizi e strutture | (öffentliche) Einrichtungen und Infrastruktur |
| | l'ạrea ex **industriale** | ehemaliges Industrieareal |
| | **la periferịa** | Peripherie, Vortstadt, Vorort(e) |
| | nọbile | edel |
| | esịstere* | existieren, bestehen |
| | **l'uomo** deciso | entschlossener Mann |
| | **pronunciare** | aussprechen, äußern |
| | **l'architetto** | Architekt |
| | in mẹrito a | bezüglich |
| | **riguardante** | betreffend, hinsichtlich |
| | suddetto/-a | oben genannt |
| | sọrgere* | sich erheben, entspringen, emporragen, entstehen |
| | l'acciaierịa | Stahlwerk |
| | di **oltre** | von mehr als |
| | estẹndersi* | sich ausbreiten, erstrecken |
| | la rovina industriale | Industrieruine |
| | la struttura | Struktur |
| | **urbano/-a** | Stadt- |
| | l'asse *m* | Achse |
| | prevalentemente | überwiegend |
| | residenziale | Wohn- |
| | la funzione pụbblica di eccellenza | *hier:* hochqualitative Dienstleistungseinrichtung |
| | il terziario direzionale | Dienstleistungs-verwaltungsbereich |
| | il filare verde | Baumreihe |
| | sostenịbile | tragbar, nachhaltig, vertretbar |
| | penetrare | durchdringen, eindringen |
| | il tessuto **urbano** | Stadtstruktur |
| | **oltre a** ciò | darüber hinaus, außerdem |
| | **la rete di trasporto** | Verkehrsnetz |
| | concepire (-isc) | konzipieren |
| | **il mezzo (pụbblico)** ad idrọgeno | Verkehrsmittel mit Wasserstoffantrieb |
| | basso/-a | niedrig |
| | l'inquinamento atmosfẹrico | Luftverschmutzung |

| | | |
|---|---|---|
| | **negare** | verneinen, leugnen |
| | valorizzare | hervorheben, aufwerten, zur Geltung kommen lassen |
| 27 | il complesso industriale | Industriekomplex |
| | l'acciaio | Stahl |
| | l'ạrea abbandonata | verlassenes, aufgegebenes Areal |
| | **la ricostruzione** | Wiederaufbau |
| | **la fạbbrica** | Fabrik |
| | **l'ạlbero** | Baum |
| 28 | **il materiale** | Material |
| | il participio passato | Partizip Perfekt |
| | il participio presente | Partizip Präsens |
| | **la frase** implịcita | impliziter Satz |
| 29 | favorẹvole | befürwortend, günstig |
| 30 | **temere** | fürchten |
| | errato/-a | fehlerhaft, unrichtig, falsch |
| | abbiente | wohlhabend |
| | ẹssere* dell'avviso | der Ansicht sein |
| | sciọgliere* ogni riserva | jeden Widerstand überwinden |
| | la riserva | Vorbehalt |
| 31 | il centro raccolta prọfughi | Flüchtlingsauffanglager |
| | il centro di chirurgịa estẹtica | schönheitschirurgisches Zentrum |
| | soddisfare* | zufrieden stellen, befriedigen |
| | **ẹssere* dell'opinione** | der Meinung sein |
| 33 | **il/la cọniuge** | Ehegatte/in |
| | **innamorato/-a** | verliebt |
| | innamorati l'uno dell'altro | ineinander verliebt |
| | **improvvisamente** | unversehens, überraschend, plötzlich |
| 34 | il sinọnimo | Synonym |
| | **l'esagerazione** *f* | Übertreibung |
| | **l'unione** *f* | Verbindung, Union |
| | la bottega | Werkstatt, Geschäft |
| | il chiosco | Bude |
| | dare* inizio | den Anfang machen |
| G1 | irregolare | unregelmäßig, irregulär |
| | il comparativo | 1. Steigerungsstufe, Komparativ |
| | il superlativo relativo | 2. Steigerungsstufe |
| | il superlativo assoluto | absoluter Superlativ |
| | il migliore | der Beste |
| | **pẹssimo/-a** | schlimmste/r, schlechteste/r |
| | **maggiore** | größere/r, bedeutendere/r |
| | **minore** | kleinere/r, geringere/r |
| | **il minore** | der Kleinste |
| | **mịnimo/-a** | kleinste/r, geringste/r |
| | ịnfimo/-a | geringste/r, niedrigste/r, unterste/r |
| | supremo/-a | oberste/r, höchste/r, vortreffliche/r |
| | sommo/-a | höchster |
| | il Trecento | 14. Jahrhundert |
| G2 | **dare* una mano** | helfen, zur Hand gehen |
| | **pẹrdere* il treno** | den Zug verpassen |

| | | |
|---|---|---|
| G3 | **l'impressione** *f* | Eindruck |
| | **sebbene** | obwohl, trotz |
| G5 | nutriente | nahrhaft |

## Ripasso 2

| | | |
|---|---|---|
| | **la cittadina** | Städtchen |
| | la frazione (di un paese) | Gemeinde |
| | **a stella** | sternförmig |
| | **la punta** | Spitze |
| | concẹntrico | konzentrisch |
| | a raggio | strahlenförmig |
| | l'esạgono | Sechseck |
| | **la città** fortezza | Festungsstadt |
| | **preciso/-a** | genau, präzis |
| | **causare** | verursachen, hervorrufen |
| | **leggero/-a** | leicht |
| | fornire (-isc) | anbieten |
| | edificare | erbauen |
| | il Papa | Papst |
| | Pio II | Pius II |
| | la corte | Hof(staat) |
| | **il duomo** | Dom |
| | il priore | Prior, Vorsteher |
| | rinascimentale | Renaissance- |
| | il gioiello | Schmuckstück |
| | **il pọpolo** | Volk |
| | il colonnato | Säulengang |
| | il potere | Macht |
| | **polịtico/-a** | politisch |
| | il capitano del **pọpolo** | Stadtherr (Mittelalter) |
| | la loggia | Loggia, Loge |
| | il/la mercante | Händler/in |
| | fortificare | befestigen |
| | cinquecentesco/-a | aus dem 16. Jahrhundert |
| | il centro stọrico | Altstadt |
| | suggestivo/-a | eindrucksvoll, bezaubernd |
| | il vịcolo | Gasse |
| | genovese | genuesisch; Genuese/erin |
| | conquistare | erobern |
| | il/la catalano/-a | Katalane/in, katalanisch |
| | l'aragonese *m/f* | Aragonier/in *(Spanier/in aus Aragon)*, aragonisch |
| | accontentare | zufriedenstellen |
| | fondare | gründen |
| | gli Etruschi | Etrusker |
| | arroccato/-a | auf Felsen gelegen |
| | la cima | Gipfel |
| | la roccia | Fels |
| | il colle | Hügel |
| | il tufo | Tuffstein |
| | l'argilla | Lehm |
| | assottigliarsi | schmal werden |
| | l'erosione *f* | Erosion |
| | raggiungịbile | erreichbar |
| | il borgo | Ortschaft, Dorf |
| | lanciare | werfen |
| | **a scelta** | zur freien Auswahl |
| | **sta al compagno** | es ist Sache des Partners |
| | il nụcleo abitato | Siedlung |
| | **l'ufficio informazioni** | Informationsbüro |
| | i Sassi | *Name für Stadtviertel von Matera* |
| | scavare | graben |
| | il presepe | Weihnachtskrippe |
| | non a caso | nicht zufällig |
| | detto/-a | genannt |
| | Betlemme | Bethlehem |
| | il set *inv* **naturale** | natürlicher Schauplatz |
| | ambientare | *hier:* spielen |
| | l'antichità | Altertum |
| | il trullo | traditionelles apulisches Haus |
| | la pietra | Stein |
| | riconoscịbile | wiedererkennbar |
| | il cilindro | Zylinder |
| | sormontare | überragen |
| | il cono | Kegel |
| | il migliaio | Tausend |
| | il Patrimonio **Mondiale** | Weltkulturerbe |
| | il nominativo | Name (bürokrat.), Namens-, namentlich, Nominativ |
| | **la delusione** | Enttäuschung |
| | il disappunto | Enttäuschung, Ärger, Missstimmung |
| | Sbagliando s'impara | Aus Fehlern lernt man |
| 1 | **l'errore** *m* | Fehler |
| | **alzare** | hochheben |
| | l'apprendimento | (Er-)Lernen |
| | inevitạbile | unvermeidlich, unumgänglich |
| | l'atteggiamento | Verhaltensweise, Haltung |
| | rispecchiare | wiederspiegeln |
| | limitare | begrenzen, einengen |
| | **non importa** | es ist nicht wichtig |
| | avere* in mente | im Sinn, Gedächtnis haben |
| | **interrọmpere*** | unterbrechen |
| | **liberamente** | frei, ungehindert |
| | la spontaneità | Spontaneität |
| | **insicuro/-a** | unsicher |
| 2 | la classịfica | Rangfolge |
| | **grave** | schwerwiegend |
| | la pronuncia | Aussprache |
| | l'ortografịa | Rechtschreibung |
| | la sintassi *inv* | Satzbau |
| | ostacolare | behindern |
| 3 | ritenere* | halten (für), ansehen |
| | opportuno/-a | angebracht, angemessen, günstig |

# Unità 5

| | | |
|---|---|---|
| 1 | **il gẹnere** | Art |
| | **la lettura** | Lektüre |
| | la pallavolo | Volleyball |
| | la pallacanestro | Basketball |
| | acquạtico/-a | Wasser- |
| | il nuoto | Schwimmsport, Schwimmen |
| | l'immersione *f* | Tauchen |
| | la vela | Segel, Segelsport |
| | il canottaggio | Kanusport |
| | montano/-a | Berg- |
| | l'arrampicata | Klettern |
| | il trekking *inv* | Trekking |
| | il body building *inv* | Bodybuilding |
| | preferibilmente | vorzugsweise, wenn möglich |
| | le cuffie *pl* | Kopfhörer |
| | dal vivo | live |
| | il videoclịp *inv* | Videoclip |
| | il fumetto | Comic |
| | **il libro di narrativa** | erzählerisches Werk |
| | la poesịa | Dichtung |
| | l'autobiografịa | Autobiographie |
| | il romanzo stọrico | geschichtlicher Roman |
| | il pub *inv* | Pub, Bar |
| 2 | il Campus Estivo | Sommercamp |
| | aprire* le iscrizioni | Einschreibungen eröffnen |
| | nei pressi di | in der Nähe von |
| | il Centro Sportivo | Sportzentrum |
| | partire | *hier:* beginnen, losgehen |
| | **terminare** | *hier:* enden |
| | il/la partecipante | Teilnehmer/in |
| | seguire | *hier:* betreuen |
| | l'istruttore/-trice | (Sport-)Lehrer/in |
| | l'animatore/-trice | Animateur/in |
| | qualificato/-a | qualifiziert |
| | il volley *inv* | Volleyball |
| | la scherma | Fechten |
| | il tennistạvolo | Tischtennis |
| | lụdico/-a | spielerisch |
| | la disciplina sportiva | sportliche Disziplin |
| 3 | **smẹttere*** | aufhören |
| | **appunto** | eben |
| | **avere* ragione** | Recht haben |
| | andare* a riprẹndere* | abholen |
| | **portare** | hinbringen |
| 4 | l'amichetta | kleine Freundin |
| 7 | **ẹssere* dispiaciuto/-a di** | etwas bedauern |
| | **arrabbiarsi** | sich ärgern, ärgerlich werden |
| 8 | il violino | Geige |
| | tra di loro | untereinander |
| 10 | **lo/la sportivo/-a** | Sportler, sportlicher Mensch |
| | **gli sport** ciclịstici | Radsportarten |
| 11 | l'Istat | *Ital. Statistikinstitut* |
| | il fitness *inv* | Fitness |
| | bạttere | schlagen, besiegen |
| | **indossare** | (Kleidung) tragen, anhaben |
| | la pantọfola | Pantoffel |
| | il pigiama | Schlafanzug |
| | i pantaloncini | kurze Hose, *hier:* Turnhose |
| | a dismisura | übermäßig |
| | **il campione** | Stichprobe, Muster |
| | l'attività fịsica | körperliche Aktivität |
| | se pur | auch wenn, selbst wenn |
| | di misura | knapp, in Maßen |
| | l'aerọbica | Aerobic |
| | la cultura fịsica | Bodybuilding |
| | collocarsi | sich einordnen, sich aufstellen |
| | a distanza | *hier:* weit abgeschlagen, hinter sich lassend |
| | **il ghiaccio** | Eis |
| | lo sport *inv* di montagna | Bergsport |
| | non fa proprio per voi | das ist nichts für euch |
| | lo yoga *inv* | Yoga |
| | l'equitazione *f* | Reiten, Reitsport |
| | lo judo *inv* | Judo |
| | il beach volley | Beachvolleyball |
| | il paragone | Vergleich |
| 12 | lo sport estremo | Extremsportart |
| | **pericoloso/-a** | gefährlich |
| | eccitante | erregend, aufregend |
| 13 | l'argomento | Argument |
| | **stare* seduto/-a** | sitzen (bleiben) |
| | **aumentare** di peso | (Gewicht) zunehmen |
| | **stare* in piedi** | stehen |
| | stressato/-a | gestresst |
| | **il mal di schiena** | Rückenschmerzen |
| | **il dolore** | Schmerz |
| | **provare** | versuchen |
| | è **sufficiente** | es ist ausreichend, es reicht |
| | ingrassare | dick werden, zunehmen |
| 14 | **traversare** | überqueren, durchqueren |
| | **matto/-a** | verrückt |
| | **stanco/-a** morto/-a | todmüde |
| | **scoppiare** (un incendio) | (Feuer) ausbrechen |
| | **il prato** | Wiese |
| | **dietro** | hinter |
| 15 | zoppo/-a | lahm |
| | trottare | traben |
| | **piạngere*** | weinen |
| | la stupidạggine | Dummheit |
| | **rubare** | stehlen |
| | **l'allegrịa** | Fröhlichkeit |
| | se le crisi la prendẹvano | wenn sie ihre Krisen bekam |
| | la crisi *inv* | Krise |
| | non farsi accọrgere* | sich nichts anmerken lassen |
| | **lasciarsi** | sich trennen |
| | da un pezzo | seit einer Weile |
| | rimpiạngere* | nachweinen, -trauern |
| | **certi/-e** | manche |
| | suonarle a qc | jdn verhauen |

| | | |
|---|---|---|
| 16 | **il paesaggio** | Landschaft |
| | lo stato d'ạnimo | Gemütszustand |
| | l'emozione *f* | Emotion |
| 17 | chiarire (-isc) | klären |
| | **il vocabolario** | Wörterbuch, Vokabular |
| 18 | **l'adolescente** *m/f* | Jugendliche/r, jugendlich |
| 19 | comparire* | auftreten, in Erscheinung treten, hervortreten |
| | saperne* di più | mehr davon wissen, verstehen |
| | **stụpido/-a** | dumm |
| | storto/-a | schief |
| | **dubitare** | zweifeln |
| | il ritratto | Portrait, Bildnis |
| 20 | **il ragazzo** | (fester) Freund |
| | **l'amica** del cuore | Busenfreundin |
| | tịngersi* i capelli | sich die Haare färben |
| | il motorino | Motorroller |
| 21 | il proverbio | Sprichwort |
| | il detto | Spruch |
| | il motto | Motto |
| | l'episodio | Episode |
| | in propọsito | zum Vorhergesagten |
| | patti chiari | klare Absprachen |
| | il tesoro | Schatz |
| 23 | la locandina | Filmplakat, kleines Plakat |
| | **drammạtico/-a** | dramatisch |
| | la commedia | Komödie |
| | **il film** *inv* d'azione | Actionfilm |
| 24 | i primi | *hier:* zu Beginn |
| | l'esistenza | Existenz |
| | il paese d'orịgine | Ursprungsland |
| | possedere* | besitzen |
| | il Nuovo Mondo | Neue Welt (= USA) |
| | l'Ocẹano | Ozean |
| | **la speranza** | Hoffnung |
| | dignitoso/-a | würdig |
| | la terra promessa | gelobtes Land |
| | confrontarsi (con) | sich auseinandersetzen (mit) |
| 25 | il deserto | Wüste |
| 26 | il sunto | Zusammenfassung |
| | la sartorịa | Schneiderei |
| | l'usuraio | Wucherer |
| | **farsi* prestare** | sich etwas ausleihen |
| | **gli interessi** | Zinsen |
| | aver* fretta | in Eile sein, es eilig haben |
| | **malato/-a** | krank |
| | **la fascia** | (Ver-)Band |
| | **la fronte** | Stirn |
| | lussuoso/-a | luxuriös |
| | il tịtolo nobiliare | Adelstitel |
| | **l'affare** *m* | Geschäft |
| | amaro/-a | bitter, *hier:* traurig |
| | cọmico/-a | lustig, komisch |
| 27 | la regịa | Regie |
| | avvincente | fesselnd, spannend |
| | la colonna sonora | Filmmusik |
| 28 | il fumetto | Sprechblase |
| | ẹssere* al verde | pleite sein |
| | il balletto | Ballett |
| 29 | la frase ipotẹtica della realtà | realer Bedingungssatz |
| | la frase ipotẹtica della possibilità | möglicher Bedingungssatz |
| 30 | **il cịnema** all'aperto | Freiluftkino |
| | **sbrigarsi** | sich beeilen |
| 32 | intitolare | betiteln |
| | **cantare** | singen |
| | teso/-a | angespannt, nervös |
| | **intelligente** | intelligent |
| | affascinante | faszinierend |
| | **alla moda** | modern |
| | il/la re *inv*/regina | König/Königin |
| | l'addominale *m* | Bauchmuskelübung |
| | muscoloso/-a | muskulös |
| | ben fatto | gut gebaut, gut gemacht |
| | il personaggio di rispetto | Respektsperson |
| 33 | il parrucchino | Toupet |
| | senza niente indosso | *hier:* unbekleidet |
| | surreale | surreal |
| | la jeep *inv* | Jeep |
| 34 | l'acrọbata *m/f* | Akrobat/in |
| | il circo | Zirkus |
| | il cubo | Kubus, Würfel; *hier:* Plattform |
| 35 | la didascalịa | Untertitel, Legende, Bildunterschrift |
| | l'ingegnerịa | Ingenieurswesen |
| | l'elettrọnica | Elektronik, Elektro- |
| | **diplomato/-a** | diplomiert |
| | il conservatorio | Konservatorium |
| | il flauto traverso | Querflöte |
| | la band *inv* | Band |
| | **da allora** | seitdem, seit damals |
| | **il disco** d'oro | Goldene Schallplatte |
| 36 | l'artịcolo-testimonianza | *in etwa:* Erfahrungsbericht |
| 38 | lo sportivo professionista | Profisportler |
| | far* **divertire** | unterhalten, vergnügen |
| | **il rappresentante** del governo | Regierungsvertreter |
| | **il governo** | Regierung |
| | delegare | delegieren |
| | la collettività | Gemeinschaft |
| 39 | il calciatore | Fußballspieler |
| | mascherare | maskieren, verbergen |
| | la beneficenza | Wohltätigkeit |
| | vincolare | binden, einengen, verpflichten, festlegen |
| | **scontrarsi** | zusammenstoßen, aneinander geraten |
| | **la distinzione** | Unterscheidung |
| | demotivato/-a | demotiviert |
| | colpẹvole | schuldig |
| 40 | farsi* un'idea | sich eine Meinung bilden |
| G1 | impersonale | unpersönlich |
| | **(È un) peccato** | (Es ist) schade |
| | **mẹttersi* d'accordo** | sich mit jdm einigen |
| | **la vergogna** | Schande, Scham |
| G2 | pronominale | Pronomen-, pronominal |
| G3 | l'indefinito | Indefinitpronomen |

| | | |
|---|---|---|
| | **diversi/-e** | mehrere |
| | fare* la propria parte | den eigenen Part übernehmen |
| G5 | la concordanza dei tempi | Zeitenfolge |
| G7 | l'indicativo | Indikativ |
| | il condizionale | Konditional |
| | salta il concerto | das Konzert fällt aus |
| G8 | **il braccio** *pl* **le braccia** | Arm |

## Unità 6

| | | |
|---|---|---|
| | **cavạrsela** | sich durchschlagen, zurechtkommen, davonkommen |
| | l'abilità | Fähigkeit, Geschick |
| | **la lẹttera commerciale** | Geschäftsbrief |
| | **il disturbo fịsico** | körperliche Beschwerden |
| 1 | il centro vẹndita | Verkaufszentrum |
| | fai da te | *in etwa:* selbstgemacht, handgemacht |
| | la conchiglia | Muschel |
| | online | online |
| 2 | salvare (un documento) | (ein Dokument) abspeichern |
| | copiare | kopieren |
| | aprire* un documento | ein Dokument öffnen |
| | stampare | drucken |
| | la cartella | (Computer-)Ordner |
| 3 | **l'Ịnternet** Point *inv* | Internet Café |
| | ovunque | wo auch immer |
| | **la materia scolạstica** | Schulfach |
| | adoperare | benutzen |
| | la webcam *inv* | Webcam |
| | l'incombenza | Aufgabe, Auftrag |
| | tenere* la contabilità | Buchhaltung erledigen |
| | fare* ricerche | forschen, untersuchen |
| | la tesi | Examens-, Diplomarbeit |
| | **sistemare** | ordnen, aufräumen |
| | **intẹndersi* di qc** | etwas von einer Sache verstehen |
| | il nụmero verde | *gebührenfreie Telefonnummer* |
| | l'assistenza tẹcnica | technische Wartung, Betreuung |
| 4 | **fare* a meno di qc/qn** | ohne etwas/jdn auskommen |
| | grato/-a | dankbar |
| | chiunque | wer auch immer; jeder, der |
| 5 | **le conoscenze informạtiche** | Computerkenntnisse |
| 7 | lo schermo | Bildschirm |
| | l'agenda | Terminkalender |
| | la matita | Bleistift |
| | la spillatrice | Heftgerät |
| | la gomma | Gummi, Radiergummi |
| | la perforatrice | Locher |
| | lo scotch *inv* | Tesafilm |
| | la colla | Kleber |
| | il raccoglitore | Ordner |
| | la graffetta | Heft-, Büroklammer |
| 8 | **il metallo** | Metall |
| | **la carta** | Papier |
| | **rotondo/-a** | rund |
| | rettangolare | rechteckig |
| | piatto/-a | platt, dünn |
| | ovale | oval |
| | **cancellare** | ausradieren |
| 9 | le indicazioni per l'uso | Gebrauchsanweisung |
| | la fotocopiatrice | Fotokopierer |
| | la cartuccia per stampante | Druckerpatrone |
| | la calcolatrice tascạbile | Taschenrechner |
| | lo scanner *inv* | Scanner |
| | il laser *inv* | Laser |
| | la copia | Kopie |
| | l'originale *m* | Original |
| | **il foglio** | Blatt |
| | il bypass *inv* | Bypass, Universalzufuhr |
| | lo zoom *inv* | Zoom |
| | la cifra | Ziffer |
| | il rivestimento superiore | Überzug |
| | metallizzato/-a | metallisiert |
| | il tasto | Taste |
| | la radice quadrata | Quadratwurzel |
| | la cancellazione | Tilgung, Stornierung, Löschung |
| | l'alimentazione *f* | (Strom)Versorgung |
| | da tạvolo | Tisch- |
| | rịgido/-a | steif, fest |
| | il cloro | Chlor |
| | rilegato/-a a punto refe | fadengeheftet |
| | a righe | liniert |
| | la rubrica | (Telefon-)Verzeichnis, Rubrik |
| | estraịbile | ausziehbar |
| | la tasca a soffietto | Falttasche |
| | dotare di | ausstatten, versehen mit |
| | la chiusura a elạstico | Gummibandverschluss |
| 10 | la chat *inv* | Chat |
| | il servizio civile | Zivildienst |
| | **Complimenti!** | Gratulation! |
| | il tẹrmine | Ende |
| | il corso intensivo | Intensivkurs |
| | **andạrsene*** | weggehen |
| | fregạrsene | auf etwas pfeifen |
| | riparlare di qc | von etwas wieder sprechen |
| 11 | simulare | nachspielen, nachahmen, vortäuschen |
| | il nomịgnolo | Spitzname, Beiname |
| 14 | **a turno** | abwechselnd |
| | essere* negato/-a | unbegabt sein |
| | la bici *inv* | Fahrrad |
| | la riparazione | Reparatur |
| | cucire | nähen |
| 15 | **disạbile** | behindert |
| | la terza elementare | *dritte Klasse der it. Grundschule* |

| | | |
|---|---|---|
| | il caschetto | Helm |
| | l'asta | Stab, Stange |
| | tuttora | immer noch |
| | **l'integrazione** *f* | Integration |
| | raggiụngere* | erzielen |
| | **il diploma di maturità** | Abiturzeugnis |
| | la maturità di Perito Informạtico | Abitur am informatik-technischen Gymnasium |
| | l'Ingegnerịa Informạtica | Informatik |
| | il mạssimo dei voti | Bestnote |
| | la forza di volontà | Willenskraft, -stärke |
| | la serie *pl* le serie | Reihe, Serie |
| | la circostanza | Umstand |
| | incastrarsi | sich ineinander fügen |
| | assieme | zusammen |
| | al pari | ebenbürtig, gleichrangig |
| | mẹttere* in risalto | etwas herausstellen, zur Entfaltung bringen |
| | **rendere* in grado di** | befähigen, in die Lage versetzen |
| | acquisire (-isc) | annehmen, erwerben, erreichen |
| | relazionarsi | (mit anderen) in Beziehung treten, Beziehung aufbauen |
| | l'ente *m* | Verein |
| | affrontare | bewältigen, meistern, sich stellen |
| | ạbile | geschickt, fähig |
| 16 | i rapporti sociali | soziale Beziehungen |
| | mẹttere* in evidenza | hervorheben |
| 17 | l'inserimento | Eingliederung |
| 18 | **il/la professore/-essa** | Lehrer/in, Professor/in |
| | le lẹttere | *hier:* Literatur- und Geschichtsunterricht |
| | comprensivo/-a | verständnisvoll |
| 19 | finalizzare | ausrichten, bezwecken |
| | la comunità | Gemeinschaft |
| | il passaggio | Übergang |
| | il lavoro socialmente ụtile | sozial sinnvolle Arbeit |
| | lo spịrito di solidarietà | Gemeinschaftsgeist |
| | la retribuzione | Entlohnung, Vergütung, Gehalt |
| | riconọscere* | (wieder)erkennen, *hier:* anerkennen |
| | prevedere* | vorsehen |
| | articolarsi | sich gliedern |
| | la protezione civile | Zivilschutz |
| | ammẹttere* a | zulassen zu etwas |
| | previo/-a | vorhergehend |
| | la selezione | Auswahl |
| | fare* richiesta di | Antrag stellen auf |
| | **compreso/-a** | inklusiv |
| | approvare | billigen, genehmigen, zustimmen |
| | UNSC (Ufficio nazionale per il Servizio Civile) | nationale Zivildienstbehörde |
| 20 | l'anno sabbạtico | Sabbatical |
| | incerto/-a | unsicher |
| | **licenziare** | entlassen |
| 22 | il/la ricercatore/-trice | Forscher/in |
| | la mentalità | Mentalität |
| | considerarsi | sich halten für, sich einschätzen als |
| | il cervello in fuga | *Begriff für hochqualifizierten Akademiker, der ins Ausland abwandert* |
| | il cervello | Gehirn |
| | in fuga | auf der Flucht |
| 23 | **la merce** | Ware |
| | s.r.l. (società a responsabilità limitata) | GmbH |
| | c.a. (alla cortese attenzione) | zur freundlichen Kenntnisnahme |
| | Sig.ra (signora) | Frau |
| | l'oggetto | Betreff |
| | la plafoniera | Deckenleuchte |
| | **il Mod. (modello)** | Modell |
| | il Rif. (riferimento) | bezugnehmend |
| | Vs. (vostra) | Ihre |
| | Gent.mo/-a (gentilịssimo/-a) | sehr geehrte/r |
| | l'invịo | Versand |
| | il catạlogo *pl* catạloghi | Katalog |
| | prẹndere* in visione | ansehen, Einsicht nehmen |
| | constatare | feststellen |
| | **il piacere** | Freude |
| | inalterato/-a | unverändert |
| | pertanto | deshalb, daher |
| | siamo lieti | wir freuen uns |
| | rimẹttere* un ọrdine | einen Auftrag anvertrauen |
| | cad. (caduno/-a) | pro Stück |
| | alle seguenti condizioni | zu folgenden Konditionen |
| | **lo sconto** pattuito | vereinbarter Preisnachlass |
| | **il pz. (pezzo)** | Stück |
| | la consegna | Auslieferung |
| | a ricevimento fattura | bei Erhalt der Rechnung |
| | il ricevimento | Empfang |
| | la fattura | Rechnung |
| | il bonịfico bancario | Bankgutschrift |
| | la conferma | Bestätigung |
| | **spedire (-isc)** | schicken |
| | lo spedizioniere | Spediteur |
| | appoggiarsi | sich stützen auf, wenden an |
| | l'evasione *f* dell'ọrdine | Auftragserledigung |
| | anticipatamente | im Voraus |
| | **il/la responsạbile** | Verantwortliche/r |
| | l'ufficio acquisti | Einkaufsabteilung |
| 24 | la fọrmula introduttiva | Eingangsformel |
| | il corpo della lẹttera | Hauptteil des Briefs |
| | la fọrmula di chiusura | Schlussformel |
| | la fọrmula di ringraziamento | Dankesformel |
| | egregio | sehr geehrter |
| | gradire (-isc) | mögen, wünschen |
| | **distinti saluti** | hochachtungsvoll |
| | cordialmente | herzlich |
| | in riferimento a | bezugnehmend auf |
| | ẹssere* spiacenti di | etwas bedauern |

| | | |
|---|---|---|
| | il riscontro | Antwort(schreiben) |
| | **cordiale** | herzlich |
| | **gentile** | sehr geehrte/r |
| 25 | non appena possịbile | so bald wie möglich |
| | a partire da | ab, von ... beginnend |
| 26 | trasmẹttere* un ọrdine | einen Auftrag übermitteln |
| | in sẹguito alla nostra telefonata | nach unserem Telefonat |
| 27 | giustificare | rechtfertigen |
| | l'accaduto | Vorfall |
| | **l'ufficio** vẹndite | Verkaufsabteilung |
| | **per cortesịa** | bitte |
| | **attenda in lịnea** | bleiben Sie am Apparat |
| | **l'altro ieri** | vorgestern |
| | **urgente** | dringend, dringlich |
| | essere* desolato/-a | bedauern |
| | l'artịcolo | Warenartikel |
| | **le ferie** | Ferien |
| | aggiornare | aktualisieren, auf dem Laufenden halten |
| | Però, insomma ... | Ja, aber ... |
| | l'interruttore *m* | Schalter |
| | Cosa c'entra? | Was hat das damit zu tun? |
| | **quello che** pare a voi | das, was euch passt |
| 28 | **reagire** (-isc) | reagieren |
| 29 | la lạmpada da tạvolo | Tischleuchte |
| | esaurito/-a | ausverkauft, vergriffen |
| | il/la fornitore/-trice | Zulieferer |
| | il disguido | Fehlleitung, Versehen, Missverständnis |
| 30 | l'oculista | Augenarzt |
| | il dermatọlogo | Hautarzt |
| | l'ortopẹdico | Orthopäde |
| | il mẹdico omeọpata | Homöopath |
| | **il mẹdico curante** | behandelnder Arzt |
| | le gocce oculari | Augentropfen |
| | l'antistamịnico | Antihistaminikum |
| | l'antidolorịfico | Schmerzmittel |
| | l'ecografịa | Ultraschalluntersuchung |
| | la radiografịa | Röntgenaufnahme |
| | il check up *inv* | Check-up |
| 31 | la nuotata | Schwimmen |
| | **il medicinale** | Arzneimittel |
| | la sịndrome RSI | RSI-Syndrom |
| | il peggioramento | Verschlechterung |
| | crọnico/-a | chronisch |
| 32 | **accusare un disturbo** | (gesundheitliche) Beschwerden beklagen |
| | dovuto/-a a | bedingt durch |
| | lo stress *inv* | Stress |
| | **il mal di stọmaco** | Magenweh |
| | l'irritazione *f* | Irritation, Erregung, Reizung |
| | **la pelle** | Haut |
| | **il raffreddore** | Erkältung |
| | l'insonnia | Schlaflosigkeit |
| 33 | trarre* da | ziehen aus |
| | il forum *inv* Ịnternet | Internetforum |
| 35 | **convịncersi*** | sich überzeugen |
| | l'uno/-a con l'altro/-a | gegenseitig |
| 37 | infastidire (-isc) | belästigen, stören |
| | maggiormente | am stärksten, meisten |
| | il neopapà | *Mann, der kürzlich Vater geworden ist* |
| G2 | il complemento diretto | direktes Objekt, Ergänzung |
| G3 | la desinenza | Endung |
| G5 | il verbo pronominale | Pronominalverb |
| | prẹndersela* | beleidigt sein |
| G9 | fare* quattro passi | spazieren gehen |

## Ripasso 3

| | | |
|---|---|---|
| | D.O.C. (di origine controllata) | *kontrollierte Herkunftsbezeichnung* |
| | tirare il dado | würfeln |
| | **svọlgere*** | erledigen |
| | quest'ụltimo | letzterer |
| | **da sé** | selbst, von sich aus |
| | **il difetto** | Fehler |
| | **protẹggere*** | schützen |
| | la minaccia | Drohung |
| | l'aggressione *f* | Aggression |
| | il fuorilegge *inv* | Gesetzloser, Krimineller |
| | il fumetto western | Westerncomic |
| | diffọndere* | verbreiten |
| | **indeciso/-a** | unentschlossen |
| | lo scultore | Bildhauer |
| | l'esponente *m/f* | Exponent/in, Vertreter/in |
| | il barocco | Barock |
| | romano/-a | römisch |
| | apprezzare | wertschätzen |
| | la fama **mondiale** | Weltruf |
| | la sfera | Kugel, Sphäre |
| | il piazzale | Platz, Vorplatz |
| | le Nazioni Unite | Vereinte Nationen |
| | **l'arte** figurativa | darstellende Kunst |
| | **la mạcchina per il caffè** | Espressomaschine, Kaffeemaschine |
| | il cinquantennio | 50-Jahresfeier, -tag |
| | **lo spettạcolo** teatrale | Theatervorführung, Schauspiel |
| | teatrale | Theater- |
| | **la mụsica** leggera | Unterhaltungsmusik |
| | l'urbanista *m/f* | Städteplaner/-in |
| | il designer *inv* | Designer |
| | **l'arredamento** | Mobiliar, Einrichtung |
| | mẹttere* in rilievo | hervorheben |
| | **mantenersi*** in forma | fit, in Form bleiben |
| | l'eleganza | Eleganz |
| | la carrozzerịa | Karosserie |
| | **il giudizio** | Urteil |
| | manifestare | zeigen |
| | la barzelletta | Witz |
| | valutare | einschätzen |
| | realizzạbile | realisierbar |
| | la strategịa del discorso | Gesprächsstrategie |
| 2 | il disturbo | Störung |

| | | |
|---|---|---|
| | **Si figuri!** | Nichts zu danken! Gern geschehen! |
| | **Certo, si immạgini!** | Sicher, keine Ursache! |
| | Mi faccia la cortesịa di ... | Tun Sie mir den Gefallen ... |
| | La sai l'ụltima? | Weißt du das neueste? |
| | **Ma dai!** | Ach was! |
| | giurare | schwören |
| | agitarsi | sich beunruhigen |

## Unità 7

| | | |
|---|---|---|
| | la varietà | Verschiedenartigkeit |
| 1 | studentesco/-a | studentisch |
| | l'emigrato | Emigrant |
| | **settentrionale** | Nord-, nördlich |
| | **la nạscita** | Gründung, Entstehung |
| | **la repụbblica** | Republik |
| | lo sbarco | Landung, Ausschiffung |
| | l'immigrante *m/f* | Einwanderer/-in |
| | extracomunitario/-a | von außerhalb der EU stammend |
| | la bandiera | Fahne |
| 2 | il momento stọrico | historischer Augenblick, Zeitpunkt |
| | la caduta | Fall |
| | Berlino | Berlin |
| | l'unione monetaria | Währungsunion |
| | **l'entrata** | Eintritt, Einzug |
| | l'Unione Europea | Europäische Union |
| | ecologista | Umweltschutz- |
| 3 | il secondo dopoguerra | Zeit nach dem 2. Weltkrieg |
| | il riscontro | Vergleich, Gegenüberstellung, Kontrolle |
| | **la guerra** | Krieg |
| | il referendum *inv* | Referendum |
| | **passare da ... a** | von ... zu übergehen |
| | la monarchịa | Monarchie |
| | **uscire*** | *hier:* auf den Markt kommen |
| | motorizzare | motorisieren |
| | la Vespa | Vespa, Motorroller |
| | **l'operaio/-a** | Arbeiter/in |
| | insoddisfacente | unbefriedigend |
| | scẹndere* in piazza | *in etwa:* auf die Straße gehen, demonstrieren |
| | **numeroso/-a** | zahlreich |
| | il referendum **popolare** | Volksentscheid |
| | **la legge** | Gesetz |
| | **il divorzio** | Scheidung |
| | il parlamento | Parlament |
| | approvare (una legge) | (ein Gesetz) annehmen, verabschieden |
| | il mutamento | Veränderung |
| | l'Europa orientale | Osteuropa |
| | lo scạndalo | Skandal |
| | **l'uomo polịtico** | Politiker |
| | il panorama **polịtico** | politische Landschaft |
| | **scomparire*** | verschwinden |
| | varare una legge | Gesetz verabschieden |
| | **la legge elettorale** | Wahlgesetz |
| | da questo momento in poi | von diesem Moment an, von da ab |
| | marciare | marschieren |
| | pacificamente | friedlich, auf friedliche Art |
| | **protestare** | protestieren |
| 5 | **manifestare** | demonstrieren |
| | ratificare | ratifizieren |
| 6 | il concetto | Konzept |
| 8 | riprẹndere* | aufnehmen |
| | l'arcobaleno | Regenbogen |
| | il movimento pacifista | Friedensbewegung |
| | il/la fondatore/-trice | Gründer/in |
| | il Movimento Nonviolento | gewaltlose Bewegung |
| | la marcia per la **pace** | Friedensmarsch |
| | l'edizione *f* | Ausgabe, Auflage |
| | **avẹr* luogo** | stattfinden |
| | ispirare | inspirieren, anregen |
| | la popolarità | Popularität |
| | imminente | bevorstehend, drohend |
| 9 | cronolọgico/-a | chronologisch |
| | dialettale | Dialekt-, mundartlich |
| 11 | romanesco/-a | römisch |
| | lo pseudọnimo | Pseudonym |
| | **il XX (ventẹsimo) sẹcolo** | 20. Jahrhundert |
| | la composizione | Komposition, Zusammenstellung |
| | **il dialetto** | Dialekt |
| | borghese | (gut)bürgerlich |
| | il divario | Kluft |
| | il democrạtico cristiano | Christdemokrat |
| | recitare il (er) rosario | Rosenkranz beten |
| | il socialista rivoluzionario | die Revolution anstrebender Sozialist |
| | monạrchico | Monarchie befürwortend, monarchisch |
| | repubblicano | Republik befürwortend, republikanisch |
| | i principi benedetti | *hier:* verflixte Prinzipien |
| | benedire* | weihen, preisen, segnen |
| | il congresso | *hier:* politische Versammlung |
| | l'ira | Zorn |
| | fare* l'ira di Dio | *in etwa:* einen gewaltigen Aufruhr veranstalten |
| 12 | **l'avvenimento** | Ereignis |
| | **ẹssere* in corso** | in Gang sein |
| 13 | il litigio | Streit, Wortgefecht |
| 14 | **a causa di** | wegen, aufgrund |
| | **il rumore** | Lärm |
| | trasformarsi | sich verwandeln, sich verändern |
| 16 | **continuamente** | andauernd, fortwährend |
| | il fattore | Faktor |
| 17 | il tẹrmine **straniero** | Fremdwort |
| | la rivolta | Revolte |
| | la Chinatown *inv* | *Viertel, das hauptsächlich chinesische Geschäfte und Restaurants hat* |

| | | |
|---|---|---|
| | milanese | mailändisch, Mailänder/in |
| | lo zapping *inv* | Zappen |
| | il (movimento) no-global *inv* | Antiglobalisierung (-sbewegung) |
| | il brunch *inv* | Brunch |
| | **lo spuntino** | Imbiss |
| | ẹtnico/-a | ethnisch, exotisch |
| | andare* **di moda** | in Mode sein |
| | il kebab *inv* | Kebab |
| | clamoroso/-a | aufsehenerregend, eklatant, laut |
| | il crash *inv* | Crash |
| | la borsa | Börse |
| 20 | la bandana | (Piraten-)Tuch |
| | E che diạvolo di roba è? | Und was zum Teufel ist das? |
| | **il fazzoletto** | Kopftuch, Taschentuch |
| | il meeting *inv* | Treffen, Meeting |
| | **cosa vuol dire*** | was heißt das, was soll das heißen |
| | ẹssere* fuori dal mondo | weltfremd sein |
| | perfino | sogar, selbst |
| | **chissà** | wer weiß |
| | fare* caso a qc | etwas bemerken |
| | il blackout *inv* | Blackout |
| | **totale** | total |
| | la password *inv* | Passwort |
| | a forza di discụtere | *hier:* wenn ihr noch lange diskutiert ... |
| 21 | il chiarimento | Klärung |
| | contraddire* | widersprechen |
| 24 | arricchire (-isc) | bereichern |
| | impoverire (-isc) | ärmer machen, verarmen |
| | pro o contro | pro oder kontra |
| 25 | la comunità Arbërẹsh | Gemeinschaft der albanischen Italiener |
| | albanese | albanisch, Albaner/in |
| | il diverbio | Streit, Wortgefecht |
| | la lạcrima | Träne |
| | **fermo/-a** | stehen geblieben, stehend |
| | l'ạngolo dell'occhio | Augenwinkel |
| | striminzito/-a | knapp, mickrig, kümmerlich |
| | **non vedere* l'ora** | es kaum erwarten können |
| | la lontananza | Entferntsein, Entfernung |
| | riabbracciare | wieder umarmen |
| | **pure** | auch (wenn), selbst, nur |
| | snocciolare | haarklein erzählen |
| | il sacrificio | Opfer |
| | fulminare con uno sguardo | scharf ansehen |
| | la commiserazione | Bedauern, Bemitleiden |
| | il disprezzo | Verachtung |
| | ammazzare di legnate | *in etwa:* verprügeln, totprügeln |
| | ammazzare | umbringen, töten |
| | stordito/-a | verwirrt, verblüfft |
| | spezzato/-a | brüchig |
| | il rimorso | Gewissensbisse, Reue |
| | **il rischio** | Risiko |
| | estrạneo/-a | fremd, Fremde/r |
| 26 | la tenerezza | Zärtlichkeit, Zartheit |
| 27 | **la rinuncia** | Verzicht |
| | guardare male qn | sich jdm gegenüber feindselig zeigen |
| | ammazzare | umbringen, töten |
| | il senso di colpa | Schuldgefühl |
| | **confuso/-a** | konfus, verwirrt |
| 28 | la riflessione | Überlegung |
| | la contemporaneità | Gleichzeitigkeit |
| 30 | vọlgere* | wenden, umwandeln |
| | **duro/-a** | schwer |
| | **il denaro** | Geld |
| | **in fondo** | im Grunde |
| 31 | **la minoranza** | Minderheit |
| | il catalano | Katalanisch |
| | il croato | Kroatisch |
| | francọfono/-a | französischsprachig |
| | il franco-provenzale | Franko-Provenzalisch |
| | il friulano | Friaulisch |
| | il greco | Griechisch |
| | il ladino | Ladinisch |
| | l'occitano | Okzitanisch |
| | lo sloveno | Slowenisch |
| | il sardo | Sardisch |
| 32 | la copertina interna | Einbandinnenseite, innerer Buchdeckel |
| | annotare | notieren, vermerken |
| | la geografịa | Geographie |
| 34 | **dentro** | innen, drinnen |
| | il casolare | (abgelegenes) Landhaus |
| | immẹrgere* | eintauchen |
| | il pioppo | Pappel |
| | circondare | umgeben |
| | scọrgere* | erblicken, erkennen |
| | **coprire*** | bedecken |
| | il vigneto | Weinberg |
| | la sạgoma | Silhouette, Profil |
| | intravedere* | erahnen, undeutlich erkennen, ausmachen |
| | detto così | *hier:* so beschrieben |
| | da cartolina | idyllisch |
| | esclusivo/-a | exklusiv, ausschließlich |
| | disabitato/-a | unbewohnt |
| | il/la connazionale | Landsmann/männin |
| | il/la senegalese | Senegalese/in, senegalesisch |
| | **l'elettricità** | Elektrizität |
| | giụngere* | erreichen, (an)kommen |
| | l'Ạfrica | Afrika |
| | **il/la proprietario/-a** | Besitzer |
| | **il tetto** | Dach |
| | la casa popolare | Sozialwohnung, Wohnhaus mit Sozialwohnungen |
| | il mutuo | Darlehen, Kredit |
| | ventennale | *hier:* 20 Jahre gültig |
| | **andare* incontro** | entgegengehen |
| | farsi* una vita | eine Existenz aufbauen |
| | produttivo/-a | produktiv |
| | **il Nord-Est** *m* | Nordosten |

| | | |
|---|---|---|
| | paventarsi | *hier:* eintreten, sich ergeben |
| | **la tasca** | (Hosen-)Tasche |
| | la ricerca | Suche |
| | **il padrone** | Herr, Hausherr |
| | la pedana | Stellage |
| | fuori legge | illegal |
| | il pạrroco | Gemeindepfarrer |
| | **l'emigrante** | Auswanderer |
| | **il tratto** (di cammino) | Strecke |
| | divaricarsi | *hier:* eine andere Richtung einschlagen |
| | il primato | Vorrang, Rekord |
| | **tenere* a qc** | auf etwas Wert legen |
| | segnalare | auf etwas aufmerksam machen |
| | africano/-a | afrikanisch |
| | guidare | führen |
| | in società con | zusammen mit |
| | il/la friulano/-a | Friauler/in, friaulisch |
| | **il/la dipendente** | Angestellte/r |
| | seguire le fasi inziali | *hier:* die Produkte im ersten Schritt (der Produktionskette) herstellen und bearbeiten |
| | la filiera produttiva | Produktionskette |
| | il triạngolo | Dreieck |
| | la determinazione | Bestimmtheit, Entschlossenheit |
| | perseguire | verfolgen |
| | l'obiettivo | Ziel |
| 35 | la proprietà | Besitz |
| | il prete | Pfarrer, Priester |
| | il titolare | Inhaber |
| 38 | extraeuropeo/-a | außereuropäisch |
| 39 | il/la cantautore/-trice | Liedermacher/in |
| 40 | l'indịviduo | Individuum |
| | isolarsi | sich isolieren |
| | **la felicità** | Glück, Glückseligkeit |
| | il degrado | Verfall |
| | **l'età** *inv* | Zeitalter |
| | lẹcito/-a | erlaubt, berechtigt, zulässig |
| | supplicare | anflehen, beschwören |
| | la pietà | Mitleid, Erbarmen, Mitgefühl |
| | gẹlido/-a | eisig |
| | trasparente | durchsichtig |
| | il viso | Gesicht |
| | se devo dirla tutta ... | wenn ich die ganze Wahrheit sagen soll ... |
| | il paradiso | Paradies |
| | l'inferno | Hölle |
| | **la verità** | Wahrheit |
| | mentire | lügen |
| | impazzire (-isc) | verrückt werden |
| | spericolato/-a | draufgängerisch, waghalsig |
| | **maleducato/-a** | ungezogen |
| | **il sacco** | Sack |
| | la trasformazione | Verwandlung, Umwandlung, Veränderung |
| 43 | paragonare | vergleichen |
| 44 | **l'infanzia** | Kindheit |
| | il mito | Mythos |
| | raggruppare | in Gruppen einteilen |
| G1 | la melodịa | Melodie |
| | ignoto/-a | unbekannt |
| | **straordinario/-a** | außerordentlich |
| G2 | **valẹr* la pena** | sich lohnen |
| | **sopravvịvere*** | überleben |
| G4 | comportarsi | sich benehmen, sich verhalten |
| G6 | l'estetista *m/f* | Kosmetiker/in |
| G7 | **pọvero/-a** | mittellos, arm, bemitleidenswert |

## Unità 8

| | | |
|---|---|---|
| | reale | wirklich |
| | irreale | irreal |
| | insọlito/-a | ungewöhnlich |
| | la credenza | (Volks-)Glaube |
| | la scena teatrale | Theaterszene |
| 2 | virtuale | virtuell |
| | **la carta** | (Spiel-)Karte |
| | l'orọscopo | Horoskop |
| | travestirsi | sich verkleiden |
| 4 | vịncere* **la noia** | Langeweile überwinden |
| 5 | **distrarsi*** | sich zerstreuen, sich ablenken lassen |
| | il navigatore satellitare | Navigationsgerät |
| | impostare | *hier:* eingeben |
| | **la destinazione** | Ziel |
| | sistematicamente | systematisch |
| | disubbidire (-isc) | nicht gehorchen, nicht folgen |
| | perentorio/-a | entschieden, deutlich, endgültig |
| | **parecchio** | ziemlich, viel |
| | il tragitto | Fahrt, Strecke, Weg |
| | svoltare | abbiegen |
| | tirare dritto | geradeaus fahren |
| | confọndersi* | durcheinanderkommen |
| | ricalcolare | wieder berechnen |
| | reimpostare | wieder eingeben |
| | riattaccare | *hier:* wieder beginnen |
| | replicare | einwenden, entgegnen |
| | **insịstere*** | bestehen auf |
| | andare* in confusione | irre werden |
| | **daccapo** | von vorn, von Neuem |
| | la rotta | Route |
| | il contrasto | Kontrast |
| | la perentorietà | Endschiedenheit, Endgültigkeit |
| | la remissività | Nachgiebigkeit |
| | ovino/-a | Schaf- |
| | trasgredire (-isc) | übertreten |
| | ottuso/-a | stumpf, dumpf, taub |

| | | |
|---|---|---|
| | **ridịcolo/-a** | lächerlich |
| | intransigente | unnachgiebig |
| | sparare | schießen, abfeuern |
| | **disperato/-a** | verzweifelt |
| | la comicità | Komik |
| | il cieco ripẹtere | sinnloses Wiederholen |
| | **cieco/-a** | blind |
| | la salvezza | Rettung |
| | **rọmpersi*** | kaputt gehen |
| | il caos *inv* | Chaos |
| 7 | il tono | Ton, Laut |
| | il comando | Kommando, Befehl |
| | **aggressivo/-a** | aggressiv |
| | **il guasto** | Schaden, Defekt |
| 8 | **il senso** | Sinn |
| | il procedimento | Vorgehen(sweise), Verfahren |
| 9 | **servirsi di** | sich bedienen |
| | agẹvole | leicht, mühelos, bequem |
| 10 | **saltare** | springen, überspringen |
| | teọrico/-a | theoretisch |
| | la mạcchina del tempo | Zeitmaschine |
| | vagliare | testen, prüfen |
| | il satẹllite | Satellit, Satelliten- |
| | lo spazio | Weltall |
| | **il pacchetto** | Paket |
| | **la vịsita** guidata | Führung |
| | la stazione spaziale | Raumstation |
| | rivịvere* | wieder erleben, wieder durchleben |
| | 3D (tridimensionale) | dreidimensional |
| | l'atmosfera | Atmosphäre |
| | l'imperatore/-trice | Kaiser/in |
| | la preistoria | Vorgeschichte |
| | il tuffo | Eintauchen, Sprung ins Wasser |
| | il dinosauro | Dinosaurier |
| | l'antenato | Vorfahr |
| | la Via Francịgena | Frankenweg |
| | sulle orme | auf den Spuren |
| | il/la pellegrino/-a | Pilger/in |
| | Losanna | Lausanne |
| | affidarsi a | sich jdm/etw anvertrauen |
| | la regata | Regatta |
| | il pullman *inv* G.T. (gran turismo) | Reisebus |
| | il vaporetto | Linienboot in Venedig, Dampfboot |
| | il passaggio | Fahrt, Überfahrt |
| | l'accompagnatore/-trice | (Reise-)Begleiter/in |
| 11 | lo stuzzichino | Häppchen |
| 12 | il corteo | Umzug |
| | medievale | mittelalterlich |
| | il fạscino | *hier:* Zauber, Stimmung |
| | la rievocazione (stọrica) | historisches Fest |
| | il vẹscovo | Bischof |
| | animarsi | sich beleben |
| | l'artigiano/-a | (Kunst-)Handwerker/in |
| | il trampoliere | Stelzenläufer |
| | popolare | bevölkern, beleben |

| | | |
|---|---|---|
| | la suggestione | Zauber |
| | la taverna | Kellerlokal |
| | vero/-a e proprio/-a | regelrecht |
| | la cantina | Keller |
| | il burattino | Handpuppe, Marionette |
| | la sfilata | Parade, Umzug |
| | il teatro itinerante | Tourneetheater |
| | il/la mangiafuoco *inv* | Feuerschlucker/in |
| | l'arciere *m* | Bogenschütze |
| | il tamburino | Trommler |
| | il menestrello | Hofsänger |
| | la premiazione | Preisverleihung |
| | la danza | Tanz |
| 13 | la bancarella | Marktstand |
| | la giostra | Karussel, Fahrgeschäft |
| | il gioco a premi | Gewinnspiel |
| | il costume d'ẹpoca | historisches Kostüm |
| | **la gara** | Wettkampf |
| | i fuochi d'artificio | Feuerwerk |
| | la sagra | (Kirchweih-)Fest |
| 15 | San Gennaro | heiliger Januarius |
| | il/la napoletano/-a | Neapolitaner/in, neapolitanisch |
| 16 | stavolta | diesmal |
| | la processione | Prozession |
| | da buon napoletano | als guter Neapolitaner |
| | consịstere* in | bestehen in |
| | **il sangue** | Blut |
| | **sciọgliersi*** | sich auflösen, sich verflüssigen |
| | Diocleziano | Diokletian |
| | decapitare | enthaupten |
| | la decapitazione | Enthauptung |
| | l'ampolla | Fläschchen, Ampulle |
| | **la stạtua** | Statue |
| | **E cioè?** | Und das heißt? Und zwar? |
| | l'argento | Silber |
| | decorato/-a | geschmückt, dekoriert |
| | l'augurio | *hier:* Vorzeichen |
| | il colpo di cannone | Kanonenschlag |
| | il guaio | Pech, Ärger, Unglück |
| | sfavorẹvole | ungünstig, unvorteilhaft |
| | ẹssere* devoto/-a a | glauben an |
| | fammi la grazia! | erweise mir die Gnade! |
| | **prẹndere* in giro** | sich lustig machen, auf den Arm nehmen |
| | la fede religiosa | religiöser Glaube |
| | fare* effetto | wirken, Eindruck machen |
| | **perché** *mit Konjunktiv* | damit |
| | Eh, immạgino! | Das glaube ich! Das kann ich mir vorstellen! |
| | superstizioso/-a | abergläubisch |
| 17 | mịtico/-a | mythisch |
| 19 | il patrono | Patron |
| | ignorare | nicht wissen, in Unkenntnis sein |
| | **la sfortuna** | Unglück |
| | la certezza | Gewissheit |
| | affermare | behaupten, geltend machen, bejahen |

| | | |
|---|---|---|
| 20 | Sant'Ambrogio | Heiliger Ambrosius |
| | Treviri | Trier |
| | inaugurare | einweihen |
| | **altrettanto** | ebenso(viel), gleichfalls |
| | le spoglie | Überreste |
| | il dono | Geschenk, Gabe |
| | l'Ottocento | 19. Jahrhundert |
| | la battaglia | Schlacht |
| | **la guardia** | Wache, Wächter |
| | il tiranno | Tyrann |
| | popolano/-a | Volks- |
| | il/la ribelle | Rebell/in |
| | il/la tiratore/-trice | Schütze |
| | il carro allegọrico | Maskenwagen |
| | la caricatura | Karikatur, Spottbild |
| 23 | Né di vẹnere né di marte ... | Weder am Freitag noch am Dienstag ... |
| | Vẹnere | Venus |
| | Marte | Mars |
| | il lotto | Lotto |
| | **la tavola** imbandita | gedeckter Tisch |
| | sulla base di | auf der Grundlage von |
| | la corrispondenza | Entsprechung, Übereinstimmung |
| | tentare | versuchen |
| | la giocata | Spieleinsatz, Tipp |
| | il portafortuna *inv* | Glücksbringer |
| 24 | bussare | klopfen |
| | il balocco | Spielzeug, Tand |
| | il torrone | Nougat |
| | il cioccolatino | Praline, Schokodragée |
| | il panettone | *ital. Weihnachtskuchen* |
| | l'assortimento | Sortiment, Auswahl |
| 26 | **assịstere* a** | beiwohnen, teilnehmen an |
| | la rappresentazione teatrale | Theateraufführung |
| | il dramma | Drama, Schauspiel |
| | il mụsical *inv* | Musical |
| 28 | gradẹvole | angenehm |
| | assurdo/-a | absurd |
| | serio/-a | ernsthaft |
| | tragicọmico/-a | tragikomisch |
| | incomprensịbile | unverständlich |
| | astruso/-a | abstrus |
| | il ciambellone | Kranzkuchen |
| | il fidanzamento | Verlobung |
| | **ad un certo punto** | plötzlich |
| | **suonare** | klingeln |
| | **il campanello** | (Tür-)Klingel |
| | inatteso/-a | unerwartet |
| | festoso/-a | feierlich |
| | alla campagnola | auf bäuerliche Art |
| | **fatto in casa** | hausgemacht |
| | esaminare | untersuchen, überprüfen |
| | l'occhialino | Lorgnon |
| | **stabilirsi** (-isc) | sich niederlassen |
| | francamente | offen gesagt |
| | è una gran cosa | ist eine großartige Sache |
| | il/la figliolo/-a | Sohn/Tochter, Junge/Mädchen |
| | È un **piacere.** | Es ist eine Freude. |
| | ruzzare | herumtollen |
| | rincọrrersi* | einander hinterherlaufen |
| | **non è un gran che** | es ist nichts Besonderes |
| 29 | **il teatro** dell'assurdo | absurdes Theater |
| | letto in chiave cọmica | *hier:* als komisches Stück interpretiert |
| | recitare | schauspielern, vortragen |
| | la battuta | Satz, (geistreiche) Bemerkung, (witzige, schlagfertige) Antwort |
| 30 | il sipario | Bühnenvorhang |
| | il palco | Loge |
| | la platea | Parkett (i. Theater) |
| | lo/la spettatore/-trice | Zuschauer/in |
| 31 | non mi viene | ich komme nicht drauf |
| | avere* sulla punta della lingua | auf der Zunge liegen |
| | sfuggire | entgehen, entkommen |
| | rilanciare | *hier:* entgegnen |
| | venire* preso/-a dalla **paura** | von Angst übermannt werden |
| | freneticamente | *hier:* wie verrückt |
| | la memoria | Gedächtnis, Erinnerung |
| | in preda al pạnico | von Panik erfasst |
| | **la gola** | Kehle, Hals |
| | l'angoscia | Angst, Furcht |
| | l'atto rituale | ritueller Akt |
| | profondo/-a | tief |
| | ridare* | wiedergeben |
| | **il silenzio** | Stille |
| | primordiale | uranfänglich |
| | minacciare | bedrohen |
| | infantile | infantil, kindlich |
| 32 | amatoriale | Amateur- |
| 33 | la perla | Perle |
| | il/la prịncipe/principessa | Prinz/Prinzessin |
| | la crociera | Kreuzfahrt |
| | la solitụdine | Einsamkeit |
| | il mago | Zauberer, Magier |
| | la gelosịa | Eifersucht |
| 34 | il toner *inv* | Toner |
| | inavvertitamente | versehentlich |
| | la carta da parati | Tapete |
| 35 | la serratura | Schloss, Verschluss |
| | **ritirarsi** | sich zurückziehen |
| G2 | il prefisso | Vorsilbe, Präfix |
| | imbevịbile | nicht trinkbar, ungenießbar |
| G4 | convinto/-a | überzeugt |
| G6 | affinché | damit |
| G7 | la mạschera | Maske |
| G8 | la banda | Musikkapelle |
| | la delizia | Köstlichkeit |

# Glossario alfabetico

Hier finden Sie die im Buch vorkommenden Wörter in alphabetischer Reihenfolge. Die fett gedruckte Zahl verweist auf die Lektion, die dünn gedruckte auf den Abschnitt innerhalb der Lektion. Ist nur eine fett gedruckte Zahl vorhanden, kommt das Wort ganz am Anfang der Lektion vor, R steht für *Ripasso*, G für *Grammatica*.

| | |
|---|---|
| abbandonare | **1** 4; **4** 27 |
| abbiente | **4** 30 |
| ạbile | **6** 15 |
| abilità | **6** |
| abitạbile | **4** 11 |
| abitato | **R** 2 |
| abitualmente | **2** 16 |
| abituarsi | **1** 20 |
| accaduto | **6** 27 |
| accessịbile | **4** 23 |
| acciaierịa | **4** 26 |
| acciaio | **4** 27 |
| accogliente | **1** 26 |
| accọgliere* | **1** 14 |
| accompagnatore/-trice | **8** 10 |
| accontenare | **R2** |
| acconto | **2** 4 |
| accordo | **5** G1 |
| accọrgere* | **5** 15 |
| accusare | **6** 32 |
| acquạtico | **5** 1 |
| acquisire | **6** 15 |
| acquisto | **6** 23 |
| acrọbata | **5** 34 |
| acụstico | **1** 27 |
| adattamento | **3** 21 |
| adatto | **2** 1 |
| addominale | **5** 32 |
| aderire | **1** 14 |
| adolescente | **5** 18 |
| adoperare | **6** 3 |
| aerọbica | **5** 11 |
| affare | **3** 1; **5** 26 |
| affascinante | **5** 32 |
| affatto | **1** 8 |
| affermare | **8** 19 |
| affidarsi | **8** 10 |
| affịggere* | **4** 8 |
| affinché | **8** G5 |
| affinità | **1** 30 |
| affitto | **4** 8/11 |
| affrontare | **6** 15 |
| Ạfrica | **7** 34 |
| africano | **7** 34 |
| agenda | **6** 7 |
| agente | **4** 12 |
| agẹvole | **8** 9 |
| aggettivo | **3** G7 |
| aggiornare | **6** 27 |
| aggiustare | **3** 16 |
| aggressione | **R3** |
| aggressivo | **8** 7 |
| agitarsi | **R3** 2 |
| albanese | **7** 25 |
| ạlbero | **4** 27 |
| alimentazione | **6** 9 |
| allegọrico | **8** 20 |
| allegrịa | **5** 15 |
| alluminio | **4** 24 |
| alternativo | **R1** |
| alto | **3** 14 |
| altrettanto | **8** 20 |
| altro ieri | **6** 27 |
| altro | **3** 10; **6** 27 |
| alunno/-a | **1** 31 |
| alzare | **R2** 1 |
| amaro | **5** 26 |
| amatoriale | **8** 32 |
| ambientale | **3** 2 |
| ambientare | **R2** |
| ambiente | **3** 2 |
| ạmbito | **3** 33 |
| amichetta | **5** 4 |
| amichẹvole | **1** 26; **3** 17 |
| amicizia | **2** 25 |
| ammazzare | **7** 25 |
| ammẹttere* | **6** 19 |
| amministrazione | **1** 14; **3** 10 |
| ammobiliato | **4** 11 |
| amore | **2** 3 |
| ampolla | **8** 16 |
| analfabetismo | **2** 16 |
| anạlisi | **3** 2 |
| andạrsene* | **6** 10 |
| ạngolo | **3** 21; **7** 25 |
| angoscia | **8** 31 |
| animarsi | **8** 12 |
| animatore/-trice | **5** 2 |
| ạnimo | **5** 16 |
| annoiarsi | **1** G7 |
| annotare | **7** 32 |
| annuale | **2** 16 |
| antenato | **8** 10 |
| anteriore | **4** 14 |
| antichità | **R2** |
| anticipatamente | **6** 23 |
| antịcipo | **3** 33 |
| antidolorịfico | **6** 30 |
| antiquariato | **3** 33 |
| antistamịnico | **6** 30 |
| anzi | **1** 20 |
| anziché | **2** 15 |
| anzitutto | **3** 2 |
| apertamente | **2** 25 |
| apparecchio | **R1** |
| appassionato | **1** 27 |
| appena | **1** 14 |
| appoggiarsi | **6** 23 |
| apprendimento | **R2** 1 |
| apprezzare | **R3** |
| approvare | **6** 19; **7** 3 |
| appunto | **2** 34; **5** 3 |
| aragonese | **R2** |
| architetto | **4** 26 |
| arciere | **8** 12 |
| arcobaleno | **7** 8 |
| argento | **8** 16 |
| argilla | **R2** |
| argomento | **5** 13 |
| aria | **1** 3 |
| arrabbiarsi | **5** 7 |
| arrampicata | **5** 1 |
| arrangiarsi | **1** 14 |
| arredamento | **R3** |
| arrestare | **1** 14 |
| arresto | **R1** |
| arricchire | **7** 24 |
| arroccato | **R1** |
| arsenale | **3** 33 |
| articolarsi | **6** 19 |
| artificio | **8** 13 |
| artigiano/-a | **8** 12 |
| artịstico | **2** 5 |
| aspettarsi | **4** 11 |
| aspiratore | **4** 11 |
| aspirazione | **3** 29 |
| asse | **4** 26 |
| assicurare | **3** 17 |
| assicurazione | **3** 17 |
| assieme | **6** 15 |
| assistenza | **4** 20; **6** 3 |
| assịstere* | **8** 26 |
| associazione | **1** 13 |
| assoluto | **4** G1 |
| assomigliare | **3** 4 |
| assortimento | **8** 24 |
| assottigliarsi | **R2** |
| assurdo | **8** 29 |
| asta | **6** 15 |
| astrofịsico | **R2** |
| astronọmico | **R1** |
| astruso | **8** 28 |
| Atlạntico | **1** 26 |
| atlẹtica | **5** 10 |
| atmosfera | **8** 10 |
| atmosfẹrico | **4** 26 |
| atteggiamento | **R2** 1 |
| attento | **3** 17 |
| atto | **8** 31 |
| attraverso | **3** 29 |
| attuale | **2** G1 |
| attualità | **2** |
| augurio | **8** 16 |
| aula | **1** 31 |
| aumentare | **5** 13 |
| aumento | **2** 3 |
| ausiliare | **1** 4 |
| autobiografia | **5** 1 |
| auto-produzione | **2** 16 |
| avanzare | **4** 25 |
| avanzo | **4** 24 |
| avvalersi* | **1** 14 |
| avvenire | **1** 14 |
| avvertimento | **2** 3 |
| avvertire | **2** 5 |
| avviare | **1** 14 |
| avvincente | **5** 27 |
| avviso | **4** 30 |
| azione | **5** 23 |
| balletto | **5** 28 |
| ballo | **1** 8 |
| balocco | **8** 24 |
| bancarella | **8** 13 |
| bancario | **6** 23 |
| band | **5** 35 |
| banda | **2** 16; **8** G8 |
| bandana | **7** 20 |
| bandiera | **7** 1 |
| barocco | **R3** |
| barriera | **1** 14 |
| barzelletta | **R3** |
| base | **8** 23 |
| bassista | **1** 27 |
| basso | **1** 27; **4** 26 |
| battaglia | **8** 20 |

# Coniugazione dei verbi regolari

1ª coniugazione: verbi in *-are*

| Infinito | Participio passato | Gerundio |
|---|---|---|
| girare | girato | girando |

| Indicativo | | | | | | |
|---|---|---|---|---|---|---|
| **Presente** | **Passato Prossimo** | **Imperfetto** | **Trapassato prossimo** | **Passato remoto** | **Futuro semplice** | **Futuro anteriore** |
| giro | ho girato | giravo | avevo girato | girai | girerò | avrò girato |
| giri | hai | giravi | avevi | girasti | girerai | avrai |
| gira | ha | girava | aveva | girò | girerà | avrà |
| giriamo | abbiamo | giravamo | avevamo | girammo | gireremo | avremo |
| girate | avete | giravate | avevate | giraste | girerete | avrete |
| gịrano | hanno | girạvano | avẹvano | girạrono | gireranno | avranno |

| Congiuntivo | | | | Condizionale | | Imperativo |
|---|---|---|---|---|---|---|
| **Presente** | **Passato** | **Imperfetto** | **Trapassato** | **Presente** | **Passato** | |
| giri | abbia girato | girassi | avessi girato | girerei | avrei girato | gira |
| giri | abbia | girassi | avessi | gireresti | avresti | giri |
| giri | abbia | girasse | avesse | girerebbe | avrebbe | girate |
| giriamo | abbiamo | girạssimo | avẹssimo | gireremmo | avremmo | |
| giriate | abbiate | giraste | aveste | girereste | avreste | |
| gịrino | ạbbiano | girạssero | avẹssero | girerẹbbero | avrẹbbero | |

2ª coniugazione: verbi in *-ere*

| Infinito | Participio passato | Gerundio |
|---|---|---|
| vẹndere | venduto | vendendo |

| Indicativo | | | | | | |
|---|---|---|---|---|---|---|
| **Presente** | **Passato Prossimo** | **Imperfetto** | **Trapassato prossimo** | **Passato remoto** | **Futuro semplice** | **Futuro anteriore** |
| vendo | ho venduto | vendevo | avevo venduto | vendei/ vendetti | venderò | avrò venduto |
| vendi | hai | vendevi | avevi | vendesti | venderai | avrai |
| vende | ha | vendeva | aveva | vendé/ vendette | venderà | avrà |
| vendiamo | abbiamo | vendevamo | avevamo | vendemmo | venderemo | avremo |
| vendete | avete | vendevate | avevate | vendeste | venderete | avrete |
| vendono | hanno | vendẹvano | avẹvano | vendẹrono/ vendẹttero | venderanno | avranno |

| Congiuntivo | | | | Condizionale | | Imperativo |
|---|---|---|---|---|---|---|
| **Presente** | **Passato** | **Imperfetto** | **Trapassato** | **Presente** | **Passato** | |
| venda | abbia venduto | vendessi | avessi venduto | venderei | avrei venduto | vendi |
| venda | abbia | vendessi | avessi | venderesti | avresti | venda |
| venda | abbia | vendesse | avesse | venderebbe | avrebbe | vendete |
| vendiamo | abbiamo | vendẹssimo | avẹssimo | venderemmo | avremmo | |
| vendiate | abbiate | vendeste | aveste | vendereste | avreste | |
| vẹndano | ạbbiano | vendẹssero | avẹssero | venderẹbbero | avrẹbbero | |

3ª coniugazione: verbi in *-ire*

| Infinito | Participio passato | Gerundio |
|---|---|---|
| sentire | sentito | sentendo |

**Indicativo**

| Presente | Passato Prossimo | Imperfetto | Trapassato prossimo | Passato remoto | Futuro semplice | Futuro anteriore |
|---|---|---|---|---|---|---|
| sento | ho sentito | sentivo | avevo sentito | sentii | sentirò | avrò sentito |
| senti | hai | sentivi | avevi | sentisti | sentirai | avrai |
| sente | ha | sentiva | aveva | sentì | sentirà | avrà |
| sentiamo | abbiamo | sentivamo | avevamo | sentimmo | sentiremo | avremo |
| sentite | avete | sentivate | avevate | sentiste | sentirete | avrete |
| sẹntono | hanno | sentịvano | avẹvano | sentịrono | sentiranno | avranno |

| Congiuntivo | | | | Condizionale | | Imperativo |
|---|---|---|---|---|---|---|
| Presente | Passato | Imperfetto | Trapassato | Presente | Passato | |
| senta | abbia sentito | sentissi | avessi sentito | sentirei | avrei sentito | senti |
| senta | abbia | sentissi | avessi | sentiresti | avresti | senta |
| senta | abbia | sentisse | avesse | sentirebbe | avrebbe | sentite |
| sentiamo | abbiamo | sentịssimo | avẹssimo | sentiremmo | avremmo | |
| sentiate | abbiate | sentiste | aveste | sentireste | avreste | |
| sẹntano | ạbbiano | sentịssero | avẹssero | sentirẹbbero | avrẹbbero | |

| Infinito | Participio passato | Gerundio |
|---|---|---|
| finire | finito | finendo |

**Indicativo**

| Presente | Passato Prossimo | Imperfetto | Trapassato prossimo | Passato remoto | Futuro semplice | Futuro anteriore |
|---|---|---|---|---|---|---|
| finisco | ho finito | finivo | avevo finito | finii | finirò | avrò finito |
| finisci | hai | finivi | avevi | finisti | finirai | avrai |
| finisce | ha | finiva | aveva | finì | finirà | avrà |
| finiamo | abbiamo | finivamo | avevamo | finimmo | finiremo | avremo |
| finite | avete | finivate | avevate | finiste | finirete | avrete |
| finịscono | hanno | finịvano | avẹvano | finịrono | finiranno | avranno |

| Congiuntivo | | | | Condizionale | | Imperativo |
|---|---|---|---|---|---|---|
| Presente | Passato | Imperfetto | Trapassato | Presente | Passato | |
| finisca | abbia finito | finissi | avessi finito | finirei | avrei finito | finisci |
| finisca | abbia | finissi | avessi | finiresti | avresti | finisca |
| finisca | abbia | finisse | avesse | finirebbe | avrebbe | finite |
| finiamo | abbiamo | finịssimo | avẹssimo | finiremmo | avremmo | |
| finiate | abbiate | finiste | aveste | finireste | avreste | |
| finịscano | ạbbiano | finịssero | avẹssero | finirẹbbero | avrẹbbero | |

# Lista dei verbi irregolari

Nella seguente lista sono elencati i verbi irregolari di Azzurro e Azzurro Più. Sono presenti solo le forme che rispetto a quelle regolari manifestano delle particolarità.
I casi in cui del passato remoto sono indicate solo la 1ª e la 2ª persona singolare seguono la seguente regola:

- dalla 1ª persona singolare si deducono la 3ª persona singolare e plurale
- la 2ª persona singolare, la 1ª e la 2ª persona plurale hanno la stessa radice dell'infinito.

Il condizionale si fa dedurre sempre dal futuro semplice: andrò ➛ andrei, avrò ➛ avrei, ecc.
Le forme regolari del congiuntivo imperfetto si deducono dall'indicativo imperfetto: bevevo ➛ bevessi

| Infinito | Presente indicativo | Passato remoto | Futuro semplice | Congiuntivo presente | Imperativo | Gerundio | Participio |
|---|---|---|---|---|---|---|---|
| **accọgliere**<br>*ebenso:*<br>*raccọgliere*<br>*scẹgliere*<br>*sciọgliere*<br>*tọgliere* | accolgo<br>accogli<br>accoglie<br>accogliamo<br>accogliete<br>accọlgono | accolsi<br>accogliesti | | accolga | accogli<br>accolga<br>accogliete | | accolto |
| **andare**<br>*ebenso:*<br>*andạrsene* | vado<br>vai<br>va<br>andiamo<br>andate<br>vanno | | andrò | vada | va'/vai<br>vada<br>andate<br>vạttene<br>se ne vada<br>andạtevene | | |
| **avere** | ho<br>hai<br>ha<br>abbiamo<br>avete<br>hanno | ebbi<br>avesti | avrò | abbia | abbi<br>abbia<br>abbiate | | |
| **bere** | bevo<br>bevi<br>beve<br>beviamo<br>bevete<br>bẹvono | bevvi<br>bevesti | berrò | | | bevendo | bevuto |
| **cadere**<br>*ebenso:*<br>*accadere* | | caddi<br>cadesti | cadrò | | | | |
| **comparire**<br>*ebenso:*<br>*scomparire* | compaio<br>compari<br>compare<br>compa-<br>riamo<br>comparite<br>compạiono | comparvi<br>comparisti | | compaia | | | comparso |
| **cọmpiere** | compio<br>compi<br>compie<br>compiamo<br>compite<br>cọmpiono | compii<br>compisti<br>compì<br>compimmo<br>compiste<br>compịrono | compirò | | | | |

| Infinito | Presente indicativo | Passato remoto | Futuro semplice | Congiuntivo presente | Imperativo | Gerundio | Participio |
|---|---|---|---|---|---|---|---|
| **dare**<br>*ebenso:*<br>*ridare* | do<br>dai<br>dà<br>diamo<br>date<br>danno | detti/diedi<br>desti<br>dette/diede<br>demmo<br>deste<br>dẹttero/<br>diẹdero | | dia<br>*imperfetto:*<br>dessi | dai/da'<br>dia<br>date | | |
| **dire**<br>*ebenso:*<br>*benedire*<br>*contraddire* | dico<br>dici<br>dice<br>diciamo<br>dite<br>dịcono | dissi<br>dicesti | | | di'<br>dica<br>dite | dicendo | detto |
| **dovere** | devo<br>devi<br>deve<br>dobbiamo<br>dovete<br>dẹvono | | dovrò | debba | --- | | |
| **ẹssere** | sono<br>sei<br>è<br>siamo<br>siete<br>sono | fui<br>fosti<br>fu<br>fummo<br>foste<br>fụrono | sarò | sia<br>*imperfetto:*<br>fossi | sii<br>sia<br>siate | | stato |
| **fare**<br>*ebenso:*<br>*fạrcela*<br>*rifare* | faccio<br>fai<br>fa<br>facciamo<br>fate<br>fanno | feci<br>facesti | farò | faccia | fai/fa'<br>faccia<br>fate | facendo | fatto |
| **parere**<br>*(soprattutto 3° persona)* | pare | parve | parrà | paia | ---- | | parso |
| **piacere**<br>*ebenso:*<br>*dispiacere* | piaccio<br>piaci<br>piace<br>piacciamo<br>piacete<br>piạcciono | piacqui<br>piacesti | | piaccia | piaci<br>piaccia<br>piacete | | |
| **piọvere**<br>*(solo 3ª persona)* | piove<br>piọvono | piovve<br>piọvvero | | piova | | | |
| **porre**<br>*ebenso:*<br>*disporre*<br>*esporre*<br>*proporre*<br>*(ri)comporre* | pongo<br>poni<br>pone<br>poniamo<br>ponete<br>pọngono | posi<br>ponesti | porrò | ponga | poni<br>ponga<br>ponete | ponendo | posto |

| Infinito | Presente indicativo | Passato remoto | Futuro semplice | Congiuntivo presente | Imperativo | Gerundio | Participio |
|---|---|---|---|---|---|---|---|
| **possedere**<br>*ebenso:*<br>*seder(si)* | possiedo/<br>posseggo<br>possiedi<br>possiede<br>possediamo<br>possedete<br>possiẹdono/<br>possẹggono | | poss(i)e-<br>derò | possieda/<br>possegga | | | |
| **potere** | posso<br>puoi<br>può<br>possiamo<br>potete<br>pọssono | | potrò | possa | --- | | |
| **ridurre** | riduco<br>riduci<br>riduce<br>riduciamo<br>riducete<br>ridụcono | ridussi<br>riducesti | ridurrò | riduca | riduci<br>riduca<br>riducete | riducendo | ridotto |
| **riempire** | riempio<br>riempi<br>riempie<br>riempiamo<br>riempite<br>riẹmpiono | | | | | riem-<br>piendo | |
| **rimanere** | rimango<br>rimani<br>rimane<br>rimaniamo<br>rimanete<br>rimạngono | rimasi<br>rimanesti | rimarrò | rimanga | rimani<br>rimanga<br>rimanete | | rimasto |
| **sapere** | so<br>sai<br>sa<br>sappiamo<br>sapete<br>sanno | seppi<br>sapesti | saprò | sappia | sappi<br>sappia<br>sappiate | | |
| **scẹgliere**<br>*ebenso:*<br>*sciọgliere*<br>*tọgliere* | scelgo<br>scegli<br>sceglie<br>scegliamo<br>scegliete<br>scẹlgono | scelsi<br>scegliesti | | scelga | scegli<br>scelga<br>scegliete | | scelto |
| **soddisfare** | soddisfo<br>soddisfi<br>soddisfa<br>soddisfiamo<br>soddisfate<br>soddịsfano/<br>soddis-<br>fanno | soddisfeci<br>soddi-<br>sfacesti | soddisferò | soddisfi | | soddi-<br>sfacendo | soddisfatto |

| Infinito | Presente indicativo | Passato remoto | Futuro semplice | Congiuntivo presente | Imperativo | Gerundio | Participio |
|---|---|---|---|---|---|---|---|
| **spẹgnere** | spengo<br>spegni<br>spegne<br>spegniamo<br>spegnete<br>spẹngono | spensi<br>spegnesti | | spenga | spegni<br>spenga<br>spegnete | | spento |
| **stare** | sto<br>stai<br>sta<br>stiamo<br>state<br>stanno | stetti<br>stesti<br>stette<br>stemmo<br>steste<br>stẹttero | | stia<br>*imperfetto:*<br>stessi | sta'<br>stia<br>state | | |
| **succẹdere** | | successi<br>succedesti | | | | | successo/<br>succeduto |
| **tenere**<br>*ebenso:*<br>*contenere*<br>*mantenere*<br>*ottenere*<br>*ritenere*<br>*sostenere* | tengo<br>tieni<br>tiene<br>teniamo<br>tenete<br>tẹngono | tenni<br>tenesti | terrò | tenga | tieni<br>tenga<br>tenete | | tenuto |
| **trarre**<br>*ebenso:*<br>*distrarre* | traggo<br>trai<br>trae<br>traiamo<br>traete<br>trạggono | trassi<br>traesti | trarrò | tragga | trai<br>tragga<br>traete | traendo | tratto |
| **uscire**<br>*ebenso:*<br>*riuscire* | esco<br>esci<br>esce<br>usciamo<br>uscite<br>escono | | | esca | esci<br>esca<br>uscite | | |
| **valere** | valgo<br>vali<br>vale<br>valiamo<br>valete<br>vạlgono | valsi<br>valesti | varrò | valga | vali<br>valga<br>valete | | valso |
| **vedere**<br>*ebenso:*<br>*intravedere*<br>*prevedere*<br>*provvedere*<br>*rivedere* | | vidi<br>vedesti | vedrò | | | | visto |
| **venire**<br>*ebenso:*<br>*avvenire*<br>*convenire*<br>*provenire* | vengo<br>vieni<br>viene<br>veniamo<br>venite<br>vẹngono | venni<br>venisti | verrò | venga | vieni<br>venga<br>venite | | venuto |

| Infinito | Presente indicativo | Passato remoto | Futuro semplice | Congiuntivo presente | Imperativo | Gerundio | Participio |
|---|---|---|---|---|---|---|---|
| **vịvere**<br>*ebenso:*<br>*sopravvịvere* | | vissi<br>vivesti | vivrò | | | | vissuto |
| **volere**<br>*ebenso:*<br>*volerci* | voglio<br>vuoi<br>vuole<br>vogliamo<br>volete<br>vọgliono | volli<br>volesti | vorrò | voglia | --- | | |

# Verbi con passato remoto e participio passato irregolari

| Infinito | Passato remoto | Participio passato |
|---|---|---|
| **affịggere** | affissi<br>affiggesti | affisso |
| **aprire**<br>*ebenso:*<br>*scoprire* | | aperto |
| **assụmere** | assunsi<br>assumesti | assunto |
| **attẹndere**<br>*ebenso:*<br>*accẹndere*<br>*difẹndere*<br>*intẹndere*<br>*estẹndere*<br>*scẹndere*<br>*tẹndere* | attesi<br>attendesti | atteso |
| **avvọlgere**<br>*ebenso:*<br>*coinvọlgere*<br>*rivọlgere*<br>*svọlgere*<br>*vọlgere* | avvolsi<br>avvolgesti | avvolto |
| **chiẹdere**<br>*ebenso:*<br>*richiẹdere* | chiesi<br>chiedesti | chiesto |
| **chiụdere**<br>*ebenso:*<br>*richiụdere*<br>*rinchiụdere* | chiusi<br>chiudesti | chiuso |

| Infinito | Passato remoto | Participio passato |
|---|---|---|
| **conclụdere**<br>*ebenso:*<br>*delụdere*<br>*esclụdere*<br>*inclụdere* | conclusi<br>concludesti | concluse |
| **confọndere** | confusi<br>confondesti | confuso |
| **conoscere**<br>*ebenso:*<br>*riconọscere* | conobbi<br>conoscesti | |
| **consịstere**<br>*ebenso:*<br>*assistere*<br>*esịstere*<br>*insịstere* | | consistito |
| **cọrrere**<br>*ebenso:*<br>*occọrrere*<br>*percọrrere*<br>*rincọrrere*<br>*scọrrere*<br>*soccọrrere*<br>*trascọrrere* | corsi<br>corresti | corso |
| **costrịngere** | costrinsi<br>costringesti | costretto |
| **crẹscere** | crebbi<br>crescesti | |
| **cuọcere** | cossi<br>cocesti | cotto |

| Infinito | Passato remoto | Participio passato |
| --- | --- | --- |
| **diffọndere** | diffusi<br>diffondesti | diffuso |
| **dipịngere**<br>*ebenso:*<br>*piạngere*<br>*rimpiạngere*<br>*ridipịngere*<br>*spịngere*<br>*tịngere* | dipinsi<br>dipingesti | dipinto |
| **dirịgere** | diressi<br>dirigesti | diretto |
| **discụtere** | discussi<br>discutesti | discusso |
| **distịnguere** | distinsi<br>distinguesti | distinto |
| **divịdere**<br>*ebenso:*<br>*condivịdere*<br>*decịdere*<br>*rịdere*<br>*uccịdere* | divisi<br>dividesti | diviso |
| **esprịmere** | espressi<br>esprimesti | espresso |
| **fịngere** | finsi<br>fingesti | finto |
| **giụngere**<br>*ebenso:*<br>*aggiụngere*<br>*raggiụngere* | giunsi<br>giungesti | giunto |
| **immẹrgere**<br>*ebenso:*<br>*cospạrgere*<br>*ẹrgersi* | immersi<br>immergesti | immerso |
| **lẹggere**<br>*ebenso:*<br>*rilẹggere*<br>*corrẹggere* | lessi<br>leggesti | letto |
| **mẹttere**<br>*ebenso:*<br>*ammẹttere*<br>*mẹtterci*<br>*permẹttere*<br>*promẹttere*<br>*rimẹttere*<br>*smẹttere*<br>*trasmẹttere* | misi<br>mettesti | messo |
| **muọvere** | mossi<br>movesti | mosso |
| **nạscere** | nacqui<br>nascesti | nato |
| **pẹrdere** | persi<br>perdesti | perso |
| **prẹndere**<br>*ebenso:*<br>*comprẹndere*<br>*dipẹndere*<br>*prẹndersela*<br>*rẹndere*<br>*riprẹndere*<br>*spẹndere* | presi<br>prendesti | preso |
| **protẹggere** | protessi<br>proteggesti | protetto |
| **risọlvere** | risolsi<br>risolvesti | risolto |
| **rispọndere**<br>*ebenso:*<br>*corrispọndere* | risposi<br>rispondesti | risposto |
| **rọmpere**<br>*ebenso:*<br>*interrọmpere* | ruppi<br>rompesti | rotto |
| **scọrgere**<br>*ebenso:*<br>*accọrgersi*<br>*sọrgere* | scorsi<br>scorgesti | scorto |
| **scrịvere**<br>*ebenso:*<br>*descrịvere*<br>*iscrịvere*<br>*riscrịvere*<br>*trascrịvere* | scrissi<br>scrivesti | scritto |
| **vịncere**<br>*ebenso:*<br>*convịncere* | vinsi<br>vincesti | vinto |

## Fonti testi e foto (Bild- und Quellennachweis)

Copertina: Shutterstock (Martin Garnhem), New York, NY; shutterstock (Clara Natoli), New York, NY; Vanessa Mastrini, Pontremoli; pag. 8.1: iStockphoto (Ellis), Calgary, Alberta; 8.2: iStockphoto (Korenbaum), Calgary, Alberta; 8.3: iStockphoto (anouchka), Calgary, Alberta; 8.4: iStockphoto (Gagne), Calgary, Alberta; 8.5: Klett-Archiv (Nicola Mastrini), Stoccarda; pag. 10: Bilderberg (Modrak), Amburgo; pag. 11: schema del sistema universitario: per gentile concessione del Politecnico di Torino; pag. 12: testo da: Redattore sociale di Gabriele Arlati, Bollate, Milano; pag. 13: www.legambiente.com; Croce Verde Viadana; Emergency; Amnesty International; WWF; 13.1: iStockphoto (Gagne), Calgary, Alberta; 13.2-6: Klett-Archiv, Stoccarda; pag. 14: Klett-Archiv (Schmid), Stoccarda; pag. 17: testo da: Paola Mastrocola; Una barca nel bosco, Ugo Guanda Editore; pag. 20.1,2: Klett-Archiv, Stoccarda; 20.3: Corbis (King), Düsseldorf; 20.4,5: Linda Toffolo, Ratisbona; 20.6: Klett-Archiv (Francesca Maier), Stoccarda; pag. 21: Vernissage di Pietro Mancuso da „Art for Service", Roberto Bianco; pag. 22: La Galleria Meravigli, Milano; pag. 23: rubrica Giorno e Notte da: La Repubblica; pag. 24: articolo da: www.repubblica.it; 24 (Foto): Linda Toffolo, Ratisbona; pag. 25: grafico sui mezzi di comunicazione: Giancarlo Viraghi; pag. 26: iStockphoto (Benavidez), Calgary, Alberta; pag. 27: iStockphoto (Mitic), Calgary, Alberta; pag. 28: Klett-Archiv, Stoccarda; pag. 29 brano da: Lontano da casa di Maria Rosa Cutrufelli, RAI ERI 1997; pag. 32.1: Liceo Terenzio Mamiani, Roma; 32.2: Eugenio Melotti, Trieste; 32.3,4: Archivio Storico della Città di Torino, Torino; 32.5: Museo Leonardiano di Vinci, Città di Vinci – Firenze; 32.6: ullstein bild, Berlino; pag. 34: testo di Laura Guardini da: Il Corriere della Sera, 26 gennaio 2006; pag. 34.1: Riccardo Siano, Napoli; 34.2: MEV, Augusta; 34.3: Alamy Images RM (Robert Fried), Abingdon, Oxon; pag. 36: Hoffmann, Ulrich, Sankt Augustin; pag. 39 testo da: www.viaggiareliberi.it; 39 (Foto): iStockphoto (Horrocks), Calgary, Alberta; pag. 40.1: iStockphoto (Pflügl), Calgary, Alberta; 40.2: shutterstock (Malina), New York, NY; 40.3: Casa Editrice Longanesi, Milano; pag. 41: brano da: La fine è il nuovo inizio di Tiziano Terzani, Longanesi 2006; pag. 42.1: Fondazione per il Libro, la Musica e la Cultura, Torino; 42.2: Blu Nautilus S.r.l.; 42.3: www.festivaldelmare.it; 42.4: www.bit.expocts.it; pag. 43: brano da: Stranieri di Sandra Petrignani in: I racconti delle fate sapienti di Francesca Pansa, Frassinelli, 2005; pag. 46: 3 brani da: Fuori tutti. Una generazione in camera sua, Einaudi tascabili, 1996; pag. 47.1: Klett-Archiv (Francesca Maier), Stoccarda; 47.2: Klett-Archiv (Chiara Catamanti), Stoccarda; 47.3: Federica Bettati, Viadana; 47.4: Klett Archiv (Vanessa Mastrini), Stoccarda; 47.5: Klett Archiv (Nicola Mastrini), Stoccarda; pag. 50.1: iStockphoto (Gagne), Calgary, Alberta; 50.2: iStockphoto (Griffin), Calgary, Alberta; pag. 51: testo adattato da www. professionecittadino.it; 51 (Foto): Roberto Casti, Bologna; pag. 52.1: iStockphoto (Viisimaa), Calgary, Alberta; 52.2: iStockphoto (Murko), Calgary, Alberta; 52.3: iStockphoto (texasmary), Calgary, Alberta; 52.4: iStockphoto (Bissacco), Calgary, Alberta; 52.5: iStockphoto (Gjerpen), Calgary, Alberta; 52.6: iStockphoto (Sigler), Calgary, Alberta; pag. 53: testo da: www.buonenotizie.it; (Foto): www.archiportale.com (Michel Denancé); pag. 54.1: iStockphoto (Gordon), Calgary, Alberta; 54.2: Klett-Archiv (Francesca Maier), Stoccarda; 54.3: iStockphoto (Stratesigns, Inc.), Calgary, Alberta; pag. 55: brano da: La famiglia Starnazza di Pino Rovereto, Bompiani; pag. 58.1: Internet/Screenshot (www.trepalle.it); 58.2: Ufficio I.A.T. (www.palmanova.it), Palmanova (UD); 58.3: Il Gruppo Fotografico Pientino, Pienza (SI); 58.4: Orazio Cristalli, Catania; 58.5: iStockphoto (mchen007), Calgary, Alberta; 58.6: R. Paddeu, Alghero; 58.7: Giovanni Scorsino, Bagnoregio; 58.8: Agenzia Viaggi Lionetti (Antonio Foschino – Sassiweb.it), Matera; pag. 61: www.polisportivasantarosa.it; (Foto): iStockphoto (Rob Friedman), Calgary, Alberta; pag. 62: iStockphoto, Calgary, Alberta; pag. 63: articolo adattato da: www.rainews24.rai.it; (Foto): iStockphoto (zmajdoo), Calgary, Alberta; pag. 64: brano da: La bella estate di Cesare Pavese, Einaudi, 1949; Renate Merklinghaus, Vaterstetten; pag. 66.1: 01 Distribution; 66.2: Luna Rossa Cinematografica, Roma; 66.3: Internet/Screenshot (Medusa Home Entertainment); 66.4: 01 Distribution; pag. 67.1: Linda Toffolo, Ratisbona; 67.2: La Biennale di Venezia; 67.3: Internet/Screenshot (Tina Serenato, Taormina); 67.4: laif (Guido Harari/Contrasto), Colonia; 67.5: Edizioni e Archivio Storico Rossini Opera Festival, Pesaro; pag. 68: Cinetext (Omega), Francoforte; (Foto): Linda Toffolo, Ratisbona; pag. 69: articolo da: Ho fatto un sogno: Com'era bella la tv censurata di Elio, La Repubblica delle Donne, 23/12/2006; pag. 74: Klett-Archiv (Francesca Maier), Stoccarda; pagg. 76,77: A.I.D.A. Simone Soria, Modena; pag. 77: testo da: www.venetosociale.it/serviziocivile; logo servizio civile: USCN; 80: iStockphoto (gregepperson), Calgary, Alberta; pag. 81: brano da: Nessuno lo saprà. Viaggio a piedi dall'Argentario al Conero di Enrico Brizzi, Edizioni Mondatori, 2005; pag. 84.1: Ilaria De Maria, Piacenza; 84.2: Arnaldo Pomodoro Studio (Steve Williams), Milano; 84.3: Elisabetta Frizzelli, Viadana; 84.4: Linda Toffolo, Ratisbona; 84.5: Radio cubo, Bologna; 84.6: Maserati S.p.A., Modena; pag. 86.2: iStockphoto (malibuss), Calgary, Alberta; 86.3: www.repubblica.it; 86.4: Agenzia Fotogramma, Milano; 86.5: Agenzia Fotogramma (Archivio DeBellis), Milano; pag. 88: poesia da: Tutte le poesie di Trilussa, Arnoldo Mondadori Editore S.p.A., Milano; (Foto): Klett-Archiv (Francesca Maier), Stoccarda; pag. 90: Elisabetta Frizzelli, Viadana; pag. 91: testo da: La festa del ritorno di Carmine Abate, Mondatori 2004; pag. 93: testo da: La mia casa è dove sono felice di Max Mauro, Kappa Vu, Udine 2005; pag. 95: brano da: Italiani si diventa di Beppe Severgnini, RCS Libri SpA, Milano 1998; pag. 98.1: Teatralia, Stoccarda; 98.2: La Repubblica; 98.3: www.euromayday.org; 98.4: Picture-Alliance (DB Linden Labs), Francoforte; 98.5: Centro documentazione Video Vigili, Pistoia; pag. 99: testo da: Caos calmo di Sandro Veronesi, RCS Libri S.p.A., Bompiani; pag. 101.1: Vivere Senigallia, Senigallia; 101.2: Ufficio Turistico di Borgo Val di Taro; pag. 102: Comune Napoli, Napoli; pag. 103: Fondazione Carnevale di Viareggio; pag. 104.1: Portanapoli (Francesca Buommino), Erbach; 104.2: iStockphoto (zaricm), Calgary, Alberta; 104.3: Klett-Archiv (Francesca Maier), Stoccarda; pag. 105: brano da: Il Ciambellone in L'inventore del cavallo e altre quindici commedie di Achille Campanile, Rizzoli 2002; pag. 105 (Foto): Frank Kimmerle, Kornwestheim; pag. 106: brano da: Fare teatro di Dacia Maraini, RCS Libri S.p.A., Milano; pag. 107: testo da: Tale e quale di Luciano de Crescenzo, Mondatori 2001; pag. 115.1: www.unifig.it; 115.2: http://old.unifg.it; pag. 117: testo adattato da: www3.unicatt.it; pag. 121.1: Museo Castello di Corigliano Calabro (Giorgio Tricarico), Corigliano Calabro; 121.2: Robustelli Roberta, Francoforte; pag. 129: Linda Toffolo, Ratisbona; pag. 130: http://orario.trenitalia.com; pag. 136: Fotolia LLC (Andres Rodriguez), New York; pag. 137: Fotolia LLC (Alex Brosa), New York; pag. 142: http://it.answers.yahoo.com; pag. 144: testo adattato da: www.mgmsport.it; (Foto): Avenue Images GmbH (Image Source/RF), Amburgo; pag. 146: Valentina Ferullo-Wachter, Stoccarda; pag. 150.2: testo adattato da: http://it.movies.yahoo.com; pag. 152.3: testo adattato da: www.prometheo.it; pag. 154: testi adattati da: www.cpbiasca.ti.ch; www.afdigitale.it; www.tecnovideoblog.it; pag. 156: Lucia Pecchini, Stoccarda; pag. 157 (testo e foto): Fondazione Aquilone Onlus, Milano; pag. 158: testo adattato da: www.ticinowelcome.ch; pag. 162: Fotosearch RF (PhotoDisc), Waukesha, WI; pag. 163.1: Fotolia LLC (MAXFX), New York; 163.2: Valentina Ferullo-Wachter, Stoccarda; 163.3: Fotolia LLC (Steve Cukrov), New York; pag. 169: shutterstock (Elena Elisseeva), New York, NY; pag. 170: testi da: www.corriere.it;www.parcodellapreistoria.it;www.piemonte-emozioni.it;www.06blog.it; pag. 172: testo da: www.comune.ragusa.it; pag. 175: iStockphoto (Roberto A Sanchez), Calgary, Alberta; pag. 177.1: articolo adattato da: www.lastampa.it; 177.2: testo da: www.sositalia.it; pag. 178: articolo da: www.corriere.it; pag. 179: testo da: www.repubblica.it/salute; pag. 180: testi da: www.lastampa.it.

## AUDIO-CD

**Aufnahmeleitung:** Ernst Klett Sprachen GmbH, Stuttgart, Giovanna Mungai-Maier
**Sprecher:** M. Teresa Arbia, Matteo Conti, Enzo Coppola, Alina Convertino, Francesca Frizzelli, Cesare Ghilardelli, Mario Masini, Vanessa Mastrini, Donato Miroballi, Marco Montemarano, Giovanna Mungai-Maier, Elisabetta Nöldeke, Valentina Nucera, Chiara Russo, Linda Toffolo
**Lieder:** "Fossi figo", Cicciput, Elio e le Storie Tese und CM Costa ℗ + © 2003 Aspirine Hukapan BMG
"Ragazzo fortunato", Lorenzo 1992, Jovanotti ℗ 1992 RTI Music SRL – Cologno Monzese
**Tontechnik, Schnitt und Mischung:** Tonstudio Bauer GmbH, Ludwigsburg
**Presswerk:** OMD International AG, Diessenhofen, Schweiz